RENCONTRES
97

Série *Littérature générale et comparée*
dirigée par Véronique Gély
8

Fictions du masculin dans les littératures occidentales

Actes du colloque « Fiction(s) du masculin. Discours et représentations
des masculinités dans les littératures occidentales » organisé en mai 2012
à l'université Paris-Sorbonne, publiés avec le soutien du Centre de recherche
en littérature comparée (CRLC), de l'équipe Représentations et identités.
Espaces germanique, nordique et néerlandophone (REIGENN),
des écoles doctorales 3 et 4 et du conseil scientifique de l'université
Paris-Sorbonne, et du laboratoire Interactions culturelles
et discursives (ICD) de l'université François-Rabelais de Tours

Fictions du masculin

dans les littératures occidentales

Sous la direction de Bernard Banoun,
Anne Tomiche et Mónica Zapata

PARIS
CLASSIQUES GARNIER
2014

Bernard Banoun est professeur de littérature de langue allemande des XXe et XXIe siècles à l'université Paris-Sorbonne et traducteur littéraire (Hugo von Hofmannsthal, Yoko Tawada, Josef Winkler, etc.). Ses recherches portent sur l'histoire de l'opéra (*L'Opéra selon Richard Strauss*, Paris, 2000), la littérature allemande contemporaine et l'histoire des traductions.

Anne Tomiche est professeure de littérature générale et comparée à l'université Paris-Sorbonne. Ses travaux portent sur les avant-gardes, le modernisme et les écritures expérimentales des XXe et XXIe siècles. Elle a notamment publié *Artaud et les avant-gardes occidentales* (Paris, 2012). Elle a également dirigé *Littérature et identités sexuelles* (Nîmes, 2007), et *Genres et avant-gardes* (Paris, 2012).

Mónica Zapata est professeure au département d'études hispaniques et portugaises de l'université François-Rabelais de Tours. Elle dirige la revue *Lectures du genre dans la production culturelle espagnole et latino-américaine*, et a publié ou codirigé *L'œuvre romanesque de Manuel Puig* (Paris, 1999), *Silvina Ocampo* (Paris, 2009), et *Censures et manipulations dans les mondes ibérique et latino-américain* (Tours, 2013).

ISBN 978-2-8124-3210-1 (livre broché)
ISBN 978-2-8124-3211-8 (livre relié)
ISSN 2103-5636

INTRODUCTION

Parce que la langue française utilise la catégorie de « genre » dans des domaines très divers (grammaire, biologie, mathématique, typologies des arts et des lettres, sciences sociales), le terme est polysémique. Depuis une quinzaine d'années au moins il s'impose aussi, en France, comme un outil de recherche dans le domaine des sciences humaines et sociales, et plus précisément pour l'étude de la construction et de la représentation des identités sexuées et des rapports entre les sexes :

> Dans son usage le plus timide ou routinier, le genre est un synonyme euphémique de sexe ou de femmes. Dans son usage thématique, il révèle une dimension et un espace sexués du réel, occultés par les discours à prétention universelle et objective. Dans son usage le plus radical (encore peu déployé dans les sciences humaines en France), c'est un outil de dénaturalisation des rapports sociaux, d'historicisation des identités sexuées. Dans ses problématiques les plus postmodernes ou *queer*, il interroge la stabilité et la productivité des partitions et binarismes qui fondent les normativités.
> Son incidence n'induit pas seulement un élargissement des champs de recherche (l'histoire découvrirait de nouveaux objets jusqu'alors invisibles ; l'appréhension des phénomènes sociaux comme le travail s'en trouverait enrichie ; les inégalités et discriminations anciennes, comme, par exemple, la minoration des femmes dans les institutions politiques, scolaires, rendues visibles, s'en trouveraient mieux diagnostiquées et donc mieux combattues), le concept dans son usage critique force à une évolution des points de vue sur l'objet étudié qu'il déconstruit et refigure[1].

La catégorie du genre est tout sauf stable : « selon les moments et selon les champs, elle engage des questions, des perspectives et des stratégies de savoir – et de pouvoir – fort différentes[2] ».

---

1 A. Garréta, « Le gang des potiches. Comment s'impose l'émergence du "genre", nouveau et fécond outil de recherche, tout en débusquant une persistante misogynie », *Libération. Cahier des livres*, 11 mars 2004, p. VI. Anne Garréta rend compte des ouvrages : N. Racine et M. Trebitsch (dir.), *Intellectuelles. Du genre en histoire des intellectuels*, Bruxelles, Complexe, 2004 et C. Bard, C. Baudelot et J. Mossuz-Lavau (dir.), *Quand les femmes s'en mêlent : genre et pouvoir*, Paris, La Martinière, 2004.

2 *Ibid.*

DES ÉTUDES FÉMINISTES, GAY ET LESBIENNES ET QUEER…

En France, les études sur le genre se sont développées de manière inégale et, surtout, dans les sciences sociales. Encore aujourd'hui, peu nombreux sont les spécialistes des lettres qui travaillent sur le genre. Moins nombreux encore sont celles et ceux qui, dans la perspective du genre, envisagent la question du côté du masculin.

En effet, c'est d'abord du côté des études féministes que se sont développées, en France comme à l'étranger et en particulier dans le monde anglophone, les études de genre puis, en leur sein, les travaux sur les masculinités (« *men's studies* » ou « *masculinity studies* ») qui sont donc largement tributaires du développement des études de genre (féministes d'abord puis LGBT, queer…). Dans un premier temps, et peut-être de façon un peu schématique, on peut retracer un mouvement de la France vers l'Amérique du Nord, à partir d'une certaine « pensée française », philosophique et psychanalytique, qui inclut des philosophes de sexe masculin qui ont, plus ou moins directement, pensé la question de la différence sexuelle et des identités genrées (Derrida, Lacan, Foucault) et des philosophes de sexe féminin et des auteures qui se définissent ou non comme féministes mais dont les travaux ont permis de fonder, Outre-Atlantique, certains aspects des réflexions féministes en identifiant un corpus de « *French feminisms* » (Wittig, Cixous, Irigaray, Kristeva). La « dette » des féministes américaines à l'égard de ce qui est désigné Outre-Atlantique par l'expression « *French Theory* » est explicite dans nombre de publications du début des années 80[1]. Si la théorisation du féminin comme construction sociale et comme produit de langage est conceptuellement liée à la pensée française des années 1970-1980, l'impulsion d'une mise en pratique universitaire de l'analyse des identités sexuelles doit beaucoup aux institutions et aux chercheurs et chercheuses américains : d'abord parce que si c'est vers la philosophie et la psychanalyse françaises que les premières féministes américaines se

1 De J. Gallop, *The Daughter's Seduction. Feminism and Psychoanalysis*, Ithaca, Cornell University Press, 1982 au volume édité par N. Fraser et S. Lee Bartky, *Revaluing French Feminisms*, Bloomington et Indianapolis, Indiana University Press, 1992, en passant par A. Jardine, *Gynesis. Configurations of Woman and Modernity*, Ithaca, Cornell University Press, 1985.

tournent, celles-ci – qu'il s'agisse de Nancy Miller, Joan DeJean, Elaine Showalter, Jane Gallop, Alice Jardine, ou Diana Fuss, entre autres – sont des littéraires de formation et s'intéressent non seulement aux enjeux philosophiques et culturels de la construction des identités sexuelles, mais également à leurs représentations littéraires et à la façon dont la littérature participe d'une telle construction ; ensuite parce qu'il s'agit moins d'un phénomène d'« importation » et d'« application » de tel/le ou tel/le philosophe que d'un phénomène de translation et d'appropriation – lecture critique d'une part (de Derrida par Alice Jardine, de Lacan par Jane Gallop, par exemple) et utilisation de penseurs qui n'ont jamais revendiqué l'étiquette « féministe » d'autre part (et qui pourraient, de ce fait, paraître marginaux aux interrogations sur les genres, comme Kristeva ou Duras).

C'est également chez des penseurs français, en particulier Michel Foucault, que l'on trouve les fondements d'un grand nombre de concepts et de débats qui ont joué un rôle majeur dans les théories gay et lesbiennes puis queer[1] qui, après celles des féministes des années 1970 et 1980, ont poursuivi la réflexion sur les questions d'identité sexuelle, qu'il s'agisse des travaux d'Eve Kosofsky Sedgwick (*Between Men : English Literature and Male Homosocial Desire*[2], *Epistemology of the Closet*[3]), de Judith Butler (les chapitres 6 et 8 de *Bodies that Matter*[4] sont intitulés respectivement « Passing, Queering » et « Critically Queer »), de David Halperin (*One Hundred Years of Homosexuality and Other Essays on Greek Love*[5], *How to Do a History of Homosexuality*[6]), ou de ceux de Lee Edelman (*Homographesis. Essays in Gay Literature and Cultural Theory*[7]). Avec le premier volume de son *Histoire de la sexualité*, *La Volonté de savoir*, Foucault, en appliquant

---

1 L'emploi des termes *gay* et *queer*, repris de l'anglais, se naturalise en français sous leur forme originale. Nous adoptons ici l'usage de la forme invariable.

2 E. Kosofsky Sedgwick, *Between Men : English Literature and Male Homosocial Desire*, New York, Columbia University Press, 1985.

3 E. Kosofsky Sedgwick, *Epistemology of the Closet*, Berkeley, University of California Press, 1990.

4 J. Butler, *Bodies that Matter*, New York – Londres, Routledge, 1993.

5 D. Halperin, *One Hundred Years of Homosexuality and Other Essays on Greek Love*, New York – Londres, Routeldge, 1990.

6 D. Halperin, *How to Do a History of Homosexuality*, Chicago, University of Chicago Press, 2002.

7 L. Edelman, *Homographesis. Essays in Gay Literature and Cultural Theory*, New York – Londres, Routledge, 1994.

au domaine de la sexualité, qu'il définit clairement comme un discours, les principes qui gouvernent l'ensemble de sa réflexion sur l'histoire des systèmes de pensée, installe au cœur de la réflexion une opposition entre un *ars amandi* et une *scientia sexualis* qui double l'opposition entre des pratiques sexuelles plus ou moins déviantes, mais interprétées comme actes discrets, selon le modèle de la sodomie telle qu'elle est définie et réprimée aux débuts de l'époque moderne, d'une part, et, d'autre part, une identité caractérisée par une orientation sexuelle déterminée et fixe, dont l'homosexuel, défini par le discours médical du XIXe siècle, est l'archétype.

Si le féminisme nord-américain a été, à l'origine, pensé dans ses rapports (de proximité et d'écart) avec une *French Theory* et des *French Feminisms*, eux-mêmes *made in the USA*, par une sorte de retour de pendule, c'est maintenant au tour de la France d'accueillir et de s'approprier une pensée queer, définie et conceptualisée Outre-Atlantique. De fait, le terme et le concept de queer sont spécifiquement anglo-saxons. Le mot *queer* (tordu, de travers, mais aussi décalé, bizarre, insolite, dérangeant), on le sait, répond en anglais depuis le début du XXe siècle au terme *straight* pour désigner, de façon péjorative, les homosexuels. L'injure fut réappropriée par les homosexuels anglophones, repris en mot d'ordre pour devenir le support d'une réflexion sur les identités sexuelles et pour remettre en cause la répartition sociale traditionnelle, au moins en Occident, des rôles masculin et féminin. Un discours queer a pris forme aux états-Unis au début des années 1990, à partir d'une critique de certains effets du communautarisme gay des années 1980, en particulier la production d'une identité gay parfois essentialiste et souvent normalisante. Si, dans le domaine du militantisme social, on rattache souvent la naissance du mouvement queer à la création, en 1990, de *Queer Nation*, né dans le sillage d'Act Up, dans le monde universitaire, plusieurs ouvrages marquent une étape importante. En 1990 paraissent et *Gender Trouble* de Judith Butler, où l'auteur propose « une théorie performative des actes genrés » (« *a performative theory of gender acts* ») qui remet en question les catégories binaires du genre, du sexe et de l'identité sexuelle[1], et *The Epistemology of the Closet* d'Eve Sedgwick. À ces deux ouvrages parus la même année on peut ajouter, si l'on veut

1 J. Butler, *Gender Trouble*, New York – Londres, Routledge, 1990, p. x.

dater le début du développement des *queer studies* et de la *queer theory* aux États-Unis, l'ouvrage de Monique Wittig, *The Straight Mind*[1] (1992 – l'essai qui donne son titre au volume date de 1980) et celui de Michael Warner, *Fear of a Queer Planet* en 1993[2]. Leurs recherches s'inscrivent dans le sillage des études féministes, des *gender studies*, des *gay and lesbian studies*, avec le souci affirmé de contester les découpages académiques, les assignations identitaires normalisantes et binaires (masculin/féminin, homo/hétéro, etc.), et l'alignement génétique rigide sexe/genre/sexualité/identité.

Le décalage chronologico-conceptuel entre les deux côtés de l'Atlantique apparaît clairement quand on note que *Gender Trouble* de Butler n'a été traduit en France qu'en 2005 et que *Epistmology of the Closet* de Sedgwick ne l'a été qu'en 2008. *The Straight Mind*, recueil que Monique Wittig a publié en anglais en 1992 n'est paru en français qu'en 2001. Pourtant, petit à petit, en France les traductions se multiplient, en particulier aux éditions EPEL et aux éditions Amsterdam. Des chercheurs et analystes comme Éric Fassin (*Liberté, égalité, sexualités, Actualité politique des questions sexuelles*, Belfond, 2003), Didier Eribon (*Dictionnaire des cultures gays et lesbiennes*, Larousse, 2003) ou François Cusset (*Queer Critics. La littérature française déshabillée par ses homo-lecteurs*, PUF, 2002) ont contribué à populariser les questions gay et queer. Demeurent néanmoins, en France, une résistance face aux réflexions sur l'identité en termes sexuels et une difficulté à accepter l'idée qu'une telle réflexion puisse être cruciale dans les études littéraires[3].

1 M. Wittig, *The Straight Mind*, Boston, Beacon Press, 1992.

2 M. Warner, *Fear of a Queer Planet*, Minneapolis, University of Minnesota Press, 1993.

3 Sur la circulation et l'institutionnalisation des études de genre entre États-Unis et Europe (France et Allemagne), voir A. Tomiche et P. Zoberman, « Introduction », *Littérature et identités sexuelles*, collection *Poétiques Comparatistes*, publication de la Société française de littérature générale et comparée, Nîmes, Champ social, 2007, p. 7-28. Voir également P. Farges, A.I. François, P.E. Yavuz, « Les *Gender Studies* entre transfert et institutionnalisation : une circulation des modèles et des pouvoirs », *Le Pouvoir au féminin. Identités, représentations et stéréotypes dans l'espace germanique*, dir. A. Le Berre, A. Schober, F. Gabaude (dir.), Limoges, PULIM, 2013, p. 27-42.

… AUX RECHERCHES SUR LES MASCULINITÉS

Ce décalage persistant entre deux visions redouble un autre effet de retard, au sein même des études sur les identités sexuelles : celui des études sur le masculin et la masculinité par rapport aux études sur le féminin et la féminité. On pourrait reprendre les remarques de Monique Wittig sur « la marque du genre » et sur le fait que le seul genre « marqué » est le genre féminin, qui est donc le genre du particulier, tandis que le masculin, qui n'est pas marqué, est le genre de l'universel[1], pour éclairer le décalage temporel entre la (dé)construction du féminin et une réflexion sur la masculinité. Ce retard même est une indication supplémentaire de l'évidence apparente du masculin. Or, si le genre est une construction sociale, historiquement marquée, il est indéniable qu'il concerne aussi le masculin et les masculinités. Inge Stephan avait déjà constaté, dans les années 1990, que les études sur le « premier sexe » se trouvaient dans un « angle mort » de la recherche universitaire[2].

Il n'en demeure pas moins que, dans le domaine des études sur les masculinités, l'impulsion académique est d'abord venue des pays anglophones – les premiers textes de R. W. Connell sur les masculinités datent des années 1980[3] : tout son travail, dès cette époque, concerne la construction sociale des rapports de genre et son ouvrage de référence *Masculinities* est publié en 1995. Au même titre que la « féminité », la « masculinité » est une construction sociale, historique et culturelle, et c'est une construction dont les formes varient selon les lieux et les époques, ce qui conduit Connell à parler de « masculinités » au pluriel. Le concept de « masculinité hégémonique » qu'elle développe est l'un de ceux qui reviennent avec le plus de récurrence dans les différents articles de ce volume. Comme ceux de Connell, les premiers travaux de Michael

---

1 Voir M. Wittig, « La marque du genre », *La Pensée straight*, Paris, Balland, 2001 [*The Straight Mind*, *op. cit.* 1992].

2 I. Stephan, « Im toten Winkel. Die Neuentdeckung des "ersten Geschlechts" durch *men's studies* und Männlichkeitsforschung », C. Benthien, I. Stephan (dir.), *Männlichkeit als Maskerade. Kulturelle Inszenierungen vom Mittelalter bis zur Gegenwart*, Cologne-Vienne, Böhlau, 2003, p. 11-35.

3 Voir, en particulier, son article écrit en collaboration avec T. Carrigan et J. Lee : « Toward a new sociology of masculinity », *Theory and Society*, vol. 14 n° 5, 1985, p. 551-604.

Kimmel sur les masculinités datent des années 1980 (*Changing Men : New Directions in the Study of Men and Masculinity* paraît en 1987). C'est au début des années 1990 – en 1992 – qu'il fonde la revue *Masculinities*, avant de diriger *Men and Masculinities* à partir de 1998. C'est vraiment dans les années 1990 que le domaine de recherche se construit et, à partir du début des années 2000, la multiplication des volumes d'anthologies publiés Outre-Atlantique souligne le développement de l'intérêt porté aux études sur la masculinité : *The Masculinities Reader* (2001), *Men and Masculinity : A Text-Reader* (2001) ou encore *The Masculinity Studies Reader* (2002), pour n'en citer que quelques-uns. Si, à l'origine, la perspective est essentiellement sociologique (Connell comme Kimmel sont des sociologues ; les trois anthologies citées abordent la question dans une perspective essentiellement sociologique même si le troisième volume, édité par deux littéraires, Rachel Adams et David Savran, inclut des textes plus littéraires comme celui de Sedgwick sur James), les travaux sur les masculinités se sont développés aux États-Unis au sein des départements et des études littéraires à partir des années 1990 et tout au long des années 2000. Les volumes consacrés aux représentations de la masculinité dans la littérature, les arts et la culture se multiplient à partir du milieu des années 1990[1].

Les études sur les masculinités ne peuvent pas se penser totalement indépendamment des théories féministes et des études sur le féminin, dont elles cherchent néanmoins à se démarquer. C'est de cette tension que témoigne, par exemple, le volume *Masculinity Studies and Feminist Theory*[2], qui regroupe des articles interrogeant à la fois l'impact du féminisme sur les analyses des constructions de la masculinité et la spécificité des « *masculinities studies* ».

---

1 Voir, par exemple et entre autres : P. Murphy (dir.), *The Fiction of Masculinity : Literary Constructions of Man*, New York – Londres, New York University Press, 1994 ; B. Knights, *Writing Masculinities : Male Narratives in Twentieth-Century Fiction*, New York, St. Martin's Press, 1999 ; T. L. Broughton, *Men of Letters, Writing Lives : Masculinity and Literary Auto/Biography in the Late Victorian Period*, New York, Routledge, 1999 ; P. Lehman (dir.), *Masculinity : Bodies, Movies, Culture*, New York, Routledge, 2000. Voir aussi le numéro de la revue américaine *L'Esprit créateur*, consacré aux « French Masculinities », qui s'intéresse aux constructions des masculinités dans la littérature et la culture françaises (Rabelais, saint François de Sales, Sartre ou Bourdieu, entre autres) : T. Reeser et L. Seifert (dir.), *L'Esprit créateur XLIII*, 3, 2003, numéro sur les « French Masculinities » ; ou, plus récemment et dans la même perspective, le volume édité par les mêmes auteurs : *"Entre hommes" : French and Francophone Masculinities in Theory and Culture,* Newark, University of Delaware Press, 2008.

2 J. Kegan Gardiner (dir.), *Masculinity Studies and Feminist Theory*, New York, Columbia University Press, 2002.

En France, la perspective sociologique ou socio-historique est également dominante, des travaux de Pierre Bourdieu[1] à ceux d'André Rauch[2], d'Alain Corbin, Jean-Jacques Courtine et Georges Vigarello sur la virilité[3], ou encore à ceux de Daniel Weltzer-Lang et Chantal Zaouche-Gaudron[4]. L'approche littéraire n'est pourtant pas totalement inexistante et tend à se développer. À la fin des années 1990, dans leur avant-propos aux actes du colloque de Cerisy intitulé *Le Masculin*[5], les organisateurs notaient : « pas plus que l'on ne naît femme, on ne naît homme », et ils posaient deux types de questions dans un corpus essentiellement littéraire et artistique (littérature du XVIIe siècle, Goethe, D. H. Lawrence, dandysme…) : d'un côté, quelles sont les différentes fictions qui contribuent à forger une identité masculine et comment cette identité se constitue-t-elle par rapport à celle de la femme ? de l'autre côté, quelles images les hommes et les femmes se font-ils de la masculinité aujourd'hui ? À partir des mêmes présupposés et à partir d'approches littéraires, linguistiques, psychanalytiques et socio-historiques, le numéro des *Cahiers Masculin/Féminin* consacré à *L'Éternel masculin*[6], peut être lu comme un signe de l'intérêt grandissant pour la catégorie du masculin et pour une diversification des approches. Des travaux, conduits au sein de départements de littérature, comme ceux d'Annelise Maugue[7], Marie-Emmanuelle Plagnol-Diéval[8], Daniel Maira et Jean-Marie Roulin[9], Frédéric Monneyron ou Pierre Zobermann[10], attestent le développement du champ dans le domaine des études littéraires.

1 Voir : *La Domination masculine*, Paris, Seuil, 1998.

2 Voir, en particulier : *Crise de l'identité masculine, 1789-1914*, Hachette Littératures, 2000 ; *L'identité masculine à l'ombre des femmes, De la Grande Guerre à la Gay pride*, Paris, Hachette, 2004 ; et plus récemment, *Le Premier Sexe. Mutations et crise de l'identité masculine*, Paris, Fayard, 2013.

3 Voir : *Histoire de la virilité*, 3 vol., Paris, Seuil, 2011.

4 D. Welzer-Lang et Ch. Zaouche-Gaudron (dir.), *Masculinités : état des lieux*, Toulouse, Érès, 2011.

5 H. Amigorena et F. Monneyron (dir.), *Le Masculin. Identité, fictions, dissémination*, Paris, L'Harmattan, 1998.

6 P. Mercader et L. Tain (dir.), *Cahiers Masculin/Féminin*, numéro *L'Éternel masculin*, Lyon, Presses universitaires de Lyon, 2003.

7 *L'Identité masculine en crise au tournant du siècle*, Paris, Payot, 2001.

8 Voir : K. Ashbury et M.-E. Piagnol-Diéval (dir.), *Le Mâle en France, 1715-1830. Représentations de la masculinité*, Berne-Berlin, Peter Lang, 2004.

9 Voir : D. Maira et J.-M. Roulin, *Masculinités en révolution de Rousseau à Balzac*, Saint-Étienne, Publications de l'université de Saint-Étienne, 2013.

10 Voir : P. Zoberman (dir.), *QUEER : Écritures de la différence ?*, 2 vol., Paris, L'Harmattan, 2008.

MASCULINITÉS ET FICTION(S)

Les textes réunis dans le présent volume s'inscrivent dans le prolongement de ces travaux visant à interroger la catégorie du masculin, plus particulièrement à partir du champ littéraire et artistique. Le présupposé qui régit cet ouvrage est d'abord celui d'une construction, voire de constructions, de la / des masculinité/s (contre celui de leur essentialisation) : pas plus qu'il n'y a d'« essence du féminin », il n'y a d'« essence du masculin » et tout comme la féminité est une construction socio-culturelle, qui varie en fonction des lieux et des époques, la masculinité l'est aussi. Plutôt que d'opposer d'emblée masculin et féminin pour analyser le premier terme en partant du principe d'une domination du premier sur le second (même si cette question n'est pas toujours exclue), il a semblé plus productif d'étudier le masculin pour le montrer comme non homogène, dans ses différenciations internes et de parler, en suivant Connell[1], de la notion d'« homme construit » (*constructed man*). De plus, le parti-pris adopté ici a consisté à présupposer un lien entre ces constructions de la / des masculinité/s et la fiction au sens large. Il s'agit d'une part d'envisager les constructions et représentations de la masculinité dans un certain nombre de récits fictionnels (ou plus ou moins fictionnels) et il s'agit d'autre part et en même temps d'analyser les constructions de la masculinité, y compris dans des « récits de faits », comme relevant d'opérations et de stratégies de fictionnalisation, qui sont ici analysées, déconstruites et dont les enjeux sont dégagés. La figure de l'homme naturalisée n'est qu'une fiction, au sens sociologique – on ne naît pas homme, on le devient – et au sens littéraire : les hommes sont des personnages construits par les auteurs.

Les questions d'identités de genre, en effet, les incertitudes sur le genre, les représentations de l'homosexualité masculine, sont particulièrement présentes, explicitement, dans la littérature des XXe et XXIe siècles au fur et à mesure d'évolutions sociales et de la thématisation de ces questions dans le débat public. Par souci de cohérence nous avons

1 R. W. Connell, *Masculinities*, Cambridge, Polity Press, 1995. Voir aussi, pour les masculinités dans la littérature de langue allemande R. Jerome (dir.), *Conceptions of Postwar German Masculinity*, New York, Suny Press, 2001.

choisi de concentrer les interrogations sur la période allant du XIXe siècle à nos jours. Mais outre ces représentations contemporaines ou récentes, on s'intéresse ici aussi aux hiérarchies internes du masculin et à leur fictionnalisation au cours de l'histoire dans leur rapport à l'autorité : rapports de domination, élaboration des modèles dominants et leurs représentations, stratégies narratives, positions auctoriales et notamment représentations non-conventionnelles du masculin à l'intérieur même de genres littéraires ou dans le contexte de canons promouvant en apparence des modèles figés.

Le présent volume est construit en cinq parties distinctes. Qu'il s'agisse de littérature française, allemande, hispanique, québécoise, de la littérature « migrante » (chicana, notamment) ou encore de la figure de l'artiste en général, tous les articles tentent de déconstruire l'image stéréotypée du « mâle dominant » et relativisent les modèles figés de la masculinité. La première partie interroge différentes versions de la « masculinité dominante » entre le XIXe siècle (Zola, décadence) et la première moitié du XXe (Tolkien, Lewis). Dans la deuxième partie les textes étudiés sont des récits de vie, construits dans le cadre d'un journal intime ou d'entretiens : la question posée à propos d'Eugène Wilhelm et à propos des exilés germanophones en Palestine/Israël après 1933 est celle des stratégies narratives qui, dans ces récits de faits, président à la représentation de la sexualité et à la construction de la masculinité. Parce que la figure de la création (et du créateur) est, historiquement, largement associée au masculin et parce que la création (qu'il s'agisse de création artistique ou de la création-construction d'une identité masculine) est également largement associée à la formation (roman de formation, formation et éducation de la jeunesse...), la troisième partie articule masculinités, création et formation. Attestant le développement récent des approches « intersectionnelles », la quatrième partie interroge les imbrications entre « genre » (construction de la masculinité et du masculin dans leurs rapports au féminin) et « race » (construction d'une « altérité » raciale), dans la littérature québécoise contemporaine (Gil Courtemanche et Dany Laferrière) et dans la littérature *chicana* (Junot Díaz). La cinquième partie, centrée sur la littérature gay, interroge la figure de l'homosexuel (chez Hocquenghem et Copi, chez José Luis Sampedro ou chez Jaime Bayly) et les schémas narratifs de la littérature gay. En conclusion, Didier Eribon, qui avait prononcé la conférence plénière du colloque qui est à l'origine de ce volume[1], propose une double lecture de Proust et de Genet pour suggérer qu'en matière de « norme » et de « dissidence » sexuelles, « la Loi est une fiction dont la fiction, autant que la réalité, ne cessent de se jouer ».

Bernard BANOUN
Sorbonne Universités,
Paris-Sorbonne
Représentations et identités
Espaces germanique, nordique
et néerlandophone (EA 3556)
Labex Obvil

Anne TOMICHE
Sorbonne Universités,
Paris-Sorbonne
Centre de recherche en littérature
comparée (EA 4510)
Labex Obvil

Mónica ZAPATA
Université François-Rabelais (Tours)
Interactions culturelles et
discursives (EA 6297)

1 Colloque organisé en mai 2012 à l'université Paris-Sorbonne par le centre de recherche Représentations et identités. Espaces germanique, nordique et néerlandophone (REIGENN) et par le Centre de recherche en littérature comparée (CRLC), en partenariat avec le centre Interactions culturelles et discursives (ICD) de l'université François-Rabelais de Tours.

PREMIÈRE PARTIE

VARIATIONS SUR LE GENRE FORT

EXISTE-T-IL UN LIEU THÉORIQUE POUR LE MÂLE FIN-DE-SIÈCLE ?

Les capacités de structuration des normes sexuelles sont si bien ancrées en chacun d'entre nous qu'il est parfois difficile de déterminer les valeurs qui les sous-tendent. Si bien que, pour beaucoup d'individus, se comporter en homme lorsqu'on est un homme tient de la règle naturelle, règle à la nature apparemment si claire qu'on n'en décrit rarement les attendus, sinon qu'être un homme c'est faire preuve de virilité et que par conséquent, faire preuve de virilité c'est être un homme. Évidemment, la tautologie n'explique rien. On pourrait croire que ce genre de développements s'appliquerait aussi bien à la femme sans apporter plus de substance, tant les définitions du masculin et du féminin en passent dans la majeure partie des cas par un raisonnement déductif binaire – ce qui n'est pas l'un est l'autre, et inversement. Cependant il y a un déséquilibre principiel entre l'homme et la femme, lisible à même le langage, puisque le terme « homme » est à la fois le terme générique pour désigner l'humanité, l'hyperonyme, et le terme utilisé pour dire le masculin, l'hyponyme. L'exemple de ce phénomène langagier, souligné depuis longtemps par les féministes, continue d'affirmer la solidité d'un ancrage de la hiérarchisation entre les sexes, mais il induit une autre conséquence : si la femme représente le lieu de la différence, c'est par elle que se définit le sexe.

Il semble alors que le pouvoir de dire des hommes n'occasionne pas de définition, ou mieux, le pouvoir pour continuer d'être le pouvoir n'a peut-être pas intérêt à se dire et à s'identifier comme tel. Ainsi, l'image saillante du masculin guerrier, en lutte pour l'acquisition du pouvoir, image qui nous est commune, dissimule-t-elle peut-être un impératif plus subtil lié à la conservation d'un privilège, la nécessité de préserver les bénéfices du pouvoir acquis d'emblée. La force virile, pour rester force, doit être redémontrée sans cesse, et réassurer ainsi la légitimité du pouvoir acquis contre toute menace potentielle. Voilà pourquoi l'obligation démonstrative de la virilité est exemplairement désignée par Judith Surkis comme le lieu d'une fragilité masculine :

> La virilité est toujours instable et même fréquemment en crise. Les basculements de l'ordre social à la suite des guerres, mais également au cours de processus de longue durée comme l'industrialisation, l'urbanisation, l'émancipation des femmes ou l'immigration trouvent leur expression, se manifestent et se représentent comme des « mutations » dans l'ordre sexuel. Cette perception et cette peur de désordre social ont souvent pour effet un rejet de la femme virilisée, laquelle signale à la fois un déni des rôles sexuels « naturels » et la précarité du lien entre le sexe mâle et la masculinité. Comment explique-t-on un tel paradoxe ? Comment expliquer que la masculinité, représentation sociale de force, d'autorité, de maîtrise, de pouvoir, puisse en même temps apparaître si faible[1] ?

À la fin du XIXe siècle, le masculin traverse une crise exemplaire dont la manifestation se cristallise autour de la notion de décadence, régulièrement évoquée dans les textes littéraires à travers des personnages stéréotypés qui en sont à la fois les agents et l'objet. La femme fatale, l'androgyne, l'inverti, le dandy ou l'esthète, menacent à divers titres l'intégrité masculine et entraînent une pluralité de réactions morales dont la finalité oscille entre le maintien farouche d'un ordre sexuel, fondé sur la double dichotomie homme/femme et hétérosexuel/homosexuel (la seconde étant un paradigme naissant), et l'intégration progressive des désordres du genre. Armand Dubarry et Camille Lemonnier, les deux auteurs qui font l'objet de cette étude, interrogent tous deux la structure sexuelle en se confrontant à ces désordres : l'un développe une rhétorique hétérocentriste visant à renforcer le mouvement de normalisation à travers la stigmatisation du phénomène homosexuel, l'autre travaille un style à même de rendre compte du déficit identitaire, voire de l'impuissance, frappant l'homme de la décadence. Tous deux exploitent finalement les *topoï* (les lieux rhétoriques) permettant d'écrire la masculinité. Si l'homme doit faire la preuve impérative d'une virilité que rien ne définit sinon la précarité de son état, la pensée de la décadence, puisqu'elle s'attache à considérer la fin de toute chose, éprouve théoriquement la stabilité de la masculinité.

---

1 J. Surkis, « Histoire des hommes et des masculinités : passé et avenir », introduction à Régis Revenin (dir.), *Hommes et masculinités de 1789 à nos jours : Contributions à l'histoire du genre et de la sexualité en France*, Paris, Autrement, coll. « Mémoires/Histoire », 2007, p. 17.

AFFIRMATION D'UNE *SCIENTIA SEXUALIS* DU MÂLE

C'est en 1896 que *Les Invertis. Le vice allemand*[1], second des onze volumes du cycle des *Déséquilibrés de l'amour* (1896-1902) consacré aux perversions de l'instinct génésique, paraît chez l'éditeur Chamuel. Armand Dubarry (1836-1910) est un auteur polygraphe qui s'est d'abord brièvement fait connaître au théâtre, puis comme journaliste, avant d'écrire divers essais, des récits de voyage, des romans d'aventure[2]. Il est difficile d'expliquer ce qui a pu conduire l'auteur à s'intéresser d'aussi près aux comportements sexuels jugés « déviants » par les contemporains ; Jean-Marie Seillan note pourtant qu'il existe une « communauté d'inspiration » entre le monde sauvage décrit dans les récits de voyage et le monde des « pervers » qui fait l'objet du cycle :

> Dubarry apparaît comme un héritier tardif et outrancier du positivisme naturaliste zolien. Ce qu'il aime à peindre, c'est une humanité asservie aux deux déterminismes, interne et externe, de la physiologie et du milieu, un monde de victimes livrées à la double violence de la *libido* sexuelle et de la nature sauvage, poussées l'une et l'autre jusqu'aux dérèglements les plus extrêmes[3].

La production de Dubarry est donc marquée par l'idée latente d'une menace de décadence à contrarier. Mais l'outrance des comportements décrits (exagération des présupposés du naturalisme) paraît être un artifice de construction visant à donner des preuves tangibles d'une dégradation des mœurs, visant à affirmer, non sans paradoxe, la réelle urgence d'un combat qui n'est palpable qu'à partir du moment où il est illustré dans une mise en scène qui l'exacerbe. Autre élément problématique : l'ambition morale dénotée par le projet de Dubarry ne se détache pas

1 La quarante-deuxième édition du texte sera l'édition de référence utilisée ici : A. Dubarry, *Les Déséquilibrés de l'amour. Les Invertis. Le Vice allemand*, Paris, Daragon Éditeur, 1906 [1896].

2 Il existe très peu d'analyses théoriques et d'informations biographiques concernant Dubarry qui, bien qu'il ait eu une audience conséquente de son vivant, nous apparaît aujourd'hui comme un auteur confidentiel. Jean-Marie Seillan relève, dans son introduction aux *Colons du Tanganîka* (A. Dubarry, *Les Colons du Tanganîka*, Paris, L'Harmattan, coll. « Autrement même », 2010 [1884], p. IX) le travail de Jules Lermina qui lui consacre quelques lignes dans le *Dictionnaire universel illustré biographique et bibliographique de la France contemporaine*, Paris, Boulanger, s. d. [1885], p. 483.

3 J.-M. Seillan, *op. cit.*, p. IX-X.

complètement de l'ambition lucrative, bientôt couronnée de succès par un nombre conséquent de rééditions, que le choix d'un tel sujet trahit. Il faut souligner ce succès non pour les qualités du texte, tout à fait discutables, mais parce qu'il témoigne d'une influence durable qui dut contenter l'auteur dont l'une des intentions, peut-être la principale, fut d'établir une vulgarisation scientifique des connaissances sur la sexualité et de les rendre accessibles au plus grand nombre au moment même où la lecture des ouvrages médicaux, même les plus renommés, était, somme toute, réservée à une élite[1]. Cette volonté didactique implique toutefois des choix narratifs assez inhabituels, et la structure de l'ouvrage est pour le moins singulière. Le début du roman respecte à peu près la cohérence du récit, incluant tant bien que mal des réflexions théoriques à la diégèse. Mais au cours du chapitre V, Dubarry rompt brusquement l'illusion romanesque pour introduire un long développement de quelque soixante-dix pages, tenant du genre de l'essai qui lui est cher, et concernant les comportements sexuels qu'il entend dénoncer[2]. Après cette longue digression, la fiction reprend aussi brusquement qu'elle s'était interrompue. L'ensemble est donc irrémédiablement bicéphale : on le considérera comme un roman qui ne prend pas corps, ou un essai qui manque d'esprit. Mais le dispositif, aussi maladroit soit-il, vise une efficacité à la mesure de la haine qu'il voue à l'inversion.

Ce phénomène de l'inversion, qui ne se superpose en aucun cas à l'homosexualité, mais en désigne une manifestation particulière, est défini précisément par Dubarry qui paraphrase la formule du docteur Magnan : « [...] une femme est physiquement femme et psychiquement homme, un homme physiquement homme et psychiquement femme[3] ».

---

1 L'auteur précise ses intentions dès le premier volume du cycle. Dans la préface qu'il rédige pour *Le Fétichiste* il mentionne que parmi les aberrations du sens génésique « [...] quelques-unes, plus familières au médecin spécialiste qu'au public, entre autres le cas de pathologie mentale qui caractérise le fétichiste, nous ont paru de nature à intéresser sous la forme vulgarisatrice par excellence, et notre éditeur, M. Chamuel, a adopté notre idée avec une conviction dont nous lui sommes reconnaissant. » (A. Dubarry, *Les Déséquilibrés de l'amour. Le Fétichiste*, Paris, Chamuel, 1896).

2 Cette rupture du romanesque est annoncée par l'irruption inattendue d'un autocommentaire du narrateur sur la composition de l'ouvrage, ramenant le lecteur à l'espace tangible de l'objet-livre : « Chaque jeudi, depuis leur entente du chapitre IV, Claire et Georges s'étaient réunis secrètement au parc Monceau [...]. » (A. Dubarry, *Les Invertis. Le vice allemand*, *op. cit.*, p. 89).

3 A. Dubarry, *op. cit.* p. 34. E. Magnan écrira : « [...] c'est en quelque sorte le cerveau d'une femme dans le corps d'un homme et le cerveau d'un homme dans le corps d'une femme. »

Un chiasme et des dichotomies sont en jeu, et avant que l'opposition hétéro/homosexuel ne se fige tout à fait dans les représentations par l'émergence du concept de « troisième sexe », c'est bien l'opposition homme/femme qui sert de grille de lecture aux amours homosexuelles, polarisées de manière stricte. Les invertis ne sont pas à côté de la norme, mais plus dangereusement encore, ils la renversent. Ils sont littéralement anti-nature :

> [...] *invertis*, du verbe invertir, c'est-à-dire renverser symétriquement, mettre sans dessus dessous, ou sans devant derrière. Au lieu de suivre la loi de la nature, celui-ci ne recherchait que les hommes, celle-là ne s'acoquinait qu'aux femmes[1].

L'ambition taxinomique de ce savoir exclut donc la possibilité d'une désorganisation identitaire telle que la désignera, des décennies plus tard, le terme *queer* et traduit au contraire une tentative de simplification et de rationalisation du phénomène perturbateur afin de cerner le mal. L'inversion est une maladie entrant dans une nosographie avec des symptômes et des solutions thérapeutiques éventuelles. Dans sa préface, Dubarry confirme le changement paradigmatique, analysé par Foucault[2], d'un encadrement de la sexualité d'ordre juridique à un encadrement d'ordre médical, puisqu'il faut, écrit-il, « [...] envoyer à l'hôpital, non à la prison, les déments des sens [...] qu'on arrête et qu'on frappe souvent à tort [...][3] ». Cette ambition « humaniste », mot porte-valeur désubstancialisé dont Dubarry se pare, est un positionnement très nettement ambigu car au-delà de l'intention curative existe une intention stigmatisante qui se signale par l'aspect caricatural des personnages, volontairement affublés des tares psychiques et physiques les plus répugnantes. L'auteur nous inflige les descriptions d'ordre physiognomonique qui rappellent celles du docteur Tardieu par la crudité des termes pseudo-médicaux employés en listes objectives, par les phrases nominales, indices d'une concision toute scientifique :

(*Des anomalies, des aberrations et des perversions sexuelles (Communication faite à l'Académie de médecine dans la séance du 13 janvier 1885)*, Paris, A. Delahaye & E. Lecrosnier Éditeurs, 1885, p. 18).

1 A. Dubarry, *op. cit.*, p. 33.

2 M. Foucault, *Histoire de la sexualité*, t. 1, *La Volonté de savoir*, Paris, Gallimard, coll. « Tel », 1994 [1976].

3 A. Dubarry, *op. cit.*, p. 12.

> Du côté d'Adolphe : barbe rare, arrondissement des mamelles, avec sécrétion lactée intermittente, développement anormal des fesses, voix aiguë, attitude féminine ; du côté de Florine : lèvre supérieure duvetée, bras, mains musculeux et poilus, physionomie, regard énergiques, voix rude, poitrine et derrière peu bombés, démarche masculine[1].

Chez Tardieu, en milieu de siècle, l'expertise médicale était utilisée judiciairement[2] ; chez Dubarry, ce mode descriptif n'est plus en adéquation avec les connaissances relatives à l'homosexualité et semble passablement rétrograde. La prétention à la neutralité scientifique dissimule mal la virulence idéologique sous-tendue par l'obsession de classification. Ainsi d'une distinction entre l'inverti congénital et l'inverti vicieux, c'est-à-dire l'inverti de naissance et l'inverti qui s'est perverti par défaillance du sens moral. Si le vicieux est irrémédiablement taré (pas de rédemption possible pour ceux qui affirmeraient leurs choix sexuels), l'inversion congénitale quant à elle, et puisqu'elle s'explique par les théories de l'hérédité, est susceptible d'être soignée. Les invertis du roman, Adolphe de Champlan et Florine de Morangis, le frère et la sœur, sont « [e]nfants d'un père cocaïnomane, mort sourd et gâteux, d'une mère éthéromane, morte d'un accès de démence neurasthénique, ils tenaient de l'hérédité leur dégénérescence[3] ».

Comme l'évoque Michel Foucault, la médecine de la fin du XIXe siècle utilise ce « discriminant radical » qu'est la notion d'état. Cet état se caractérise par une « fécondité étiologique totale » :

> L'état peut produire absolument n'importe quoi à n'importe quel moment et dans n'importe quel ordre. Il peut y avoir des maladies physiques qui viennent se brancher sur un état ; il peut y avoir des maladies psychologiques. Ça peut être une dysmorphie, un trouble fonctionnel, une impulsion, un acte de délinquance, l'ivrognerie[4].

Autrement dit, il existe une constitution commune de l'anormalité, qui est indifféremment une désorganisation de la norme ou une normalisation du désordre, induisant ce fait qu'une défaillance en appelle

---

1 *Id.*, p. 35.

2 *Cf.* A. Tardieu, *Étude médico-légale sur les attentats aux mœurs*, Paris, J.-B. Baillière & fils, 1857.

3 A. Dubarry, *op. cit.*, p. 34.

4 M. Foucault, « Cours du 19 mars 1975 », *Les Anormaux*, Paris, Gallimard-Seuil, coll. « Hautes Études », 1999, p. 295.

potentiellement une autre, à plus forte raison si la question de l'hérédité est à l'œuvre comme le fantasme d'une incontrôlable transmission des tares. La frontière entre le domaine du savoir médical et ce qui tient de l'idéologie est donc poreuse, porosité que Dubarry entretient à l'envi en accentuant ce que Foucault appelle « le laxisme causal indéfini[1] », l'absence de la preuve expérimentale. L'intrigue rocambolesque du roman se présente comme une mathématique à la rigueur convaincante, mais qui manque cruellement de crédibilité. Voici en substance son contenu : l'amour du couple hétérosexuel, la jolie Claire et le beau Georges, est contrarié par la clause testamentaire d'une parente un peu naïve laissant dépendre un legs important, destiné à la jeune fille, de son mariage avec Adolphe de Champlan, qui se révèlera être un inverti. Claire, sujet féminin exemplaire, accepte sous l'influence de sa mère, et sans deviner ce qui l'attend, de se conformer à la loi sociale et se trouve d'emblée réduite à jouer un rôle de l'ordre de la transaction financière. Adolphe accepte également l'arrangement, espérant ainsi se rapprocher de Georges qu'il désire ardemment, tandis que Florine, la sœur d'Adolphe elle aussi invertie, soutient le projet dans le secret espoir de se rapprocher de Claire dont elle espère les faveurs. Florine est par ailleurs mariée à un homme qu'elle a poussé à la consommation régulière de morphine dans le dessein avoué d'échapper au devoir conjugal. L'intrigue expose donc une double décadence, à la fois sociale à travers l'institution pervertie du mariage, et sexuelle dans le chassé-croisé des désirs « contraires » perturbant l'ordre amoureux. Dubarry se charge, d'une plume mâle et à travers un récit exemplaire, de rétablir ce qu'il considère comme « l'ordre naturel ». Les amoureux cèderont à la tentation de rompre le contrat social en fuyant le pays et leurs oppresseurs, et en privilégiant courageusement l'impulsion de leurs désirs, dans un contrat privé. Il y a donc un bon sens individuel agissant pour le bien collectif, à même de contrarier la décadence généralisée résultant d'un individualisme égoïste. Le projet d'Armand Dubarry s'affirme comme une défense de l'intérêt général et une opposition, à la fois éthique et esthétique, au mouvement décadent :

> Ils ne trouvent, en France, rien à leur goût, pas même la patrie, car se sont des internationalistes. En perdant le bon sens et la notion de notre belle langue si limpide, ils ont perdu le sentiment du bien et du mal[2].

---

1 *Id.*, p. 296.
2 A. Dubarry, *op. cit.*, p. 155.

D'où il résulte une association du décadent à l'inverti sur le fondement d'une analogie : le décadent dénature égoïstement la pureté de la langue française en raffinant les complexions stylistiques à l'instar de l'inverti qui dénature égoïstement la pureté de la pulsion sexuelle en privilégiant ses désirs contraires. Analogie qui semble légitimer certains soupçons :

> On en signale [des invertis] dans les rangs des décadents littéraires, ces grotesques vaniteux qui ne croient qu'au génie qu'ils s'attribuent, qui dénigrent bêtement tout ce qui n'est pas eux, qui, en un langage où l'amphibologie, l'amphigouri, le disputent à l'incompréhensible, au galimatias, et dont Molière se fût fort diverti, écrivent les plus étonnantes insanités[1].

En soulignant les circonvolutions décadentes qui sont à la fois une perte de l'intelligibilité du propos dans l'excès compensatoire du style et une perte de l'intelligibilité des valeurs sexuelles dans l'excès compensatoire de sensation, l'auteur incarne implicitement un redressement viril et patriotique qui passe par la maîtrise du *Logos* impliquant le bon usage, la précision et la franchise. Dubarry s'inscrit contre l'idée de décadence et toute idée d'impuissance mais à tout moment le fiasco menace, véritable foyer anxiogène. À trois reprises, et de manière symptomatique, l'auteur se trouve réduit au silence par l'impossibilité à décrire l'acte sexuel raté que des aposiopèses voudraient faire oublier. Il écrit successivement à propos de Florine se refusant à son mari, puis de Claire et Champlan se décidant en bonne entente à l'abstinence :

> À l'aurore de notre association, le baron m'assommait de ses… prévenances […][2].
>
> […] Claire, qui redoutait un dénouement… régulier, irréparable, crut à une fausse sortie […][3].
>
> Champlan eût eu, à son égard, une… abstention qu'elle n'osait espérer de lui[4].

Ces suspensions équivoques sont encore soulignées par des euphémismes jetant un voile pudique sur les mots du sexe, lorsque l'érection est impossible, et la masculinité explicitement en échec. Le refus de

1 *Id.*, p. 154-155.
2 *Id.*, p. 59.
3 *Id.*, p. 67.
4 *Id.*, p. 72.

dire l'impuissance est par ailleurs en contradiction avec les buts que Dubarry se fixe dans la préface :

> Ce système de l'éteignoir, outre qu'il est funeste, car il perpétue le mal en le dotant d'une virulence décuple, d'une force d'expansion irrésistible, ce système de l'éteignoir nous rappelle le moyen de préservation qu'on prête à l'autruche en face du péril[1].

Ce relâchement dans la toute-puissance à dire, que devrait incarner l'homme véritablement maître de sa langue et de ses émotions, témoigne d'une peur de la décadence toujours susceptible de contaminer la puissance virile si bien cadencée. Dans la partie théorique de l'ouvrage, cette peur se concentre autour de la notion de « vice allemand », expression qui signale l'idée simple que l'inversion est une perversion typiquement allemande ; l'auteur rejette de manière compulsive le foyer infectieux, cette peur qui le taraude de la contamination, hors des limites territoriales et précisément chez l'ennemi, celui dont la victoire cuisante de 1870 humilia la puissance nationale : l'image de la menace barbare est réactivée. Mais cet éloignement ne suffit pas, l'écrivain met à distance les mots pour dire le désir homosexuel que les médecins allemands ont su mettre en scène, quand bien même l'intention devait être de les condamner :

> Le Dr Moll, de Berlin [...] rapporte sur les homosexuels de sa connaissance, des faits de ce calibre beaucoup plus dégoûtants, des faits si dégoûtants que nous renonçons à les traduire, à les transcrire[2].

Sa mauvaise foi le pousse alors à considérer dans un raisonnement par l'absurde qu'étant donné la profusion des recherches sur le sujet en Allemagne, la preuve est faite que l'inversion est bien un phénomène allemand. Puis il minimise l'existence du phénomène en France en considérant que « [l]a peste de l'inversion, qui s'est propagée du pôle

---

1 *Id.*, p. 8-9. Il soutenait pourtant, quelques années plus tôt, un point de vue diamétralement opposé. Dans une chronique de la *Gazette des lettres, des sciences & des arts*, il écrivait à propos d'une retentissante affaire de mœurs : « À force de chanter les filles entretenues dans les romans et sur le théâtre, on les a posées de telle sorte qu'elle se croient tout permis, même le crime. Il serait temps, dans l'intérêt de la morale publique, de mettre ces pieuvres aux mille tentacules à l'index de la littérature, afin qu'elles ne puissent plus trouver désormais de modèle ni de justification dans des *Dames au Camélias*, des *Baronne d'Ange* et autres fameuses catins déifiées de cette farine. » (*Gazette des lettres, des sciences & des arts*, n° 22, 1er août 1877).

2 A. Dubarry, *op. cit.*, p. 138.

nord au pôle sud et de l'orient à l'occident, n'a pas épargné notre pays ; mais du moins, chez nous où la fille d'Ève est déesse, où on l'aime plus encore qu'on n'aime l'homme en Allemagne, les invertis sont-ils des exceptions, rentrent-ils dans le domaine de la tératologie[1] ». Enfin, souhaitant justifier scientifiquement des arguments qui sembleraient manquer de preuves tangibles (et pour cause), il se fend d'une théorie des plus fantaisistes en osant prétendre que :

> [...] dans l'acte de la copulation légitime, cela ressort de l'aveu de leurs pédérastes mariés, ils pensent qu'ils s'ébattent avec des hommes : voilà pourquoi ils font à profusion des petits qui sont en partie des sodomites[2].

Il élabore une extrapolation contestable des théories de l'hérédité en surestimant l'influence psychologique dans les déterminismes physiques. Finalement, Dubarry met en pratique malgré lui ce système de l'éteignoir qu'il souhaitait éviter. L'auteur est frappé d'une double impuissance : l'impuissance créatrice qu'il voulait souligner dans la préciosité du style décadent est doublement visible chez lui qui n'obtient pas une cohérence narrative malgré la clarté du style, tandis que l'impuissance théorique, qu'il remarquait dans une complaisance dans les « étonnantes insanités », est encore doublement visible chez lui dont la méthode scientifique de classification s'avère inopérante. La prose se veut incantatoire mais la magie n'a pas lieu. Si l'on peut supposer que l'œuvre eut un pouvoir de conviction sur un lectorat déjà acquis à la cause, à savoir exterminer l'inversion, on peut espérer qu'elle n'aura pas eu l'effet dissuasif escompté sur les homosexuels eux-mêmes.

La stratégie discursive de Dubarry associe logocentrisme et phallocentrisme pour assurer un pouvoir viril. L'affirmation de se pouvoir requiert la mise en œuvre de personnages repoussoirs, incarnés dans le texte par les invertis assimilables aux esthètes décadents. Les choix esthétiques ne sont donc pas anodins, mais étroitement liés à l'entreprise de moralisation sexuelle. Une morale du style existe indéniablement. Il est alors intéressant de questionner le positionnement moral des écrivains de la décadence[3] qui, selon Dubarry, « perdent le sentiment du

1 *Id.*, p. 154.
2 *Id.*, p. 141.
3 On parle plus volontiers « d'écrivain de la décadence » que « d'écrivain décadent ». En effet, un certain nombre de critères permettent de reconnaître un style décadent mais,

bien et du mal » dans l'utilisation d'un « langage où l'amphibologie, l'amphigouri, le disputent à l'incompréhensible, au galimatias[1] ». Ces reproches (hermétisme et ambiguïté morale) auraient pu s'adresser à Camille Lemonnier dont l'esthétique, que l'on peut qualifier de décadente, suit les méandres d'une virilité précaire. Son écriture, opposable sur ce point à celle de Dubarry, n'épouse pas l'idée d'une démonstration violente du pouvoir viril. En outre, le récit biographique de la déchéance du personnage, aussi pessimiste soit-il, est ponctuellement illuminé par la pensée d'une masculinité primitive, harmonieusement vécue.

DÉCADENCE DU MÂLE OU LA CHRONIQUE D'UN DÉSASTRE ANNONCÉ

L'Homme en amour, roman de Camille Lemonnier publié en 1897, porte un titre programmatique laissant espérer de belles perspectives pour l'analyse du masculin dans la fiction. Il s'agit d'un roman aux accents naturalistes qui laisse toutefois apparaître, au cours du récit, une évolution sensible du style et des enjeux qui lui donnent sa facture typiquement décadente. Entièrement écrit à la première personne, il se présente comme la confession d'un personnage irrémédiablement déchu, ayant éprouvé toutes les subtilités du vice jusqu'à ne plus apercevoir en lui la possibilité d'une rédemption. De manière révélatrice l'œuvre débute sur une visite chez le médecin qui croit pouvoir soigner le mal avec quelques sédatifs et sur un acte symbolique du personnage qui déchire l'ordonnance. Lemonnier croit à l'épuisement des races, une fin déjà inscrite dans le sang :

> Peut-être je suis un homme très vieux. Je porte en mes os l'homme que j'étais déjà dans les lointains de la race. Oui, alors déjà j'étais possédé de ce mal ; mon sang âcrement brûlait. Et j'ai à peine trente ans[2].

---

contextuellement, la reconnaissance du mouvement décadent est problématique. À ce sujet voir l'introduction *Le Mot et la Chose* à l'ouvrage de Jean de Palacio, *La Décadence*, Paris, Les Belles Lettres, 2011.

1 Dubarry, *op. cit.*, p. 5.

2 C. Lemonnier, *L'Homme en amour*, Paris, Séguier, coll. « Bibliothèque décadente », 1993 [Ollendorff, 1897], p. 27.

Mais, contrairement à ce que propose Dubarry, la possibilité d'une cure est écartée d'emblée, le mal vient de trop loin. Le retour de la décadence est inévitable, imposé par la conception cyclique de l'Histoire (avec un grand H), toute jeunesse porte son principe mortel, sa vieillesse à venir, et la fiction décadente rejoue consciemment ce parcours, se remet en jeu dans l'histoire (avec un petit h) avec sans doute le secret espoir d'appréhender le temps dans des cadres plus maîtrisables. Camille Lemonnier interroge dans son roman le masculin décadent, c'est-à-dire celui qui, au moment même où il est en érection, prévoit la détumescence. Certains codes du récit empruntent au roman d'apprentissage, notamment dans l'exposition caractéristique d'une succession de choix proposés au héros à la croisée des chemins, à cette limite près que les choix faits ici sont systématiquement les mauvais et qu'à la trajectoire ascendante attendue se substitue une déchéance inexorable. La leçon à tirer du récit serait l'idée d'une inexemplarité exemplaire qui, par des mécanismes d'ordre cathartique, demeurerait édifiante pour le lecteur. L'homme décadent tel que le décrit Lemonnier est le spécimen caractéristique de la masculinité vacillante qu'une confrontation à l'omnipotence de femmes castratrices et mal intentionnées éteint tout à fait. Cet aspect fondamental irrigue le roman mais ne permet pas de saisir le point de vue véritablement nouveau sur ce que serait l'homme en amour selon Lemonnier. La perspective nouvelle dans cette œuvre, c'est la conscience supérieure du personnage qui s'écrit, qui rétrospectivement relit son parcours et manifeste par là une « conscience de conscience » (pour reprendre la formulation de Jankélévitch[1]), ce qui induit non seulement qu'il identifie les mauvais choix qu'il a faits, mais qu'en plus il développe la faculté d'imaginer ce qu'auraient été les bons choix. La décadence du personnage est inscrite dans ses veines.

Mais Lemonnier donne d'autres explications, moins attendues, peut-être plus transgressives. Au-delà de la transmission héréditaire incontrôlable, Lemonnier expose les dangers de la transmission d'une morale d'inspiration judéo-chrétienne de la part du père imposant fermement le silence sur les réalités de la chair. Lemonnier considère que la pulsion masculine est naturelle et demande à être satisfaite naturellement. L'interdit et le silence favorisent donc le développement d'une excitabilité et d'une imagination nocives :

---

1 V. Jankélévitch, « La décadence », *Revue de Métaphysique et de Morale*, v. 55, octobre-décembre 1950, p. 337-369.

> Mon père fut ainsi l'une des causes de mon mal. [...] On ne parlait jamais des organes de la vie qu'avec réticences ; il sembla qu'il fût honteux d'être un homme ; et peut-être l'amour, pour mon père, demeura la faiblesse humiliante qu'il allait soulager dans la maison aux volets clos. Je ne connus donc l'harmonie de la vie et la beauté de mon corps qu'à travers la douleur de les sentir malfaisants, frappés de la réprobation divine et humaine[1].

L'enfant manque du repère masculin fondamental qu'est la connaissance de son corps, la connaissance de son sexe et l'apprentissage de la beauté physique. Il est donc d'emblée dans la considération de la supériorité de l'esprit sur le corps et dans l'ignorance des interactions complexes qui régissent ces fonctionnements. Le premier pas décadent est une défaillance corporelle compensée par une survalorisation spirituelle. Or, ce mécanisme de spiritualisation est doublement corrompu, interdisant l'état idéal de l'angélisme : d'un côté l'enfant découvre des estampes obscènes dans la bibliothèque interdite par le père, ce qui tout à la fois donne lieu à une pratique masturbatoire délétère, entretenant la méconnaissance de la beauté du corps, et à une dévalorisation du modèle idéalisé du père juriste dont la morale est remise en cause, ce qui accentue la corruption de l'esprit. D'un autre côté, l'éducation sexuelle de l'enfant est prise en charge par ses camarades de collège et notamment le personnage idéalisé de Romain, figure de la masculinité écrasante, qui l'entraîne dans une échappée belle pour un dépucelage au bordel qui s'achève par un *fiasco* dont la justification n'est même pas à chercher dans la présence d'un désir homosexuel, mais dans une impuissance fondamentale du personnage. Sa nature est bien plus fragile que celle de Romain, et ne lui permet pas d'assumer la compétition masculine :

> Son immoralité [celle de Romain] était franche, emportée, selon la nature qui donne aux mâles, chez l'homme et chez la bête, un appareil violent et prompt. Au contraire, ma triste moralité à moi se compliqua d'irritations acides et maladives. Dans mes élans et mes gauches pudeurs, je parus manifester les deux sexes : je ne fus qu'une femme qui eut la véhémence passionnelle d'un homme, je fus un homme qui n'eut que les timides et ardentes sensibilités de la femme[2].

Parallèlement au changement de perspective quant à la moralité du père, se dessine un changement de point de vue quant à l'immoralité

1 C. Lemonnier, *op. cit.*, p. 34-35.
2 *Id.*, p. 58.

de l'ami, les deux mouvements contribuant à précipiter la chute. Dans ce mouvement de concaténation d'éléments corrupteurs apparaît, de manière fugitive et pourtant insistante, l'image du masculin véritablement idéal et valorisable, celle d'un vieux paysan à la nature simple dont les comportements sexuels font une figure anti-décadente :

> Quand il s'asseyait dans les âtres, les femmes sentaient le maître fort et doux. Il les prenait sur ses genoux ; elles le caressaient charmées ; il était le laboureur dans les champs de la Vie. Lui aussi était près de la nature comme les pâtres, le bûcheron et le pêcheur au bord des eaux, le taureau dans le clos, les espèces qui randonnent au clair de lune. Il chérissait les belles filles confiantes, les femmes mûres, le printemps et l'automne du radieux verger charnel[1].

Sur le fondement d'une confrontation entre deux paradigmes, l'artificiel et le naturel, Lemonnier présente deux constructions possibles de la masculinité : le choix décadent conduisant à ce qu'il nomme « le mauvais amour », qu'illustrera la relation que le narrateur entretiendra avec Aude, véritable incarnation de la Bête, et le choix d'une morale épicurienne idéalisée conduisant au « bon amour[2] », sorte de *locus amoenus* de la sexualité.

L'écriture de *l'Homme en amour* se développe selon ces mêmes paradigmes, la veine réaliste ou naturaliste est peu à peu abandonnée, et l'ivresse du style décadent s'affirme à mesure, saturant le texte de complexions bizarres : néologismes, mots à désinences inhabituelles, antépositions caractéristiques de l'adjectif épithète, abstractions théoriques, références mythiques dégradées, autant d'éléments qui cryptent le propos et l'entraînent d'une réflexion physique vers une réflexion métaphysique. Cependant, l'écriture de cette métaphysique, qui pourrait sembler se perdre en sa ductilité, loin d'aboutir à un constat d'échec théorique et d'impuissance du style, est une manière que l'auteur prônera au contraire comme une méthode :

> J'appelle écrivain un créateur de formes : celles-ci résultent de l'étendue et de la souplesse du vocabulaire plus encore que de l'abondance et de la force des idées. Elles sont adéquates à ce rythme intérieur qui constitue la personnalité foncière de l'homme de lettres et sans lequel il n'y a point de style[3].

---

1 *Id.*, p. 195.
2 *Cf.* C. Lemonnier, *Le Bon Amour*, Paris, Ollendorff, 1900.
3 G. Abel, *Labeur de la prose*, Paris, Stock, 1902, p. 6 [préface de Camille Lemonnier].

Cette idée d'une primauté du « rythme intérieur » de l'écrivain qui s'incarne dans une forme souple est une exaltation à la plus grande individualité artistique et une attitude de l'homme de lettres assez neuve consistant à valoriser une part émotionnelle (donc féminine) dans l'ordre du *Logos*. Max Nordau, pathologue invétéré des « déviances d'artistes », ne manque pas d'établir un réseau d'équivalences délétères entre la femme, les émotions, la musique et les instincts sexuels :

> Les femmes (et les hommes qui leur sont assimilables par le développement intellectuel) estimeront donc toujours un artiste plus qu'un penseur et un chercheur, et, parmi les artistes, le plus haut à leur yeux est tout naturellement le musicien, parce que les émotions que la musique leurs donnent excitent aussi les centres sexuels, et sont par-là les plus profondes et les plus agréables[1].

Le style en littérature n'est pas idéologiquement neutre. Dans *L'Homme en amour*, au-delà de la remise en cause du modèle d'éducation sexuelle masculine et du pouvoir de la médecine, c'est-à-dire au-delà des idées, c'est dans la forme elle-même – cette prose est-elle féminine, émotionnelle, musicale ou sexuelle ? – que la redéfinition fragile du masculin est (peut-être) à l'œuvre.

À la fin du XIXe siècle, la médecine s'efforce de construire un système perfectionné de classification des perversions. L'ouvrage d'Armand Dubarry garde la trace, dans les choix rhétoriques, de ce réflexe taxinomique permettant (censément) de délimiter la norme à partir des « déviances » rejetées aux marges. L'argumentation concernant l'inversion est soutenue par une connaissance vulgarisée des données médicales, guidée notamment par l'idée d'un déterminisme biologique qui, conformément à l'intention humaniste de la préface, conduit à affirmer l'inutilité de la répression juridique. Cependant, l'arrière-plan idéologique est virulent et la fin du roman, affirmant *in extremis* le besoin d'équilibre qu'une loi supérieure assure, relatera la mort « accidentelle » des deux « Déséquilibrés de l'amour ». Il reste assez peu admissible, dans le cadre d'une fiction, qu'un crime contre-nature reste impuni.

La thèse du déterminisme est également présente de manière fugace chez Camille Lemonnier, puis vite écartée : elle ne constitue pas une explication suffisante de la dégradation morale du personnage. À travers

1 M. Nordau, *Pycho-physiologie du génie et du talent*, Paris, Félix Alcan, 1897, p. 167.

son parcours biographique nous comprenons que ce sont les éléments cumulés d'une méconnaissance de la sexualité, un déficit éducatif lié aux pudeurs excessives, qui conditionnent une déviance des comportements. Il y a donc une injonction à décrypter la sexualité masculine pour espérer localiser les conditions d'émergence d'un « bon amour ». L'exhumation de ce savoir demeure pourtant utopique dans le roman et passablement occultée par la présence insistante du *topos* de la masculinité décadente qui contribue à jeter le doute sur la moralité de l'auteur. Suffisamment en tout cas pour qu'en mars 1900 *L'Homme en amour* ait été poursuivi par le parquet de Bruges. Lemonnier sera acquitté mais l'affaire pose question. Dans les notes qu'il rédige pour sa défense au procès[1], il indique que le roman n'est que le premier volet d'un triptyque comprenant *Adam et Ève* (1899) et *Au Cœur frais de la forêt* (1900), deux œuvres exprimant l'amour mû par un « panthéisme instinctif ». Il affirme la valeur exemplaire de son travail, mais son style – transcription d'un « rythme intérieur » fonctionnant sur la puissance d'évocation du mot[2] – produit sans doute une ambiguïté. Comment assurer en effet la réception morale d'un texte dont l'expressivité trahit un plaisir à écrire les comportements « a-normaux » ? Rachilde, dans le compte-rendu de l'ouvrage qu'elle donna pour le *Mercure de France*, remarque la richesse de ce document des perversions fin-de-siècle, avant de conclure que « Camille Lemonnier ne peut pas, heureusement, rester un réaliste sincère[3] ».

La trajectoire que ces deux auteurs esquissent pour décrire l'homme en décadence est apparemment opposable : Dubarry trace l'éviction du péril décadent en décrivant de manière méliorative un essentialisme de genre permettant, en dernière instance, de maintenir la hiérarchie entre les sexes, tandis que Lemonnier explore, à travers une biographie tenant du contre-exemple, l'irrépressible dégradation morale et sexuelle d'un personnage. Les stratégies discursives qu'ils emploient suivent

---

1 Ces notes sont conservées au musée Camille Lemonnier d'Ixelles-Bruxelles, consultables dans les annexes de l'édition Séguier du roman, grâce aux soins de Sylvie Thorel-Cailleteau. *Cf.* Camille Lemonnier, *L'Homme en amour*, Paris, Séguier, coll. « Bibliothèque Décadente », 1993, p. 307-314.

2 Dans la préface rédigée pour l'ouvrage de Gustave Abel déjà cité, Lemonnier pose une règle : « Le mot accouche l'idée : elle est à ce point tributaire de ses puissances que celles-ci s'étendent souvent à tout le livre et que la constance dans la couleur et le dessin du mot finit par caractériser son mode intellectuel » (G. Abel, *op. cit.*, p. 6).

3 Rachilde, « Compte-rendu de *L'Homme en amour* », *Mercure de France*, août 1897, p. 341.

ces trajectoires : le premier entend utiliser une prose rationnelle, sans fioriture, efficace, le second souhaite transcrire minutieusement les subtilités de l'âme humaine à travers une écriture fouillée, aux limites de l'opacité. Cependant, l'un et l'autre compensent fantasmatiquement le vide qui semble inhérent à toute approche de la définition de l'homme. Dubarry fantasme, dans la description outrancière des invertis, un pur renversement donnant par contraste la clef d'un ordre sexuel pur. Lemonnier fantasme, dans la description d'une perversion complète des comportements, le lieu idéalisé de l'amour édénique donnant par contraste la clef d'une réconciliation entre les sexes.

On peut finalement lire la crise décadente comme un moment de profonde inquiétude quant à l'intégrité du masculin, moment de mise en échec probablement utile à la renégociation d'un pouvoir sexuel : la fin d'un temps (qui n'est pas la fin des temps) est sans doute la condition non pas suffisante, mais nécessaire, pour l'appréhension d'une masculinité pacifiée.

Romain COURAPIED
Université de Rennes 2
– Haute-Bretagne

LE ROMAN DE LA MÂLE-VERSATION

FICTION DE LA MASCULINITÉ D'AFFAIRES DANS *LA CURÉE* DE ZOLA

Deuxième volet de la vaste « Histoire naturelle et sociale d'une famille sous le Second Empire », *La Curée*[1] est d'abord publiée dans le journal *La Cloche* (1871) alors que Zola multiplie les articles acerbes contre le régime impérial et les travaux haussmanniens qui bouleversent le visage de la capitale. Toute l'intrigue repose sur ces transformations, transfigurations, défigurations d'un espace et d'une société. Les analyses faites sur ce roman du point de vue du genre se sont souvent concentrées sur les personnages de Renée et de Maxime, « hermaphrodite étrange » (p. 152), ont beaucoup commenté les processus de trouble et d'inversion engendrés par le couple incestueux[2]. Si Zola établit un lien clair entre débauche de l'or et de la chair, entre fièvre spéculative, fièvre érotique et disparition des différences sexuelles, la spéculation redéfinit également la masculinité de personnages qui semblent ne présenter aucune ambiguïté de genre. Nous nous intéresserons ici particulièrement au cas d'Aristide Saccard, spéculateur incarnant l'émergence d'une nouvelle bourgeoisie d'affaires et d'une nouvelle masculinité triomphante dont le roman décrit l'irrésistible ascension, la course folle emportée par l'incessante agitation de l'agiotage. Nous tenterons alors de montrer comment la spéculation, véritable paradigme des relations sociales et intimes dans *La Curée*, assoit un nouveau modèle de masculinité en même temps qu'elle le déstabilise et le remet en question, l'exhibant comme mâle-versation.

1 Nous nous réfèrerons à l'édition Gallimard (1981) établie par Henri Mitterand.
2 Voir par exemple, N. Buchet Rogers, *Fictions du scandale*, West Lafayette, Purdue University Press, 1998, chapitre 8.

TERRITOIRES DU MASCULIN : LA MÂLE-VERSATION COMME VOL ET VIOL DE LA VILLE

Les personnages masculins du roman s'identifient à des territoires. Une géographie se met en place, qui croise sexe, genre et classe. La masculinité de la bourgeoisie d'affaires prétendant à l'hégémonie tente de fonder une nouvelle hiérarchie des modèles masculins. Elle se construit en regard de deux autres masculinités concurrentes : la masculinité républicaine et la masculinité prolétaire. La première est représentée par le père de Renée, M. Béraud du Châtel, sa « roideur et [sa] sévérité de profession » (p. 103). Resté en marge du mouvement de l'Histoire, isolé sur l'île Saint-Louis, au cœur de l'ancien Paris, Béraud du Châtel s'enferme dans la froide dignité de son hôtel particulier :

> Tout le luxe de l'ancienne bourgeoisie parisienne était là, un luxe inusable et sans mollesse [...] des lits aux étoffes rigides, des bahuts à linge où la rudesse des planches compromettrait singulièrement la frêle existence des robes modernes. (p. 126)

Tout ici dit la rigidité, la fermeté et la fermeture d'une masculinité sans ouverture, toute d'extériorité. Point de corps, point de chair mais un caractère inflexible imprimé, imprégné dans la pierre. L'hôtel du père de Renée est en cela l'exacte antithèse de l'hôtel Saccard, situé non loin du parc Monceau, dans les quartiers dont va s'emparer la grande bourgeoisie Second Empire aux confins du nouveau Paris, tout à la fois marge et centre déplacé. Au contraire de l'austère sobriété de l'hôtel Béraud, l'hôtel Saccard est surchargé de sculptures, de dorures et de fioritures. Si l'hôtel de l'île Saint-Louis ne supporte pas les robes modernes, celui du parc Monceau, efféminé, semble quant à lui paré de sa « toilette de gala » (p. 53). Mais il est avant tout symbole géographique et architectural de l'élévation sociale d'une bourgeoisie parvenue. Comme le note Jean Borie, « il y a chez le spéculateur une angoisse et un désir furieux d'affirmation de soi : c'est lui-même qu'il tente vainement de construire, son intégrité qu'il tente vainement de proclamer lorsqu'il édifie ces coûteux monuments que sont les hôtels particuliers[1] ».

1 J. Borie, *Zola et les mythes, ou De la nausée au salut*, Paris, Seuil, 1971, p. 174.

L'hôtel Saccard ne fait pas exception, qui se « dress[e], [avec] aux angles deux pavillons, deux sortes de tours engagées à demi dans le corps du bâtiment » (p. 52). Ce bâtiment-corps s'érige sur une ville livrée aux exactions, à la *libido* des spéculateurs et des hommes de l'Hôtel de la Ville. Réalisation d'une masculinité conquérante, l'hôtel-phallus rejoint la métaphore du viol et de l'éventrement qui parcourt le roman. Il est utile de rappeler ici que Renée se voit obligée d'épouser Aristide Saccard à la suite d'un viol subi pendant un séjour à la campagne : son destin rejoint celui de la ville et rejoue en miniature celui de la France, forcée par le coup d'État de Napoléon III.

La masculinité de cette bourgeoisie d'affaires se construit aussi face à celle du prolétariat parisien. La visite des chantiers, à la fin du livre, confronte les spéculateurs aux ouvriers qui réalisent effectivement les plans conçus dans les cabinets, percent réellement les entailles dessinées au trait rouge sur les cartes de l'Hôtel de Ville. Ces ouvriers, « attaquant une muraille à coups de pioche » (p. 321), offrent le spectacle d'une masculinité menaçante, dotée d'une véritable et concrète puissance de pénétration alors que celle des spéculateurs reste cantonnée dans le domaine de la métaphore et du verbe. Tout le discours des compagnons de Saccard consiste alors à nier cette masculinité de la force physique, à reléguer l'hyper-virilité du prolétaire dans le champ de la barbarie et de la bestialité : « Ce sont des brutes » (p. 321) lance un médecin de l'assistance pour tempérer l'admiration de M. de Mareuil. Le triomphe de la nouvelle bourgeoisie ne peut donc se comprendre s'il n'est aussi envisagé comme triomphe d'une nouvelle masculinité dont la puissance s'exerce sur le corps détruit et offert de la ville. L'entrée de Saccard dans le monde des affaires ne laisse place à aucune ambiguïté : « Aristide Rougon s'aba[t] sur Paris » (p. 81) au cours de ce qui s'apparente à « une vraie prise de possession » (p. 82). Images et métaphores sexuelles traversent tout le texte pour décrire Paris devenue fille publique, « ville éventrée » (p. 115), « [taillée] à coups de sabre » (p. 142), trouée, percée, soumise à l'emprise du mâle. A l'isotopie de la pénétration s'ajoutent, dès le titre, les images de la guerre et de la chasse. Saccard devient chef de guerre, chef de meute :

> Le gibier courait devant lui [Saccard], [...] la grande chasse impériale, la chasse aux aventures, aux femmes, aux millions, commençait enfin. (p. 85)

La « fête impériale » se fait chasse, traque, battue. Le rythme ternaire associe économie de la finance et économie libidinale dans un même mouvement d'éventrement, de conquête violente et de capture. On ne peut que suivre André Rauch lorsqu'il écrit qu'au XIXe siècle, « être pleinement viril, c'est devenir homme d'affaires[1] » ! La communauté des hommes d'affaires, qui dessine les contours d'un univers caractérisé par sa forte homosocialité, regroupe les véritables guerriers, les véritables aventuriers du temps. Alain Plessis, dans un article consacré à la Bourse sous le Second Empire, cite par exemple la *Défense de l'agiotage* que l'économiste Alphonse Courtois publie en 1879 :

> Voyez [...] ces travaux publics, ces manufactures, ces usines, ces institutions de crédit, qui répandent partout l'aisance, la richesse [...] et dites-moi si cette transformation n'est pas due au principe dont l'agiotage est le point extrême, si la spéculation n'est pas le levier qui a mû toutes ces forces, le lien qui a réuni toutes ces ressources en en multipliant la puissance[2].

La spéculation soutient la grande aventure moderne. L'expansion de la phrase déploie la formulation d'un fantasme de puissance qui se fonde sur une tension entre un mouvement vertical ascendant associé au singulier (« le levier ») et un mouvement horizontal associé au multiple, au pluriel (« répandent », « toutes ces forces », « toutes ces ressources »). Les images de l'érection-spéculation – activité virile par excellence – et de l'éjaculation se rejoignent dans le paroxysme du « point extrême », point culminant de l'effort et du plaisir. Ce même imaginaire est porté par les spéculateurs de *La Curée* : Toutin-Laroche n'hésite pas à lancer ce qui pourrait être le slogan publicitaire de l'haussmannisation : « bouleverser Paris, c'est le fertiliser » (p. 64). Les métaphores convoquées par les hommes de Bourse du Second Empire renvoient bien à un imaginaire de la procréation et de la puissance sexuelle fécondante de l'activité moderne, forcément virile. Pourtant, nous verrons que c'est précisément cette métaphore du coït et de la dissémination qu'elle suppose qui menace symboliquement l'apparente suprématie de la masculinité d'affaires.

---

1 A. Rauch, *Crise de l'identité masculine 1789-1914*, Paris, Hachette Littératures, 2000, p. 112.

2 A. Plessis, « La Bourse et la société française du second Empire », *Romantisme*, Paris, n° 40, 1983, p. 45.

DISPERSION, DÉPENSE ET IMPUISSANCE : LES REVERS DE LA SPÉCULATION

Pour reprendre les termes de Bourdieu dans *La Domination masculine*[1], on peut dire que la construction de la masculinité d'affaires dans le roman est autant piège que privilège. Appartenir à la communauté masculine triomphante des spéculateurs est un privilège social qui implique un rapport problématique à l'espace et au temps. La mobilité, notion centrale dans la définition de la bourgeoisie de l'époque[2], génère de nouvelles angoisses quand elle devient folie du mouvement. La mobilité sociale de Saccard s'accompagne bien sûr d'une mobilité spatiale : originaire de Plassans en Provence, Aristide s'installe dans un appartement de la rue Saint Jacques (quartier à l'époque fort pauvre) lorsqu'il monte à Paris. Il vit rue de Rivoli lorsqu'il se lance dans les affaires avant de faire bâtir son hôtel particulier, au faîte de sa puissance, non loin du parc Monceau. Mais cette mobilité devient peu à peu une mobilisation de tous les instants, mobilisation qui sollicite et engage le corps du personnage : dans ses « Notes générales sur la marche de l'œuvre », Zola écrit à propos des mœurs de son époque qu'elles se caractérisent par la « soif de jouir, et de jouir par la pensée surmenée, et par le corps surmené. Pour le corps : poussée du commerce, folie de l'agio et de la spéculation. Pour l'esprit : éréthisme de la pensée[3] ». On le voit, dans la conception zolienne, la spéculation à outrance est le symptôme d'un surmenage du corps et de la pensée, d'une surexcitation physique et mentale, d'une tension poussée jusqu'à la cassure :

> Cependant, comme sa femme, [Aristide] avait des anxiétés nerveuses, une inquiétude qui donnait à son rire un étrange son de vitres brisées. Il devenait si tourbillonnant, si effaré [...] (p. 166)

Le parallèle esquissé avec les désordres nerveux caractéristiques du personnage de Renée amorce la discrète féminisation de l'homme d'affaires emporté dans un mouvement frénétique évoquant celui de

---

1 P. Bourdieu, *La Domination masculine*, Paris, Seuil, 1998, p. 56.
2 Voir A. Rauch, *op. cit.*, p. 107.
3 Cité par H. Mitterand dans *La Curée*, *op. cit.*, « Notice », p. 358.

la danseuse, voire de l'hystérique[1]. La « vie à outrance » du spéculateur se traduit donc par une dangereuse projection de soi dans la ville qui menace l'intégrité physique et mentale :

> Bientôt, remuant les capitaux à la pelle, il eut huit maisons sur les nouveaux boulevards. Il en avait quatre complètement terminées, deux rue de Marignan, et deux sur le boulevard Haussmann ; les quatre autres, situées sur le boulevard Malesherbes, restaient en construction, et même une d'elles, vaste enclos de planches où devait s'élever un magnifique hôtel, n'avait encore déposé que le plancher du premier étage. A cette époque, ses affaires se compliquèrent tellement, il avait tant de fils attachés à chacun de ses doigts, tant d'intérêts à surveiller et de marionnettes à faire mouvoir, qu'il dormait à peine trois heures par nuit [...]. Le merveilleux était que sa caisse semblait inépuisable. Il était actionnaire de toutes les Sociétés, bâtissait avec une sorte de fureur, se mettait de tous les trafics, menaçait d'inonder Paris comme une mer montante, sans qu'on le vît réaliser jamais un bénéfice bien net, empocher une grosse somme luisant au soleil. Ce fleuve d'or, sans sources connues, qui paraissait sortir à flots pressés de son cabinet, étonnait les badauds, et fit de lui, à un moment, l'homme en vue auquel les journaux prêtaient tous les bons mots de la Bourse. (p. 146)

La parataxe et les accumulations inscrivent dans la texture même des phrases la tension vers une ubiquité qui voisine avec l'écartèlement (« tant de fils attachés à ses doigts »). Le mouvement même de la spéculation est celui de la frénésie, de l'épilepsie, de la « fièvre chaude ». La fragmentation de l'espace disloqué par le texte se double d'un sentiment d'urgence tout aussi suffocant. A l'inverse de la masculinité de l'aristocrate, qui se déploie dans l'*otium* et la capacité de prendre son temps, André Rauch rappelle que la masculinité d'affaires se caractérise par « l'absence de disponibilité, le fait d'être complètement absorbé par un projet, et donc une ambition[2] ». Le projet se fait véritable projection au risque de l'éclatement. L'absorption métaphorique devient absorption concrète : Saccard n'existe plus que par la voix de substitution que lui prêtent les journaux, le corps de « l'homme en vue » semble s'effacer, perdre de sa substance.

---

1 Si l'on ne peut pas encore parler, pour le roman de Zola, d'hystérie masculine, l'étude de cette dernière, initiée par Pierre Briquet dans son *Traité de l'hystérie* (1859) et développée par Charcot dans les dernières décennies du siècle, permet de corriger l'idée d'une maladie de l'utérus, par essence féminine, pour affirmer progressivement son caractère neurologique. Voir N. Edelman, *Les Métamorphoses de l'hystérique*, Paris, La Découverte, 2003.

2 A. Rauch, *op. cit.*, p. 114.

La masculinité d'affaires est donc symboliquement menacée par la dépense, la dispersion et la dissémination. La mise en scène de la spéculation dans le roman l'assimile à un processus d'éjaculation[1], éjaculation qui cristallise pendant tout le XIXe siècle les fantasmes d'affaiblissement, de dépérissement et d'épuisement de la virilité : « comparable à une convulsion, voire à une crise d'épilepsie[2] » selon Alain Corbin, l'éjaculation est le symptôme d'un dérèglement possible du corps masculin. Dans l'article « Virilité » du *Grand Dictionnaire universel du XIXe siècle*, Pierre Larousse écrit que « la virilité de l'homme tient à la sécrétion du sperme ; et plus celui-ci est répandu avec abondance, plus les facultés viriles sont affaiblies[3] ». Saccard est emporté dans « le fleuve d'or », le tourbillon liquide qui le menace de dissipation et de dissolution. Cette dissipation est le point commun entre la dépense infinie d'une fortune dont nul ne connaît la source et le surmenage du corps, la dissémination des forces dans le coït avec la ville. Le coït masculin, parce qu'il implique précisément cet « indécent rapport au multiple et à la dispersion qui caractérise l'ouverture sur la fécondité[4] » est toujours, selon Monique Schneider, lié au risque de la « destitution symbolique[5] », de la perte séminale. Ainsi Saccard, qui « menac[e] d'inonder Paris comme une mer montante », se meut-il dans un espace liquéfié qui risque à tout instant de le submerger.

On peut alors s'interroger sur le sens de la relation sexuelle qui unit le spéculateur à la ville. La ville nouvelle n'étant d'abord que le projet, la projection de Saccard, le rapport érotique qu'il entretient avec Paris serait plutôt de l'ordre de l'onanisme, grande hantise du XIXe siècle dans le sillage du célèbre ouvrage de Tissot, *L'Onanisme*, publié en 1760[6]. La projection séminale n'aurait dès lors d'autre but qu'un plaisir imaginaire, solitaire et narcissique. L'objet du désir masculin est d'ailleurs dans notre roman sans cesse déplacé, dévié, perverti au sens étymologique du terme :

> Depuis ce marché, [Saccard] regardait [Renée] un peu comme une de ces belles maisons qui lui faisaient honneur et dont il espérait tirer de gros profits. (p. 147)

---

1 Voir J. Borie, *op. cit.*, p. 172-173.
2 A. Corbin, *Histoire du corps*, Paris, Seuil, 2005, p. 161.
3 Cité dans A. Corbin, *op. cit.*, p. 161.
4 M. Schneider, *Généalogie du masculin*, Paris, Flammarion, 2000, p. 132.
5 *Id.*, p. 130.
6 Voir S. Tissot, *L'Onanisme*, Paris, La Différence, 1998.

Les personnages féminins deviennent de nouveaux supports, de nouveaux enjeux de spéculation, telles ces deux baronnes « cotées dans le monde comme des valeurs à la Bourse » (p. 243). La relation érotique est tout entière convertie en relation marchande, versée dans l'économie de la finance. Aristide Saccard, qui ne conçoit plus la conquête d'une femme que comme « une enseigne dorée à ses spéculations » (p. 156), n'hésite pas à inventer de toutes pièces une relation adultère avec une courtisane, Laure d'Aurigny, pour le bien de ses affaires :

> La fille et le spéculateur, dans la demi-ivresse du dessert s'entendirent [...] Quand on le vit liquider la situation de la d'Aurigny, il passa pour son amant, on crut qu'il payait la totalité de ses dettes, qu'il faisait des folies pour elle. Toutes les mains se tendirent vers lui, le crédit revint, formidable. (p. 195)

Le lexique de l'apparence et de la feinte sature ces quelques lignes. Il est intéressant de constater que les rapports amoureux et/ou sexuels sont complètement intégrés au paradigme de la spéculation : censés rassurer les marchés, ils sont soumis à une exigence de rentabilité. Comme les titres de Bourse, ils sont des signes – et seulement des signes – de la valeur, de la puissance, des signes que l'on peut manipuler, contrefaire. Les rapports entre hommes et femmes sont donc fondamentalement placés sous le sceau de la parodie, dont le jeu Saccard-d'Aurigny est l'exemple le plus flagrant. Il s'agira dès lors de voir comment le régime de la parodie conditionne et interroge les représentations de la masculinité d'affaires dans le roman.

MASCULINITÉ ET PARODIE : UN ÉDIFICE SANS FONDATIONS

La spéculation est avant tout opération de l'imagination, formulation d'hypothèses, mise en fiction. À l'heure de la littérature dite industrielle, figure de l'auteur et du spéculateur se tendent un miroir. Spéculer, c'est d'abord narrer, tisser une trame, manipuler des valeurs et des signes de plus en plus abstraits et immatériels. Saccard est lui-même, selon les mots de Corinne Saminadayar-Perrin, un « artiste de la spéculation », un « génie de la fiction[1] ». Poète, double du romancier, il fait preuve d'« un amour d'artiste » (p. 251) dans la gestion des affaires, trompe Renée par des jeux d'écriture, invente des stratagèmes : son imagination « finit par bâtir tout un poème » (p. 196), transforme les plus simples transactions en « drames noirs » (p. 251) et « la spéculation de Charonne [en] mélodrame financier » (p. 260). Tout un lexique métalittéraire est convoqué pour caractériser les activités du spéculateur. Précaire masculinité pourtant que celle qui se fonde sur une fiction, un récit, la manipulation et la falsification des signes. N'emprunte-t-elle pas de fait les armes dites féminines de la parure, du fard, de l'artifice mensonger ? « Nous autres spéculateurs, nous sommes comme les jolies femmes, nous avons nos roueries » (p. 195), confie Saccard à Laure d'Aurigny, sa supposée maîtresse, sur le ton du badinage. Nouvel indice de féminité ou de féminisation du spéculateur.

Fondamentalement fictionnel, le pouvoir de cette masculinité s'érige donc sur un vide vertigineux :

> Saccard en était arrivé à un tour de force quotidien [...] Il vivait sur la dette, parmi un peuple de créanciers qui engloutissaient au jour le jour les bénéfices scandaleux qu'il réalisait dans certaines affaires. Pendant ce temps, au même moment, des Sociétés s'écroulaient sous lui, de nouveaux trous se creusaient plus profonds, pardessus lesquels il sautait, ne pouvant les combler. Il marchait ainsi sur un terrain miné, dans une crise continuelle, soldant des notes de cinquante mille francs et ne payant pas les gages de son cocher, marchant toujours avec un aplomb de plus en plus royal, vidant avec plus de rage sur Paris sa caisse vide, d'où le fleuve d'or aux sources légendaires continuait à sortir. (p. 192)

La syntaxe haletante, les images du trou, de l'écroulement et du terrain miné soulignent ce triomphe paradoxal. La geste du spéculateur des temps modernes se transforme en numéro de cirque, en exercice d'acrobate, d'équilibriste. Rien de stable, rien de construit mais une précarité de tous les instants. L'œuvre de Saccard, diluée dans la succession des coups montés d'un jour et des entreprises éphémères n'a rien à voir avec celle du romancier. Hommes des notes, des factures, des contrats, des titres de bourse, les spéculateurs ne sont pas les hommes d'une grande œuvre : leurs activités sont éclatées entre une multitude d'écrits de circonstance,

---

1 C. Saminadayar-Perrin, « Fictions de la Bourse », *Cahiers Naturalistes*, Paris, Grasset-Fasquelle, n° 78, 2004, p. 41-42.

sans postérité, leur signature est galvaudée. En outre, comme le note Jean Borie, le spéculateur « s'oppose au fondateur, au créateur en cela qu'il assied son activité non sur un espace vierge, mais au contraire sur un univers urbain déjà constitué [...] C'est dans une ville faite, une ville où les générations ancestrales ont imprimé leur marque, que le spéculateur ose exercer sa virilité sacrilège[1] ». Le spéculateur n'est-il pas avant tout, selon l'expression du baron Haussmann lui-même, un « artiste démolisseur », celui qui vient après ? Parce qu'elle a plus à voir dans notre roman avec la destruction qu'avec la construction, la spéculation est une démiurgie impossible qui, si elle a quelque affinité avec la création littéraire, semble néanmoins vouée à la réécriture, à la parodie.

Tout dans le Paris haussmannien est en effet marqué du sceau de la parodie, de l'inauthentique. L'inceste commis par Renée et Maxime n'est qu'une version dégradée, sans héroïsme, de la *Phèdre* de Racine. Le Second Empire, qui voit triompher le genre de l'opérette, est une parodie du modèle napoléonien, l'hôtel Saccard est lui-même une parodie de ce que l'éclectisme architectural du XIXe siècle a fait de pire : monstre rococo, tout en fioritures et ostentation, collection de références historiques sans identité propre. Le style architectural du Second Empire, « ce bâtard opulent de tous les styles » (p. 53), se caractérise par son hybridité et sa stérilité. « Bâtard », le mot est lâché. Le patronyme *Saccard* est lui-même « bâtard » puisque dérivé de *Sicardot*, nom du père d'Angèle (la première femme d'Aristide Rougon). En changeant de nom, Aristide Rougon renie le nom de son père pour emprunter le nom d'un autre. Le Second Empire, régime de la parodie et de la bâtardise, est aussi le régime du père introuvable. Il est intéressant de constater que Saccard ne parvient jamais à assumer une quelconque paternité : s'il accepte de se substituer au véritable père de l'enfant que porte Renée suite au viol dont elle a été victime, ce dernier meurt dans le ventre de sa mère. Clotilde, la fille d'Aristide et d'Angèle, est quant à elle immédiatement évacuée de l'espace narratif[2]. Enfin, la filiation qui devrait unir Aristide à Maxime est totalement dévoyée : les deux hommes fréquentent les mêmes lieux de plaisir, partagent les mêmes maîtresses et brouillent complètement les rapports qui devraient être ceux d'un père et d'un fils. Cette crise du père est peut-être plus largement le symptôme d'une

1 J. Borie, *op. cit.*, p. 181.
2 Elle quitte Paris pour être élevée à Plassans.

crise de l'origine du régime de Napoléon III, sorti des circonstances obscures du coup d'État, véritable viol de la République. L'absence ou l'effacement des pères dans le roman nous indique en tout cas que l'origine y est toujours forclose car associée à une transgression inavouable (coup d'État, viol de Renée, destruction de la ville). L'origine sociale des spéculateurs, nouveaux hommes forts du régime, est elle aussi dissimulée puisque nombre d'entre eux sont des parvenus, nouveaux riches issus des classes inférieures de la société[1]. Le personnage de Saccard est emblématique de cette fiction permanente sur laquelle s'appuie le récit de la nouvelle masculinité triomphante. Cacher son nom, ses origines sociales et familiales, cacher la source tarie d'une fortune virtuelle, en somme falsifier l'origine, liquider tout ce qui rattache à une filiation (en liquidant par exemple la dot de Renée), c'est là l'activité essentielle de Saccard, ce qui l'absorbe tout entier. Le mouvement spéculaire qui conduit l'auteur à se projeter dans la figure du spéculateur et vice-versa joue à plein : pour Auguste Dezalay, Saccard, « prête-nom du romancier lui-même, opère dans le roman une activité destructrice et substitutive analogue à celle dont Zola fait le rêve sacrilège à l'égard de la création balzacienne quand il prétend se mettre à la place du véritable père du roman français du XIXe siècle[2] ». Le romancier et l'homme d'affaires sont pris dans le même processus d'appropriation coupable (ou ressentie comme telle) d'un héritage – urbain ou littéraire – d'usurpation d'une paternité. Figures de l'auteur et du spéculateur se rejoignent autour de cette problématique de la filiation et de la génération. Tout se passe comme si la modernité de la fin du siècle semblait saper la possibilité d'une invention authentique. Proche des hantises qui s'affirmeront dans les décennies suivantes, cette poétique de la parodie mine la puissance de celui qui se veut bâtisseur de villes ou de romans, menacé d'épuisement face au trop-plein des textes et des références. Les héros de la modernité et de la masculinité moderne vacillent sous le poids de leur tâche énorme.

Si la spéculation fonde la puissance sociale de Saccard, elle n'est pas seulement une activité, un savoir-faire : elle définit un être au monde, un rapport à soi et aux autres plus ambigu et plus angoissant. La

1 On sait grâce aux notes préparatoires de Zola que le roman devait initialement s'intituler *Les Parvenus*.

2 A. Dezalay, « Destruction et sacrilège chez Zola », *La Curée ou la vie à outrance*, Paris, Sedes, p. 201.

construction de la masculinité d'affaires ne cesse dès lors de se formuler dans la réitération d'une gesticulation funambule, d'une mascarade aussi brillante que précaire dont le but est précisément de se masquer comme fiction. Le Second Empire, régime de la spéculation, ne pouvait être que le régime de la parodie et du trompe-l'œil, un régime bâtard où la paternité, la possibilité de créer sans détruire ni usurper est toujours mise en doute. Le thème de la spéculation permet donc de poser les enjeux politiques, éthiques et esthétiques d'une masculinité confrontée aux enthousiasmes et aux folies de la modernité. Autant de questions dont notre début de XXIe siècle souligne l'actualité. Une récente enquête du *BPS Research Digest*[1] dirigée par Jonathan Weaver s'est attachée à faire le lien entre la crise financière que nous traversons et les modèles de masculinité des salles de marché – lieux de l'homosocialité s'il en est – en montrant que les *traders* prenaient d'autant plus de risques qu'ils sentaient leur masculinité fragilisée, remise en cause dans le cadre de la compétition permanente avec leurs collègues. D'Aristide Saccard aux *golden boys* de Wall Street, un même fil tendu au-dessus d'un vertige, la même paradoxale hégémonie ?

Cyril BARDE
École normale supérieure de Lyon

1 Voir J. R. Weaver, « Intrepid, Imprudent or Impetuous ? The effects of Gender Threats on Men's Financial Decisions », *Psychology of Men and Masculinity*, vol. 14 (2), avril 2013, p. 184-191.

« *THE MALE LINE* »

Représentations et (r)écritures de la sociabilité masculine dans les œuvres des *Inklings*

Club informel, les *Inklings* se sont réunis pendant trois décennies à Oxford où étaient en poste ses deux membres les plus éminents, J. R. R. Tolkien et C. S. Lewis, pour y lire les textes rédigés par ses participants[1]. C'est cet ensemble cohérent de textes discutés collectivement qui sera étudié, en particulier les fictions les plus connues : *Le Seigneur des Anneaux* (1954-1955) – avec le *Hobbit* (1937), le *Silmarillion* (1977) et les contes et légendes de *Middle-Earth* – de Tolkien, la *Trilogie cosmique* (1938-1945) et les *Chroniques de Narnia* (1950-1956) de Lewis. Le corpus intéresse comme *ensemble*, par les stratégies convergentes et les pratiques similaires générées. Ces deux aspects, de mise en forme narrative et de réception, seront au centre de l'analyse. Les cycles monumentaux de *fantasy*[2] entendent donner naissance à un univers cohérent, qui met exemplairement en œuvre un dispositif combinant processus de mythification et fonction modélisante. S'élaborent, au sens propre, des mondes possibles croisant problématiques intersectionnelles et problématiques narratives pour promouvoir un modèle éminemment *anglais* de sociabilité masculine – qui repose sur des principes de hiérarchisation, de démarcation et d'exclusion. Ce modèle soulève aussi des enjeux de réception, en particulier du fait de la popularité des œuvres confirmée

1 Dans sa période la plus active le groupe pouvait réunir jusqu'à 15 membres. Voir D. Glyer, *The Company They Keep : C. S. Lewis and J. R. R. Tolkien as Writers in Community*, Kent, The Kent State UP, 2007. Tolkien parle d'un « cercle lâche et informel d'amis se réunissant autour de C. S. Lewis. [...] Nous avions l'habitude de lire ensemble des compositions de genres (et longueurs !) variés » (W. Hooper, *C. S. Lewis. A Companion & Guide*, Londres, Collins, 1996, p. 17 : « *undetermined and unelected circle of friends that gathered about C. S. Lewis. [...] Our habit was to read aloud compositions of various kinds (and lengths !)* ». Nous traduisons).

2 Voir A. Besson, *D'Asimov à Tolkien, cycles et séries dans la littérature de genre*, Paris, CNRS Éd., 2004.

plus qu'imposée par le cinéma ; d'où un phénomène de continuation et de réappropriation par la communauté des fans. On est face à des fictions du masculin qui engendrent de la fiction, selon un fonctionnement collectif qui est fidèle dans l'esprit, sinon la lettre, au groupe d'origine.

« *THE DOMINION OF MEN* » : MONDES SECONDAIRES ET ENTRE-SOI MASCULIN

Les *Inklings* incarnent une culture masculine par nécessité autant que par goût – ce qui ne surprend guère au vu de son implantation dans la communauté d'Oxford et le fonctionnement de la société britannique de l'entre-deux-guerres. D'où l'image de ces messieurs respectables, une tasse de thé, une pinte et une pipe à la main, appréciant « les touches et parades inhérentes à un débat prolongé, acharné, masculin » (« *the cut and parry of prolonged, fierce, masculine argument*[1] »), Lewis ajoutant qu'il n'est pas de son qui lui plaît davantage que « le rire d'un homme adulte » (« *there's no sound I like better than adult male laughter*[2] »). Cette exaltation de la sociabilité masculine, faite d'intérêts communs et d'émulation, est transposée dans les œuvres – ce qui, là non plus, n'est pas surprenant. Ce qui est plus intéressant est la stratégie adoptée, en l'occurrence *l'extension* donnée à leurs créations fictionnelles : pour justifier, imposer et « naturaliser » cette sociabilité particulière et irréductiblement contingente, les auteurs créent des univers d'une rare complexité, reposant sur un principe de concordance entre les *fellows* oxfordiens se livrant au pub à des discussions à fleurets plus ou moins mouchetés et, par exemple, la Communauté (*fellowship*) de l'Anneau réunie autour d'un bon feu et d'une bonne pipe.

1 D. Bratman, « "Gifted Amateurs" : C. S. Lewis and the Inklings », *C. S. Lewis*, éd. B. L. Edwards. Westport (CT), Praeger, 2007, t. 3, p. 294 (nous traduisons). Tolkien exprime aussi l'esprit de compétition ludique et viril : « *a most amusing and highly contentious evening, on which (had an outsider eavesdropped) he would have thought it a meeting of fell enemies hurling deadly insults before drawing their guns* » ; « une soirée très amusante et particulièrement passionnée. Si un étranger nous avait entendus, il aurait certainement pensé qu'il était tombé sur l'affrontement de féroces ennemis se lançant des insultes mortelles avant de dégainer » (J. R. R. Tolkien, *The Letters*, éd. H. Carpenter, Ch. Tolkien, Boston, Houghton, 1995, p. 103 ; nous traduisons).

2 W. Hooper, *C. S. Lewis*, *op. cit.*, p. 16 (nous traduisons).

La « domination masculine » est indéniable dans ces fictions volumineuses : du début à la fin, ce sont les hommes qui sont au centre de l'action. Il ne s'agit pas pour autant de l'exaltation d'une forme de virilité agressive ou toute-puissante, qui est le propre plutôt des contre-exemples (Sauron ou Boromir dans *Le Seigneur des Anneaux*, Weston ou Devine dans la *Trilogie cosmique*). Les héros de Tolkien et de Lewis ne sont pas des caricatures de virilité ; loin des surhommes traditionnels de la science-fiction, ce sont des figures assez vulnérables et émotionnelles, exprimant leurs doutes et peurs. Cela ne change rien au constat que les femmes sont marginales dans ces univers – ne serait-ce que d'un point de vue arithmétique : pas de femme dans la Communauté de l'Anneau, à peine trois figures féminines individualisées dans *Le Seigneur des Anneaux* où la plupart des mères sont mortes, les *Ents* n'ont pas d'enfants parce qu'ils ont perdu leurs *Entwives*, les femmes nains sont si semblables aux mâles que les non-nains ne peuvent les différencier, etc. Il y a là un angle mort ; les figures féminines ne sont pas oubliées, mais renvoyées aux marges (fictionnelles) des mondes. La vie « ordinaire » (où elles sont présentes) est mentionnée dans les narrations, mais ne constitue jamais le cœur de l'intrigue.

Tolkien, dans une lettre, revient sur ce rôle périphérique des figures féminines, y assumant pleinement la hiérarchie : au centre se trouvent la quête héroïque et les motifs élevés, purement affaire d'hommes, qui seuls donnent son sens à la vie « ordinaire ». Les femmes existent, mais il est inutile de leur prêter attention ; d'où la construction d'univers et de cadres fictionnels où la quête masculine seule mérite d'être mise en récit[1]. Et cela n'est pas spécifique aux êtres humains ou aux Hobbits ; dans ces mondes fabuleux de Centaures, Faunes et autres Elfes, la répartition sexuée est systématiquement respectée et seuls les représentants masculins des races sont montrés en interaction[2]. Il faut donc bien

1 J. R. R. Tolkien, *The Letters*, *op. cit.*, p. 161 : « *I think the simple "rustic" love of Sam and his Rosie (nowhere elaborated) is* absolutely essential *to [...] the theme of the relation of ordinary life (breathing, eating, working, begetting) and quests, sacrifice, causes, and the "longing for Elves", and sheer beauty* » ; « Je pense que l'amour simple, "rustique" entre Sam et sa Rosie (nulle part développé) est *absolument crucial* au [...] thème de la relation entre la vie ordinaire (respirer, se nourrir, travailler, engendrer) d'une part et le principe des quêtes, sacrifices, causes, le "désir des Elfes" et la pure beauté de l'autre » (nous traduisons).

2 Voir C. Fredrick, S. McBride, *Women among the Inklings*, Wesport (Conn.), Greenwood Press, 2001, p. 108 : « *Middle-earth is very Inkling-like, in that while women exist in the world, they need not be given significant attention and can, if one is lucky, simply be avoided altogether* » ; « La Terre du Milieu est très similaire aux *Inklings*. Certes les femmes existent dans le

considérer la masculinité comme principe organisateur des œuvres, imposant et universalisant une hégémonie genrée et une différenciation sexuelle hégémonique. En somme, reste l'idée de l'entre-soi masculin comme centre efficace des univers fabuleux.

En réinvestissant un domaine « réservé » aux enfants, la *fantasy*, les auteurs, qui en proposent aussi une élaboration théorique, construisent de surcroît un « monde secondaire » porté par une cohérence interne parfaite, offrant une extension inédite à leurs créations[1]. La stratégie narrative consiste donc à imposer un modèle particulier de sociabilité (celui des *Inklings*), reposant sur un idéal d'amitié masculine combinant camaraderie (*fellowship*) et fraternité (*brotherhood*), où les femmes ne sont pas tant exclues qu'ignorées, par la création d'un univers complet qui met en place ce rôle modélisant. Tolkien et Lewis créent des univers fictionnels exhaustifs et englobants, où le monde entier repose sur ce modèle selon une impulsion hégémonique : *Middle-earth* et le cosmos de la trilogie cosmique, dans toute leur extension, depuis leur création jusqu'à la fin des temps, parmi toutes les races, tourne autour des représentants masculins. Plus précisément, est placé au cœur des fictions un moment clef de l'histoire des mondes, les textes ne narrant pas l'intégralité des univers (c'est le rôle des annexes) : ce moment charnière est celui qui conforte précisément le modèle idéal de sociabilité masculine. Tolkien élabore une chronologie complète de l'histoire de la Terre du Milieu, mais la pièce maîtresse, *Le Seigneur des Anneaux*, raconte le moment où arrive la « Domination des hommes[2] » (*Dominion of Men*) – ce qui renvoie autant à la race humaine qu'à la détermination genrée[3].

---

monde, mais il est inutile de leur prêter une quelconque attention et, au mieux, si l'on a de la chance, on peut complètement les éviter » (nous traduisons).

1 Voir le célèbre essai de Tolkien, « On Fairy-Stories » (1938) développant sa théorie de « *sub-creation* ». Lewis sous-titre le dernier tome de sa trilogie cosmique « conte de fées moderne pour adultes » (*A Modern Fairy-Tale for Grown-Ups*).

2 J. R. R. Tolkien, *The Lord of the Rings*, Boston, Houghton, 2004, p. 1082 : « *The* Third Age *comes to its end in the War of the Ring [...] The time was come for the Dominion of Men* » (Appendix B) ; « Le Troisième Âge se termine avec la guerre de l'Anneau [...] Le temps était venu pour la Domination des hommes » (nous traduisons).

3 Voir J. Miller, « Alternative Masculinities and the "Dominion of Men" », *Images of Masculinity in Fantasy Fiction*, éd. S. Fendler, U. Horstmann, Lewiston (NY), Mellen, 2003, p. 187 : « *The "Dominion of Men", then, refers not just to the hegemony of a particular race but of a particular form of masculinity* » ; « La "Domination des hommes" renvoie ainsi non seulement à l'hégémonie exercée par une race particulière, mais aussi à celle d'une forme particulière de masculinité » (nous traduisons).

Dans une même optique universalisante, Lewis, dans un essai qui comprend également des passages narratifs, procède à la création d'une lignée fantasmatique qui revient à justifier le fait que toute culture et civilisation émaneraient d'amitiés masculines – du type des *Inklings* – qui ont donné naissance aux mathématiques ou au romantisme. Il en arrive, dans sa propre version de *Totem et Tabou*, à essentialiser et naturaliser ce modèle en remontant aux origines de l'humanité, reconstituant la tribu originelle, la Ur-société :

> *In early communities the co-operation of the males as hunters or fighters was no less necessary than the begetting and rearing of children. [...] Long before history began,* we men *have got together apart from the women. [...] We enjoyed one another's society greatly; we Braves, we hunters, all bound together by shared skill, shared dangers and hardships, esoteric jokes* – away from the women and children. *As some wag has said, Palaeolithic man may or may not have had a club on his shoulder but he certainly had a club of the other sort. [...] What were the women doing meanwhile? How should I know? I am a man [...].* I can trace the pre-history of Friendship only in the male line[1].

> « Dans les premières communautés, la coopération des mâles dans la chasse et le combat était non moins indispensable que d'engendrer et de protéger les enfants. [...] Bien avant le début de l'histoire, *nous, les hommes*, nous retrouvions entre nous, loin des femmes. [...] Nous appréciions grandement d'être ensemble ; nous les Courageux, nous chasseurs, tous unis par un art partagé, les dangers et épreuves partagés, des plaisanteries ésotériques – *loin des femmes et des enfants.* Comme le dit un bon mot, l'homme paléolithique avait ou non un club sur son épaule, mais il avait sans conteste un club de l'autre sorte. [...] Que faisaient les femmes pendant ce temps ? Comment le saurais-je ? Je suis un homme [...]. *Je ne peux tracer la préhistoire de l'Amitié que dans sa seule lignée masculine* ». (Nous traduisons)

Tout comme Carlo Ginzburg se tourne vers la préhistoire dans son fameux essai pour y poser l'hypothèse de la naissance de la narration parmi les chasseurs paléolithiques, Lewis y « retourne » pour fantasmer l'existence « de toute éternité » de la sociabilité masculine. S'instaure ainsi une différence qualitative entre les types d'amitié – où seule celle des hommes est « pure », absolument masculine[2] – et son élévation en invariant de l'humanité et, au vu des fictions, de tous les univers.

---

1 C.S. Lewis, *The Four Loves*, Londres, Collins, 1960, p. 60-61. Nous soulignons.

2 J.R.R. Tolkien, *The Letters*, *op. cit.*, p. 50 : « *True friendship is only possible between men* » ; « La véritable amitié n'est possible qu'entre hommes » (nous traduisons). *The Collected*

Tolkien et Lewis construisent des fictions qui imposent ce modèle, qu'eux-mêmes ont connu, précisément par le recours à la *fantasy*, la mythologie et la science-fiction, dans une perspective aussi bien historicisante que cosmique. La stratégie confère au modèle de sociabilité masculine, pourtant manifestement contingent, un caractère immuable et universel, la *fantasy* permettant de couvrir tous les temps, toutes les couches sociales, toutes les races, toutes les planètes. Balzac entendait simplement faire concurrence à l'état civil ; l'ambition est ici bien moins modeste : refaire l'univers, Tolkien et Lewis réinvestissant un genre qui semblait tombé en désuétude : la cosmogonie. Cette stratégie hégémonique par excellence permet d'inventer des univers parfaitement cohérents, autonomes, progressivement construits, dont ils ne cessent d'approfondir l'unité et la perfection – au point de donner l'impression de mondes imaginaires expansifs qui se nourrissent d'eux-mêmes, prolifèrent et s'étendent en reculant sans fin les limites du représenté, où l'entre-soi masculin demeure le pivot et « nerf » principal, l'armature narrative, imaginaire et idéologique[1].

L'efficacité de la stratégie narrative est indéniable et il apparaît en outre que dans ce modèle de sociabilité, la masculinité est inextricablement liée aux enjeux de « classe » et de « race ». La problématique intersectionnelle est centrale au groupe même des *Inklings* – ses participants appartiennent à l'*establishment*, le royaume académique masculin d'Oxford ; tous, jusqu'à un certain point, incarnent un idéal *anglais*, exprimé aussi dans les œuvres, par la représentation de la Comté des Hobbits ou la mention du « *club* » dans la fiction préhistorique de Lewis qui superpose l'*Englishness* à la conscience de classe. On constate donc sans peine l'interaction des pouvoirs et jeux de domination, la superposition des enjeux idéologiques[2].

Letters of C. S. Lewis, éd. W. Hooper, New York, Collins, 2004, t. II, p. 577 : « *The decay of* friendship – *owing to the endless presence of women everywhere – is a thing I'm rather afraid of* » ; « Le *déclin* de l'amitié – à cause de la présence des femmes, partout et tout le temps – est quelque chose qui m'inquiète vraiment beaucoup » (nous traduisons).

1 Tolkien approfondit l'exploration de sa contrée imaginaire pour l'enrichir indéfiniment et lui conférer une épaisseur proprement « réelle ». Son œuvre impose l'image d'un (impossible) monde textuel complet, dessinant une totalité pleinement satisfaisante dans sa clôture (l'ensemble) et pourtant, par la discontinuité des volumes, ouverte sur un « extérieur », une expansion toujours possible qui contribue paradoxalement à sa vraisemblance et à son autosuffisance.

2 Voir *Framing Intersectionality : Debates on a Multi-faceted Concept in Gender Studies*, éd. H. Lutz *et al.*, Farnham, Ashgate, 2011. L'enjeu « racial » est abordé explicitement par l'invention d'univers où cohabitent différentes créatures.

Tolkien rappelle ainsi son ambition de créer une mythologie pour l'Angleterre ; C. S. Lewis, son premier lecteur, y voit un exploit que nul autre qu'un Anglais n'aurait pu créer[1]. On a tôt noté la « géographie morale » du cycle où *Middle-earth*, le centre de l'univers, concentre tout ce qui est bon et évocateur de l'air anglais, une sorte d'idylle pastorale bourgeoise – qui a valu bien des critiques à son auteur. Les œuvres de *fantasy* représentent ainsi un modèle idéal de sociabilité masculine qui est indissolublement et irréductiblement anglais, c'est-à-dire une masculinité domestique, tranquille, confortable, ce que recouvre et exprime la notion de « *homeliness* » et ce que traduit la récurrence d'attributs spécifiques – la bière, le tabac ou, ce qui paraît bien peu viril, les pantoufles[2]. L'amour des Hobbits pour « l'Herbe à pipe » (« *Pipe-weed* ») est mentionné d'emblée tout comme il est central à ce passage de la trilogie cosmique de Lewis, où Ransom, le héros, exilé sur Mars, est pris d'un accès de nostalgie :

> *Muttering, half whimpering to himself, he thought of men going to bed on the far-distant planet Earth – men in clubs, and liners, and hotels, married men, [...] and warm, tobacco-smelling men tumbled together in forecastles and dug-outs. The tendency to talk to himself was irresistible... « We'll look after you, Ransom... we'll stick together, old man*[3] ».

> « Marmonnant, pleurnichant à demi, il pensa à ses semblables qui regagnaient leur lit sur la lointaine planète Terre... hommes dans leur club, sur les paquebots, à l'hôtel, hommes mariés, [...] hommes pêle-mêle dans la tabagie des postes d'équipage et des tranchées. Il avait un besoin irrésistible de se parler à lui-même : "On va s'occuper de toi, Ransom... il faut s'épauler, mon vieux"[4] ».

Dans ce passage surdéterminé par le terme « *men* » on remarque que les activités et positions évoquées sont chargées de dimensions

1 J. R. R. Tolkien, *The Letters*, *op. cit.*, p. 144 : « *Once upon a time [...] I had a mind to make a body of more or less connected legend [...] which I could dedicate simply* to England ; to my country » ; « Il fut une époque [...] où j'avais dans l'idée de créer un ensemble de légendes plus ou moins reliées [...] que je pourrais dédier simplement : à l'Angleterre, à mon pays » (nous traduisons). C. S. Lewis, « Tolkien's *The Lord of the Rings* », *Essay Collection*, éd. L. Walmsley, Londres, Collins, 2000, p. 521 : « *A myth that only an Englishman [...] could have created* » ; « un mythe que seul un Anglais [...] aurait pu créer » (nous traduisons).

2 Voir K. Kumar, *The Making of English Identity*, Cambridge, Cambridge UP, 2003 ; P. Haydon, *Beer and Britannia*, Stroud, Sutton, 2001.

3 C. S. Lewis, *Out of the Silent Planet. The Cosmic Trilogy*, Londres, Pan, 1989, p. 42.

4 C. S. Lewis, *Au-delà de la planète silencieuse*, trad. M. Le Péchoux, Paris, Gallimard, « Folio SF », 1997, p. 84.

aussi bien genrées que sociales et « raciales » (d'autant plus qu'on est chez les « Martiens »), tout comme ressort l'expérience de la Première Guerre mondiale, de la camaraderie des tranchées, centrale aux œuvres. Tolkien a dit avoir modelé Sam sur les ordonnances et simples soldats qu'il a côtoyés, sa fiction traduisant ces amitiés puissantes qui ont pu naître dans la proximité de la guerre, en dépit des barrières de classe[1].

QUEERING THE CANON – OU UN « CLUB DE L'AUTRE SORTE »

Cette superposition au sein d'un modèle irréductiblement contingent est à l'origine d'enjeux complexes de réception qui tiennent aussi à la popularité persistante des fictions[2]. Le modèle de sociabilité masculine y est extrêmement codé, avec un double horizon d'inscription : la camaraderie des tranchées d'une part, les codes et rituels médiévaux d'allégeance de l'autre. Or les romans ont été publiés après la Deuxième Guerre mondiale, c'est-à-dire à un moment – et c'est encore plus vrai aujourd'hui – où ces schèmes de référence ne sont plus lisibles et compréhensibles par tous. D'où une forme de malaise qui se fait jour dans la réception contemporaine, en particulier par le « soupçon » d'homosexualité qui résulte de la nature très émotionnelle des amitiés masculines mises en scène ainsi que de certains tours lexicaux semblant prêter à un double niveau de lecture. Ces héros qui pleurent et s'embrassent quand ils ont peur ou se sentent seuls, ces héros aux gestes physiques tendres, intimes – Aragorn baisant le front de Boromir agonisant, Frodon dormant dans

1 H. Carpenter, *Tolkien : A Biography*, Boston, Houghton, 1977, p. 89 : « *My "Sam Gamgee" is indeed a reflection of the English soldier, of the privates and batmen I knew in the 1914 war, and recognised as so far superior to myself* » ; « Mon "Sam Gamegie" est en effet une image du soldat anglais, des simples soldats et ordonnances que j'ai connus durant la guerre de 14, et reconnus comme m'étant tellement supérieurs » (nous traduisons). Lewis loue sa capacité à rendre la réalité de la Grande Guerre : « *This war has the very quality of the war my generation knew. […] The lively, vivid friendships, […] and such heaven-sent windfalls as a cache of choice tobacco "salvaged" from ruin* » (C.S. Lewis, « Tolkien's *The Lord of the Rings* », *op. cit.*, p. 523) ; « Cette guerre a l'exacte qualité de la guerre que ma génération a connue. […] Les amitiés vives et intenses […] et des miracles inespérés comme de "sauver" une *cache* de tabac de qualité des ruines » (nous traduisons).

2 *Le Seigneur des Anneaux* a ainsi été élu, dans plusieurs sondages, livre du XXe siècle par les Britanniques, comme dans celui publié dans *The Daily Telegraph* du 20 janvier 1997.

le giron de Sam[1] – défient manifestement les catégories occidentales conventionnelles contemporaines[2]. Ce soupçon est aussi renforcé par une certaine excentricité – Bilbon et Frodon, tout comme Ransom, sont célibataires, ce qui est « très exceptionnel » (*very exceptional*)[3] – ou par l'emploi du terme « bizarre » (*queer*)[4].

Il s'agit, comme nous allons le voir, de lectures abusives par rapport aux intentions explicites des auteurs. C'est cependant ce qui a provoqué, assez tôt, des interrogations sur la nature des relations entre les figures masculines. Les créateurs se sont toujours défendus d'avoir mis en scène des amitiés homosexuelles, selon un processus d'exclusion qui donne ainsi lieu à une rhétorique assez compliquée chez Lewis. S'opposant de façon véhémente à l'idée que toute amitié, comme les relations guerrières antiques et médiévales, serait nécessairement homosexuelle « par nature » (si l'expression a un sens), il y voit en particulier un effet de lecture rétrospectif. Il écrit avec sa verdeur de ton reconnaissable :

> *Kisses, tears and embraces are not in themselves evidence of homosexuality. [...] Hrothgar embracing Beowulf, Johnson embracing Boswell [...], and all those hairy old toughs of centurions in Tacitus, clinging to one another and begging for last kisses*

1 Par exemple, J. R. R. Tolkien, *The Fellowship of the Ring*, *The Lord of the Rings*, *op. cit.*, p. 225 : « *[Sam] took his [Frodo's] left hand, awkwardly and shyly. He stroked it gently and then he blushed and turned hastily away* » ; « [Sam] saisit la main gauche [de Frodon] avec maladresse et timidité. Il la caressa doucement ; puis, rougissant, se détourna en hâte » (*La Communauté de l'Anneau*, *Le Seigneur des Anneaux*, trad. F. Ledoux, Paris, Bourgois, 1972, p. 301).

2 Les études ont montré que ces scènes traduisent l'expérience des soldats dans les tranchées (avec le *topos* du baiser d'adieu au camarade tombé) et les codes médiévaux (les gestes ritualisés entre un roi et son féal). Voir S. Cole, *Modernism, Male Friendship, and the First World War*, Cambridge, Cambridge UP, 2003 ; A. Smol, « Male Friendship in *The Lord of the Rings* : Medievalism, the First World War, and Contemporary Rewritings », *The Ring Goes Ever on : Proceedings of the Tolkien 2005 Conference*, éd. S. Wells, Coventry, The Tolkien Society, t. I, 2008, p. 320-326.

3 J. R. R. Tolkien, *The Fellowship of the Ring*, *The Lord of the Rings*, *op. cit.*, p. 7 : « *Bilbo and Frodo Baggins were as bachelors very exceptional, as they were also in many other ways* » ; « Bilbon et Frodon Sacquet, célibataires, étaient très exceptionnels, comme en bien d'autres matières » (*La Communauté de l'Anneau*, *op. cit.*, p. 17).

4 J. R. R. Tolkien, *The Hobbit*, Boston, Houghton, 1966, p. 237 : « *Indeed Bilbo found he had lost [...] his reputation. [...] he was no longer quite respectable. He was in fact held by all the hobbits of the neighbourhood to be "queer". [...] I am sorry to say he did not mind* » ; « En fait, Bilbo découvrit qu'il avait [...] perdu sa réputation. [...] Il n'était plus tout à fait respectable. Tous les Hobbits du voisinage le tenaient pour "bizarre". [...] Je regrette de dire qu'il ne s'en souciait guère » (*Bilbo le Hobbit*, trad. F. Ledoux, Paris, Hachette, 2006, p. 500-501).

> *when the legion was broken up... all pansies ? If you can believe that you can believe anything. On a broad historical view, it is of course not the demonstrative gestures of Friendship among our ancestors but the absence of such gestures in our own society that calls for some special explanation. We, not they, are out of step*[1].
>
> « Baisers, larmes et embrassades ne sont pas en soi des preuves d'homosexualité. [...] Hrothgar embrassant Beowulf, Johnson embrassant Boswell [...] et tous ces vieux centurions poilus et durs à cuire chez Tacite, s'accrochant l'un à l'autre pour demander un dernier baiser avant la dissolution de la légion... tous des tantes ? Si vous y croyez, vous pouvez croire n'importe quoi. Dans une perspective historique large, ce ne sont évidemment pas les gestes démonstratifs d'amitié parmi nos ancêtres, mais leur absence dans notre propre société qui exige une explication particulière. C'est nous, non eux, qui sommes déphasés ». (Nous traduisons)

Cet effet de lecture, sinon latitude d'interprétation, est à l'origine d'un tout nouveau pan de « fictions du masculin » qui s'intéresse précisément aux implications du « sous-texte » homoérotique et pose la question de la distance temporelle (et culturelle) inhérente à tout phénomène de réception, qui brouille les codes. Ce pan qui a pris une ampleur inédite avec les nouveaux réseaux de communication *via* Internet, en particulier le Web 2.0, modifiant radicalement les rapports entre créateur et lecteur, est ce qu'on regroupe sous l'appellation de « fanfiction[2] ». Avec les œuvres de Lewis et Tolkien on est face à des « fictions du masculin » à un double niveau : les romans eux-mêmes, mais aussi les textes engendrés par eux selon un dispositif où la fiction produit de façon exponentielle de la fiction. L'œuvre originelle est alors conçue comme un texte en disponibilité, soumis à une pression fictionnelle et narrative, demandant à être complété – ce qui correspond du reste au geste des auteurs eux-mêmes qui n'ont cessé de perfectionner leur univers, par l'ajout des cartes, chronologies, dictionnaires, annexes, légendes, nouveaux volumes, etc.[3]

Une catégorie spécifique de *fanfiction*, polémique et subversive, le « Slash », mérite ici une attention particulière. Il s'agit de récits, écrits par des amateurs – presque exclusivement, ce qui n'est pas anodin, des

1 C. S. Lewis, *The Four Loves, op. cit.*, p. 57-60.

2 Voir Ph. Le Guern (dir.), *Les cultes médiatiques. Culture fan et œuvres cultes*, Rennes, PUR, 2002.

3 Voir S. Ekman, *Here Be Dragons : Exploring Fantasy Maps and Settings*, Middletown (CT), Wesleyan UP, 2012.

femmes hétérosexuelles[1] –, qui impliquent deux personnages masculins dans une relation amoureuse explicitement sexuelle. Ces textes constituent ainsi un défi aux constructions normées du genre, la communauté des fans inventant des récits qui subvertissent en particulier la construction patriarcale. Par cette transgression ludique, les fans compliquent et brouillent les représentations de la sociabilité masculine, ils éditent activement leurs propres envies, de lecteurs et d'individus. L'extension du phénomène atteste de l'importance de la pratique qui manifestement remplit un désir largement partagé qui ne semble pas être satisfait ailleurs[2]. Dans ces *fanfictions*, l'œuvre originelle est comprise comme le « canon », mais aussi comme une manière de voir et de comprendre le monde[3]. Et puisque l'ambition des auteurs était de construire un *univers*, il est en effet possible, sinon légitime, de le compléter, d'en combler les blancs, en particulier en considérant les personnages comme des personnes réelles, selon un principe d'identification et d'investissement avant tout affectifs.

Henry Jenkins en particulier s'est intéressé au *Slash* dans *Textual Poachers* (1992), son ouvrage séminal sur les entreprises de « braconnage textuel » constitutives selon lui de la culture participative et de la culture *fan*. S'appuyant sur de Certeau (*L'invention du quotidien*, 1990), Genette (*Palimpsestes*, 1982) et la notion de « désir homosocial[4] » de

---

1 On se reportera ici aux nombreux travaux sur le *Slash*, en particulier dans une perspective sociologique. Voir spécifiquement les études les plus importantes : J. Russ, « Pornography By Women, For Women, With Love », *Magic Mommas, Trembling Sisters, Puritans and Perverts : Feminist Essays*, Trumansburg (NY), Crossing, 1985, p. 77-99 ; R. Bury, *Cyberspaces of Their Own : Female Fandoms Online*, New York, Peter Lang, 2005 ; K. Busse, « Fandom and Feminism : Gender and the Politics of Fan Production », *Focus Editor. Cinema Journal* n° 48.4, 2009, p. 104-136 ; H. Jenkins, *Textual Poachers*, nouvelle édition augmentée, New York, Routledge, 2013, p. XXXI-XXXIII, p. 191-200.

2 Voir M. Cicioni, « Male Pair Bonds and Female Desire in Fan Slash Writing », *Theorizing Fandom*, éd. C. Harris, A. Alexander, Cresskill (NJ), Hampton, 1998, p. 153-178 ; A. Smol, « "Oh… oh… Frodo !" : Readings of Male Intimacy in *The Lord of the Rings* », *Modern Fiction Studies* n° 50.4, 2004, p. 949-979.

3 Les sites, de *fanfiction* ou spécifiquement de *Slash*, sont extrêmement nombreux bien que majoritairement invisibles pour le grand public. Quelques forums consacrés aux œuvres de Tolkien et Lewis : http://www.squidge.org/fellowship/, http://axebow.hakaze.com/fic.htm, http://narnia-slash.livejournal.com/, http://www.west-of-the-moon.net/servlet/SlashStoryListing.

4 Analysant la socialisation par le genre, qui a contribué à développer une sociabilité masculine distincte d'une sociabilité féminine, Eve Kosofsky Sedgwick montre la centralité du désir homosocial masculin, « à la fois le plus obligatoire et le plus prohibé des liens

Sedgwick, il interprète ces activités comme un retour à des pratiques narratives anciennes – la récriture, la récapitulation et l'interactivité fondant des communautés, avec l'idée du fan comme *bricoleur* – et comme un principe de négociation au sein de la sémiotique de la masculinité, d'autant plus que les œuvres créatives qui étendent l'univers fictionnel sont le terrain presque exclusif des femmes[1]. Le *Slash* se penche sur les limitations inhérentes à la masculinité traditionnelle qui permet précisément une reconfiguration des identités, dévoilant en particulier l'érotisme inhérent aux sociabilités et amitiés masculines[2]. Les fans entendant « réparer » les oublis et non-dits de l'œuvre originelle, leur « besoin » de récrire s'applique prioritairement aux héros masculins. Le *Slash* offre ainsi des récits qui montrent la négociation des rapports entre deux figures masculines. Le sexe n'y est jamais gratuit, mais a lieu au sein d'un contexte émotionnel. Le schéma récurrent est celui d'une histoire d'amour basée sur l'amitié, plutôt que sur la « cour » (*courtship*), tout en prenant explicitement en compte les rapports de classe et de race, selon l'idée que l'amour est plus fort que les barrières sociales (Frodon et Sam) ou les différences de race (un Elfe et un Nain). Ces fictions sont ainsi très « fleur bleue », bien que sexuellement explicites, fortement codées en termes d'écriture et d'intrigue, reprenant pour l'essentiel la forme classique

sociaux » (*Épistémologie du placard*, trad. M. Cervulle, Paris, Amsterdam, 2008, p. 198 ; *Epistemology of the Closet*, Berkeley, Los Angeles, University of California Press, 1990, p. 187 : « *...intense male homosocial desire as at once the most compulsory and the most prohibited of social bonds* »). L'ouvrage prolonge *Between Men : English Literature and Male Homosocial Desire* (1985) sur la crise dans la définition de la sexualité au tournant des XIXe et XXe siècles et l'économie du soupçon qui en résulte.

1 Tout le chapitre 6 de l'ouvrage est consacré au *Slash* : « Welcome to Bisexuality Captain Kirk » (H. Jenkins, *Textual Poachers, op. cit.*, p. 185-222). Ces histoires sexuelles entre hommes, écrites et lues avant tout par un public féminin, peuvent être rapprochées de la catégorie des mangas *shojo* (nous remercions Véronique Gély de cette remarque). Voir C. Détrez, « Des *shonen* pour les garçons, des *shojo* pour les filles ? Apprendre son genre en lisant des mangas », *Réseaux* n° 29, 2011, p. 165-187.

2 Voir H. Jenkins, *Textual Poachers, op. cit.*, p. 191-205 : « *Slash is not so much a genre about sex as it is a genre about the limitations of traditional masculinity and about reconfiguring male identity. [...] Slash unmasks the erotics of male friendship, confronting the fears keeping men from achieving intimacy* » ; « Le *Slash* n'est pas tellement un genre à propos du sexe qu'un genre consacré aux limitations propres à la masculinité traditionnelle et aux modalités de reconfiguration de l'identité masculine. [...] Le *Slash* dévoile l'érotisme des amitiés masculines, exposant les peurs qui empêchent les hommes d'atteindre l'intimité » (nous traduisons).

de la *romance*[1], et par conséquent extrêmement répétitives – sachant que c'est le partage plus que l'originalité qui ici est primordial.

Les membres de *Inklings* ont donc mis en œuvre, avec une rare efficacité, une stratégie encyclopédique et cosmogonique pour créer des fictions du masculin où tout est centré sur la « *male line* », la « lignée masculine », sur l'entre-soi masculin qui est aussi celui dans lequel ils ont élaboré et discuté leurs créations. Mais ces romans et leurs représentations de la sociabilité masculine sont aussi remarquables par les fictions et usages qu'elles engendrent chez les lecteurs et constituent donc des objets d'étude privilégiés de la construction sociale du sens et du genre par la fiction. Par ces pratiques, la *fanfiction* en particulier, le public ne cesse de négocier avec les objets culturels, considérant la création originelle comme un jeu ouvert. Se mettent ainsi en place des communautés interprétatives qui mobilisent le même type de clef herméneutique pour lire le roman. Il faut donc bien considérer la fiction comme un lieu où l'identité masculine se constitue aussi à travers la lecture, où le personnage et le monde qu'il habite sont compris comme de véritables ressources identitaires et véhicules d'investissement actif[2]. Les fictions du masculin qui produisent de la sorte d'autres fictions du masculin, par le *Slash* notamment, exhibent un monde de partage et d'échange, une logique de bricolage, de constructions de communautés mouvantes, dans des pratiques de réappropriation et d'interprétation qui par excellence reposent sur le décloisonnement – des genres et pratiques fictionnels, mais aussi des genres et pratiques sexuels. L'activité des fans est à cet égard fidèle à ce qu'ont pu pratiquer les auteurs : Tolkien et Lewis ont élaboré leurs fictions par un goût partagé pour ce type d'histoires, exaltant la sociabilité masculine qu'ils ont connue dans leurs créations de *fantasy* au point de l'élever en idéal et centre efficace de

---

1 Voir C. Driscoll, « One True Pairing : The Romance of Pornography and the Pornography of Romance », *Fan Fiction and Fan Communities in the Age of the Internet*, éd. K. Hellekson, K. Busse, Jefferson (NC), McFarland, 2006, p. 84 : « *the most consistent conventions of [Slash] remain that of formulaic romance* » ; « la forme la plus constante du *Slash* reste la romance conventionnelle » (nous traduisons). Voir A. Kustritz, « Slashing the Romance Narrative », *Journal of American Culture* n° 26.3, 2003, p. 371-384.

2 Voir S. Fish, *Quand lire c'est faire. L'autorité des communautés interprétatives*, trad. E. Dobenesque, Paris, Les Prairies ordinaires, 2007 [1980]. Voir A. Bécue *et al.*, actes de la journée d'études « Pouvoirs de la littérature, modèles de la communauté » (Groupe Phi – CELLAM), publié le 14 mars 2012 [en ligne], http://www.cellam.fr/?p=2568 Consulté le 31 mai 2012.

leurs univers narratifs ; c'est bien aussi ce sens de la communauté qui, bien qu'avec d'autres orientations, se retrouve dans la pratique des fans et leurs propres « fictions du masculin ».

Anne Isabelle François
Université Sorbonne Nouvelle – Paris 3
Centre d'études et de recherches comparatistes (EA 172)

DEUXIÈME PARTIE

RÉCITS DE SOI : FAITS ET FICTION

L'ÉCRITURE DE L'ENTRÉE DANS LA SEXUALITÉ DANS LE *JOURNAL INTIME* INÉDIT D'EUGÈNE WILHELM

Le *Journal intime* inédit d'Eugène Wilhelm (1866-1951) nous donne à lire l'entrée dans la vie sexuelle de ce diariste hors du commun. Né en 1866 à Strasbourg au sein d'une famille bourgeoise protestante, Eugène Wilhelm a rédigé son journal de l'âge de 19 ans jusqu'à sa mort à l'âge de 85 ans. Le corpus qu'il a légué à la postérité est composé de 55 carnets soit 8000 pages d'une écriture à la fois dense et très riche. Ce journal est à la fois un récit, écrit à la première personne, récit de la vie d'un homme qui traverse la fin du XIXe siècle et la première moitié du XXe. Mais plus encore, ce récit de vie est aussi un récit de pratiques dont l'exemplarité nous renseigne sur son parcours intellectuel, sa vie professionnelle de juriste, son engagement scientifique au sein des réseaux français et allemands de sexologues et anthropologues criminels, ses opinions politiques et philosophiques mais aussi et surtout sur sa vie sexuelle. Le processus d'écriture non-linéaire est ponctué par plusieurs étapes qui comprennent les échanges avec son groupe de pairs, la découverte du monde de la prostitution et des amours ancillaires, le refus de la masturbation et la révélation, à travers ses lectures, de l'existence d'un « sentiment sexuel contraire ».

Chez Wilhelm, l'entrée dans la vie sexuelle s'inscrit comme une tentative de faire sienne l'injonction sociale à l'hétérosexualité. Toutefois son dépassement n'est pas annonciateur d'une révélation homosexuelle – telle celle de Jean dans *Le Malfaiteur* de Julien Green[1] ou celle du narrateur d'*Un protestant* de Georges Portal[2]. Elle est au contraire annonciatrice de deux grands thèmes du Journal de Wilhelm. Premièrement, l'ambivalence des désirs du diaristes pour les hommes et pour les femmes – dont il cherchera à percer les mystères, notamment à travers la littérature de

1 J. Green, *Le Malfaiteur*, Paris, Gallimard, coll. Pléiade, 1973.
2 G. Portal, *Un protestant*, Paris, Steele et Denoël, 1936.

son temps, mais aussi, si ce n'est surtout à travers son intérêt pour une discipline dont il est témoin de la genèse : la sexologie. Deuxièmement, elle est annonciatrice d'un rapport doublement comptable à la sexualité. Obsédé par le temps qui passe, Wilhelm fait de son journal le registre de ses échecs et prouesses sexuelles, tout comme celui des sommes qu'il dépense pour s'offrir des services sexuels (que ce soit avec des prostituées ou de jeunes hommes des classes populaires). En ce sens, le cas d'Eugène Wilhelm est intéressant car il s'inscrit au sein d'une trajectoire bisexuelle tout en annonçant un des grands thèmes de la littérature homosexuelle du début du XXe siècle (dont Oscar Wilde et Georges Eekhoud comptent parmi les précurseurs[1]) : celui de la recherche des plaisirs auprès des classes laborieuses, représentatives d'une masculinité authentique.

Dans son *Journal*, Wilhelm associe une technique qui mêle la tachygraphie à l'utilisation d'un autre alphabet lorsqu'il écrit au sujet de son intimité la plus profonde et de sa sexualité en particulier. Cette stratégie n'est en rien novatrice puisque de nombreux diaristes ont eu recours à ce type de stratagèmes[2].

Le recours à cette stratégie apparaît dans le carnet n° 1 du *Journal* et s'inscrit comme une constante jusqu'à la toute dernière entrée (en 1951) qui s'achève cyniquement en ces termes :

> *Dimanche 18 février – Jeudi 9 mars – Toujours de même me sens incapable de tout. Mauvaises nuits, mauvaises journées [...] Ποσ R*** deux fois dans une journée, le σοιρ σελα νε να πλυ ν'αι plus ενφιν mêm δε l'hομοσ. φινι cελα αυσσ !*
>
> « Toujours de même me sens incapable de tout. Mauvaises nuits, mauvaises journées [...] Possédé deux fois dans une journée R***, le soir n'ai plus enfin même de l'homosexualité, fini cela aussi ! » (Notre transcription)[3].

1 G. Eekhoud, *Escal Vigor*, Telgruc-sur-Mer, J. Flament, 2010.

2 Stendhal est par exemple connu pour avoir fait usage de codes secrets, Samuel Pepys de la tachygraphie, Adèle Hugo du verlan et nombreux sont ceux et celles qui ont usé d'un autre alphabet lorsqu'il s'agissait d'écrire sur le for privé. – Voir A.-G. Moulinier, *Journaux intimes de la folie : étude différentielle de l'écriture du sujet dans l'hystérie et la schizophrénie à partir des écrits de Mary Barnes et de Vaslav Nijinski*, Thèse de doctorat en psychopathologie, université Rennes 2, 2010, p. 36.

3 Extrait de la dernière entrée : Journal, carnet n° 55 (1949-1951), f° 66. Quand des transcriptions ont été rendues nécessaires par l'emploi du grec dans le Journal, elles sont de nous. Pour des raisons de protection de la vie privée, les noms de famille sont tronqués. Les passages entre crochets correspondent soit à des abréviations (par ex. possédé, écrit pos. ou homosexualité écrit homos. dans le texte original) soit à des termes qui n'ont pas pu être transcrits avec exactitude (par ex. [enfin]).

La toute dernière entrée du *Journal* indique la lassitude du diariste mais aussi sa libération du désir (terme manifestement éludé dans la phrase) annonciatrice de sa mort. Elle manifeste aussi un phénomène que les sociologues du vieillissement appellent la « déprise » et qui désigne l'abandon d'un certain nombre d'activités et le repli sur soi. Enfin, elle atteste que ce journal est avant tout un journal intime sexuel, puisque l'abandon de la sexualité vient clore le processus d'écriture.

Le cryptage que l'on peut interpréter comme une invitation à « faire tomber le voile » ne signifie pas pour autant qu'à travers cette technique le diariste élude toute autocensure. En effet, un journal intime (tout comme une autobiographie d'ailleurs) est un roman de soi-même, une fiction personnelle et une mise en scène du sujet[1]. Tout écrivain de journal intime possède un lecteur par dessus son épaule… un censeur moral. Cette autocensure peut être interprétée dans l'extrait ci-dessus à travers l'absence de détails concernant l'interaction sexuelle en question. En effet, nous ne savons rien du « script sexuel[2] » en vigueur hormis le nom du coparticipant : R***. Néanmoins, cette dernière entrée du *Journal* est particulièrement significative quant à la place qu'occupa la sexualité dans la vie du diariste : à savoir une place de premier ordre dont nous pouvons retrouver la genèse dans ses premiers carnets.

C'est dans les trois premiers carnets que l'entrée dans la vie sexuelle d'Eugène Wilhelm nous est donnée à lire. Ce processus occupe une période d'un an et demi (soit d'octobre 1885 à mars 1887). Dans le cas de Wilhelm, la singularité de ce processus est conditionnée à la fois par un certain nombre de déterminants sociaux parmi lesquels, la situation du diariste au sein de la hiérarchie des classes, les groupes de pairs de sa génération, les relations entretenues avec sa famille. Il est aussi conditionné par des facteurs physiologiques que le diariste ne manque pas de souligner, en l'occurrence ses nombreuses pollutions nocturnes qui s'inscrivent comme une obsession dans ses carnets de jeunesse et qui le conduisent à accepter l'idée de pratiquer le coït avec une prostituée dans l'espoir d'y mettre fin. En ce sens, ce processus et sa réalisation sont conditionnés par l'ambivalence des désirs du diariste qui, à la pureté de l'amour, oppose, la dépravation de la concupiscence

---

1 Moulinier, *op. cit.*, p. 39

2 La notion de script sexuel a été mise en avant par J. Gagnon et W. Simon dans *Sexual Conduct : The Social Sources of Human Sexuality*, Chicago, Aldine, 1973.

charnelle tout comme il oppose ses sentiments romantiques pour les hommes à l'impureté de l'amour physique entre hommes et femmes. Ces trois thèmes sont donnés au gré des pages du *Journal* et s'inscrivent au sein d'un double registre typique que l'on retrouve dans certaines autobiographies d'homosexuels (et dont l'ouvrage autobiographique *Un protestant*[1] de Georges Portal offre une excellente illustration) et au sein de ce que Luc Boltanski qualifie d'habitus protestant des diaristes (dont Frédéric Amiel serait l'exemple archétypique[2]). En nous intéressant à l'entrée dans la vie sexuelle d'Eugène Wilhelm il devient dès lors possible de comprendre pourquoi, à la fin de sa vie, il souligne que même l'amour avec les hommes ne lui apporte plus de satisfaction.

ÉCRIRE LE PROCESSUS D'ENTRÉE DANS LA VIE SEXUELLE

« Aujourd'hui enfin le grand jour est arrivé, le terrible jour de l'examen[3] ». C'est en ces termes que Wilhelm débute son *Journal* le jeudi 16 juillet 1885, autrement dit le jour de son baccalauréat. C'est aussi en ces termes que le diariste percevra sa première expérience hétérosexuelle à laquelle il se prépare comme pour une performance dont il se devra de triompher. Par la suite, cette vision performative de la sexualité qui est envisagée uniquement comme hétérosexuelle dans les premiers carnets se distingue très nettement du rapport sensuel qu'il entretient avec les hommes et dont nous pouvons trouver certains motifs dès la deuxième entrée du *Journal*, datée du vendredi 17 juillet. Ce soir là, suite à l'annonce des résultats de l'examen du baccalauréat, il se rend dans un parc avec ses camarades de promotion célébrer cet événement :

> *Εν ρεντραντ jε ναις αυχ κοτέ δε R***, δοντ j'εμβρασσε λες μαινς ; ιλ φαυτ κυε jε με coντεντε δε cελα, cαρ α κοτέ δε R*** μαρχεντ ενκορε πλυσιευρς καμαραδες. Ό σι j'έταις σευλ αυεκ λυι κομμε jε λ›εμβρασσεραι κομμε λ›αννέε πρέcέδεντε εν ρεντραντ δυ κομμερcε !!!!*

1 Portal, *op. cit.*

2 L. Boltanski, « Pouvoir et impuissance : projet intellectuel et sexualité dans le Journal d'Amiel », *Actes de la recherche en sciences sociales*, vol. 1, n° 5/6, 1975, p. 80-108.

3 Carnet 1, f° 3.

« En rentrant je vais au coté de R***, dont j'embrasse les mains ; il faut que je me contente de cela, car à côté de R*** marchent encore plusieurs camarades. Ô si j'étais seul avec lui comme je l'embrasserai comme l'année précédente en revenant du commerce[1] ! ! ».

En lisant la première entrée où le diariste fait usage de l'alphabet grec, nous découvrons d'emblée deux choses : premièrement que le diariste a déjà embrassé un autre homme ; deuxièmement, qu'il a doublement conscience du caractère transgressif de l'acte. Cela est souligné dans le cœur du texte lorsqu'il invoque l'impossibilité d'embrasser son camarade sur la bouche (en raison de la présence d'autres camarades de promotion), et dans la manière de l'écrire, puisque cela est crypté en caractères grecs. Pour ce jeune homme pétri de culture classique, le choix du grec répond assurément à la manière la plus simple pour lui de crypter son propos. Il renvoie aussi manifestement à un imaginaire, en vogue à son époque, celui des initiations masculines inspirées de l'Antiquité grecque.

Toutefois, il serait inexact de conjecturer que l'emploi du grec pour écrire le for intime ne concerne que le désir du diariste pour les hommes. Quelques semaines plus tard, en effet, il emploie le grec lorsqu'il fait part de sa rencontre avec une jeune femme durant les vacances en Suisse de sa famille.

Le soir après le souper jε φαις λα κονναισσανcε δ'υνε jευνε φιλλε, αμέρικαινε, υνε δες πλυς jολιες κυε j'αι ενκορε υυε, σευλεμεντ λα κονναισσανcε εστ βιεν διφφιcιλε ά φαιρε, καρ μοι jε νε σαις πας λ'ανγλαις ετ ελλε νι λε φρανζαις νι λ'αλλεμανδ.

« … je fais la connaissance d'une jeune fille, américaine, une des plus jolies que j'ai encore vue, seulement la connaissance est bien difficile à faire, car moi je ne sais pas l'anglais et elle ni le français ni l'allemand[2] ».

Les deux premières entrées en caractères grecs sont symptomatiques de l'ambivalence des désirs du diariste, dont nous retrouvons toute la puissance à travers la difficulté qu'il éprouve à entrer dans la sexualité. Ce processus, est initié au retour de grandes vacances 1885, lorsqu'il découvre grâce l'aide de son meilleur ami (Louis H***) le quartier réservé de Strasbourg.

1 Carnet 1, f° 8.
2 Carnet 1, f° 22.

> Lundi 5 octobre 1885 : ce soir très content de le revoir, car à lui je puis dire tout ce que je pense (surtout relativement au Mädchen). Il me raconte qu'il a été 2 fois au bordel à Dijon[1].

> Dimanche 11 octobre 1885 : L'après-midi, je me promène jusque vers 6 heures avec Louis. Il me montre la rue des pécheurs où on n'avait jamais mis les pieds[2].

> Mardi 20 octobre 1885 : A 11 heures je vais à l'université me faire inscrire, j'y rencontre Michel en soldat et K*** (de ce dernier je suis amoure… et j'aimerai bien de nouveau une fois l'embrasser. […] A 3 heures je rencontre [Louis] H*** (qui me dit qu'il vient d'un rendez-vous avec une fille de brasserie qu'il a embrassé plusieurs fois). Ce soir en cherchant du vin à la cave la Rose du second étage y vient aussi, je l'embrasse plusieurs fois[3].

La succession de faits et d'expériences qui sont relatées s'inscrivent au sein d'un rite initiatique dont une des étapes est la découverte du quartier des prostituées de Strasbourg, ce qui conduit Wilhelm à associer dès lors les caractères grecs au registre de la sexualité[4]. Deux éléments majeurs s'inscrivent à la suite de cette annonce comme un leitmotiv des carnets de jeunesse de Wilhelm : à l'expression du désir pour les hommes succède une satisfaction sensuelle avec une femme. Dans le cas présent, la mention de l'acte sensuel avec la domestique est à la fois corrélée au fait que le diariste a croisé un certain K*** (dont il se dit amoureux) et au récit de l'expérience narrée par son ami Louis. Ces deux éléments semblent déterminants pour le diariste quant à la réalisation d'un passage à l'acte qui remplit une double fonction. D'une part, tenter de se placer sur un pied d'égalité avec son meilleur ami en embrassant lui aussi une femme. Même si cela a lieu le soir, avec une domestique de la maison à l'abri des regards, dans la cave. D'autre part, l'acte participe sans doute d'une volonté d'apaiser ses ardeurs pour K*** en substituant une femme à l'homme convoité au moyen d'une hétérosexualité de « circonstances ». Dès cet instant, le thème de l'hétérosexualité de circonstances vécue par dépit devient une des caractéristiques propres de sa trajectoire biographique. Elle s'inscrit à revers de l'idée communément répandue et mise

---

1 Carnet 1, f° 29.

2 Dimanche 12 octobre 1885, Carnet 1, f° 30.

3 Mardi 10 octobre 1885, Carnet 1, f° 33.

4 Georges Portal écrit dans le chapitre de son récit autobiographique consacré au service militaire : « Mes amis m'emmenèrent un soir dans une maison close, derrière la gare, comme nous disions. J'étais allé déjà dans un de ces établissements, la veille de mon baccalauréat, avec des camarades de lycée, qui certes n'étaient jamais montés » (Portal, *op. cit.*, p. 78).

en avant d'une homosexualité de circonstances – typique des institutions monosexuées ou totales (prisons, internats, l'armée). De plus, elle rend manifeste la difficulté qu'éprouve le diariste de trouver des modèles positifs d'identité homosexuelle, que ce soit dans son environnement ou dans la littérature dont il disposait dans les années 1880.

LA DÉCOUVERTE DU MONDE DE LA PROSTITUTION

La découverte du monde de la prostitution se fait pas à pas, jusqu'au jour où Eugène et son ami décident de s'aventurer un peu plus dans le monde des bordels, lieux en lesquels les jeunes gens de la bourgeoisie de l'époque peuvent concrétiser leurs fantasmes et leur volonté d'entrer dans la sexualité. C'est sur le modèle du roman initiatique qu'il découvre cet autre monde, qui sera pour lui, comme dans le cas du *Protestant* de Georges Portal, la porte d'entrée vers un autre monde, celui de l'homosexualité[1].

Les nombreuses entrées qui sont consacrées au quartier réservé de Strasbourg dans les carnets 1 à 3 du *Journal* témoignent du rythme d'entrée dans la vie sexuelle. Le diariste avance à pas de souris, sans doute impressionné par un univers dont il ne maîtrise pas les codes, et auquel son éducation ne l'a pas préparé. Dans un premier temps, c'est la rencontre de l'altérité sexuelle qui est dépeinte, celle de femmes galantes, de cocottes, avec lesquelles il n'entreprend rien, jusqu'au jour où il choisit de monter accompagné de son ami Louis H***.

> Je vais passer une heure cette après midi à la Salle de lecture de l'Université, puis je me promène avec Louis. Nous allons au bordel … dans la rue des pêcheurs. Dans le premier bordel … il y a une très jolie fille, peinte et fardée et habillée en baladine, des pantalons courts et une tunique qui laisse la poitrine découverte, une autre femme était en chemise ! C'était horrible. J'ai embrassé 4 ou 5 fois la jolie fille et elle aussi en partant. Sa chambre, où nous étions était ornée d'images immondes et révoltantes. Au second bordel il y avait 3 femmes, toutes peu jolies, aussi sommes nous repartis aussitôt[2].

1 Dans un récit inspiré pour partie d'*À rebours* de Huysmans, Raffalovich, décrit le monde homosexuel comme un monde parallèle : M.-A. Raffalovich, « Les groupes uranistes à Paris et Berlin », *Archives d'anthropologie criminelle*, vol. 19, 1904, p. 926-936.

2 Samedi 14 novembre 1885, Carnet 1, f° 45.

La scène décrite a lieu dans la rue des Pêcheurs qui se trouve à l'époque en lisière du quartier militaire de la ville, aux confins de la *Neustadt*, construite à Strasbourg après l'annexion de l'Alsace consécutive au traité de Francfort. L'extrait laisse entendre qu'ils ont visité deux des nombreux bordels de la rue. Dans le premier bordel, les deux jeunes gens sont abordés par une femme qui, en plus d'être très jolie, est habillée en baladine. Ce substantif qui désigne par extension les « femmes aux mœurs légères » est confirmé par les indications données sur sa tenue vestimentaire : des pantalons courts, mais aussi une tunique qui laisse apparaître sa poitrine découverte, appel à la luxure. Mais pour le moment, le diariste se contente d'embrassades. Peut-être sur l'un de ces sofas qui garnissaient traditionnellement les salons des bordels de l'époque. Se laissant enivrer par les embrassades, la prostituée a proposé au diariste et à son ami de monter « visiter » sa chambre. Cette dernière, considérée comme un lieu de débauche par le diariste, était ornée d'images qualifiées à la fois d'immondes et de révoltantes, images dont le but était sans doute de porter à son comble l'excitation des clients. Mais à la lecture de cette description du bordel, comment ne pas songer à un autre thème de la littérature homosexuelle, celui du désir secret du diariste pour les hommes « normaux ». Wilhelm, ne cherche t-il pas, au bordel, tout comme Georges Portal le décrit dans *Un protestant* à satisfaire son désir pour son ami par l'intermédiaire d'une prostituée[1] ?

ENTRE AMOURS ANCILLAIRES ET AMOURS TARIFÉES

L'attrait pour les bordels mais surtout à travers celui-ci, la volonté de réalisation de la première expérience sexuelle semble obséder le diariste tout comme ses pairs. À l'âge de vingt ans, la question de la perte de la virginité est un sujet qui agite les conversations. Les uns se révélant

---

1 « J'avais formé un projet [...]. J'accompagnai Robert qui montait avec une femme. C'était moi qui avais suggéré cette escapade, dont il ne soupçonnait pas le vrai motif. Pour la première fois, pour la seule fois, je le vis nu, mais il était bien trop attiré par la prostituée pour remarquer que je n'avais d'yeux que pour lui. [...] Lorsque leur étreinte se dénoua, je succédai à Robert, très vite car c'était lui que je cherchais. » Portal, *op. cit.*, p. 83.

encore vierges, des rumeurs circulant au sujet d'autres, certains se targuant de ne plus « l'être ».

> Souvent je suis de nouveau excité, je sens un désir ardent dans mon être à m'élancer vers une autre créature et à me jeter dans les bras d'une femme, si je pouvais aimer d'un amour vrai et partagé ! Mais je ne connais que l'amour sensuel et encore il n'y a que peu de filles… qui me plaisent ; l'amour pour les garçons a de nouveau repris, il est plus intense que pour les fill[es]. […] Ce soir j'ai eu une conversation avec D***, qui bien que n'étant plus vierge, m'a dit que beaucoup l'étaient encore […] ; pourquoi moi ne pourrais-je alors pas aussi le rester[1] ?

La question de la perte de la virginité est l'objet de nombreuses interrogations du diariste qui révèlent un désir de réciprocité quant à la réalisation de sa première fois. Elle est aussi symptomatique d'une volonté de ne pas se plier aux exigences d'une masculinité forcément envisagée à travers la sexualité pénétrative. Lorsqu'il s'interroge dans son journal sur l'interdiction de ne pas rester vierge, cette question renvoie assurément à la prescription sociale dont le diariste cherche à s'affranchir, mais qui néanmoins le taraude. La force de l'injonction liée au groupe de pairs devient d'autant plus manifeste lorsque, à la veille des vacances d'été, il se demande s'il sera toujours vierge à son retour.

> Après le café, je vais à la salle de lecture d'où Louis vient me chercher à 4 ½ heures. Nous nous dirigeons vers le faubourg de pierre et voulons aller au bordel situé près des remparts. Hier encore décidé je suis de nouveau très incertain et voudrais reculer, car nous retrouvons plus les bordels ; il paraît qu'ils ont été supprimés. Voilà que je resterai encore pur pendant ces vacances ou bien trouverais-je une occasion[2] ?

La veille des vacances s'impose comme un seuil, une étape constituante. Cependant, nous retrouvons le diariste une fois de plus confronté à diverses tergiversations qui ne sont pas sans rappeler la difficulté d'un autre diariste très célèbre, Frédéric Amiel, qui trouvait toujours un prétexte pour ne pas franchir le pas avec une femme. Dans cette entrée du journal, la sincérité du diariste est saisissante quant à la peur que suscite l'idée de réaliser une expérience plutôt envisagée comme une

---

1 Mardi et mercredi 25 et 26 mai 1886, Carnet 2, f° 31.
2 Samedi 31 juillet 1886, Carnet 2, f° 38.

épreuve. Aussi, l'impossibilité de trouver une occasion qui lui permettra de franchir l'étape est-elle contrebalancée par le recours aux amours ancillaires, puisque le diariste décide d'envisager une autre piste : satisfaire son désir auprès d'une domestique de la maison.

> Notre femme de chambre commence de jour en jour plus à me plaire, elle n'est pas belle tant s'en faut, mais sa personne et sa figure a quelque chose qui me plaisent. L'embrasserai-je où non[1] ?

Entre la description du projet et sa concrétisation deux mois s'écoulent. Peut-être parce qu'il se pense très surveillé, peut être parce qu'il ne sait pas quel accueil lui sera réservé par la domestique ? Ce n'est qu'à l'abri des regards, lorsque la maîtresse de la maisonnée accompagnée de ses deux filles est de sortie, que le diariste saisit l'occasion d'embrasser la bonne, expérience qui ne le satisfait qu'à moitié et ravive son sentiment de désarroi quant à son identité sexuelle[2].

POLLUTIONS NOCTURNES, CONFUSION DES SENTIMENTS ET DÉCOUVERTE DU « SENTIMENT SEXUEL CONTRAIRE »

Parallèlement à la difficulté qu'éprouve le diariste à se positionner en faveur des hommes ou des femmes, les pollutions nocturnes, sont un constant sujet d'interrogations. Intimement associées à une perte de son énergie vitale qui aurait pour conséquence une mauvaise santé physique, elles sont consignées dans le *Journal* en début ou en fin des entrées quotidiennes au moyen de l'abréviation « πολ ». Tantôt soulignées, tantôt écrites en grand caractères ou en exposant, leur comptage montre à quel point ces dernières prennent une dimension obsessionnelle. Elles sont ressenties comme insupportables et annonciatrices pour le diariste de sa dégénérescence ce qui l'amène à en faire part au médecin de famille, un certain docteur Goldschmidt. C'est ce dernier qui à

1 Dimanche 1er août 1886, Carnet 2, f° 38.

2 « Maman, Berthe et Louise vont en ville, j'embrasse Marie, mais pas longtemps du reste et sans grand plaisir elle me plait moins du reste depuis quelques temps je n'ai presque pas de désir pour les femmes. » Jeudi 30 septembre 1886, Carnet 3, f° 13.

l'issu de la consultation l'incitera à voir les filles publiques. Cependant, nous ne pouvons savoir avec certitude si cette réponse est suggérée en tant que solution aux pollutions nocturnes ou bien si elle a pour objet d'éloigner le diariste de ce qu'il qualifie de ses mots de perversion des sens, c'est-à-dire son désir pour les hommes.

> Voilà 4 pol., 4 nuits de suite presque. Je suis maintenant décidé à aller au bord… car cela ne peut durer je me ruinerai complètement la santé. Goldschmidt même m'a presque conseillé samedi quand j'étais chez lui à aller chez une femme. Je lui ai confié ma perversion des sens[1].

Pour le diariste, le bordel en tant que seule réponse rationnelle capable de résoudre le problème qui l'obsède s'explique aussi par le refus de la masturbation, qui témoigne de l'intériorisation de la condamnation de cette pratique, comme l'a magistralement montré Michel Foucault dans son *Histoire de la sexualité.* Selon Wilhelm, la masturbation est tout aussi immorale, si ce n'est plus immorale encore que le coït avec une femme[2]. S'agissant de la condamnation du coït féminin qu'il oppose à la pureté de ses sentiments pour les hommes, elle n'est pas sans rappeler une semblable opposition chez Jean, dans *Le Malfaiteur* de Julien Green[3]. Pour filer la comparaison, c'est d'ailleurs une lecture déterminante qui a permis au diariste de donner un nom à la « perversion des sens » dont il fait part au médecin de famille.

> Je fais une découverte Intéressante à la salle de lecture, celle de 2 journaux de musique, de même celle d'un journal de médecine traitant du « sentiment sexuel contraire », du sentiment d'amour de l'homme pour l'homme, qui me concerne aussi[4].

Julien Green relate dans *Le Malfaiteur*, une expérience analogue à travers la voix de Jean : « Un jour que je faisais des recherches à la bibliothèque municipale, le hasard me mit entre les mains un petit volume […]. J'appris

1 Lundi 14 novembre 1886, Carnet 3, f° 23

2 « Cette après midi je me promène avec E***, j'apprends de lui qu'il se bande quelque fois, voilà encore une illusion de partie, moi qui croyais que chacun qui n'allait pas chez une femme restait complètement pur, maintenant je n'ai plus aucun scrupule, car je considère la masturbation comme aussi sinon plus immorale que le coït avec une femme. Samedi 7 Mai 1887, Carnet 3, f° 55.

3 « La confession de Jean », J. Green, *op. cit.*, p. 293 *sq.*

4 Mardi 8 décembre 1885 après-midi, Carnet 1, f° 47.

que de grands hommes avaient souffert de passions analogues à la mienne et que, par elle, je m'apparentais à eux[1] ». Le thème de la découverte du désir pour les hommes à travers la lecture est aussi développé par Portal dans son autobiographie à travers la lecture des *Confessions d'un matelot*[2]. Cependant, à la différence des lectures initiatiques de Green et de Portal, qui relèvent du domaine de la littérature, Wilhelm découvre l'homosexualité à travers la lecture de publications médicales condamnant les relations sexuelles entre hommes, loin de faire leur éloge.

Dans les trois cas esquissés ci-dessus, l'initiation livresque à l'homosexualité s'inscrit comme une constante. Pourtant, ce type de trajectoire, celle de l'« homosexuel vierge », est considéré comme des plus rares. Puisque dans la plupart des cas, c'est en premier lieu une expérience avec une personne de même sexe qui conditionne l'adoption d'une identité homosexuelle[3].

La vision négative de l'homosexualité – dépeinte comme une perversion par la littérature scientifique de son temps – participe dans le cas de Wilhelm de la lutte intérieure que se livre le diariste en proie à une multiplicité de contradictions opposant le pur et l'impur, le chaste et le charnel, l'homme et la femme. La confession au médecin de famille ne fait que le précipiter dans une quête de normalité dont le bordel semble être la seule issue : « il faut que cette lutte cesse une bonne fois, je suis presque décidé d'aller au brd… Bien que je trouve cela dégoûtant, mais j'ai vraiment trop de désir et surtout trop de pollutions[4] ».

Comme en écho aux vacances d'été à propos desquelles le diariste se demandait s'il serait encore pur à la rentrée universitaire, la fin de l'année civile apparaît de nouveau comme un seuil qui conférerait une

1 Le livre en question est *Problème de morale grecque*, de John A. Symonds et figure dans liste inédite des lectures de Green (20 mars 1921).

2 Portal, *op. cit.*, p. 57. Il s'agit de l'ouvrage de Pierre Douville, *Le Vice marin. Confessions d'un matelot*, Paris, 1905.

3 Thomas Weinberg montre que la plupart du temps, une expérience homosexuelle est la première étape à l'adoption d'une identité homosexuelle, et cela avant même que la personne ne suspecte pouvoir être homosexuelle. Généralement, ce processus d'auto-identification se fait dans l'ordre suivant : expérience, suspicion, identification. Néanmoins deux autres variantes existent. La plus courante est suspicion, expérience, identification ; la plus rare est : suspicion, identification, expérience (c'est le cas de l'homosexuel vierge). Voir T. Weinberg, « On "doing" and "being" gay : Sexual behavior and homosexual male self-identity », *Journal of Homosexuality*, vol. 4, n° 2, 1978, p. 143-156.

4 Samedi 11 décembre 1886, Carnet 3, f° 27.

assise « calendaire » à son expérience. Aussi, la volonté de passer à l'acte s'inscrit-elle dans son journal comme une nécessité de plus en plus pressante, l'année de sa majorité approchant :

> Nous[1] allons au bord… du bœuf, il s'y trouve une délicieuse petite femme, je suis décidé à aller et à y rester mercredi, car il faut en finir une bonne fois, coûte que coûte j'irai maintenant, j'en ai assez de ces pollut. et de ce combat perpétuel, qui date depuis 5 ou 6 ans[2].

Dès cet instant, le passage à l'acte s'inscrit comme un défi qu'il s'agit de relever. Il ne s'agit nullement d'un processus qui pourrait sembler naturel mais bien d'une bataille que le diariste a décidé de livrer contre lui-même, à laquelle il s'est préparé et qui lui permettrait de se libérer. Mais de quoi ?

LE GRAND JOUR EST ARRIVÉ

À l'image de la première entrée du journal, le diariste dit s'être préparé plusieurs jours pour le grand soir, décidé à accompagner une femme galante dans sa chambrée et à perdre sa virginité un 29 décembre… Cette nuit décisive nous est donnée à lire dans une double entrée, rédigée en partie avant, puis après la visite au bordel. Le registre de vocabulaire est cette fois-ci empreint de verbes d'action et d'adverbes renvoyant à la virilité, les termes « fermement » et « bravement » se faisant en ce sens écho tel un soldat va-t'en guerre. Wilhelm se dit « résolu », ce qui indique bien que la décision a été mûrement réfléchie. À tel point que ses scrupules n'auront pas le dessus sur sa détermination.

> C'est donc ce soir que je suis décidé à aller au brd… ; je suis fermement résolu d'y aller bravement sans me laisser arrêter par mes scrupules. Il est vrai que depuis quelques jours je suis tout calme et sans désir, mais je sais bien que les pol. reviendront déjà, pour cela j'en finirais aujourd'hui…
> Eh bien oui j'y suis allé, mais... je n'ai pas pu faire quelque chose ! ~~Comme~~ Tout tremblant je suis entré dans le brd. avec Louis, et tremblant j'ai suivi la

1 Il s'agit du diariste et de son ami Louis H***.
2 Samedi 25 décembre 1886, Carnet 3, f° 28.

> femme, mais je n'ai pas eu de désir ; il est vrai que la femme quoique vraiment ravissante et admirablement faite était assez froide, même elle ne voulait pas être embrassée continuellement sur la bouche, mais elle a eu beau se mettre toute nue et chercher à m'exciter, je suis resté froid. Cela est un bien mauvais signe, serais-je déjà épuisé et impotent ! Cela serait affreux ! Ne devrais-je pas connaître l'amour[1] !

Mais la confrontation avec la réalité de l'expérience de l'altérité fut tout autre, et c'est ce que nous pouvons lire dans la partie rédigée après la visite au bordel. Pour Wilhelm, la première expérience sexuelle relève bien du domaine de l'agir et du pouvoir, contrecarrée cependant par l'impuissance. Nous observons donc à ce niveau, un conflit, entre le désir manifeste de passer à l'acte et l'incapacité de franchir cette étape.

À la réussite dans l'étude s'oppose l'échec dans les relations, sentiment exacerbé par les pollutions nocturnes que le diariste comptabilise avec rigueur et qui ne font qu'aggraver la douleur provoquée par son échec. Cet échec que le diariste n'attribue pas à la manière dont il s'est préparé à réaliser cette première expérience trouve t-il une explication dans ce qu'il considère comme un « défaut de cerveau », témoignant par là de l'intériorisation d'une vision pathologique du désir homosexuel ?

> Décidément je suis une anomalie, les garçons seuls excitent en moi un désir ardent et sincère, avec les femmes je n'éprouve pas de vrai plaisir et n'aime en vérité que les baisers ! J'essayerai encore une fois d'aller au bordel, mais seulement je monterai avec une qui m'excite vraiment, si alors je ne réussi pas, je laisserai les femmes ! Cela est affreux de n'être pas comme les autres organisés et d'avoir en ce qui concerne le sens génital un défaut de cerveau[2].

L'impossibilité préalable de passer à l'acte est peut-être aussi liée aux conditions biographiques de sa réalisation. En effet, la réalisation du coït a lieu dix jours avant l'anniversaire des 21 ans du diariste (soit l'âge de la majorité). Est ce dès lors d'un seuil d'âge dont il s'agit ? Celui qui l'autorisait à devenir homme ?

> Ce soir encore je suis allé au brd… au 14, j'ai choisi une fille nommée Elvira, elle n'était pas très-jolie, mais était très gentille et surtout savait m'embrasser. Enfin j'ai accompli l'acte, le coït, mais encore cette fois-ci je suis entré trop tard, car j'avais déjà un peu éjaculé, aussi n'ai-je éprouvé aucun plaisir particulier,

---

1 Mercredi 29 décembre 1886, Carnet 3, f° 29.

2 Mercredi 16 février 1887, Carnet 3, f° 35.

au contraire en embrassant le plaisir est encore plus grand, voilà donc encore un essai à recommencer[1].

Le récit d'expérience de Wilhelm plaide pour la mise en retrait de l'injonction performative à la masculinité en tant que facteur de réussite de son entreprise. C'est à l'écart de ses amis dont il se dit secrètement amoureux qu'il parvient à relever le défi qu'il s'est lancé. Pour une fois, il affirme dans son propos avoir choisi la femme dont il souligne qu'elle n'était pas belle (alors que précédemment il apparaissait comme ayant été choisi par les femmes). En signifiant sur l'absence de beauté de la prostituée le diariste met en avant d'autres qualités qui sont autant de compétences. Car c'est bien la maîtrise de l'art du baiser qui a permis au diariste de parvenir à l'excitation qui faisait jusqu'alors défaut, un baiser enivrant qui lui permit peut-être de laisser divaguer son imagination vers des fantaisies pour le moment irréalisables.

Le processus d'entrée dans la vie sexuelle est une expérience individuelle corrélée aux conditions sociales de sa réalisation. Dans le cas du *Journal* inédit d'Eugène Wilhelm, cette expérience est décrite comme un processus long et complexe au sein d'une trajectoire biographique marquée par l'ambivalence de ses désirs pour les hommes et pour les femmes. L'expérience de la pénétration vaginale, entendue comme rapport sexuel par excellence, est concrétisée chez Wilhelm de manière différée. Elle fait suite à plusieurs étapes qui sont autant de jalons d'un parcours initiatique dont le passage réussi par le bordel s'inscrit dans une conception hétéronormée de l'entrée des hommes dans la vie sexuelle.

Les récits des deux « premières expériences sexuelles », l'une vécue comme un véritable échec, l'autre comme un succès mitigé se font écho ; le verbe « accomplir » répondant au « je n'ai pas pu » de la toute première fois. Entre les deux, c'est un jeu complexe de mise à l'épreuve de sa virilité et son appartenance au groupe des hommes qui laisse transparaître les conditions subjectives de la transition du statut d'adolescent à celui d'homme.

Dans le cas de Wilhelm les conditions du succès de ce rite de passage sont liées à des déterminants sociaux, physiologiques et genrés. Il s'agit en premier lieu de l'inscription dans une trame calendaire (l'accession à la majorité) ; puis d'une impossibilité pour lui de rester vierge dictée par

1 Mardi 9 mars 1887, Carnet 3, f° 41.

ses pollutions nocturnes et enfin de l'intervention de représentants du groupe des hommes (ses pairs et le médecin de famille) qui le poussent à se conformer à un habitus de la classe bourgeoise de son époque.

Le récit de l'entrée dans la sexualité de Wilhelm est annonciateur de la tension qui parcourt l'ensemble du journal, celle d'une volonté du diariste de se départir de l'injonction des représentations sociales de la sexualité et dont la découverte de la sexualité homosexuelle constitue la seconde étape. Cette expérience dont il traite dans son *Journal* constitue un nouvel événement déterminant pour la suite de sa trajectoire sexuelle et vient parachever son récit de l'entrée dans la sexualité :

> Salle de lecture jusque vers 6h. Alors je vais dans [ill.] brd de [ill.], espérant y trouver un h[om]me et oh Bonheur j'y trouve un soldat, il monte avec moi et une fille ; je ne peux presque pas y croire à mon bonheur, enfin j'ai trouvé. Il aime également les h[omme]s et je le reverrai ! en 8 jours ! la jouissance est grande mais trop rapide, je m'étais bien attendu à encore plus de jouissance, mais j'étais aussi tout habillé. Ah ! enfin j'ai trouvé, une joie m'inonde[1] !

Régis Schlagdenhauffen
École des hautes études
en sciences sociales
Institut interdisciplinaire de
recherche sur les enjeux sociaux
(IRIS)

1 Samedi 12 octobre 1889, Carnet 7, f° 58.

RÉCITS DE VIE, STRATÉGIES NARRATIVES ET CONSTRUCTION DE LA MASCULINITÉ

Le cas des exilés germanophones en Palestine/Israël après 1933

Au sein de la nation israélienne en construction après 1948, les *yekkes*[1], ces juifs germanophones « exilés » après 1933, à l'*habitus* hérité de la République de Weimar ont occupé une place à part[2]. Héritiers d'une culture engloutie dans la Shoah, ils ont été contraints d'habiter un lieu de mémoire impossible, celui de la « symbiose judéo-allemande ». Ils sont ainsi porteurs d'une mémoire alternative à celle qui a dominé la constitution de l'État hébreu, suscitant un certain ostracisme, alors même que s'imposait le mythe faisant d'eux des contributeurs à la nation israélienne dans tous les domaines de l'activité socio-culturelle. Négligée pendant longtemps, l'historiographie sur la « cinquième *alyah*[3] » est abondante depuis une vingtaine d'années ; elle a façonné un « grand récit » à la fois mémoriel, historiographique et pour partie fictionnalisé de la présence *yekke* en Israël, qui met en avant les qualités de pionniers ainsi que les valeurs « prussiennes » du groupe, ces mêmes

---

1 L'étymologie du mot est incertaine. La plus répandue est qu'entre tous les habitants de Palestine/Israël, on les reconnaissait à leurs manières rigides et, surtout, à leur accoutrement inapproprié au climat oriental : le fameux veston masculin – *yekke*, mot *yiddish* – d'un autre temps, usé jusqu'à la corde et signe d'une grandeur déchue.

2 N. Barzel, « The Attitude of Jews of German Origin in Israel and Germans after the Holocaust. 1945-1952 », *Leo Baeck Institute Year Book*, n° 39, 1994, p. 271-301 ; A. Betten et M. Du-nour (dir.), *Wir sind die Letzten. Fragt uns aus. Gespräche mit den Emigranten der dreißiger Jahre in Israel*. Gerlingen, Bleicher, 1995 (rééd. 2004) ; G. Greif (dir.), *Die Jeckes. Deutsche Juden aus Israel erzählen*, Cologne-Weimar-Vienne, Böhlau, 2000.

3 L'« exil » en Palestine dans les années 1930 est qualifié de « cinquième *alyah* » en référence à des vagues migratoires antérieures. Pour les juifs allemands, la problématique de l'« exil » était redéfinie dans la mesure où l'*alyah* – ascension – est un dépassement de la condition d'exil (*galout*).

valeurs (discipline, courage, ordre) qui ont défini la virilité de l'homme allemand au cours du XIXe siècle[1].

Il semble donc pertinent de s'intéresser aux représentations du masculin au sein de ce groupe, aux hiérarchies internes du masculin produites en *Eretz Israel* ainsi qu'aux stratégies narratives mises en place par les *yekkes*. Il faut en effet interroger ce que leurs récits héroïques dissimulent et ce qu'ils incorporent de fictionnalisation. L'acculturation passe en effet par l'appropriation individuelle et groupale de représentations collectives. C'est pourquoi les méta-récits héroïques en disent souvent plus long sur une société d'accueil et son imaginaire du « bon migrant » que sur le vécu des migrants eux-mêmes. Les récits de vie individuels, qui incorporent pour partie ces méta-récits, sont également des lieux d'expression apocryphes de *hiatus* narratifs où émerge une vision alternative de l'Histoire. Certaines études récentes sur les 60 000 à 70 000 juifs germanophones émigrés en Palestine dans les années 1930 et 1940[2] tendent ainsi à montrer que les difficultés rencontrées par les *yekkes* furent de même nature en *Eretz Israel* qu'ailleurs.

Cet article s'appuie sur un *corpus* de 143 récits de vie : l'« *Israel-Korpus – 1re génération* » (IK1). Ces entretiens ont été faits en allemand entre 1989 et 1994[3]. Jusqu'à présent, le corpus a été étudié sous l'angle linguistique[4]. Or il est particulièrement riche en ce qui concerne la langue des affects et du corps ainsi que la narration genrée. L'étiquetage identitaire induit

1 C'est la vision défendue dans un numéro de la revue *G/Geschichte* (n° 5, 2008), consacré au 60e anniversaire d'Israël : « *[Die Jeckes] haben das Land und die israelische Gesellschaft [...] mitgeprägt durch Eigenschaften, die anfänglich eher hinderlich zu sein schienen [...] : Disziplin, Pünktlichkeit, Ordnungsliebe. Die Alteingesessenen belächelten sie [...]. Bald aber schätzte man die Eigenschaften dieser Neuankömmlinge. Denn gerade ihre preußischen Tugenden erwiesen sich als hilfreich beim Aufbau des Staates.* » ; « [Les *yekkes*] ont façonné le pays et la société israélienne [...] en déployant des qualités qui pouvaient initialement sembler gênantes [...] : discipline, ponctualité, sens de l'ordre. Les vieux *sabras* se sont moqués d'eux [...]. Mais ils ont vite appris à apprécier les qualités des nouveaux arrivants. Leurs vertus prussiennes se sont révélées utiles à la construction de l'État hébreu ». Toutes les traductions sont les nôtres.

2 L. Heid, « Palästina/Israel », *Handbuch der deutschsprachigen Emigration 1933-1945*, dir. C.-D. Krohn *et al.*, Darmstadt, WBG, 1998, p. 349-358.

3 Les entretiens ont été menés par Anne Betten (directrice du projet), Miryam Du-nour, Kristine Hecker et Eva Eylon.

4 A. Betten (dir.) avec S. Graßl, *Sprachbewahrung nach der Emigration – Das Deutsch der 20er Jahre in Israel. Teil I : Transkripte und Tondokumente*, Tübingen, Niemeyer, 1995 ; A. Betten et M. Du-nour (dir.) avec M. Dannerer, *Sprachbewahrung nach der Emigration – Das Deutsch der 20er Jahre in Israel. Teil II : Analysen und Dokumente*, Tübingen, Niemeyer, 2000.

par le terme *yekke* – qui désigne un vêtement *masculin* – concentre à lui seul des assignations de genre symboliquement projetées sur l'ensemble des membres de la « cinquième *alyah* ». Dans quelle mesure l'émigration en Palestine a-t-elle affecté le récit du masculin et comment ce processus est-il « refiguré » dans les récits de vie ?

« REFIGURATION », FICTIONNALISATION ET IDENTITÉ GENRÉE

Il est particulièrement productif de penser le genre comme l'un des éléments constitutifs de l'acte narratif. Il est d'autant plus important de s'interroger sur la « narration genrée » qu'elle est, comme toute narration, sur-investie de récits pérennes. Ces derniers, qui agencent les narrations individuelles, méritent d'être analysés en tant que *constructions.* C'est ce que la narratologie « post-classique » s'emploie à faire[1]. Le genre en tant qu'outil narratologique permet alors d'articuler le soi avec d'autres éléments constituants du récit[2]. C'est donc la notion d'« identité narrative » genrée qu'il convient d'interroger ici. Selon Paul Ricœur, l'identité narrative, par le truchement d'agencements et d'arrangements narratifs, concentre la possibilité de dire le *je* :

> [L]'histoire d'une vie ne cesse d'être refigurée par toutes les histoires véridiques ou fictives qu'un sujet raconte sur lui-même. Cette refiguration fait de la vie elle-même un tissu d'histoires racontées. [...] L'identité narrative n'est pas une identité stable et sans faille ; [...] il est toujours possible de tramer sur sa propre vie des intrigues différentes, voire opposées. [...] En ce sens, l'identité narrative ne cesse de se faire et de se défaire[3].

1 La narratologie post-classique ne constitue pas un rejet de la narratologie classique d'inspiration structuraliste, mais plutôt une invitation à explorer de nouveaux domaines – dont le genre. Voir A. et V. Nünning, « Von der strukturalistischen Narratologie zur "postklassischen" Erzähltheorie : Ein Überblick über Ansätze und Entwicklungstendenzen », *Neue Ansätze in der Erzähltheorie*, dir. A. et V. Nünning, Trèves, WVT, 2002, p. 1-33, et A. et V. Nünning (dir.), *Erzähltextanalyse und Gender Studies*, Stuttgart, Metzler, 2004.

2 P. Farges *et al.* (dir.), *Le Lieu du genre. La narration comme espace performatif du genre*, Paris, PSN, 2011.

3 P. Ricœur, *Temps et récit*, t. III, Paris, Seuil, 1985, p. 356.

Le récit de vie est donc essentiellement hétérologique : il incorpore quantité de récits, dont une partie seulement est identifiable. Ricœur appelle cette opération *refiguration*, ou « art de la composition qui articule concordance et discordance[1] ». La refiguration est une manière signifiante *pour soi* de réarranger son récit propre *pour les autres*.

Non seulement les grands récits nous assignent des identités de genre, que nous endossons, mais l'interaction avec les autres nous conduit aussi à stabiliser en une identité narrative, toujours éphémère mais signifiante, la diversité de notre expérience genrée. Apparaissent alors deux formes d'identification du moi, que Ricœur nomme respectivement *identité* – le sentiment de « s'y retrouver » dans sa propre histoire – et *ipséité* – le moi agencé et cohérent, racontable. C'est le lien entre les deux qui fait la force de l'identité narrative, cette « forme d'identité à laquelle l'être humain peut accéder au moyen de la fonction narrative[2] ». Toujours selon Ricœur :

> [L]a différence entre *idem* et *ipse* n'est autre que la différence entre une identité substantielle ou formelle et l'identité narrative. [...] À la différence de l'identité abstraite du Même, l'identité narrative, constitutive de l'ipséité, peut inclure le changement, la mutabilité, dans la cohésion d'une vie[3].

On peut donc considérer que seule la narration rend possible l'expression des changements genrés du moi. Nous abordons donc la masculinité dans une approche « textuelle », en intégrant les hiérarchies internes du masculin telles qu'elles s'expriment dans les récits de vie et en analysant les différentes modalités de refiguration et de fictionnalisation qui font que la vie des *yekkes* devient « un tissu d'histoires racontées ».

1 P. Ricœur, « L'identité narrative », *Revue des Sciences humaines*, n° 95/221, 1991, p. 39.
2 *Id.*, p. 35.
3 P. Ricœur, *Temps et récit*, t. III, *op. cit.*, p. 355.

MASCULINITÉ HÉGÉMONIQUE ET IDENTITÉ JUIVE-ALLEMANDE

La masculinité correspond, dans un contexte donné, à un ensemble d'éléments socialement reconnus comme étant le propre des hommes, qui se doivent d'acquérir, d'entretenir et de défendre ces marqueurs de genre. Dès lors, l'histoire des masculinités, largement redevable à l'histoire des femmes des années 1970, est relationnelle, multidimensionnelle et intersectionnelle, intégrant différentes formes de domination : domination des hommes sur les femmes, de certains hommes sur d'autres hommes, mais aussi rapports de domination sociale et raciale. L'histoire des masculinités s'appuie sur deux hypothèses : le « *doing gender*[1] », c'est-à-dire la dimension performative de l'identité masculine, et la notion de « masculinité hégémonique[2] », qui permet de penser un modèle de référence dominant. La « masculinité hégémonique » est constituée de pratiques, rites et normes mis en place par ceux qui bénéficient des avantages conférés par l'hégémonie. La masculinité est donc une injonction constamment assignée aux hommes afin qu'ils prouvent qu'ils sont des hommes, des « vrais ».

L'horizon intellectuel des *yekkes* était très marqué par les représentations sur les juifs circulant dans l'entre-deux-guerres. George L. Mosse[3], Sander L. Gilman ou encore Daniel Boyarin décrivent un imaginaire européen de l'homme juif associé à la dégénérescence et la perversion, c'est-à-dire aux stigmates affectant aussi le féminin. Au cours du XIXe siècle, siècle de la « montée en puissance de l'hétérosexualité » selon Boyarin, l'homme juif est associé à l'hypersexualité (anormale voire animale) ainsi qu'à l'homosexualité, qui transgressent toutes deux un ordre « naturel » et menacent de pervertir la Nation[4]. L'injonction d'hétérosexualité corres-

1 C. West et D. H. Zimmerman, « Doing Gender », *Gender & Society*, n° 1, 1987, p. 125-151.

2 R. W. Connell, *Masculinities*, 2e éd., Cambridge, Polity Press, 2005 ; R. W. Connell et J. W. Messerschmidt, « Hegemonic Masculinity. Rethinking the Concept », *Gender & Society*, n° 19/6, 2005, p. 829-859.

3 L'un des premiers travaux en histoire de la masculinité est l'œuvre de George Mosse, qui s'est intéressé à l'émergence de normes de masculinité au cours du grand XIXe siècle (*L'Image de l'homme. L'invention de la virilité moderne* [1995], Paris, Abbeville, 1997).

4 Selon Daniel Boyarin, la féminisation de l'homme juif résulte d'un positionnement stratégique dans l'altérité produit par la culture juive elle-même (*Unheroic Conduct : The Rise of Heterosexuality and the Invention of the Jewish Man*, Berkeley, U of California P, 1997, p. 3-4).

pond à une stratégie culturelle de stabilisation d'un sujet hégémonique naturalisé par rejet dans l'abjection de toute forme d'altérité.

Si l'on connaît les représentations antisémites de l'« homme juif[1] », une perspective de l'intérieur reste à explorer[2]. Quel était le point de vue d'un (jeune) homme juif dans l'Allemagne des années 1920 ? Les mouvements sionistes ont développé des contre-représentations mettant en scène une masculinité juive fière et conquérante, contrastant avec l'image du juif de la diaspora, chétif et féminisé. C'est ce que l'on retrouve chez Theodor Herzl et surtout Max Nordau[3], qui tentent de re-signifier le corps masculin juif stigmatisé. Le sionisme, en plus d'être un projet (géo)politique et économique, est donc aussi un projet culturel. Le juif musclé (*Muskeljude*) – soldat ou agriculteur – de Nordau, qui s'oppose au juif névrosé, au juif talmudique et au juif du ghetto, devient une figure héroïque de la masculinité juive et un point d'ancrage du projet d'émancipation sioniste.

Ainsi, la jeunesse des hommes juifs allemands de l'*Israel-Korpus* a été marquée par des instances de sociabilité masculine – écoles, associations sportives, mouvements de jeunesse, corporations étudiantes[4] –, qui étaient autant de lieux de fabrication d'une norme socio-genrée. Il s'agissait de répondre à une exigence de « normalité » et, par l'apprentissage des codes de la virilité dominante, de se défaire du stigmate antisémite afin de rejoindre le cœur de la Nation. Il n'est donc pas étonnant de retrouver dans les récits des *yekkes* ces mêmes codes. Michael Walter[5] rappelle l'atmosphère patriarcale-patriotique de son enfance :

1 M. Allal, « Antisémitisme, hiérarchies nationales et de genre : reproduction et réinterprétation des rapports de pouvoir », *Raisons politiques*, n° 4/24, 2006, p. 125-141.

2 Soulignons deux ouvrages qui vont dans ce sens : un numéro de la revue *Transversal : Zeitschrift des David-Herzog-Centrums für Jüdische Studien*, n° 2/1 « Judentum und Männlichkeit », 2001 ; B.M. Baader *et al.* (dir.), *Jewish Masculinities. German Jews, Gender, and History*, Bloomington, Indiana UP, 2012.

3 D. Bechtel *et al.* (dir.), *Max Nordau (1849-1923) : critique de la dégénérescence, médiateur franco-allemand, père fondateur du sionisme*, Paris, Cerf, 1996. Nordau, médecin de profession, préconise une transformation des corps masculins par la pratique de l'exercice physique, une recette qui avait déjà fait ses preuves dans le mouvement national allemand par la pratique gymnique (*Turnen*). Voir M. Nordau, « Was bedeutet das Turnen für uns Juden ? », *Jüdische Turnzeitung*, juillet 1902. Sur les associations gymniques sionistes, voir D. Wildmann, *Der veränderbare Körper. Jüdische Turner, Männlichkeit und das Wiedergewinnen von Geschichte in Deutschland um 1900*, Tübingen, Mohr Siebeck, 2009.

4 Voir l'étude de Miriam Rürup sur les corporations étudiantes : *Ehrensache. Jüdische Studentenverbindungen an deutschen Universitäten 1886-1937*, Göttingen, Wallstein, 2008.

5 Michael (Werner) Walter est né en 1916 en Poméranie. Après une année d'apprentissage commercial, il suit une formation de reconversion agricole avant d'émigrer en Palestine

> *Von Vaterseite aus wären wir nie im Leben hierher [nach Palästina] gekommen, da wären wir wahrscheinlich in Auschwitz gelandet. Der Vater war ein so großer Deutscher, ja, das können Sie sich gar nicht vorstellen ! Er war Feuerwehrhauptmann, zwanzig Jahre dort im Dienst, ehemaliger Kriegsteilnehmer, Kriegerverein, was Sie wollen. Alles war er, überall in den Vorständen, sogar im Kyffhäuserbund war er im Vorstand. Also ein ganz nationaler Herr !*
>
> « Du côté de mon père, il était hors de question de venir [en Palestine] et on aurait sans doute fini à Auschwitz. Mon père était un patriote allemand, un vrai, vous ne pouvez pas imaginer ! Capitaine des pompiers, vingt années de service, vétéran et membre d'une association de vétérans – tout. Il était tout ça, et à chaque fois, il faisait partie des instances dirigeantes. Il faisait même partie de la direction de l'Union *Kyffhäuser*[1]. Un patriote, un vrai[2] ! ».

Le récit du fils prend ici rétrospectivement ses distances par rapport au modèle hégémonique paternel de masculinité patriotique, notamment au regard du risque que l'aveuglement nationaliste faisait courir à toute la famille.

Dans certains entretiens, le *hiatus* entre le récit et la trajectoire de vie fait l'objet d'une analyse réflexive. C'est le cas chez Iwan Lilienfeld[3] :

> *Heute kann man sich nur wundern und über sich selber den Kopf schütteln, wie wenig man die Vorzeichen richtig zur Kenntnis genommen und daraus Folgerungen gezogen hat. Wenn ich mir heute vorstelle, dass wir in der Jugendbewegung gar nichts dabei fanden, uns mit Heil zu begrüßen [...]. Das ganze Vokabular, das später die Nazis übernommen haben, war für uns absolut normal !*
>
> « Aujourd'hui, on ne peut que s'étonner et secouer la tête. On n'a pas su décrypter les signes avant-coureurs et on n'en a tiré aucune conséquence. Quand je pense qu'on ne trouvait rien à redire quand, dans le mouvement de jeunesse, on se saluait par un *Heil* [...]. Tout le vocabulaire que les nazis ont employé par la suite nous semblait normal[4] ! ».

Pour les jeunes hommes juifs dans l'Allemagne wilhelmienne et pendant la République de Weimar, le modèle dominant de masculinité

---

en 1936. Il s'installe dans un kibboutz.

1 En 1900, la Fédération allemande des associations de vétérans prend le nom d'Union *Kyffhäuser* en référence au monument de l'Empereur Guillaume Ier.

2 IK1, Entretien d'Anne Betten avec Michael (Werner) Walter, Sde Warburg, 28 avril 1991.

3 Iwan Gabriel Lilienfeld est né en 1910 en Haute-Silésie. Il soutient une thèse de droit en 1932. Exclu de la fonction publique en 1933, il est contraint à l'exil en Italie puis aux Pays-Bas. Il s'installe en Palestine en 1935 et devient journaliste.

4 IK1, Entretien d'Anne Betten avec Iwan Gabriel Lilienfeld, Ramat Chen, 26 avril 1994.

était le modèle bourgeois patriotique développé au cours du XIXe siècle, qui constituait un modèle hégémonique à imiter. Emanuel Rosenblum[1] se souvient ainsi d'un « petit détail sans importance » révélateur de l'ambiance qui régnait dans sa famille de la bourgeoisie juive assimilée. Les valeurs militaires y décidaient de la place genrée de chacun :

> *Das Elternhaus, das war deutsch-patriotisch. [...] Ich kann mich zum Beispiel erinnern an eine ganz kleine nebensächliche Angelegenheit. Mein ältester Bruder war neun Jahre älter als ich. In den ersten Kriegsjahren gab es, soweit ich mich erinnern kann, oft genug Siege vom deutschen Heer. Auch 1917 und sogar auch noch 1918. Sie wurden gefeiert oder es wurde aufgefordert, die Fahnen zu hissen, und wir hatten auch eine riesige Fahne, schwarz-weiß-rot. Drei Meter lang war sie, und die hat mein Bruder, mein ältester, der der kräftigste junge Mann in der Wohnung war, aufgehisst.*
>
> « Mes parents étaient des patriotes allemands. [...] Je me souviens par exemple d'un tout petit détail sans importance. Mon frère aîné avait neuf ans de plus que moi. Dans les premières années de la guerre, les victoires allemandes étaient plutôt nombreuses, autant que je me souvienne. En 1917, et même encore en 1918. Alors c'était la fête et on hissait le drapeau. Nous avions un gigantesque drapeau noir-blanc-rouge de trois mètres de long. C'est à mon frère aîné, qui était l'homme le plus vigoureux de la maison, que revenait cette tâche[2] ».

Moshe Ballhorn[3] est l'un des rares à faire le lien entre valeurs patriotiques allemandes et juives. Il souligne que son engagement d'adolescent en faveur de l'Allemagne était fondamentalement de même nature que son engagement pour les valeurs « juives-nationales ». La continuité lui paraît évidente :

> *Ich fühle mich heute noch als Preuße, verstehen Sie ? [...] Ich war 14 Jahre alt und hundert Prozent Deutscher. [...] Da habe ich auf einmal gemerkt, dass irgendwas nicht in Ordnung ist. [...] Und so, wie ich deutsch-national eingestellt war, hundert Prozent, so wollte ich jüdisch-national sein. So bin ich dann Zionist geworden.*
>
> « Aujourd'hui encore, je me sens Prussien, vous comprenez ? [...] J'avais 14 ans et j'étais allemand à cent pour cent. (...) Puis je me suis rendu compte

---

1 Emanuel (Helmut) Rosenblum est né en 1912 à Francfort. Avant son émigration, il est fourreur. Il quitte l'Europe en 1934 pour la Palestine après avoir trouvé refuge à Paris et Lisbonne. Il travaille dans l'hôtellerie.

2 IK1, Entretien de Kristine Hecker avec Emanuel (Helmut) Rosenblum, Tel Aviv, 23 octobre 1990.

3 Moshe (Max) Ballhorn est né en 1913 à Berlin. Il travaille dans le commerce avant d'émigrer en 1933 en Palestine, où il exerce différentes activités d'appoint avant d'entrer dans la police. Il est ensuite agent de voyage.

> que quelque chose ne tournait pas rond. [...] Et au même titre que j'étais un patriote allemand, à cent pour cent, je suis devenu un patriote juif. Et je suis donc devenu sioniste[1] ».

C'est par le biais de l'identité virile, et par le biais d'un vécu corporel que les jeunes gens juifs ont parfois perçu l'antisémitisme. Dans le récit de vie de Heinrich Mendelssohn[2], cette prise de conscience est associée à des souvenirs de « rixes » dans la cour d'école. Il se souvient également ne s'être pas comporté en « homme » :

> *[Meine Mitschüler] sagten dann : « Ach die Juden sind doch alle Betrüger, sind doch alle Gauner ! » Also es fing eine Prügelei an und mehrere fielen über mich her. Und ich war sehr unterlegen, und außer Boxen und Schlagen habe ich dann auch gekratzt, und da waren sie sehr beleidigt und liefen zum Lehrer, haben mich verpetzt : « Der Mendelssohn hat gekratzt ! » (...) Da sah ich das erste Mal, was Antisemitismus ist.*
>
> « Et alors [mes camarades de classe] ont dit : "Les juifs sont tous des escrocs, des bandits !" Alors il y a eu une rixe et ils se sont mis à m'attaquer à plusieurs. J'étais complètement dominé, alors en plus des coups et des crochets, je me suis mis à griffer. Et là ils sont allés voir le maître pour me dénoncer : "Mendelssohn nous a griffés !" [...] C'est là que j'ai compris ce qu'était l'antisémitisme[3]. »

Dans le contexte de la montée de l'antisémitisme toutefois, il était peut-être plus grave encore de *ne plus* être perçu comme un corps viril en mesure de se défendre. Ne pas être « bousculé », « être de l'air » représentaient une blessure bien plus profonde de l'identité masculine en devenir, ainsi que le raconte Hans Simon Forst[4] :

> *Als ich einmal nach Hause fuhr zu den Feiertagen, hatte ich ein sehr unangenehmes Erlebnis : Unterwegs stiegen in den Zug Jungens ein, die ich kannte. Und ich war*

1 IK1, Entretien d'Anne Betten avec Moshe (Max) Ballhorn, Tiberias, 1er juillet 1990.

2 Heinrich Mendelssohn (1910-2002) est né à Berlin. Il est membre des mouvements sionistes *Kadima* et *Blau-Weiß*. Après avoir commencé des études médico-zoologiques, il est contraint à l'émigration en Palestine en 1933. Il y poursuit ses études jusqu'au doctorat de zoologie. Il est devenu l'un des grands experts mondiaux de la protection des espèces animales.

3 IK1, Entretien d'Anne Betten avec Heinrich Mendelssohn, Tel Aviv, 25 avril 1991.

4 Hans Simon Forst est né en 1917 à Kastellaun. Il interrompt sa scolarité en 1934 pour une reconversion agricole au Luxembourg. Il émigre en Palestine en 1937 et vit d'abord dans un kibboutz. Pendant la guerre, il rejoint la brigade armée juive et passe le baccalauréat à distance. Il quitte l'armée en 1954 pour faire des études de sciences sociales. Il exerce comme cadre dans l'industrie du métal et obtient parallèlement une maîtrise d'histoire.

> *für sie Luft ! Sie haben mich nicht angerempelt, aber auch nicht mit mir gesprochen. Man hat stundenlang zusammen gesessen in einem Coupé und nicht miteinander gesprochen. Das war ein sehr unangenehmes Gefühl.*
>
> « Un jour, alors que je rentrais à la maison pour les congés, j'ai vécu un événement très désagréable : pendant le trajet, des garçons que je connaissais sont montés dans le train. Et j'étais de l'air pour eux ! Ils ne m'ont pas bousculé, ils ne m'ont pas parlé non plus. On était assis là, les uns à côté des autres pendant des heures dans un compartiment sans rien dire. C'était très désagréable[1] ».

« HOMME NOUVEAU » ET VIRILITÉ EN ISRAËL

Le questionnement des normes de masculinité hégémonique auxquelles se sont heurtés les *yekkes* en Palestine/Israël s'inscrit dans un mouvement de remise en question du récit dominant dans l'histoire, la société et l'identité nationale israéliennes. Cette remise en question a été appelée « postsionisme[2] » dans les années 1980. Nous préférerons ici employer le terme de « postnationalisme ». Il s'agit dans ces études d'interroger le pluralisme de la nation israélienne, la possibilité d'un multiculturalisme, de pointer les fronts intersectionnels de domination traversant la société israélienne et d'analyser un discours nationaliste israélien qui a marginalisé certains groupes sociaux : arabes, *mizrahim* (juifs orientaux), femmes, *queers* et *yekkes*.

Moshe (Max) Ballhorn fait partie de ceux dont le récit exprime un *hiatus*. Les efforts de lissage narratif y sont consciemment exhibés. Ballhorn, qui a servi une grande partie de sa vie dans la police de l'État hébreu, est particulièrement attentif à l'identité nationale israélienne et aux relations israélo-arabes. Il reconstitue avec un plaisir non dissimulé ses premières années en Palestine ainsi que son expérience fondatrice dans le bâtiment. Lui-même désigne cette activité comme « se coltiner du béton » (*Betonschleppen*), ce qui exprime le décalage ressenti par nombre de *yekkes* entre leurs aspirations à exercer des professions intellectuelles et les possibilités offertes par la terre d'accueil. Il faut donc y voir une

1 IK1, Entretien d'Eva Eylon avec Hans Simon Forst, Tel Aviv, 25 novembre 1991.
2 Voir L. J. Silberstein (dir.), *Postzionism : A Reader*, New Brunswick, Rutgers UP, 2008.

allusion au déclassement social et au sentiment de « déroger ». En même temps, cette première activité de « construction » a permis au jeune Moshe de se réinstaller dans une identité masculine concordant avec les valeurs du sionisme auxquelles il avait été rendu sensible avant l'émigration, lorsqu'il faisait partie du mouvement de jeunesse sioniste *Brit Trumpeldor*[1]. Il rappelle ainsi à son interlocutrice – Anne Betten – que le jeune homme qu'il était alors disposait des qualités physiques requises pour ce travail (« j'étais loin d'être un faible »). Et Anne Betten de confirmer ses déclarations genrées (« C'est qu'il attendait quelqu'un de moins costaud »), contribuant ainsi à la co-construction narrative dans l'interview d'une identité masculine hégémonique stabilisée[2] :

> MB : *Und jetzt muss man aber doch arbeiten. [...] Man hat da Beton gegossen [...] Und da musste man Betoneimer schleppen. Das war im Juli 1933 und da habe ich ein Tag gearbeitet und ich war nicht schwach als neunzehnjähriger Junge. Und wie ich da fertig war, habe ich gesagt : « Das ist keine Arbeit für mich, das ist eine Arbeit für jemand, der Vater und Mutter totgeschlagen hat. » [...] Und da sah ich eine, so eine Bude, da hat man dieses Wasser verkauft, dieses, wie heißt das auf Deutsch,*
> AB : *Limonade.*
> MB : *Limonade, ja. Also da stand eine Tafel und da stand dran, « Limonadenverkäufer gesucht. » [...] Und ich gehe hin und sage : « Ich suche Arbeit. » Vom Betonschleppen hatte ich genug. Und da sagt er : « Du willst Arbeit haben ? » – « Ja. Was verdient man denn da im Monat ? » [...] « Vier Pfund, aber dich nehme ich nicht, du gehst auf den Bau arbeiten, du kommst mir hier nicht rein. » Und er hat er mich nicht angenommen und ich bin weitergegangen. [LACHT]*
> AB : *Da hat er auf einen Schwächeren gewartet. Sehr verantwortungsbewusst.*
> MB : *Er hat gesehen, wen er vor sich hat. [...] Also dann haben wir eine Baukooperative gegründet, ungefähr zwanzig Leute. Wir hatten uns einen Fachmann genommen, der was von Bauten verstand. [...] Wie fängt man einen Neubau an ? Man gräbt. Nun graben Sie mal im Juli an der Küste von Tel Aviv in den Boden anderthalb Meter Löcher. Aber wir haben's gemacht. Und wir haben's geschafft und wir haben die Löcher gegraben und wir haben die Fundamente gegossen unter Aufsicht und haben langsam das Haus aus dem Boden aufgehoben [...] und – merkwürdigerweise – er steht heute noch, er steht heute noch. Da muss ich ein kleines Intermezzo erzählen*
> AB : *Ja, bitte.*

---

1 Fondé en 1923 à Riga, le *Bund Joseph Trumpeldor* (acronyme hébreu : *Betar*) était un mouvement de jeunesse sioniste radical. Il prit ses distances par rapport au sionisme socialiste. Les membres du *Betar* devaient garantir l'autodéfense des juifs.

2 Sur la co-construction du genre dans le récit de vie, voir S. Beer *et al.*, « "*Na Sie wissen ja, wie das mit den Männern so ist*". Interaktive Geschlechterkonstruktion in biografischen Interviews », *Le Lieu du genre. La narration comme espace performatif du genre*, dir. Patrick Farges *et al.*, *op. cit.*, p. 53-70.

MB : *das ist ein Witz, aber der könnte mir auch passiert sein. Ein Jude wie ich geht durch Tel Aviv [...] und sagt zu seinem Enkelsohn : « Guck' mal, an diesem Haus habe ich mitgearbeitet. » Und der Enkelsohn fragt : « Opa, warst du einmal ein Araber ? » Denn heute arbeitet kein Jude mehr auf einem Bau.*

« MB : Et alors il a fallu que je trouve du travail. [...] Il s'agissait de couler du béton [...]. Et donc il a fallu que je me coltine des seaux de béton. C'était en juillet 1933 et j'ai fait ça pendant un jour et vous savez, j'étais loin d'être un faible à l'âge de 19 ans. Après avoir fini, je me suis dit : "Ce n'est pas un travail pour moi". [...]. Et là je vois une échoppe où l'on vend cette boisson, comment ça s'appelle en allemand
AB : De la limonade
MB : Oui, de la limonade. Il y avait une pancarte qui disait : "Cherche vendeur de limonade". [...] Je vais voir le patron : "Je cherche du travail". J'en avais assez de me coltiner du béton. Il répond : "Tu veux du travail ?". – "Oui. Qu'est-ce qu'on gagne par mois ?" [...] – "Quatre livres, mais toi, je ne te prends pas. Toi, tu vas travailler dans le bâtiment. En tout cas, pas chez moi". Il ne m'a pas engagé et je suis reparti [IL RIT]
AB : C'est qu'il attendait quelqu'un de moins costaud. Quel esprit de responsabilité !
MB : Il a toute de suite vu à qui il avait à faire ! [...] Alors on a fondé une coopérative du bâtiment, environ vingt personnes. On avait un spécialiste parmi nous qui savait comment faire. [...] Comment commence-t-on un chantier ? On creuse. Allez creuser des trous d'un mètre cinquante en plein mois de juillet sur la côte de Tel Aviv. Mais on l'a fait et on a réussi et on a creusé des trous et on a coulé les fondations avec l'aide du superviseur. Et petit à petit, la maison est sortie de terre [...] – bizarrement, ce bâtiment est encore debout, il est encore là. À ce propos, il faut que je vous raconte une petite anecdote,
AB : Oui, allez-y
MB : C'est une blague, mais ça aurait aussi bien pu m'arriver. C'est un juif comme moi qui se promène dans Tel Aviv [...] et qui dit à son petit-fils : "Regarde, c'est moi qui ai construit cette maison". Et le petit-fils de répondre : "Papi, tu étais arabe à l'époque ?" Vous savez, de nos jours, plus aucun juif ne travaille sur un chantier[1] ».

L'épisode est signalé par Moshe Ballhorn comme digne d'être raconté car il révèle les difficultés initiales d'acculturation auxquelles furent confrontés les *yekkes*.

En ce qui concerne la narration du masculin, le passage cité est particulièrement riche : pour le jeune Ballhorn, il s'agissait avant tout de faire ses preuves par le travail physique dans un environnement hostile

1 IK1, Entretien d'Anne Betten avec Moshe (Max) Ballhorn, Tiberias, 1er juillet 1990.

afin de s'ancrer dans la terre d'Israël. Il s'agissait de correspondre à l'idéal hégémonique du « nouvel homme juif ». À ce titre, l'activité de construction est éminemment significative : « ce bâtiment est encore debout ». Elle marque le début d'une reconquête de soi et permet d'asseoir l'identité virile par le truchement d'un récit héroïque (fictionnalisé ?) de pionnier : « on l'a fait et on a réussi ». L'anecdote finale, apocryphe, vient clore l'épisode. Ballhorn signale à deux reprises (« ça aurait aussi bien pu m'arriver » ; « un juif comme moi ») que l'anecdote lui tient à cœur, qui met en avant les dispositifs ethno-sociaux d'exclusion à l'œuvre dans la construction nationale israélienne.

Ce mécanisme d'exclusion a été relevé par Raz Yosef dans son étude sur les représentations véhiculées par le premier cinéma en Palestine (1933-1947)[1]. Le sionisme politique s'est appuyé sur une propagande cinématographique visant à familiariser le public avec une nouvelle masculinité pionnière. Le nouvel homme juif, grand, beau et courageux, fait ses preuves par le travail physique, ce qui correspond aux principes sionistes de la « conquête par le travail » (*kibouch ha'avodah*) et du « rachat de la terre » (*geoula ha'karka*). Le travail manuel, le corps rendu productif, forment le cœur du dispositif. Ces films pionniers magnifient la représentation du travail aux champs, du travail à l'usine ou sur les chantiers, du sport. Selon Raz Yosef, une véritable « trajectoire de remasculinisation » est à l'œuvre, qui montre d'ailleurs une proximité saisissante avec les représentations du masculin dans l'Allemagne nazie ou encore la Russie soviétique.

Se joue ici notamment une vision de la « blanchité[2] » des corps juifs masculins ashkénazes, par contraste avec des corps marqués comme « autres ». Sander Gilman a bien montré que dans le discours médico-populaire dans l'Allemagne des XVIIIe et XIXe siècles, les juifs ashkénazes étaient assimilés à des « noirs », ce qui désignait tant leur infériorité raciale que leur manque d'hygiène supposé. L'émancipation des juifs d'Allemagne est aussi passée par un « blanchissement » symbolique[3]. Ella Shohat rappelle à quel point le grand récit « eurocentré » de la nation

1 R. Yosef, *Beyond Flesh : Queer Masculinities and Nationalism in Israeli Cinema*, New Brunswick, Rutgers UP, 2004.

2 Voir R. Dyer, *White : Essays on Race and Culture*, Londres-New York, Routledge, 1997.

3 S. L. Gilman, *Blackness without Blacks : Essays on the Image of the Black in Germany*, Boston, Beacon Press, 1982.

israélienne a voulu se détacher du stigmate d'« orientalité » dont étaient victimes les juifs[1]. Comme le souligne l'anecdote relatée par Moshe Ballhorn, il y a bien une composante « raciale » de l'identité masculine qui a affecté les *yekkes*. En faisant des pionniers sionistes des cultivateurs et des constructeurs, l'« autre » de la nation israélienne, notamment les figures de l'arabe et du *mizrahi*, se retrouvaient rejetés dans une condition pré-civilisée. La Palestine est représentée comme une terre insalubre et infestée de maladies. David Biale rajoute une dimension genrée à cette construction nationale de l'imaginaire, rappelant que les mêmes stéréotypes d'efféminement utilisés par les antisémites en Europe furent réactivés (et retournés) lors de la construction de la nation israélienne[2]. Seuls le « *sabra* », le juif né en terre d'Israël, incarne alors pleinement la nouvelle masculinité juive hégémonique. À ce titre, les représentations du masculin parmi les *yekkes* restent un continent encore largement inexploré.

Nous avons voulu montrer que les récits de vie des *yekkes* en Israël permettent de mettre en évidence certains modèles discordants de masculinité par rapport à la masculinité hégémonique incarnée par l'image du « nouveau juif ». Les *yekkes* se sont heurtés de biais au « programme genré » du processus israélien de construction nationale. S'ils ont vite rejoint le cœur de la Nation (en témoigne l'historiographie qui les présente comme les « pères fondateurs » des institutions culturelles israéliennes), les récits de vie des *yekkes*-hommes n'en témoignent pas moins des différents *hiatus* auxquels cette acculturation a donné lieu. L'histoire juive-allemande comme histoire du genre[3] y trouve un prolongement intéressant.

Patrick Farges
Université Sorbonne
Nouvelle – Paris 3
E. A. 4223 CEREG

---

1 E. Shohat, *Israeli Cinema : East/West and the Politics of Representation* [1989]. New York-Londres, Tauris, 2010.

2 D. Biale, « Zionism as an Erotic Revolution », *People of the Body : Jews and Judaism from an Embodied Perspective*, dir. H. Eilberg-Schwartz, Albany (NY), SUNY Press, 1992, p. 284.

3 K. Heinsohn et S. Schüler-Springorum (dir.), *Deutsch-jüdische Geschichte als Geschlechtergeschichte. Studien zum 19. und 20. Jahrhundert*, Göttingen, Wallstein, 2006.

TROISIÈME PARTIE

MASCULINITÉS, ENTRE CRÉATION ET FORMATION

LE PÈRE, LE FILS ET LE LIVRE : FIGURES PATERNELLES ET CRÉATION

L'exemple de Peter Henisch

Pendant longtemps, l'homme représenta l'universel, la norme, et il allait aussi de soi que le créateur, l'écrivain fût un homme. L'homme créateur et l'homme procréateur ne faisaient qu'un ou plutôt ils incarnaient indifféremment un universel culturel supérieur au sexe, à l'Autre, à la nature incarnée par la femme incapable de création. Pygmalion, dans les *Métamorphoses* d'Ovide, crée son œuvre qui devient sa femme et lui donne un fils. Les religions judéo-chrétiennes introduisirent certes une différence entre le Père Créateur idéalisé et l'homme créé à son image qui déchoit à cause du « beau sexe » et engendre une lignée. Elles établirent ainsi des hiérarchies internes au masculin, éclipsées toutefois par la hiérarchie dominante instaurée entre l'homme et la femme dans la répartition des rôles qui assigne à la femme la « contingence charnelle[1] » et à l'homme le travail culturel consistant à transmettre un rôle, une fonction, un patrimoine, des normes et des valeurs. Dans ce cadre, le livre – et pas seulement le premier d'entre eux, la Bible – a longtemps servi d'outil de transmission de certaines valeurs, idées ou représentations, le lieu où sont reflétés certains modèles sociaux, certaines normes, même quand il s'agit de les interroger et de les discuter. Dans la filiation ou la génération, procréation et création se rejoignent – la procréation étant transcendée au niveau du père dans la transmission patrimoniale et culturelle.

À partir du XVIIIe siècle et de ce que Geneviève Fraisse nomme « le début du dérèglement des représentations relatives à la différence des sexes[2] », qui se trouve avoir lieu au moment où s'engage également un processus de sécularisation, il semble que les choses changent. La création

1 S. de Beauvoir, *Le Deuxième Sexe*, Paris, Gallimard, 1949, tome 1, p. 242.
2 G. Fraisse, *La Controverse des sexes*, Paris, PUF Quadrige, 2001, p. 129.

invoque le modèle de la procréation, tout en contournant la femme. Le créateur se met en scène et met au monde le livre par parthénogenèse. C'est tout au moins ce que prétend Michelle Sarde dans *La Poétique du mâle* : « Lorsque la figure du patriarche biblique disparaît, le modèle de la création n'est plus la Genèse, mais la procréation. Ici, il faut être deux. Ici, la femme va être extrêmement gênante [...] À partir de l'affirmation de la mort de Dieu, la littérature devient une entreprise de meurtre rituel et d'anéantissement sacrificiel du faible (femme, être féminisé, passif)[1] ». Cette thèse n'a rien perdu de son bien-fondé, mais elle devrait sans doute être complétée, car le père, selon moi, ne « disparaît » pas brutalement avec la mort de Dieu ou bien, s'il disparaît apparemment, son empreinte reste présente : en d'autres termes son influence se joue autrement, sous la surface, et en particulier à travers la thématique du sacrifice. Quand on considère le *Pygmalion* de Rousseau, cette petite scène lyrique datant de 1762, il apparaît certes que les dieux et toute instance divine ont disparu, que l'homme est le seul créateur, mais aussi que cette création – le moment où la statue s'anime et prend vie sous les mains de Pygmalion – exige un lourd tribut : le sacrifice du créateur. Pygmalion se sacrifie, sacrifie sa vie pour sa création. Il semble que la sécularisation de l'art induise l'intériorisation de la nécessité du sacrifice. En d'autres termes, le fils créateur paie de sa vie le meurtre du père. En même temps, il y a rupture du lien entre procréation réelle et création. Le Pygmalion de Rousseau créé « la » femme, mais il n'aura pas de descendance. La création absorbe la procréation ; le créateur génère l'œuvre, mais sa paternité reste au niveau symbolique. Ce qui se joue à partir du XVIIIe siècle, dans le rapport du sujet masculin à la création, ne concerne donc peut-être pas uniquement la femme et/ou la mère, mais aussi, en filigrane, le père.

La société capitaliste bourgeoise telle qu'elle se constitue après la Révolution française et se renforce au XIXe siècle pose et sanctifie le pouvoir du *pater familias*. Ce qu'Anne-Marie Sohn affirme de la construction de la masculinité au XIXe siècle dans son livre essentiellement centré sur la France, est également vrai pour les hommes relevant d'un système social et politique très voisin, le monde germanique : « La "masculinité" est une notion étrangère aux hommes du XIXe siècle. Ces derniers ne connaissent qu'une "virilité" réduite à ses fondements biologiques. Pour

1 M. Coquillat, *Poétique du mâle*, Paris, Gallimard, collection « Idées », 1982, p. 30

Pierre Larousse, les “apparences masculines”, les “signes de la virilité”, la “capacité d’engendrer” surtout, qui est “le signe le plus irrécusable de la virilité”, sont, à eux seuls, constitutifs du “sexe masculin”[1] ». L’exigence envers le fils du père à la fois modèle, mentor et censeur déclarant : « *Sois un homme !*, mon fils, semblable à moi », risque alors de s’opposer à toute vocation non conforme à la norme bourgeoise, en particulier à la vocation littéraire du fils. L’évolution de Goethe entre *Les Souffrances du jeune Werther* (1774) et *Les Années d’apprentissage de Wilhelm Meister* (1797) est symptomatique à ce sujet. Tandis que Werther ne résiste pas au conflit avec la société de son époque et finit par se suicider, Wilhelm Meister fait l’apprentissage de l’intégration dans la société bourgeoise éclairée. Mais tout ne se passe pas toujours aussi bien.

Il arrive un moment où le créateur, l’écrivain, met en scène et en question son rapport à la masculinité, ou plutôt aux modèles de masculinité qui s’offrent à lui en particulier à travers celui qu’il est censé imiter, son père. Le livre n’est alors pas seulement le lieu où sont transmises, interrogées ou même critiquées les hiérarchies internes au masculin et le bien-fondé des autorités créatrices ou procréatrices. Il est le lieu où se déclare la guerre entre père et fils, où le fils cherche à rompre son attachement au père, où il formule et incarne son refus d’un certain modèle de masculinité. On connaît le célèbre exemple de Kafka, qui met en scène dans ses textes et fictions le sacrifice ou le devenir animal, la déchéance mortelle et mortifère de celui qui ne peut ou ne veut pas être conforme au devenir homme d’autant plus rigidement codé par la tradition familiale, religieuse, culturelle qu’il est travesti en essence. Le livre joue alors un rôle performatif dans la rupture avec le père et son modèle. Il ne fait pas que mettre en scène des modèles de masculinité ; il se met lui-même en scène comme le produit du refus d’un certain modèle de masculinité et de paternité, ce qui peut avoir pour corollaire un profond sentiment de culpabilité au regard du père, et donc aussi de la création littéraire – culpabilité qui mène au sacrifice[2]. L’œuvre de Kafka peut être interprétée comme une vaste scène de combat avec le père : avant de mourir de tuberculose, il demanda à son ami Max Brod de brûler ses manuscrits, refusant ainsi de passer à la postérité, après avoir choisi le célibat.

---

1 A.-M. Sohn, « Sois un Homme ! » La construction de la masculinité au XIXe *siècle*, Paris, Seuil, 2009, p. 11.

2 Voir G. Rosolato, *Le Sacrifice. Repères psychanalytiques*, Paris, PUF Quadrige, [1987] 2002.

Dans le cadre des littératures de langue allemande, on sait que Kafka, dans la transfiguration géniale d'un problème familial et privé en problème de société, avait préfiguré une question qui se posa avec une acuité encore plus tragique dans un autre contexte, après la rupture de civilisation que furent la Seconde Guerre mondiale et la Shoah. La célèbre phrase d'Adorno, affirmant qu'il serait barbare d'écrire des poèmes après Auschwitz, posa le problème de la légitimité d'une création qui n'avait su prévenir une telle catastrophe et qui devait se redéfinir pour ne pas craindre de retomber dans le même piège. Le livre devint alors le lieu où devait être interrogée, à travers la critique du père, la possibilité même de l'écriture et du livre, où la critique du père était la condition *sine qua non* de la création. Dans les années 1960-70, le père incarne pour la génération des fils nés après la Seconde Guerre mondiale le modèle guerrier, fasciste ou national-socialiste ou bien encore l'allégeance à ce modèle. En tout cas, il apparaît comme ayant terriblement et tragiquement échoué et les fils lui demandent des comptes à travers des critiques souvent virulentes. Dans le livre se projette une « mémoire coupable[1] », la tentative par le fils de surmonter le passé coupable du père dans le travail de mémoire. L'écrivain autrichien Peter Henisch propose, dans son roman *Die kleine Figur meines Vaters*[2], publié dès 1975, puis repris en 1987 et à nouveau en 2004 et s'inscrivant dans une généalogie remontant à Kafka[3] et à Ingeborg Bachmann[4], une position originale. Sans abandonner le moins du monde la position critique envers le père photographe de propagande sous le régime nazi, il cherche à renouer le fil de la généalogie en retraçant l'histoire de son père pour mieux la comprendre sans toutefois la défendre. À la position tranchée de son

1 Voir E. Aurenche, *La Mémoire coupable*, Berne-Berlin, Francfort/M., New York, Paris, Vienne, 1994.

2 P. Henisch, *Die kleine Figur meines Vaters*, Vienne, Residenz Verlag, [1987] 2004. Non traduit en français. La traduction du titre poserait un problème, « La petite silhouette de mon père » ne rendant pas la dimension figurée du terme « Figur » dans le sens de « figure paternelle » ; inversement « figure » ne rendrait pas la dimension physique de « Figur » dans le sens de silhouette.

3 Allusion à Kafka à travers l'allusion à la *Lettre au père* : « Ich setze mich hin und schrieb den ersten einer Reihe von – niemals abgeschickten – Briefen an meinen Vater », Henisch, *Die kleine Figur meines Vaters*, *op. cit.*, p. 18. (« Je m'assis et écrivis la première d'une série de … lettres à mon père, jamais envoyées. » (Notre traduction pour le texte de Henisch)

4 Les quatre premières lignes de la nouvelle *Das dreißigste Jahr* d'Ingeborg Bachmann sont reprises et insérées dans le texte, avec une incise pour préciser l'emprunt : (– das ist von Ingeborg Bachmann –) Henisch, *Die kleine Figur meines Vaters*, *op. cit.*, p. 23.

amie : « *Du mußt ihn verurteilen, sonst verteidigst du ihn* » / « Tu dois le condamner, sinon tu le défends[1] », il préfère une position plus nuancée, faite de critique *et* de compréhension, qui part du postulat que pour se connaître soi-même il doit savoir qui est son père. En situation de devenir père lui-même, il cherche à inventer une autre sorte de masculinité à transmettre et pose également les bases d'un autre mode de transmission, qui ne soit ni rupture ni répétition, tout en mettant en question un modèle de création qui fait de la vie et de la mort un objet esthétique, une mise en scène, une mascarade.

KAFKA : LA LOI DU PÈRE EN QUESTION OU LE REFUS DE LA MASCARADE

Franz Kafka naît le 3 juillet 1883 à Prague, capitale de la Bohême qui fait alors partie de l'empire austro-hongrois. Il est le premier enfant et seul héritier mâle du commerçant juif Hermann Kafka, deux frères ayant succombé à des maladies en bas âge. Grâce à la dot maternelle, la famille s'inscrit dans le cadre de la bourgeoisie, de la classe moyenne juive de langue allemande, de mieux en mieux assimilée au sein de la communauté germanophone, mais relevant tout de même d'une minorité en marge de la société, tant par rapport à la domination germanophone chrétienne que par rapport à la majorité slave. « La famille est entièrement soumise à la loi du père et à sa volonté d'assimilation et d'ascension sociale dans la société pragoise[2] », Franz encore plus que tout autre, puisque, en tant que seul fils, son père place en lui des attentes et exigences qu'il n'est pas en mesure de satisfaire. Dès le départ, il déçoit son père parce qu'il ne répond pas à l'idéal de virilité incarnée par la lignée des Kafka. Dans la *Lettre au père*, écrite en 1919 (Franz Kafka avait donc 36 ans) mais jamais envoyée, Kafka confesse très lucidement à son père :

> *Vergleiche uns beide : ich, um es sehr abgekürzt auszudrücken, ein Löwy mit einem gewissen Kafka'schen Fond, der aber eben nicht durch den Kafka'schen Lebens-,*

1 P. Henisch, *Die kleine Figur meines Vaters*, *op. cit.*, p. 208.
2 F. Bancaud, *Franz Kafka*, Paris, Belin, 2006, p. 30.

> *Geschäfts-, Eroberungswillen in Bewegung gesetzt wird, sondern durch einen Löwy'schen Stachel, der geheimer, scheuer, in anderer Richtung wirkt und oft überhaupt aussetzt. Du dagegen ein wirklicher Kafka an Stärke, Gesundheit, Appetit, Stimmkraft, Redebegabung, Selbstzufriedenheit, Weltüberlegenheit, Ausdauer, Geistesgegenwart, Menschenkenntnis [...]*[1].
>
> « Fais une comparaison entre nous : moi, en abrégeant beaucoup un Löwy avec un certain fond Kafka qui, justement, n'est pas stimulé par cette volonté qui porte les Kafka vers la vie, les affaires, la conquête, mais par un aiguillon Löwy dont l'action plus secrète, plus timide, s'exerce dans une autre direction et souvent même cesse tout à fait. Toi, en revanche, un vrai Kafka par la force, la santé, l'appétit, la puissance vocale, le don d'élocution, le contentement de soi-même, le sentiment d'être supérieur au monde, la ténacité, la présence d'esprit, la connaissance des hommes, [...][2] ».

Et Kafka d'ajouter ces phrases tragiques : « *als Vater warst du zu stark für mich*[3] » – « comme père, tu étais trop fort pour moi » (p. 12) :

> *Ich war ja schon niedergedrückt durch Deine bloße Körperlichkeit. Ich erinnere mich zum Beispiel daran, wie wir uns öfters zusammen in einer Kabine auszogen. Ich mager, schwach, schmal, Du stark, groß, breit. Schon in der Kabine kam ich mir jämmerlich vor, und zwar nicht nur vor Dir, sondern vor der ganzen Welt, denn Du warst für mich das Maß aller Dinge*[4].
>
> « J'étais déjà écrasé par la simple existence de ton corps. Il me souvient par exemple que nous nous déshabillions souvent ensemble dans une cabine. Moi, maigre, chétif, étroit ; toi, fort, grand, large. Déjà dans la cabine je me trouvais lamentable, et non seulement en face de toi, mais en face du monde entier, car tu étais pour moi la mesure de toutes choses[5] ».

L'enfant se mesure et se construit – ou peine à se construire – en fonction d'un idéal de force, d'énergie et de virilité que le père incarne tyranniquement dans une éducation typique pour l'époque et relayée par tout un système (famille, école) que Kafka dénonce avec la plus grande virulence, sans pour autant pouvoir y échapper ni réparer les dégâts commis sur lui-même (défiance envers soi-même, complexe d'infériorité, sentiment de culpabilité, peur des autres, etc.) : « Tes

---

1 F. Kafka, *Brief an den Vater*, Fassung der Handschrift, Francfort/M., Fischer Taschenbuch Verlag, 1999, p. 7.

2 F. Kafka, *Lettre au père*, trad. M. Robert, Paris, Gallimard, coll. Folio, p. 13

3 Kafka, *Brief an den Vater*, *op. cit.*, p. 7.

4 *Id.*, p. 11.

5 Kafka, *Lettre au père*, *op. cit.*, p. 18.

moyens les plus efficaces d'éducation orale, ceux du moins qui ne manquaient jamais leur effet sur moi, étaient les injures, les menaces, l'ironie, un rire méchant et – chose remarquable – tes lamentations sur toi-même » (p. 29). Le mariage, l'existence bourgeoise « normale », c'est-à-dire conforme à la norme en vigueur à l'époque, serait la seule façon, selon Kafka, d'établir un rapport d'indépendance ainsi que d'égalité vis-à-vis du père :

> *Die Heirat ist gewiß die Bürgschaft für die schärfste Selbstbefreiung und Unabhängigkeit. Ich hätte eine Familie, das Höchste, was man meiner Meinung nach erreichen kann, also auch das Höchste, das Du erreicht hast, ich wäre Dir ebenbürtig, alle alte und ewig neue Schande und Tyrannei wäre bloß noch Geschichte*[1].
>
> « Le mariage fournit assurément la garantie de l'indépendance et de la plus rigoureuse libération. J'aurais une famille ce qui est d'après moi ce qu'on peut atteindre de plus élevé et, par conséquent, ce que tu as atteint de plus élevé toi-même, je serais ton égal : ce qu'il y a entre nous de tyrannie, de honte ancienne et éternellement nouvelle n'appartiendrait plus alors qu'à l'histoire[2] ».

Mais cette hypothèse relève du conte de fées, ajoute Kafka : un prisonnier ne peut pas à la fois vouloir fuir sa prison et la transformer en château de plaisance. Le mariage, la famille, les enfants, c'est le domaine du père ; et là où se trouve le père, il n'y a pas de place pour le fils. Le seul domaine réservé du fils est celui de la littérature, méprisée par le père :

> *Richtiger trafst Du mit Deiner Abneigung mein Schreiben und was, Dir unbekannt, damit zusammenhing. Hier war ich tatsächlich ein Stück selbständig von Dir weggekommen, wenn es auch ein wenig an den Wurm erinnerte, der, hinten von einem Fuß niedergetreten, sich mit dem Vorderteil losreißt und zur Seite schleppt. Einigermaßen in Sicherheit war ich, es gab ein Aufatmen*[3].
>
> « Tu as touché plus juste en concevant de l'aversion pour mon activité littéraire, ainsi que pour tout ce qui s'y rattachait et dont tu ne savais rien. Là, je m'étais effectivement éloigné de toi tout seul sur un bout de chemin, encore que ce fût un peu à la manière du ver qui, le derrière écrasé par un pied, s'aide du devant de son corps pour se dégager et se traîner à l'écart. J'étais en quelque sorte hors d'atteinte, je recommençais à respirer[4] ».

1 Kafka, *Brief an den Vater, op. cit.*, p. 54.
2 Kafka, *Lettre au père, op. cit.*, p. 89.
3 Kafka, *Brief an den Vater, op. cit.*, p. 41-42.
4 Kafka, *Lettre au père, op. cit.*, p. 68.

On voit ici que la mise en scène brute et sans masque du corps, des corps sans oripeaux – du corps fort du père, du corps faible du fils écrasé par celui du père, réduit au statut de vermine – aboutit non seulement à la remise en question du modèle d'éducation virile et de masculinité du père, mais aussi au questionnement sur la transmission. La paternité, la figure virile du père, le système d'éducation ne font qu'instaurer de purs rapports de force, qui sont à dévoiler, à dénoncer, et surtout à ne pas reproduire. Les masques tombent dans les textes de Kafka, non pour révéler une essence, mais au contraire une absence d'essence, l'animalité, la force, la violence, la souffrance, la mort – et les rapports de force. Ainsi le père du *Verdict* ou celui de la *Métamorphose*, apparemment défaillants, malades, dépressifs, vieux, voire séniles, se révèlent au cours du texte être de terribles tyrans, des forces de la nature, dangereuses, meurtrières qui ne faisaient que jouer le rôle du faible. Le texte retrace alors l'inversion ou plutôt le rétablissement des rapports de force originels, la brusque ou lente marginalisation du fils, son abandon du terrain, de l'espace occupé par le père. La renonciation à tous les attributs du père mène certes à l'écriture littéraire mais aussi à la mort dans *Le Verdict*; au devenir vermine, puis à la mort dans *La Métamorphose*. La vie de célibataire, la vie quasi monacale apparaît comme la condition absolue de la productivité littéraire. Mais ce célibataire ne représente pas un contre modèle masculin, un idéal de l'homme, du créateur chez Kafka. Les fictions mettant en scène le célibataire comme *Le Malheur du célibataire* ou *Un célibataire entre deux âges* soulignent sur le mode satirique les aspects répétitifs, obsessionnels, rigides, stériles de l'homme non marié qui reste décidément chez Kafka un paria, voire un parasite. « Kafka déconstruit la figure pathétique du solitaire et en fait une parodie ironique[1] ». À côté de ce qui n'est pas une alternative, il reste la représentation d'un « artiste de la faim » qui renonce peu à peu à tout attribut, à toute mise en scène au profit d'un dépouillement, d'une ascèse qui va jusqu'à la mort, mais la mort de l'animal enfermé dans sa cage qui préfère souffrir et mourir de faim que d'accepter le triste statut imposé par les hommes.

1 A. Runte, « "Qu'as-tu fait du sexe dont tu as reçu le don ?" Un célibataire entre deux âges (1915) », *Franz Kafka*, *Europe*, n° 923 mars 2006, p. 82.

HENISCH PÈRE ET FILS
Mascarade et refiguration du père

Peter Henisch, s'il ne cite pas le nom de Kafka dans son livre (alors qu'il cite celui d'Ingeborg Bachmann), ne peut pas ne pas penser à lui (et supposer que son lecteur comprendra l'allusion), lorsqu'il mentionne les lettres jamais envoyées à son père, dans lesquelles il lui déclare qu'il ne comprend pas encore pourquoi il s'intéresse subitement à sa vie, après avoir été longtemps en lutte contre lui, à une époque où il ne lui serait jamais venu à l'esprit de lier « la quête de soi » à la quête du père[1]. L'allusion est de première importance, puisqu'elle signifie que Henisch cherche à renouer le fil des générations, non seulement avec son propre père, mais aussi, en s'inscrivant dans une généalogie d'écrivains qui ont soulevé le problème de la relation au père en rapport à la création, avec le père littéraire, l'ancêtre mythique qui a posé la question avec tant d'acuité, Kafka. Sans en avoir l'air, l'entreprise est audacieuse. Il s'agit en fait de réconcilier l'inconciliable : l'histoire du père biologique et celle du père spirituel – et donc aussi création et procréation.

Peter Henisch est né à Vienne en 1943. Il fait partie de cette génération qui, vers vingt, vingt-cinq ans, s'est révoltée contre les pères et leur a demandé des comptes. Mais le livre, dont la première version est publiée en 1975 et qui fut donc écrit alors que l'auteur avait environ trente ans, s'inscrit, on l'a dit, dans un mouvement plus ambigu qui part du postulat qu'il ne peut y avoir compréhension de soi sans compréhension de l'autre. Le fils finit par avouer à son père qu'il aimerait qu'il lui raconte sa vie pour mieux comprendre qui il est, lui, le fils. D'ailleurs il fait plusieurs fois le lapsus consistant à confondre les adjectifs possessifs : ta vie / ma vie (p. 11). Il est remarquable que le père raconte lui-même sa vie à la première personne dans le livre, puisque le fils retranscrit/réécrit les enregistrements – ou des fragments des enregistrements qu'il a faits du récit de son père. Deux Je se côtoient donc dans le texte. Ainsi que deux Tu, dans ce qui est ou semble être souvent la simple retranscription d'un dialogue entre le père et le fils. Le récit complexe, puisqu'il

1 Henisch, *Die kleine Figur meines Vaters, op. cit.*, p. 21-22.

est constitué ou se dit constitué de montages d'enregistrements et qu'il imbrique plusieurs voix et plusieurs temps narratifs, est complété par des photos faites par le père, Walter Henisch. La première représente le fils, Peter Henisch à l'âge de trois ans. La « petite silhouette » que nous découvrons dès les premières pages du livre est donc également celle du fils. La petite taille de l'auteur enfant, regardant en arrière, introduit le récit d'un homme dont le premier handicap dans la vie ou plutôt dans la société nationale-socialiste qui commence à se mettre en place lors de son adolescence (le père est né trente ans avant le fils, en 1913) est d'être petit de taille et d'origine juive polonaise (c'est du moins ce qui est suggéré). En relatant ou en reconstruisant l'histoire du père, le fils cherche à comprendre et à exposer ou à expliquer comment a pu se construire la personnalité de cet homme, qui, comme tant d'autres, s'est totalement identifié au nazisme ; comment cet homme que tout semblait séparer de l'idéal nazi – y compris son apparence physique – a pu non seulement se projeter, mais aussi passer sa vie à mettre en scène une fiction de la puissance et de la virilité la plus agressive et meurtrière. En effeuillant l'album de famille, Peter Henisch décrypte la fiction du père, qui est également celle de tout un pays. En même temps, il construit une fiction (ou autofiction), une identité narrative qui lui permet de mettre à distance, sans les détruire, les photos (et histoires) de guerre de son père qui ont entouré/encadré son enfance, et dont il connaissait le pouvoir de fascination (« War ich einmal in den Kriegsbildern meines Vaters drin, so kam ich nur schwer wieder aus ihnen heraus », p. 83 – « Une fois que j'étais dans les photos de guerre de mon père, j'avais du mal à en ressortir »). Il intègre ainsi l'œuvre de son père, sa mémoire à la sienne en mêlant les supports de la mémoire, le texte et l'image, dans une position intermédiale reflétant le mélange des vies et des perspectives[1]. C'est d'ailleurs peut-être ainsi qu'il rompt le mieux avec l'idéologie du père : en refusant le modèle viril guerrier et la mise à mort de l'autre pour faire le travail de mémoire et de deuil – son père, gravement malade, est en train de mourir lorsqu'il écrit le livre, et il est déjà mort quand il paraît – qui, loin d'annihiler l'autre, lui redonne sa place dans la mémoire collective avec la distance critique nécessaire.

1 Il faudrait bien sûr étudier la variété complexe des photos du père introduites par l'auteur dans son texte.

L'identification au modèle viril guerrier, à la conception d'un masculin hégémonique de toute une génération et du père en particulier, est l'un des *leitmotive* du livre. Le père a accompagné la campagne de France, mais c'est celle de Russie qui l'a le plus exalté :

> *Seine Erzählung vom Anfang des* RUSSLANDFELDZUGS. *Die Mimik, die Gestik, der Tonfall, die Atmosphäre.* Wie er sich die Pfeife anzündete, wie die Zündholzflamme sein Gesicht beleuchtete. *Der maskuline Ausdruck um seine Mundwinkel*[1].

> « Son récit du début de la campagne de Russie. Les mimiques, la gestuelle, le ton, l'atmosphère. La façon dont il allume sa pipe, dont l'allumette illumine son visage. L'expression virile autour de la commissure des lèvres. »

Chacun de nous, dit le père, « était un guerrier germanique » (« ein germanischer Krieger », p. 91). La guerre signifie la possible identification aux plus forts, l'intégration dans le camp des plus forts pourtant haïs. L'histoire du père, c'est l'histoire d'un enfant n'ayant jamais connu son propre père décédé sur le front durant la Première Guerre mondiale ; l'histoire d'un enfant qui a passé sa première enfance dans un pensionnat (sa mère s'étant vite remariée) et n'a cessé de traîner derrière lui un nom à l'origine douteuse et un physique qui lui valut de se faire traiter de « nabot » (« Giftzwerg ») par ses camarades. Cet enfant, loin de prendre du recul par rapport à l'idéologie qui l'a condamné à ce sort, éprouve comme une victoire son admission dans les Jeunesses hitlériennes, et a ensuite le sentiment d'être « le plus grand et le plus fort » (« der Größere und der Stärkere ») au sein d'une armée conquérante : « La France, l'ennemi héréditaire, battue pour ainsi dire à nos pieds. Battue par MOI AUSSI, comprends-tu, aussi par ma petite contribution – quel sentiment ! » (« *Und Frankreich, das Land, von dem man sich einiges erwartet hat, Frankreich, der Erbfeind, ist so gut wie geschlagen vor uns gelegen.* AUCH VON MIR *geschlagen, verstehst du, auch durch meinen kleinen Beitrag – das war schon ein Gefühl* ! », p. 58-59), confesse-t-il à son fils. Privé de père et bien qu'abhorrant son beau-père, il s'identifie à l'idéal de virilité que ce dernier incarne à ses yeux. Sa mère – la grand-mère de l'auteur – résume en trois lignes la situation en commentant une photo de l'époque : « Tu vois, le petit là avec le costume de marin, c'est ton père. C'était un enfant minuscule.

---

1 Henisch, *Die kleine Figur meines Vaters, op. cit.*, p. 84.

Et le grand, le fort là avec la culotte de cuir, c'est mon cher mari, que Dieu ait son âme. Il devrait être un modèle pour vous tous : un homme sévère, mais d'une parfaite correction » (« Jaja, der Kleine da mit dem Matrosenanzug ist dein Vater, er war ein winziges Kind. *Und der Große, Starke hier mit der Lederhose ist mein seliger Mann. Der sollte ein Vorbild für euch alle sein : ein strenger, aber überaus korrekter Mensch.* », p. 30). Cette stratégie d'identification au plus fort sera poussée à son comble par le choix du métier de photographe reporter de guerre au service de la propagande nazie. La photo va lui servir à la fois d'écran et de masque. D'écran, parce que « son regard est toujours un regard à travers l'appareil photo » (« Sein Blick war immer ein Blick durch die Kamera. », p. 70), ce qui lui permet de garder les événements, le monde et la guerre à distance (p. 20) : « La guerre, dit la voix de mon père sur la bande magnétique, je l'ai vue du début jusqu'à la fin comme une série d'images » *(« Ich habe den Krieg, sagt die Stimme meines Vater sauf dem Tonband, vom Anfang bis zum Ende al seine Folge von Bildern gesehn.* », p. 79). Par ailleurs, la photo lui a servi de masque, parce que, en tant que photographe de propagande, il a pour mission de faire de belles photos, qui « dissipent les derniers doutes » (« die letzten Zweifel beseitigen », p. 72). La mise en scène de la force, de la grande taille, du mouvement des autres, et de celle du Führer en particulier, lui permet d'être considéré comme « le MEILLEUR REPORTER DE GUERRE DE TOUTE LA WEHRMACHT » *(« der BESTE KRIEGSREPORTER DER GESAMTEN DEUTSCHEN WEHRMACHT* », p. 13), et donc d'être « le plus grand malgré [s]es cinquante-deux centimètres » (« trotz meiner bloßen Einszweiundfünfzig der Größte », p. 13). Il est particulièrement habile, de par sa petite taille, à filmer les personnes en contre-plongée, ce qui accentue leur stature impressionnante. La guerre, le malheur, la mort deviennent ainsi un objet esthétique au service d'une idéologie et d'une dramaturgie de la force virile qui a besoin de cette mascarade pour paraître naturelle et justifier son pouvoir. Le roman commence par la description de Hitler et des SS, « dans leur chouette uniforme » (« in ihren feschen Uniformen », p. 12) – « de sacrés gars, tu peux me croire, de vraies armoires à glace » (« *Burschen, kann ich dir sagen, wie Küchenkredenzen* », p. 12) – arrivant sur le théâtre de l'arrestation et de la mort de Dollfuss. « Tout était organisé PHOTOGRAPHIQUEMENT » (« *Aber alles war* FOTOGRAFISCH organisiert », p. 12), et « même et surtout LE FÜHRER Hitler a joué son rôle » (« selbst und vor allem *DER FÜHRER hat seine Rolle gespielt* »,

p. 12), debout dans sa Mercedes noire, « le bras levé à moitié négligemment, à moitié fougueusement dans le salut allemand » (« *den Arm halb lässig, halb forsch zum deutschen Gruß erhoben* », p. 12), le regard « sérieux et décidé » (« *ernst und entschlossen* », p. 12). « En tournant pour prendre le Ring un parfait regard à droite. Car c'est à droite que nous nous trouvions, nous les photographes » (« *Beim Einbiegen in den Ring ein perfektes Rechtsschaut. Rechts sind nämlich wir Fotografen gestanden* », p. 12). On le voit, le père n'est nullement dupe de cette mascarade ; au contraire, il la sert, il y adhère, comme il adhère à l'esthétisation de la guerre, et à l'idée que « le monde veut être trompé » (« *Die Welt will getäuscht sein* », p. 175). Tous ont intérêt à la mascarade, elle entraîne tout le monde dans sa danse : ceux qui y jouent leur pouvoir, ceux qui y dissimulent leur faiblesse, ceux qui y trouvent leur justification – et même ceux qui cherchent à la dévoiler. Car si le fils dénonce le fait que les yeux du père et ce prolongement de sa main qu'est son appareil transforment tout, le monde et les êtres humains, en motifs, en objets photographiques, en matériau ; il découvre également en écrivant son ouvrage qu'il fait de même, qu'il fait de son père une « figure », un personnage, un objet stylisé, un masque de papier :

> *Was Dir zum Foto wird, Papa, wird mir zum Text. Deine jetzige Situation zum Beispiel : mir kommt vor, daβ ich Dich manchmal mit derselben unterkühlten Leidenschaft beobachte, mit derselben* BRUTALEN NEUGIER, *von der Du mir erzählt hast. Ich sehe Dein Alter, ich sehe Deine Krankheit, ich sehe Deine Verzweiflung und finde das interessant. Ich notiere alles, was Du sagst und tust, in meiner Erinnerung, unterstütze mein Erinnerungsvermögen durch Tonband und Merkbuch. Aber je ähnlicher ich Dir werde, desto besser glaube ich Dich zu verstehn. [...] Siehst du, Papa, ich mache alles zum Material. Dich, der Du alles zum Material gemacht hast, mache ich erst recht zum Material. Und meine Kritik an Dir, der Du alles zum Material gemacht hast. Und meine Kritik an mir selbst, der ich sogar diese Kritik zum Material mache*[1].

« Ce que tu transformes en photo, papa, je le transforme en texte. Ta situation actuelle par exemple : il me semble que je t'observe parfois avec cette même passion refroidie, avec cette même CURIOSITÉ BRUTALE que celle dont tu m'as parlé. Je vois ton âge, je vois ta maladie, je vois ton désespoir et trouve cela intéressant. J'inscris tout ce que tu dis et fais dans ma mémoire, mon magnétophone et mon carnet de notes sont les béquilles de ma mémoire. Et plus je te ressemble, mieux je te comprends. [...] Vois-tu, papa, je transforme tout en

1 Henisch, *Die kleine Figur meines Vaters, op. cit.*, p. 106-107.

> matériau. Toi, qui a tout transformé en matériau, je te transforme maintenant en matériau. Ainsi que la critique que je te fais de tout transformer en matériau. Et la critique envers moi-même qui fais de cette critique un matériau ».

Personne n'échappe à la mascarade, surtout pas l'artiste. « Mon image est ma seconde vie », dit le père (« mein Bild ist mein zweites Leben », p. 107). Il reste que l'important, c'est de choisir l'image. L'important c'est peut-être même plutôt de *multiplier* les images. Le fils, l'auteur superpose aux images que le père transmet de sa vie, des images conformes à la *doxa* patriarcale, les siennes, différentes, inédites, iconoclastes : la petite silhouette du père, le père malade, le père mourant. « Mon cerveau est comme une pièce tapissée de milliers de miroirs » (« Mein Hirn ist wie ein Raum mit tausend Spiegeln », p. 107), s'avoue-t-il. Il procède non à l'anéantissement, mais à l'hybridation de la figure paternelle. Le masculin, c'est aussi la faiblesse, la maladie, la mort – le leurre, le mensonge. C'est aussi l'empathie et le deuil. Découvrir l'image hybride du père, c'est pouvoir l'accepter en soi, c'est découvrir sa propre hybridité. Sa propre « fragmentation » (« *Zersplitterung* », p. 107). C'est découvrir l'autre, la mort *en* soi.

INGEBORG BACHMANN
OU L'APPRENTISSAGE DU DEUIL

L'apprentissage du deuil : c'est sans doute l'un des liens que Peter Henisch à la fois constate et tisse entre son œuvre et celle d'Ingeborg Bachmann en intégrant à son texte les premières phrases de la nouvelle *La Trentième Année*, c'est-à-dire en superposant à la perspective intermédiale celle de l'intertextualité :

> *Wenn einer in sein dreißigstes Jahr geht, wird man nicht aufhören, ihn jung zu nennen – das ist von Ingeborg Bachmann. Er selbst, obgleich er keine Veränderung an sich entdecken kann, wird unsicher, ihm ist, als stünde es ihm nicht mehr zu, sich für jung auszugeben. Womöglich ist es schon ein Zeichen dieser Unsicherheit, und so gesehen wohl auch ein Zeichen der Veränderung, daß ich auf einmal das Bedürfnis habe, Dich zu verstehen. Das Bedürfnis, Bedingungen zu finden für Konsequenzen, die ich auch jetzt nicht gutheiße, aber möglicherweise besser begreife*[1].

1 *Id.*, p. 23.

« Quand un homme entre dans sa trentième année, on n'en continue pas moins de le considérer comme jeune – cette phrase est d'Ingeborg Bachmann. Mais lui-même, sans pouvoir découvrir en soi le moindre changement, n'est plus très sûr, il lui semble qu'il n'a plus le droit de se dire jeune. C'est sans doute déjà un signe de cette incertitude, et ainsi probablement aussi un signe du changement, que je ressente subitement le besoin de te comprendre. Le besoin de trouver des circonstances pour des conséquences que je n'approuve toujours pas, mais que sans doute je comprends mieux ».

L'apprentissage du deuil ne consiste pas seulement à faire l'expérience de la mort et de la renaissance à une autre vie en échappant de peu à la mort dans un accident de voiture comme le protagoniste de Bachmann. L'incertitude – ou la perte de toutes les certitudes – qui saisit l'homme de trente ans, le fils dans le roman de Peter Henisch, comme le sans nom de la nouvelle de Bachmann, mène à l'acceptation de la part d'échec et de mort, de douleur et de vieillissement inhérente à la vie ; elle mène à une meilleure compréhension des autres et du monde. L'apprentissage du deuil consiste à prendre conscience qu'il n'y a pas de perfection accessible, pas de subversion absolue. « Pas de monde meilleur que ce monde[1] ». « C'est dans la confrontation du possible et de l'impossible que nous élargissons le champ de nos possibilités[2] » (« *Im Widerspiel des Unmöglichen mit dem Möglichen erweitern wir unsere Möglichkeiten*[3] »), écrivait Bachmann dans le discours « On peut exiger de l'homme qu'il affronte la vérité » :

Wer, wenn nicht diejenigen unter Ihnen, die ein schweres Los getroffen hat, könnte besser bezeugen, daß unsere Kraft weiter reicht als unser Unglück, daß man, um vieles beraubt, sich zu erheben weiß, daß man enttäuscht, und das heißt, ohne Täuschung, zu leben vermag. Ich glaube, daß dem Menschen eine Art des Stolzes erlaubt ist – der Stolz dessen, der in der Dunkelhaft der Welt nicht aufgibt und nicht aufhört, nach dem Rechten zu sehen[4].

« Qui, sinon ceux parmi vous qu'un dur sort a frappés, qui pourrait mieux témoigner que notre force excède notre malheur, qu'après avoir beaucoup

1 J.-L. Nancy, « Je ne connais pas de monde meilleur », *Ingeborg Bachmann, Europe*, n° 892-893 août-septembre 2003, p. 141.

2 I. Bachmann, « On peut exiger de l'homme qu'il affronte la vérité », *Ingeborg Bachmann, Europe, op. cit.*, p. 38-39.

3 I. Bachmann, « Die Wahrheit ist dem Menschen zumutbar », *Werke*, Munich, Piper, 1976, tome 4, p. 276.

4 *Id.*, p. 277.

> perdu, on peut se relever, qu'on peut vivre en étant désabusé, c'est-à-dire sans illusions. Je crois qu'il est permis à l'être humain d'accéder à une forme de fierté, la fierté de celui qui, prisonnier de l'obscurité du monde, ne se résigne pas et ne cesse de chercher à distinguer ce qui est juste[1] ».

La capacité de deuil, c'est enfin le seul moyen d'accomplir le nécessaire travail de mémoire, de ne pas perdre la mémoire de l'impensable ou de l'inacceptable. Comme dans le recueil de nouvelles de Bachmann, qui porte le même titre que la nouvelle déjà évoquée, et comme plus tard aussi dans son roman *Malina*, la problématisation du Je – ici saisie à cet âge de transition entre la jeunesse et la maturité – est mise en relation avec la situation historique et l'héritage particulièrement lourd d'un passé incarné par d'autres que soi. Par-delà Bachmann mais rendant hommage à la façon dont elle avait saisi et cerné en pionnière une thématique d'une extrême importance pour les sociétés germaniques marquées par le triste épisode du nazisme, Henisch fait sans doute référence également à la thèse bien connue de Margarete Mitscherlich, exposée dans *Erinnerungsarbeit. Zur Psychoanalyse der Unfähigkeit zu trauern*[2] qui reprend et développe celle qui avait déjà été défendue en 1967 dans le livre écrit avec son mari, Alexander Mitscherlich, une thèse qui souligne la nécessité, pour surmonter les idéaux et valeurs fascistes par le travail de mémoire – seul capable de combattre le refoulement collectif – de mettre en place un apprentissage du deuil, c'est-à-dire la nécessaire confrontation à la culpabilité et à la honte, aux défaites et aux désillusions. Cette confrontation est justement ce à quoi se livre le fils dans le roman de Peter Henisch en retraçant l'histoire de son père : après avoir rejeté et condamné celui à qui il doit la vie, il se décide enfin à accepter ce qu'il fut, à comprendre pourquoi il en fut ainsi, et à préparer ainsi l'éducation de l'enfant à naître, c'est-à-dire d'autres modèles à transmettre. Comprendre et accepter l'autre du père, c'est aussi se préparer à comprendre et accepter l'autre de l'enfant à naître ; c'est accepter ses faiblesses et imperfections à venir et ne pas attendre qu'il change le monde d'un coup de baguette magique, comme le père de *Alles/Tout*, une autre nouvelle du même recueil de Bachmann qui thématise justement le travail de deuil au sein de la relation père/fils.

1 I. Bachmann, « On peut exiger de l'homme qu'il affronte la vérité », *Ingeborg Bachmann, Europe, op. cit.*, p. 38-39.

2 Fischer Verlag [1993], 2006.

La filiation Bachmann/Henisch ne s'arrête pas là : la nouvelle *La Trentième Année* est un texte qui repose sur l'hybridation de la position auctoriale qui reflète et/ou induit elle-même l'hybridation du genre. Le récit est en effet écrit tantôt à la troisième tantôt à la première personne. Bachmann a revendiqué cette nécessité pour elle, femme écrivain, de s'identifier à un protagoniste masculin, préfigurant dans cette position auctoriale le thème principal du roman *Malina* écrit dix ans plus tard. Cette identification au masculin lui a souvent été reprochée par la critique féministe des années quatre-vingt, une critique aveugle au fait que Bachmann avait déjà entrepris en pionnière la déconstruction du genre tout en restant simultanément une précurseure de la critique purement féministe, c'est-à-dire des droits et des doléances des femmes. Cette pionnière du féminisme tant attachée à la modernité viennoise avait déjà un pied dans la post-modernité et la déconstruction des genres[1], tout en poursuivant, dans la perspective féminine, le travail entrepris par Kafka de critique du pouvoir patriarcal[2]. Si l'on ajoute à cela qu'elle s'est attachée à critiquer la photographie et le reportage de guerre[3], c'est-à-dire d'une part la propension de la photographie à figer l'image de l'individu *a priori* « indécidable » et, d'autre part, la compromission médiatique avec la violence et les valeurs d'une société fondée sur l'anéantissement de l'autre et de sa différence, l'on comprend que Peter Henisch lui rende hommage.

La fiction du masculin paternel telle que Peter Henisch l'entreprend dans son livre *Die kleine Figur meines Vaters* s'inscrit par la critique du père et l'hybridation du genre et de la position auctoriale dans une post-modernité occidentale soucieuse de mettre à mort les catégories traditionnelles de genre dans toutes les acceptions du terme. Elle s'inscrit aussi dans l'histoire particulière à l'espace germanique et ce questionnement démocratique relatif au problème de l'éducation et de la transmission. Elle s'inscrit, enfin, dans le cadre de la littérature autrichienne et dans la prestigieuse généalogie d'un Kafka et d'une Bachmann. Mais en cherchant à renouer le lien entre création et procréation ou génération, elle est indubitablement plus proche d'Ingeborg Bachmann que de

1 Voir à ce propos : F. Rétif, *Ingeborg Bachmann*, Paris, Belin, 2008.
2 Voir à ce propos : H. Höller, *Ingeborg Bachmann*, Rororo Monographien 1999, p. 29.
3 Voir la thèse d'Alice Hattenville « Image et voir dans l'œuvre d'Ingeborg Bachmann », université de Rouen, 2012 (à paraître).

Franz Kafka[1]. C'est peut-être pourquoi Peter Henisch ne mentionne pas le nom de Kafka alors qu'il fait expressément référence à Ingeborg Bachmann en intégrant son nom et le début de l'une de ses nouvelles à son roman.

Françoise RÉTIF
Université de Rouen
– Institut français auprès
de l'université de Bonn

1 Voir à ce propos : F. Rétif, « Ingeborg Bachmann – Engendrer avec des mots. Genre ou *Geschlecht* ? », *Des femmes en dialogue avec le siècle, Germanica*, 46/2010, p. 73-87.

LA « VIE DE MUSICIEN », UNE PROJECTION DU MASCULIN IDÉAL ?

Genres et discours musicaux dans la première moitié du xxe siècle

Les discours sur l'art en général, au début du xxe siècle, sont marqués par de fréquentes références au genre, et par une exaltation de la virilité, qui touchent particulièrement les « vies de musiciens », c'est-à-dire tous les discours ayant pour objet la représentation d'un musicien, fictif ou réel (biographies, essais, articles, œuvres de fiction). Ce corpus sera traité comme une unité, pour deux raisons : tout d'abord, parce que la critique musicale du début du siècle emprunte beaucoup à la fiction (mêmes thèmes, mêmes images, même rhétorique), et ensuite parce que ces discours, dont le sujet est presque toujours un homme et un créateur, semblent opérer un transfert fictionnel de l'auteur, qui est également presque toujours un homme. Ces « vies de musicien » sont souvent proches de la forme du conte voire de l'utopie, et peuvent être étudiées comme telles.

Pourquoi s'intéresser aux figures du musicien ? En quoi la « vie de musicien » est-elle un bon exemple pour mettre en évidence ces problématiques ? Premièrement, le compositeur de musique apparaît depuis l'époque romantique comme le créateur par excellence, dégagé du monde intelligible, du *logos*, et il semble créer à partir du néant. Or la création, la production sont des qualités perçues, dans les stéréotypes, comme essentiellement masculines, tandis que la reproduction serait une qualité féminine. Certaines recherches, par exemple celles de Françoise Escal et Jacqueline Rousseau-Dujardin, ou bien de Catherine Clément, ont montré l'interdit, d'ailleurs souvent intériorisé par les femmes elles-mêmes, qui frappait les musiciennes en matière de création, quand bien même il était admis qu'elles mènent de grandes carrières d'interprètes (Clara Schumann) ou de pédagogues (Nadia Boulanger). Au début du xxe siècle prévaut en outre une perception de la musique comme acte magique, comme création absolue, conception héritée du romantisme qui exclut a priori les femmes de ce « sacerdoce ».

Deuxièmement, la musique n'a apparemment pas de sexe car elle résiste à toute idée et à toute image intelligible, mais paradoxalement cette « non-discursivité » (« *Nicht-Diskursivität* »), pour reprendre les termes d'Helmut Rösing dans un article de 2003, fait de la musique une toile vierge, une surface de projection (« *Projektionsfläche* ») pour n'importe quel contenu[1], et donc, potentiellement, pour un discours genré.

Pourquoi s'attarder sur la période du début du XXe siècle ? C'est tout d'abord une période ressentie par les contemporains comme une période de crise, dans laquelle s'expriment une pensée et surtout une angoisse de la décadence de la civilisation européenne. C'est également une période de « crise de la masculinité » – ainsi que l'a définie Annelise Maugue – qui pousse les hommes à « donner épaisseur et consistance au "nous" masculin[2] », face aux conditions socio-historiques et aux premières revendications féministes. Enfin, d'un point de vue plus esthétique, la période est marquée par une héroïsation de la figure de l'artiste. Celle-ci peut se comprendre comme une façon de lutter contre le positivisme, mais aussi comme une façon de répondre à l'angoisse de la décadence en faisant appel à la philosophie vitaliste pour exalter les valeurs de force, de santé, d'héroïsme.

Les ouvrages consacrés aux vies de musiciens qui paraissent à cette époque sont donc intéressantes car elles manifestent la recherche d'un homme providentiel, et qu'elles cherchent à définir une masculinité à travers l'art. Nous formons alors l'hypothèse suivante : dans une période de crise des valeurs viriles, les discours portant sur des personnages

---

1 H. Rösing, « Auf der Suche nach Männlichkeitssymbolen, Beethoven und die Sonaten(hauptsatz)form », *Der "männliche" und der "weibliche" Beethoven*, Bericht über den Internationalen musikwissenschaftlichen Kongress vom 31. Oktober bis 4. November 2001 an der Universität der Künste Berlin, herausgegeben von C. Bartsch, B. Borchard und R. Cadenbach, Verlag Beethoven-Haus Bonn, 2003, p. 5-19 : « *Aber, und hier fängt es an, interessant zu werden, die Nicht-Diskursivität bzw. Bedeutungsambivalenz von Musik eignet sich hervorragend als Projektionsfläche für Inhalte der verschiedensten Art. Derartige Inhalte werden als semantische Konnotationen mit symbolhafter Qualität bezeichnet.* » (« Mais, et c'est ici que cela commence à être intéressant, la "non-discursivité", c'est-à-dire l'ambivalence ontologique de la musique, la rend particulièrement apte à devenir surface de projection pour les contenus les plus différents qui soient. On définit ces contenus comme des connotations sémantiques à caractère symbolique. ») (p. 6). Nous traduisons.

2 A. Maugue, *L'Identité masculine en crise au tournant du siècle, 1871-1914*, Paris, Rivages, 1987, p. 8.

masculins ne peuvent pas être neutres et trahissent des aspirations, des angoisses, ainsi qu'un désir de trouver des modèles. Les « vies de musicien » trahissent d'autant plus cette tentative de projection qu'elles s'inscrivent dans cette mystique de la création masculine, et que la mise en scène, plus ou moins fictionnalisée, d'un personnage de créateur masculin, par des écrivains pour la plupart musiciens professionnels ou amateurs, peut se lire comme une autobiographie fantasmée.

Dans un premier temps, il s'agira de montrer quelle est l'image du masculin idéal qui se dégage des « vies de musicien » non fictionnelles à la fin du XIXe et au début du XXe siècle, principalement à partir de l'exemple de Beethoven. Cette étude sera ensuite confrontée à celle d'une œuvre fictionnelle, en l'occurrence le roman *Jean-Christophe* de Romain Rolland, qui tente aussi de construire une figure du masculin idéal à travers un personnage de musicien, mais qui dévoile la complexité et les ambiguïtés à l'œuvre, en creux, dans tous les discours musicographiques « genrés » de l'époque, qu'ils soient fictionnels ou non.

« SYMPHONISER LA TOURMENTE » : LE MUSICIEN COMME HOMME PROVIDENTIEL ?

Les éléments contextuels évoqués en introduction (crise de la masculinité, angoisse de la décadence, exaltation de l'art) permettent d'expliquer que les discours sur l'artiste deviennent des plaidoyers pour la grandeur de l'homme, au sens large (humain) mais aussi dans son sens restreint (masculin). La recherche des valeurs humaines prend souvent la forme d'une recherche des valeurs viriles, et les musicographes, comme les autres hommes de lettres, en appellent à l'homme providentiel qui pourrait relever à la fois l'art, la Nation et la condition masculine.

UN SECOURS DANS LES MOMENTS DE CRISE

Dans la production des écrits sur l'art, le musicien apparaît donc comme l'incarnation du créateur, dans sa dimension mystique parfois, messianique, et plus particulièrement comme l'homme providentiel dans les moments de crise. Pendant la Grande Guerre, certains auteurs de la presse musicale en appellent à un musicien providentiel encore inconnu qui pourra relever la France après la guerre grâce à une musique qui galvaniserait les foules. Dans le premier numéro de *L'Europe Nouvelle*, en 1918, on pouvait par exemple lire, sous la plume de Fernand le Born, l'appel à « un jeune inconnu génial, écrivant, au sortir des tranchées, l'œuvre merveilleuse de simplicité et de grandeur que chacun attend depuis si longtemps[1] ». Quelques années plus tôt, en 1916, au milieu de la guerre, Camille Mauclair poussait le même cri dans *Le Courrier Musical*, en évoquant plus clairement la « dégénérescence » de l'art et les valeurs masculines de ce musicien providentiel :

> Une musique de frisselis, de soupirs et de pâmoisons, dressant de minuscules autels à la divine fausse note et à l'exquise dissonance, nous paraîtra vraiment négligeable, parce que l'humanité viendra de souffrir, parce que l'héroïsme, la douleur, le sacrifice, le deuil, auront soulevé une immense vague de passions, [...] et qu'il faudra bien que l'Art, sous toutes ses forme, en tienne compte et en fasse de la grande beauté, sous peine de n'être qu'un jeu de dégénérescence. [...] L'homme qui symphonisera notre tourmente et écrira notre Neuvième est peut-être au moment où je parle cet adolescent fiévreux dont, à une haute croisée, dans une rue de cité inconnue, la lampe brûle jusqu'à l'aube – et tous l'ignorent, mais lui sait[2].

Il y a donc une réelle attente de la part des auteurs face à la musique, vue comme un vecteur possible de redressement des valeurs masculines. Il est remarquable que les articles cités, comme beaucoup d'autres de l'époque, accusent la musique contemporaine d'être une des causes de la décadence (Camille Mauclair critiquait le culte de la « fausse note », celui de la « dissonance », et les qualifiait de « dégénérescence »).

Debussy est ainsi souvent la cible d'accusation de féminité, en raison principalement de la teneur de sa musique qui refuse les effets grandioses de la musique wagnérienne et qui joue davantage sur les nuances, la sophistication des accords et des rythmes. Raphaël Cor, par exemple, écrit en 1912 :

> Cet art amorphe, si peu viril, semble fait tout exprès pour sensibilités fatiguées. [...] Cette musique a les pâles couleurs [...]. Elle se joue à la surface des choses. Elle ne nous touche pas : elle nous frôle. Les femmes l'apprécient [...][3].

---

1 F. Le Born, « La musique depuis 1914 », *L'Europe nouvelle*, 12 jamvier 1918 (n° 1), p. 54.

2 C. Mauclair, « Pour l'amour de la Fée », *Le Courrier musical*, 1er décembre 1916, p. 4-5.

3 R. Cor, *Essais sur la sensibilité contemporaine : Nietzsche, de M. Bergson à M. Bazaillas, M. Claude Debussy*, Paris : H. Falque, 1912, p. 163-164.

Beaucoup d'autres musiciens contemporains (Stravinsky, Schönberg) font l'objet d'un tel rejet, parce que leur musique est perçue comme décadente, donc féminine (ou inversement). C'est pourquoi les critiques, dans leur recherche de ce masculin idéal, vont puiser leurs modèles principalement dans les musiciens du passé.

LA RELECTURE DE L'HISTOIRE MUSICALE AU PRISME DE LA VIRILITÉ

Le critère du genre est présent depuis le XIXe siècle dans la critique musicale, mais au début du XXe siècle, il est invoqué presque systématiquement chez certains auteurs, qui relisent l'histoire de la musique au prisme du masculin et du féminin. Ces auteurs opèrent une distinction des musiciens en deux corps : ceux qui correspondent à des valeurs viriles, et ceux qui sont marqués par le féminin, dont la musique est viciée, voire vicieuse, et incapable de tenir ce rôle d'art providentiel. Globalement, mais cette règle subit de nombreux contre-exemples, les musiciens romantiques sont considérés au début du XXe siècle comme plus sentimentaux, donc féminins, donc destructeurs de valeurs, alors que les musiciens classiques (Haydn, Mozart, Beethoven) sont considérés comme plus virils. Parmi les musiciens romantiques, c'est Chopin qui est présenté au début du XXe siècle comme le plus proche de la féminité, à cause du cadre social de sa musique, qui se développe dans la sphère privée (principalement des pièces pour piano), et non dans la sphère publique comme la « grande musique » (symphonie, opéra), et, d'autre part, à cause de sa vie intime (santé fragile, longue relation avec une George Sand constamment représentée comme masculine). André Suarès l'évoque ainsi en 1931 :

> Chopin poitrinaire, comme on disait alors, et de plus écrasé sous ce fort de la halle pneumatique, ce vampire nourrice, toujours en train de bourrer sa pipe, qu'on appelle George Sand, presque tout le vice sentimental de sa musique y trouve sa raison[1].

En revanche, certaines figures de musiciens permettent aux critiques de projeter directement les valeurs de leur masculin idéal.

Parmi ces musiciens érigés en modèles, on trouve par exemple Bach et Mozart. Les biographes relient souvent leur créativité artistique à

1 A. Suarès, *Musiciens*, Paris, Granit, 1986 [1931], p. 112.

leur vigueur sexuelle : les nombreux enfants de Bach, et les prétendues maîtresses de Mozart, sont des motifs récurrents. On trouve également Wagner dans ce panthéon, lui aussi symbole du créateur prolixe puisqu'il est l'auteur de la musique, mais aussi des textes et parfois de la scénographie de ses opéras. Les critiques, comme, entre autres, le dramaturge Paul Claudel, louent la puissance, la fermeté et le caractère inspiré de Wagner. Franz Liszt fait aussi parfois l'objet d'une représentation virilisante, par exemple chez Suarès qui l'oppose à Chopin à travers ce portrait :

> Il a toujours été beau, sain et robuste. D'une force au travail et d'une constance non communes, ami de tous les plaisirs, prompt à rire dans sa jeunesse, sans aucun fiel [...]; entouré de femmes qui l'adorent et dont il ne se lasse jamais, même quand leurs jalousies lui pèsent, et qu'il s'ennuie de leurs intrigues [...]. Cette générosité sans exception, cette grandeur d'âme, cette abondance de cœur, cette intelligence si étendue, cette gloire qui ne corrompt pas, ce chant vif et neuf, ce don original et puissant de musique, un tel homme a toujours été rare. Peu de musiciens ont eu plus de génie, et peu d'hommes on fait plus d'honneur à l'homme, que le magnanime Liszt[1].

Mais le critère du genre est fluctuant : Liszt, mais aussi Berlioz ou Schubert sont présentés tantôt comme masculins, tantôt comme féminins, selon les critiques. Tous ces textes montrent surtout une volonté de trouver chez les musiciens du passé des figures d'identification et d'inspiration. Ils représentent le masculin idéal, dont les critères sont, entre autres, la force physique et morale, la créativité, le génie.

Beethoven est sans doute le musicien qui fait le plus l'objet de cette virilisation. Considéré comme le premier « artiste », le premier à faire l'objet d'un culte, Beethoven cristallise les tentations d'en faire une figure idéale : idéal de la germanité, idéal du démocrate, idéal de l'Européen, idéal du masculin. Depuis l'époque romantique, on fait de Beethoven un prophète. Dès la fin du XIXe siècle, on le dote aussi de valeurs associées directement au masculin : santé, force, combativité. Cette rhétorique s'accentue dans les premières décennies du XXe siècle[2].

---

1 A. Suarès, *Musiciens, op. cit.*, p. 208-211.

2 J. Cobb Biermann, « Masculine music ? Feminine Music ? Beethoven's Music for Two Women Characters », *Beethoven. Studien und Interpretationen, Band 5*, sous la dir. de M. Tomaszewski und M. Chrenkoff, Cracovie, 2012, p. 351-362 : « *The theme of feminity – and its binary opposite, masculinity – as related to Beethoven has been an explosive one in the*

Les textes sur Beethoven se multiplient également en raison de deux commémorations, en 1920 (cent-cinquantenaire de sa naissance) et 1927 (centenaire de sa mort). Les différentes publications – articles dans la presse quotidienne, numéros spéciaux de revues, biographies, discours, essais – permettent l'expression d'un discours d'époque, marqué par l'angoisse de la décadence, les crispations identitaires et la remise en question de l'héroïsme guerrier : les auteurs semblent rechercher les bases d'un nouvel héroïsme, non guerrier mais artistique, et ici musical, pour fonder une nouvelle virilité.

Beethoven est présenté tout d'abord comme un homme maître de lui-même. Pour Octave Fouque, dès les années 1880, il est « l'homme qui se sent en pleine possession de ses facultés physiques et morales, [...] l'être pensant, doué de conscience et de volonté[1] ». Il est également l'homme « sain » : Teodor de Wyzewa à la même époque parle de « saine puissance[2] », de « santé morale[3] ». Enfin, il symbolise la puissance physique : l'éloge du corps puissant est un *topos* des biographies beethovéniennes de la première moitié du XXe siècle. Romain Rolland dresse ainsi le portrait de Beethoven à trente ans :

> Il est le plus viril des musiciens. Il n'a rien (pas assez, si l'on veut) de féminin. Il est le mâle sculpteur, qui dompte la matière et la plie sous sa main. Le maître-constructeur, dont la Nature est le chantier. [...] Il est maçonné à chaux et à sable. L'esprit de Beethoven a pour support la force. Une musculature puissante et un corps athlétique. On le voit, sa stature carrée, bas sur pattes, large d'épaules, une figure rouge sombre, cuite par le vent et le soleil, la forêt de sa crinière noire, dressée, les sourcils touffus, de la barbe jusqu'aux yeux, le front et le crâne larges et hauts [...], de robustes mandibules [...], un mufle de lion, « une voix de lion[4] ».

---

history of his reception. Already in the 19th century the composer was apostrophized by (male) critics as the "manliest" or "most masculine" of composers, and the rhetoric became even more potent in the early decades of the 20th century » (« En ce qui concerne Beethoven, le thème de la féminité – et son opposé binaire, la masculinité – a été explosif dans l'histoire de sa réception. Au XIXe siècle déjà, le compositeur été considéré par les critiques (masculins) comme le "plus viril" ou le "plus masculin" des compositeurs, et cette rhétorique devint plus pregnante dans la première décennie du XXe siècle ») (p. 352). Nous traduisons.

1 O. Fouque, *Les Révolutionnaires de la musique : Lesueur, Berlioz, Beethoven, Richard Wagner, la musique russe*, Paris, Calmann-Lévy, 1882, p. 271.

2 T. de Wyzewa, « La Jeunesse de Beethoven », *Revue des deux mondes*, septembre-octobre 1889, 2e quinzaine, p. 418-448, p. 424.

3 *Id.*, p. 425.

4 R. Rolland, *Les Grandes Époques créatrices*, Paris, Albin Michel, 1980 [1928], p. 20-21.

On est ici dans la fiction, c'est un portrait fantasmé d'après un modèle-type de virilité (puissance, animalité) qui contredit les portraits contemporains de Beethoven à trente ans.

L'image du masculin idéal qui se dégage des portraits de Beethoven est donc celle d'un combattant, souffrant, mais qui se trouve néanmoins (et c'est assez paradoxal) du côté de la santé et de la vie. Cette image du Beethoven viril est très populaire chez les hommes de la génération née en 1880 : il représente l'exemple à suivre, et entraîne également un fort désir d'identification. On peut citer à ce propos le cas Otto Weininger : ce jeune Autrichien de 23 ans, grand admirateur de Beethoven, publie en 1903 un ouvrage antisémite et misogyne, qui développe le thème de la décadence de l'Occident, *Geschlecht und Charakter* (*Sexe et Caractère*), puis se suicide quelques mois plus tard dans l'immeuble de la Schwarzspanierhaus à Vienne, où Beethoven lui-même est mort quelques soixante-dix ans plus tôt. Le destin individuel de Weininger montre, au-delà de son caractère extrême, l'importance de la figure de Beethoven pour une génération angoissée, en attente de nouveaux modèles et d'hommes providentiels.

LE PROBLÈME DE L'INTERPRÉTATION

Cette angoisse transparaît également dans les textes qui évoquent l'interprétation de Beethoven, ou d'autres musiciens. Ce n'est ici plus seulement la figure du musicien qui est une figure du masculin idéal, mais l'idée même du masculin qui imprègne la musique et ne peut être dévaluée, abîmée ou sacrifiée par une interprétation féminine. André Suarès développe cette idée dans un texte publié dans le recueil *Musiciens* en 1931 :

> Quand une femme veut jouer l'Opus CXI ou l'Adagio de l'Opus CVI, ou n'importe laquelle des grandes œuvres pour l'orgue de Jean-Sébastien Bach, je ris. Et plus elle fronce les sourcils, en s'épongeant les joues, plus elle me fait rire : elle cherche sa barbe. Ou elles nous rendent ridiculement le clavecin, et elles mènent Prométhée danser le menuet, persuadées que le Sermon sur la Montagne n'est vrai que si Jésus est poudré à la maréchale ; ou elles nous assomment de tous leurs marteaux, comme des amazones dans une forge. Chacune de ces grosses commères, fût-elle forte comme trois Turcs, elles [sic] ne peuvent jamais être que violence molle et grasse, masse, matière et faux éclat de virtuose. Le clavier de Beethoven vieillissant et de J.-S. Bach est interdit aux virtuoses et aux femmes. Ici, il faut un interprète et un témoin :

> un confident de l'âme. Il faut, avec les deux mains, l'onzième doigt, celui qui lance la foudre de la vie, comme dans la fresque de Michel-Ange, qui fait la profonde pédale à la pensée et à tous les élans de la volonté conquérante[1].

La métaphore à la fois pianistique et phallique est évidente, et opère une distinction claire, comme d'ailleurs dans d'autres textes de Suarès, entre la vie, la santé, la création du côté des hommes, et la maladie, la mollesse et l'inconscience du côté du féminin, mais aussi des enfants et des vieillards. On retrouve dans ces textes la même « tonalité angoissée » dont parle Annelise Maugue pour les textes de fiction de la même époque qu'elle a étudiés :

> L'abondance et la tonalité angoissée de la littérature consacrée à l'avènement de « l'Ève nouvelle » indiquent clairement que l'homme n'a pas le cœur à rire. Les écrivains font valoir auprès des femmes le risque du ridicule comme celui de la laideur, aux mêmes fins d'intimidation mais ne parviennent guère à donner consistance à cette menace dans leurs ouvrages. Leurs émancipées ne sont pas comiques, elles sont dangereuses[2].

L'idée selon laquelle l'interprétation de certaines œuvres doive être réservée aux hommes est reprise régulièrement, également dans l'iconographie : une étude récente de Beate Angelika Kraus a montré la mise en scène de « masculinisation » de la pianiste Elly Ney, orchestrée par elle-même, pour appuyer sa légitimité d'artiste et son lien spirituel avec Beethoven[3].

Toutes ces « vies de musiciens » mettent donc en avant un masculin idéal, celui de la création, de la force, tandis que les artistes qui ne rentrent pas dans ces critères sont exclus du domaine de la musique virile, et de la virilité. En revanche, ceux qui correspondent aux critères apparaissent comme un modèle à suivre dans la crise. Mais cette projection idéale d'un masculin « pur » et sans mélange, qui rejette les valeurs considérées comme féminines, s'accompagne le plus souvent d'un discours violemment misogyne qui trahit une tonalité angoissée.

---

1 A. Suarès, *Musiciens*, *op. cit.*, p. 45-46.

2 A. Maugue, *op. cit.*, p. 143.

3 B. A. Kraus, « Die Bedeutung des Weiblichen in der Beethoven-Rezeption », *Beethoven. Studien und Interpretationen*, Band 5, *op. cit.*, p. 415-440.

L'EXEMPLE DE *JEAN-CHRISTOPHE* : CONSTRUCTION/DÉCONSTRUCTION DU MASCULIN IDÉAL

La tendance à la virilisation et à la projection personnelle sur les figures de musiciens est particulièrement à l'œuvre dans le très beethovénien roman de Romain Rolland, *Jean-Christophe*, qui nous permettra d'illustrer notre propos dans le domaine spécifique de la fiction, et de dévoiler l'ambiguïté des discours musicographiques virilisants, dont le roman est à la fois le miroir et le contrepoint. Ce texte majeur du début du XXe siècle, paru entre 1904 et 1912, connut une réception importante tant dans les milieux littéraires que parmi les musicographes, dont Rolland, titulaire de la chaire d'Histoire de la musique en Sorbonne depuis 1903, est alors un des représentants les plus visibles. Le roman fut commencé après la rupture de son mariage ; s'y expriment alors non seulement l'idéologie des discours musicographiques de l'époque, mais aussi les angoisses et les interrogations de l'auteur sur la question du genre, ainsi que sa tentative de construire, dans ce roman-fleuve, une figure du masculin idéal.

JEAN-CHRISTOPHE, AUTOBIOGRAPHIE FANTASMÉE

La genèse de ce roman est très importante pour bien le comprendre, sans tomber dans l'analyse psychologique : Romain Rolland commence en effet *Jean-Christophe* pour se remettre de l'échec de son mariage avec Clotilde Bréal, fille du linguiste Michel Bréal. Ce divorce marque pour Rolland un déclassement social évident ainsi qu'une période psychologiquement difficile. Dans ses écrits intimes, il considère alors *Jean-Christophe* comme une œuvre thérapeutique, dont la rédaction le soulage de ses maux. Dans la préface à l'édition de 1931, Rolland présente aussi sa création comme son enfant ; il « portait » *Jean-Christophe* « en [lui] », « comme une femme son fruit[1] ». Un peu plus loin, il avoue : « J'avais en ce temps une vie solitaire et gênée, sans amis et sans joie [...]. Mais aucun jour ne passa, en ces dix années, sans sa présence. Il n'avait même pas besoin de parler. Il était là[2] ». Le personnage de Jean-Christophe

1 R. Rolland, *Jean-Christophe*, Paris, Albin Michel, 2007 [1931], p. 10.
2 *Id.*, p. 12.

semble presque réel pour Romain Rolland, et constitue sans aucun doute un double fantasmé de l'auteur. Le roman retrace donc la vie d'un compositeur – fictif, mais fortement inspiré de Beethoven –, Jean-Christophe Krafft, Allemand né au bord du Rhin à la fin du XIXe siècle, qui va affronter de nombreuses épreuves et parcourir l'Europe afin d'accomplir son destin : guérir l'Europe du matérialisme et de la perte des valeurs. Le livre est en effet conçu comme le guide d'une génération, génération qui doit selon Romain Rolland se régénérer grâce à un art viril et à des personnalités hors du commun.

QUELLE IMAGE DU MASCULIN ?

Dans le schéma narratif de *Jean-Christophe*, qui est celui d'un roman de formation, le personnage masculin se construit progressivement, en fonction de modèles et de contre-modèles qui portent des valeurs et des contre-valeurs du masculin. Parmi les personnages positifs d'aînés, présentés explicitement comme formateurs de Jean-Christophe, trois sont particulièrement importants : son grand-père, qui symbolise la force physique et morale (« la santé chez lui était plus forte que tout[1] »), son oncle Gottfried, qui représente des valeurs d'authenticité, de modestie et également une sensibilité artistique « naturelle », et enfin le vieux Schulz, vieil admirateur de Christophe, qui lui offre l'hospitalité. C'est un homme cultivé, qui incarne l'esprit des Lumières et du cosmopolitisme du XVIIIe siècle, et grâce à qui Jean-Christophe fait l'expérience de la fraternité masculine, à travers le petit groupe d'amis de Schulz qui dessine une sociabilité idéale :

> Kunz but à son tour à Schulz et à quelques autres ; et Christophe, pour mettre fin aux toasts, but à dame Salomé, qui en devint cramoisie. Après quoi, sans laisser aux orateurs le temps de riposter, il entama une chanson connue, que les deux vieux reprirent avec lui, puis après celle-là une autre, et encore une autre à trois voix, où il était question d'amitié, de musique et de vin : le tout accompagné de rires retentissants et du tintement des verres qui trinquaient constamment[2].

Les qualités masculines prépondérantes qui se dégagent de ces modèles, et qui seront celles de Christophe, sont tout d'abord la santé,

1 *Id.*, p. 46.
2 *Id.*, p. 544.

le lien avec nature et avec l'air frais du dehors. Deuxièmement, il a une forme aiguë de conscience de soi et du monde[1] : c'est d'ailleurs la prise de conscience de ne plus être « la proie de la vie[2] » qui déclenche « La Révolte », le quatrième tome du roman. Enfin, Jean-Christophe est fondamentalement un créateur : « Il n'y a de joie que de créer », dit-il. « Il n'y a d'êtres que ceux qui créent. [...] Créer, c'est tuer la mort. Malheur à l'être stérile[3] ».

Mais le personnage se construit également en opposition à un certain nombre de contre-modèles. Ces personnages-repoussoirs sont bien sûr nombreux et divers, mais dans le cadre réduit de cet article, on en évoquera seulement deux : les androgynes et les dilettantes des salons parisiens.

À plusieurs reprises, Jean-Christophe exprime son dégoût devant des figures d'androgyne, comme par exemple devant une actrice tenant le rôle d'Hamlet qui le met en fureur :

> Il haïssait les tours de force, et tout ce qui fausse la nature. Il aimait qu'une femme fût une femme et un homme un homme. (La chose n'est pas commune, aujourd'hui.) [...] Faire du robuste Danois, gras et blême, colérique, rusé, raisonneur, halluciné, une femme – même pas une femme : car une femme qui joue l'homme ne sera jamais qu'un monstre –, faire d'Hamlet un eunuque, ou un louche androgyne..., il fallait toute la veulerie du temps et la niaiserie de la critique pour que cette dégoûtante sottise pût être tolérée, un seul jour, sans sifflets[4] !

Le deuxième groupe de contre-modèles : tous les personnages qui gravitent dans les milieux parisiens cosmopolites, considérés comme « féminisés ». Le personnage qui incarne cette décadence est Lévy-Bruhl, dont le narrateur fait ainsi le portrait :

> Il représentait l'esprit d'ironie et de décomposition, qui s'attaquait doucement, poliment, sourdement, à tout ce qu'il y avait de grand dans l'ancienne société qui mourait : à la famille, au mariage, à la religion, à la patrie ; en art, à tout ce qu'il y avait de viril, de pur, de sain, de populaire ; à toute foi dans les idées, dans les sentiments, dans les grands hommes, dans l'homme[5].

1 Contrairement aux femmes du roman, par exemple, Ada, Mina, Sabine qui n'ont aucune conscience de ce qu'elles représentent aux yeux des autres ni des conséquences de leurs actions.
2 *Jean-Christophe, op. cit.*, p. 365.
3 *Id.*, p. 372.
4 *Id.*, p. 444-445.
5 *Id.*, p. 707.

Cette angoisse de l'androgynie, liée à l'angoisse de la décadence sociale, est évoquée par Judith Surkis, dans son étude de la « sexualisation » des citoyens sous la Troisième République, comme une attitude visant à faire de l'hétérosexualité la marque du progrès moral et civilisationnel[1]. Apparaît en outre, à travers le personnage de Lévy-Bruhl, l'affirmation d'un lien causal ou naturel entre décadence, féminité et judéité, qui sera développé tout au long du roman.

Mais paradoxalement, malgré ce rejet affiché de l'androgynie, et cette défense des valeurs traditionnelles, il y a dans *Jean-Christophe* non seulement une certaine fascination pour l'androgynie, mais aussi pour l'homosexualité ; il y a donc tout de même un certain trouble dans les genres, dans la mesure où l'un des éléments définitionnels de la virilité dans le roman – l'hétérosexualité – s'y trouve également mis à mal.

La fascination pour l'androgynie se manifeste surtout à travers les deux personnages féminins véritablement aimés par le protagoniste principal, la jeune Anna – avec laquelle il a une liaison adultérine passionnée –, décrite comme masculine, avec un corps très ferme, très sec et très robuste, et le personnage de Grazia – le grand amour de la fin de la vie de Christophe –, comparée à un « jeune saint Jean qui lui souriait dans le miroir[2] ». Or, on sait que l'image de Jean-Baptiste est un *topos* de l'androgyne au début du XXe siècle ; on le retrouve par exemple souvent chez Proust.

Tout cela est lié dans *Jean-Christophe* à une fascination certaine pour l'homosexualité. Le roman se construit autour de groupes masculins, et plus précisément de duos masculins qui miment des duos amoureux. Ces amitiés masculines utilisent d'une part toutes les représentations classiques de l'homosexualité, et d'autre part les motifs du discours amoureux. L'amitié adolescente avec Otto, tout d'abord, est décrite dans des termes où l'on retrouve l'opposition classique entre valeurs masculines et valeurs féminines dans la représentation du couple homosexuel.

> Le contraste de leurs natures les rapprochait. Christophe ne connaissait rien d'aussi beau qu'Otto. Ses mains fines, ses jolis cheveux, son teint frais, sa

---

1 J. Surkis, *Sexing the Citizen. Morality and Masculinity in France, 1870-1920*, Ithaca-Londres, Cornell University Press, 2006 : « *Developpements that effaced the difference between men and women were hence seen as signs of atavism or decadence.* » (« Les marques de développement qui effacent la différence entre hommes et femmes sont alors perçus comme des signes d'atavisme ou de décadence. ») (p. 1). Nous traduisons.

2 *Jean-Christophe, op. cit.*, p. 1158.

> parole timide, la politesse de ses manières et le soin méticuleux de sa mise le ravissaient. Otto était subjugué par la force débordante et l'indépendance de Christophe[1].

Deuxièmement, dans le cas du couple Olivier/Jean-Christophe, la scène de leur première rencontre emprunte tous les codes romanesques de la rencontre amoureuse :

> [Christophe] rencontra, à l'autre extrémité du salon, des yeux qui le regardaient et se détournèrent aussitôt. Il y avait en eux je ne sais quelle candeur qui le frappa, parmi ces regards blasés. [...] C'était [la figure] d'un jeune homme de vingt à vingt-cinq ans, de petite taille, un peu penché, l'air débile, le visage imberbe et souffreteux, avec des cheveux châtains, des traits irréguliers et fins [...]. [Olivier] rougissait ; il le sentait ; et sa rougeur en augmentait, gagnait les tempes et les oreilles. Christophe le regardait en souriant, et il avait envie de l'embrasser[2].

Romain Rolland convoque ici tous les *topoi* de la scène de première vue pour décrire la rencontre de Jean-Christophe et d'Olivier : ce dernier apparaît comme l'élément féminin, timide et rougissant, tandis que Christophe, élément masculin, montre une assurance et une maîtrise dont il ne se départira que rarement dans le roman.

On ne peut que remarquer ce paradoxe étonnant, entre un discours clairement défenseur des valeurs et des schémas traditionnels de la famille et des fonctions sexuelles, et une représentation constante de l'homosexualité. La cause de ce paradoxe qui parcourt l'œuvre de Romain Rolland est peut-être à rechercher dans le rejet, chez l'auteur, de la cellule familiale bourgeoise traditionnelle en tant que fonctionnement social (couple monogame, contact constant entre époux), tandis qu'il en accepte globalement les valeurs.

Mais le roman, publié entre 1904 et 1912, semble également dessiner une trajectoire et une évolution vers une nouvelle image du masculin : les épreuves qu'il a traversées ont montré à Christophe que la seule force ne suffit pas à faire l'homme et que celle-ci peut même être dangereuse. En effet, le narrateur semble à la fin du roman s'effrayer de la montée des nationalismes et de l'imminence de la guerre. « Le monde, dit-t-il, s'achemine vers un âge de force, de santé, d'action virile, et peut-être de

1 *Id.*, p. 167.
2 *Id.*, p. 777-778.

gloire, mais d'autorité dure et d'ordre étroit[1] ». Il met alors à distance le modèle de virilité brutale incarnée par le jeune Emmanuel.

Jean-Christophe est un roman qui ne dessine pas d'un trait sûr un masculin idéal, mais qui témoigne, à travers ses paradoxes, d'un malaise par rapport aux genres, d'un questionnement autour de la masculinité, d'une tentative de proposer un modèle du masculin pour le siècle naissant, tentative inaboutie puisque le modèle proposé au début : virilité pure et sans mélange, se déconstruit lui-même par la perturbation des genres et des sexualités.

Les figures de musiciens, au début du XXe siècle, semblent donc bien des surfaces de projection pour les valeurs du masculin telles qu'elles s'expriment alors. Les modèles du passé, revus et corrigés sous l'angle de la virilisation, côtoient les inventions fictionnelles comme *Jean-Christophe.* Mais dans les deux cas, l'utopie du masculin idéal, pur, sans mélange, se heurte à un obstacle : le féminin, qui revient sans cesse, sous la forme d'un fantasme ou d'un repoussoir, et qui perturbe les tentatives de projection. Ces utopies viriles, tentatives de construction ou de sauvegarde d'une forme spécifique de masculin, témoignent donc avant tout d'une réflexion sur la place des genres qui, au début du XXe siècle, ne va déjà plus tout à fait de soi.

Marie GABORIAUD
Sorbonne Universités,
Paris-Sorbonne
Équipe Littératures françaises
XXe-XXIe siècles (EA 4503)
Labex Obvil

1 *Id.*, p. 1359.

« LE ROMAN EST UN JEUNE HOMME DE BELLE ESPÉRANCE QUI FAIT SON ENTRÉE DANS LE MONDE »

Performance, narrativité et trouble du « masculin » dans trois romans de formation européens

« Le roman est un jeune homme de belle espérance [...] qui fait son entrée dans le monde » : c'est en ces termes qu'Émile Souvestre salue en 1836, dans son essai « Du roman », l'avènement de ce qu'il considère alors comme un genre nouveau[1]. Moins d'un siècle plus tard, György Lukács, dans son influente *Théorie du roman* (1920), affirme que le roman est « la forme de la virilité mûrie » (« *die Form der gereiften Männlichkeit*[2] »). Intéressantes métaphores qui, d'un siècle à l'autre, assimilent le « genre » du roman au « genre » masculin[3]. Car si l'on a beaucoup glosé sur une prétendue intraductibilité du terme *gender* en français[4], qui aurait été le signe de son irréductible étrangeté à une pensée disciplinée en de non moins étranges frontières nationales, on en oubliait de remarquer que la traduction du terme permettait – comme toute bonne traduction, peut-être – de créer une équivocité bonne à penser : celle qui rapproche ainsi le « genre » (*gender*) du « genre » comme forme littéraire[5]. Or, en

---

1 É. Souvestre, « Du roman », *Revue de Paris*, 1836, t. XXXIV, p. 126.

2 G. Lukács, *Die Theorie des Romans : ein geschichtsphilosophischer Versuch über die Formen der grossen Epik*, Munich, DTV, 2000, p. 61 et 74 ; *La Théorie du roman*, trad. de l'allemand par J. de Clairevoye, Paris, Gallimard, 1989, p. 66 et p. 81.

3 On peut multiplier les exemples. Une étude porte le titre révélateur de *Wilhelm Meister et ses frères* : J. Jacobs, *Wilhelm Meister und seine Brüder*, Munich, Fink, 1972. Dans l'essai de M. Beddow, *The Fiction of Humanity : Studies in the Bildungsroman from Wieland to Thomas Mann*, Cambridge, Cambridge University Press, 1982, l'« humanité » est exclusivement masculine.

4 Voir G. Fraisse, « Sexe/genre, Différence des sexes, Différence sexuelle », B. Cassin (dir.), *Vocabulaire européen des philosophies. Dictionnaire des intraduisibles*, Paris, Seuil, 2004, p. 1154-1158.

5 Voir C. Planté, « Genre, un concept intraduisible ? », D. Fougeyrollas-Schwebel *et al.* (dir.), *Le Genre comme catégorie d'analyse*, Paris, l'Harmattan, 2003, p. 127-136 ; « Le Genre des genres », *Cahiers du CEDREF*, PARIS 7, n° 1, 1989.

faisant émerger cette équivoque, si ce n'est équivalence, ce voyage traductif permet de faire retour sur ces métaphores critiques. C'est donc ce que l'on se propose de faire, en s'intéressant au « roman de formation » ou *Bildungsroman*[1], pour mener une relecture genrée de la théorie de ce genre. De fait, si des analyses célèbres s'attachent à en dégager une définition générique, très peu s'intéressent à sa dimension genrée[2]. Ainsi Lukács décrit-il le roman comme la forme du devenir de l'« individu problématique » (« *des problematischen Individuums*[3] »). Franco Moretti comprend le *Bildungsroman* comme une « forme symbolique » (« *symbolic form*[4] »), dont le contenu serait « la jeunesse » ou « l'être jeune » (« *the youth*[5] »), alors même qu'il consacre l'essentiel de ses analyses à des romans aux protagonistes masculins[6]. C'est pourquoi il semble intéressant de reposer la question de savoir de quoi ces romans de formation seraient la forme, voire, selon la définition de Fredric Jameson, selon laquelle « le genre est par essence un message socio-symbolique [...], la forme est de façon immanente et intrinsèque, une véritable idéologie[7] » (« *genre is*

1 Sa définition ne va pas sans poser problème : sans rentrer en détails dans ce débat, on peut le considérer comme une construction diachronique, voire une fiction critique, à potentiel heuristique. Pour une définition nuancée de ce « genre européen », voir M. Hirsch, « The Novel of Formation as Genre », *Genre*, 12/3, 1979, p. 293-311.

2 Fait exception : M. Minden, *The German Bildungsroman : Incest and Inheritance*, Cambridge, Cambridge University Press, 1997. C'est à la critique féministe que l'on doit d'avoir soulevé la question : voir E. Abel *et al.* (dir.), *The Voyage In : Fictions of Female Development*, Londres, University Press of New England, 1983 ; voir aussi L. S. Fuderer, *The Female Bildungsroman in English : An Annotated Bibliography of Criticism*, New York, MLA, 1990. Importantes, ces études ont en commun de prendre pour objet le « *female Bildungsroman* », en pointant ses différences avec le *Bildungsroman* traditionnel – *i. e.* masculin. Il s'agit davantage ici de montrer que la constitution du *Bildungsroman* en genre « masculin » participe d'une fiction à la fois critique et narrative, dont la forme même donne à voir le caractère fictionnel de la masculinité qu'elle (re)produit.

3 « *Der Prozeß, als welcher die innere Form des Romans begriffen wurde, ist die Wanderung des problematischen Individuums zu sich selbst.* » (G. Lukács, *Die Theorie des Romans*, *op. cit.*, p. 70) : « Le processus ainsi explicité comme forme intérieure du roman est la marche vers soi de l'individu problématique. » (G. Lukács, trad. citée, p. 75.)

4 F. Moretti, *The Way of the World : The Bildungsroman in European Culture*, Londres, Verso, 1987, p. 3-13.

5 *Id.*, p. 3.

6 Il étudie aussi *Pride and Prejudice* de Jane Austen ou *Middlemarch* de George Eliot. Mais il n'est pas dit pourquoi ce sont ces œuvres de femmes qui sont convoquées, si ce n'est, sans doute, à cause de leur place au sein du canon littéraire – dont les mécanismes genrés se trouvent ainsi occultés.

7 F. Jameson, *L'Inconscient politique. Le récit comme acte socialement symbolique*, trad. de l'anglais par N. Vieillescazes, Paris, Questions Théoriques, 2012, p. 177.

essentially a socio-symbolic message [...], form is immanently and intrisically an ideology in its own right[1] »), de quoi ces romans seraient l'idéologie. C'est donc à travers trois exemples paradigmatiques de romans de formation européens, le *Tom Jones* (1749) de Fielding[2], les *Wilhelm Meisters Lehrjahre* (1795-1796) de Goethe[3] et *Le Père Goriot* (1835) de Balzac[4], que l'on montrera dans quelle mesure le genre du roman de formation peut se lire comme la forme socio-symbolique, voire l'idéologie, d'une formation « du » genre masculin – révélant, par là même, sa dimension éminemment fictionnelle.

AU(C)TORISER ET ENGEN(D)RER LA FICTION, OU : L'AUTEUR ÉTAIT UN HOMME

On peut esquisser une généalogie de cette association métaphorique entre roman et masculinité. Par généalogie, l'on entend ce travail critique promu par Nietzsche et repris par Foucault[5], qui consiste non pas à mettre en place un grand récit de l'émergence du genre à partir du rayonnement de quelques grands hommes, mais à mettre au jour la sédimentation discursive et idéologique qui a permis la formation de ce genre de récit. À cet égard, *The Sentimental Education of the Novel* de Margaret Cohen[6] offre une réflexion fructueuse. Se fondant sur une

1 *Id.*, *The Political Unconscious. Narrative as a Socially Symbolic Act*, Ithaca-New York, Cornell University Press, 1981, p. 141.

2 H. Fielding, *The History of Tom Jones, a Foundling*, 2 vols., éd. M. Battestin, Oxford Clarendon Press, 1974 : les citations anglaises ainsi que leur pagination sont tirées de cette édition. Les traductions, avec pagination, renvoient à : H. Fielding, *Romans*, textes présentés, traduits et annotés par F. Ledoux, Paris, Gallimard, « Bibliothèque de la Pléiade », 1970.

3 J. W. von Goethe, *Sämtliche Werke, Bd. 5. Wilhelm Meisters Lehrjahre : ein Roman*, H.-J. Schings (dir.), Munich, C. Hanser, 1988. Les citations allemandes renvoient à cette édition, dite *Münchner Ausgabe*, abrégée en *MA*. Les traductions sont tirées de : J. W. von Goethe, *Les Années d'apprentissage de Wilhelm Meister*, trad. B. Briod revue par B. Lortholary, Paris, Gallimard, « Folio Classique », 1999.

4 H. de Balzac, *La Comédie humaine III*, sous la dir. de P.-G. Castex, Paris, Gallimard, « Bibliothèque de la Pléiade », 1990 : les citations renvoient à cette édition et à sa pagination.

5 Voir M. Foucault, « Nietzsche, la généalogie, l'histoire » (1971), *Dits et Ecrits*, vol. II, Paris, Gallimard, 1994, p. 135-156.

6 M. Cohen, *The Sentimental Education of the Novel*, New York, Columbia University Press, 1999.

relecture féministe de la théorie bourdieusienne du champ, elle y explore en effet comment s'articulent, dans la France des années 1830, esthétique romanesque réaliste et masculinité. Ainsi écrit-elle :

> *From their emergence, realist works assert their claims to literary importance by identifying the novel with men, by forging a poetics associated with masculine forms of knowledge, and by undercutting the authority of the woman writer along with sentimental codes.* (p. 195)
>
> « Dès leur apparition, les œuvres réalistes revendiquent leur importance littéraire en identifiant le roman avec les hommes, en forgeant une poétique associée aux formes masculines de savoir, et en minant l'autorité de la femme auteur en même temps que les codes du roman sentimental » (nous traduisons).

De fait, si, selon Joan Scott, le genre est une « façon première de signifier des rapports sociaux de pouvoir[1] » (« *gender is a primary way of signifying relationships of power*[2] »), l'on voit que la concurrence des genres littéraires peut se développer en une homologie structurale – pour reprendre le vocabulaire de Pierre Bourdieu – avec la concurrence ou les rapports de pouvoir entre les sexes : tel est l'enjeu de la masculinisation de la forme romanesque. Car si celle-ci est à l'œuvre dans le grand récit de l'« émergence du roman[3] », de sa « maturation virile », ou encore de sa constitution en « genre dominant[4] », c'est qu'elle s'est constituée en stratégie hégémonique au sein du champ littéraire. C'est donc aussi par des stratégies narratives, notamment auctoriales, que cette masculinisation se (re)produit.

« Histoire d'un enfant trouvé », le *Tom Jones* de Fielding peut se lire comme un roman des origines, qui mène le protagoniste du statut de bâtard à celui de fils naturel du puissant Allworthy, trajet narratif qui fonctionne comme une légitimation par cette fiction genrée des origines du roman[5]. À l'époque où Fielding s'attaque à ce genre « nouveau »,

---

1 J. W. Scott, « Genre : une catégorie utile d'analyse historique », *Les Cahiers du Grif*, 1988, 37/38, p. 125-153, p. 141.

2 J. W. Scott, « Gender : A Useful Category of Historical Analysis », *The American Historical Review*, Vol. 91, No. 5, 1986, p. 1053-1075, p. 1067.

3 C'est le titre d'un essai de référence de I. Watt, *The Rise of the Novel : Studies in Defoe, Richardson and Fielding*, Londres, Chatto and Windus, 1957.

4 « *the dominant genre of Western narrative* » (F. Moretti, *op. cit.*, p. 10).

5 Voir C. van Boheemen, *The Novel as Family Romance. Language, Gender and Identity from Fielding to Joyce*, Ithaca, Cornell University Press, 1987, p. 45-62.

celui-ci souffre en effet d'une réputation de frivolité qui l'associe à une féminité volontiers décriée[1]. C'est pourquoi Fielding prend soin de distinguer son texte de ce qu'il appelle « ces romans oiseux qui sont remplis de monstres » (« *idle romances which are filled with Monsters*[2] »). Il rejette en effet le terme de *romance*, alors en concurrence avec celui de *novel*[3], et lui oppose sa propre taxinomie, désignant son entreprise romanesque comme un « poème épique en prose » (« *Epic poem in prose*[4] »). Si cette dénomination est loin de faire l'objet d'un approfondissement théorique, c'est qu'elle est l'expression d'une prise de position bien davantage stratégique, comme en témoigne sa revendication d'une filiation avec l'épopée, de l'*Odyssée* au *Télémaque* de Fénelon, pour mieux se distinguer des romans à la française, qu'il cite en contre-modèles, pêle-mêle : *Cléopâtre*, *Astrée* ou *Clélie*[5].

« Télémaque » contre « Clélie » : tel est le conflit littéraire genré au sein duquel Fielding entend imposer une conception « masculine » de la fiction. Or, ce conflit est redoublé par sa rivalité avec l'œuvre romanesque de Richardson, alors connotée comme sentimentale et par là « féminine[6] ». Aussi cette rivalité littéraire genrée informe-t-elle la posture générique et auctoriale de Fielding, telle qu'elle s'exprime dans les chapitres introductifs de chaque livre, où il (se) pose en auteur « légitime[7] ». Cette affirmation d'au(c)torité, relayée dans l'action par des interventions ironiques ou directives de la voix narrative, considérant les personnages comme « [s]es enfants » (XVI, 6)[8], s'articule à l'inscription de son projet romanesque dans la filiation épique. En effet, le champ littéraire anglais de l'époque est encore traversé par la controverse entre

1 Voir B. Hammond, S. Reagan, *Making the Novel : Fiction and Society in Britain, 1660-1789*, Basingstoke, Palgrave McMillan, 2006, p. 63.

2 IV, 1, p. 150.

3 Voir par exemple D. Ross, *The Excellence of Falsehood. Romance, Realism, and Women's Contribution to the Novel*, Lexington, The University Press of Kentucky, 1991, p. 1-15.

4 H. Fielding, *The History of the Adventures of Joseph Andrews*, éd. D. Brooks-Davies, Oxford University Press, 1980, p. 3.

5 *Ibid.*

6 Rivalité notamment économique, façonnée par le besoin de satisfaire un marché romanesque en pleine expansion : W. B. Warner, *Licensing Entertainment : The Elevation of Novel Reading in Britain (1684-1750)*, Berkeley, University of California Press, 1998, p. 241.

7 Le chapitre I du livre IX en est un bon résumé : « *Of those who lawfully may, and those who may not write such Histories as this* » (p. 487) : « De ceux qui peuvent légitimement écrire des histoires telles que celle-ci et de ceux qui n'en ont pas le droit » (p. 1015).

8 « *As I regard all the Personages of this History in the Light of my Children* » (p. 857).

Anciens et Modernes. Or, Fielding ne cesse de rappeler la nécessité pour tout bon auteur de connaître ses classiques, manière à peine voilée de mettre en cause les femmes, dont l'accès à cette culture était alors limité[1]. C'est pourquoi il parsème ses considérations sur l'invention romanesque de citations latines, ce qui, loin de n'être qu'un ornement érudit, participe de cette masculinisation de la forme[2]. Ancrage dans une tradition épico-classique et affirmation d'une auctorialité paternaliste sont ainsi deux stratégies de légitimation de son entreprise romanesque, qui semblent justifier à rebours le mot de Walter Scott qui faisait de Fielding « le père du roman anglais » (« *the father of the English Novel*[3] »).

La figure paternelle et son lien à la vocation artistique marquent aussi le trajet de Wilhelm Meister, cet enfant qui devra apprendre à devenir un « maître ». Dans un même élan de maîtrise, Goethe construit l'autorité de son roman, genre dont la légitimité est alors aussi débattue dans le champ littéraire allemand[4], par la mise en œuvre d'une auctorialité masculine. De fait, si le développement de certaines figures féminines est parfois inscrit dans la trame romanesque, c'est sous la forme d'un récit pris en charge par les personnages féminins et adressé à Wilhelm, dont le développement, lui, est relaté par le narrateur omniscient. Ainsi le récit d'une formation féminine est-il assigné à une « *private voice* », tandis que la maturation du héros masculin coïncide avec la forme omnisciente de la narration, « *public voice*[5] ». De même, les « Confessions d'une belle âme » (« *Bekenntnisse einer schönen Seele* »), ce possible, mais problématique, récit de formation au féminin, formant un livre entier (VI) au milieu du roman, sont encadrées par la narration omnisciente porteuse de l'intrigue. Si elles apparaissent au centre de la construction romanesque, elles y jouent dès lors davantage le rôle d'une archive secrète – et peut-être muette. Aussi n'est-il pas anodin que le chapitre qui en précède l'insertion se termine sur les vers mélancoliques de la figure

1 Voir J. Spencer, *The Rise of the Woman Novelist : from Aphra Behn to Jane Austen*, Oxford, Blackwell, 1986, p. 129-145.

2 Voir IX, 1.

3 W. Scott, « Henry Fielding », *Miscellaneous Prose Works*, Édimbourg, Cadell, 1827, t. III, p. 82.

4 Voir par exemple : C. Baldwin, *The Emergence of the Modern German Novel*, Rochester, Camden House, 2002, p. 35.

5 Voir S. Sniader Lanser, *Fictions of Authority : Women Writers and Narrative Voice*, Ithaca, Cornell University Press, 1992.

androgyne de Mignon : « *Heiß mich nicht reden, heiß mich schweigen*[1]. » (« Ne me dis pas de parler mais dis-moi de me taire[2] »).

Enfin, nulle n'a mieux rendu compte de la posture masculiniste du narrateur omniscient balzacien que sa contemporaine Delphine de Girardin qui, dans sa nouvelle satirique *La Canne de M. de Balzac*[3], fait de cet accessoire phallique le *medium* magique permettant à l'auteur d'acquérir cette vision « pénétrante », que le narrateur du *Père Goriot* identifie avec celle de son jeune protagoniste, au seuil du roman :

> Sans ses observations curieuses et l'adresse avec laquelle [Rastignac] sut se produire dans les salons de Paris, ce récit n'eût pas été coloré des tons vrais qu'il devra sans doute à son esprit sagace et à son désir de pénétrer les mystères d'une situation épouvantable aussi soigneusement cachée par ceux qui l'avaient créée que par celui qui la subissait. (p. 56)

ÊTRE OU NE PAS ÊTRE UN HOMME, OU COMMENT « EN FAIRE TOUTE UNE HISTOIRE »

Histoire du développement d'un protagoniste masculin de son enfance à une identité sociale stable, la construction narrative du roman de formation suit une ligne téléologique. Tom Jones et Wilhelm Meister sortent ainsi de l'enfance pour se lancer sur les routes, dans un voyage qui constitue le trajet romanesque vers une identité masculine stabilisée, conclue par un mariage et la paternité. L'intrigue, qui réinvestit le schéma de la quête, apparaît donc comme la mise en fiction d'une initiation à la masculinité, coïncidant avec le processus de socialisation et constituant dès lors le « contenu de la forme[4] » romanesque. De fait, cette socialisation, qui mène le héros vers une identité de genre cohérente sanctionnée par le dénouement conjugal, correspond au modèle de la masculinité bourgeoise et familiale qui est en train de devenir hégémonique en Europe au tournant du XIXe siècle : « *[S]eine Lehrjahre [waren] geendigt, und mit*

1 *MA*, p. 359.
2 V, 16, p. 443.
3 D. de Girardin, *La Canne de M. de Balzac*, Paris, Dumont, 1836.
4 Selon l'expression de H. White, *The Content of the Form : Narrative Discourse and Historical Representation*, Baltimore, John Hopkins University Press, 1987.

dem Gefühl des Vaters hatte er auch alle Tugenden eines Bürgers erworben[1]. » (« [S]on apprentissage était terminé, et [Wilhelm] avait acquis, avec les sentiments d'un père, toutes les vertus d'un citoyen[2] »). Articulée au discours anthropologique affirmant alors la binarité irréductible des genres[3], la cohérence téléologique de la fiction romanesque (re)produit ainsi cette fiction d'une cohérence de l'identité de genre.

Aussi pourrait-on éclairer de manière nouvelle ce qui, chez Lukács comme chez Moretti, caractérise le roman de formation, à savoir « l'intériorisation de la contradiction » (« *the interiorization of contradiction*[4] »), ce « dilemme inhérent à la civilisation bourgeoise moderne » que constituerait « le conflit entre l'idéal de l'auto-détermination et l'exigence non moins impérieuse de la socialisation » (« *a dilemma conterminous with modern bourgeois civilization : the conflict between the ideal of self-determination and the equally imperious demands of socialization*[5] »). Or, cette « contradiction » est peut-être moins le fait d'une « intériorisation » qu'elle n'est le signe d'une narrativisation genrée, engendrant des effets, contradictoires, de subjectivation[6]. Dès lors, la structure narrative du roman de formation apparaîtrait comme la forme même de cette subjectivation, comme une « technologie du genre[7] », instituant cette fiction du devenir-masculin en « récit-maître » (*master plot*) de l'avènement du « sujet moderne ».

Un paradigme narratif commun aux trois romans permet d'en rendre compte : le choix entre deux options, motif hérité de la fable d'Hercule à la croisée des chemins. Cette scène, qui confronte le héros Hercule au choix entre la voie facile de la volupté et celle, plus ardue, de la vertu,

1 *MA*, p. 504.
2 VIII, 1, p. 615.
3 Voir T. Laqueur, *La Fabrique du sexe. Essai sur le corps et le genre en Occident*, Paris, Gallimard, 1992 ; K. Hausen, « Die Polarisierung der "Geschlechtercharaktere" – eine Spiegelung der Dissoziation von Erwerbs – und Familienleben », W. Conze (dir.), *Sozialgeschichte der Familie in der Neuzeit Europas*, Stuttgart 1976, p. 363-393.
4 F. Moretti, *op. cit.*, p. 10.
5 *Id.*, p. 14.
6 Le terme d'« intériorisation » présuppose une identité déjà formée, un sujet qui ferait l'expérience de cette contradiction. Or, « ce ne sont pas les individus qui sont exposés à l'expérience, ce sont les sujets qui se constituent à travers elle » (J. Scott, *Théorie critique de l'histoire. Identités, expériences, politiques*, Paris, Fayard, 2009, p. 80) – et à travers les formes qui constituent cette expérience.
7 Selon l'expression de T. de Lauretis, *Technologies of Gender. Essays on Theory, Film and Fiction*, Bloomington, Indiana University Press, 1987.

jouit alors d'une faveur importante dans les cultures européennes[1]. Or, la partie centrale de *Tom Jones*, consacrée au voyage de Tom, expulsé du domaine paternel, vers Londres, le présente de nombreuses fois face à un choix topographique entre deux directions, redoublé par l'antithèse entre deux figures féminines : la tentatrice sexuelle Lady Bellaston, figure allégorique du plaisir vicié, et celle de Sophie, la bien nommée. L'itinéraire romanesque de Tom consiste donc à osciller entre ces deux pôles féminins, qui représentent deux pôles éthiques, jusqu'au choix de la vertu conjugale, naturalisant la formation de l'identité genrée par la réintégration de Tom au sein du système patriarcal de la *gentry* rurale à l'issue du roman : « *Whatever in the Nature of Jones had a Tendency to Vice, has been corrected by continual Conversation with this good Man and by his Union with the lovely and virtuous Sophia*[2]. » (« Ce qu'il y avait de mauvaises tendances dans la nature de Jones a été corrigé par ses relations continuelles avec cet homme de bien [son père retrouvé], et par son union avec la ravissante et vertueuse Sophie[3] »).

De même, le dilemme de Wilhelm, partagé entre vocation théâtrale et carrière commerciale, est plusieurs fois stylisé comme un choix à la croisée des chemins[4], redoublé par son opposition au marchand Werner et par le contraste entre les figures androgynes, associées au théâtre, Marianne et Mignon, et la vertueuse Natalie, à qui l'unira le mariage final. Aussi n'est-il pas anodin qu'Hamlet, ce héros hésitant par excellence, apparaisse comme une figure problématique d'identification, pour Tom qui assiste à une représentation londonienne (XVI, 5), et pour Wilhelm, en tant que personnage qui marque l'avènement de son activité de comédien et qu'il réclame de mettre à mort (V, 9) avant de renoncer au théâtre.

Être ou ne pas être un « homme » : tel est le choix herculéen reconfiguré par l'intrigue romanesque, qui discipline l'identité du protagoniste en (re)produisant le binarisme propre à l'idéologie du genre.

Enfin, chez Balzac, le choix à la croisée des chemins est présenté par Vautrin à Rastignac comme la matrice de l'accès à ce but qui est « écrit sur [son] front […] : *Parvenir !* » :

---

1 Voir E. Panofsky, *Hercule à la croisée des chemins et autres matériaux figuratifs de l'Antiquité dans l'art plus récent*, trad. de l'allemand et présenté par D. Cohn, Paris, Flammarion, 1999.
2 H. Fielding, *The History of Tom Jones*, *op. cit.*, p. 981.
3 *Id.*, trad. citée, p. 1529.
4 I, 8 ; IV, 19 ; V, 1.

> Voilà le carrefour de la vie, jeune homme, choisissez. [...] Que ferez-vous ? vous travaillerez ? Jugez des efforts que vous avez à faire et de l'acharnement du combat. [...] Savez-vous comment on fait son chemin ici ? par l'éclat du génie ou par l'adresse de la corruption. (p. 139)

La résolution du choix a certes changé de sens, une fois transvaluée dans le système de la poétique réaliste qui réarrange l'alternative sentiments/devoir propre au code sentimental[1]. Cependant, si le travail vertueux est ici récusé, c'est sur un même rejet d'une des deux options que se fonde l'apprentissage et, par là, l'accès à la masculinité hégémonique. De manière ironique, le narrateur nous l'indique :

> Rastignac résolut d'ouvrir deux tranchées parallèles pour arriver à la fortune, de s'appuyer sur la science et sur l'amour, d'être un savant docteur et un homme à la mode. Il était encore bien enfant ! Ces deux lignes sont des asymptotes qui ne peuvent jamais se rejoindre. (p. 118)

DE LA FICTION TEXTUELLE À LA FICTION (HÉTÉRO)SEXUELLE

En faisant de l'accession du protagoniste à une masculinité hégémonique le résultat d'un choix impliquant un renoncement, ce paradigme narratif révèle donc que le processus de subjectivation genrée qu'est la forme du roman de formation implique aussi un assujettissement, qui est renoncement à toute ambivalence. C'est pourquoi, en identifiant ces situations de choix à une matrice à la fois générique et genrée du renoncement, l'on pourrait relire cette configuration binaire du récit comme la forme narrative de ce que Judith Butler appelle la « matrice hétérosexuelle » :

> *The institution of a compulsory and naturalized heterosexuality requires and regulates gender as a binary relation in which the masculine term is differentiated from a feminine term, and this differentiation is accomplished through the practices of heterosexual desire. The act of differentiating the two oppositional moments of the binary results in a consolidation of each term, the respective internal coherence of sex, gender, and desire*[2].

1 Voir M. Cohen, *op. cit.*
2 J. Butler, *Gender Trouble. Feminism and the Subversion of Identity*, New York, Routledge, 1990, p. 22-23.

> « L'institution d'une hétérosexualité obligatoire et naturalisée a pour condition nécessaire le genre et le régule comme un rapport binaire dans lequel le terme masculin se différencie d'un terme féminin, et dans lequel cette différenciation est réalisée à travers le désir hétérosexuel. L'acte de différencier les deux moments antagonistes dans le rapport binaire a pour effet de consolider l'un et l'autre terme, la cohérence interne du sexe, du genre et du désir propre à chacun[1] ».

Aussi cet apprentissage s'accompagne-t-il d'une forte homosocialité, qui va de pair avec l'affirmation de l'hétérosexualité obligatoire[2] : c'est sous le patronage de son père que Tom Jones accède au statut de propriétaire, de mari et de père, tandis que c'est sous l'égide autoritaire de la *Turmgesellschaft* que sont imposés à Wilhelm le mariage avec Natalie et la paternité de son fils, symptomatiquement nommé Felix, de même que c'est par les leçons « paternelles » de Vautrin que se façonne l'ambition de Rastignac.

Mais en faisant du devenir-masculin l'histoire d'un renoncement, engendré par un processus itératif de choix, cette forme narrative n'en met que mieux au jour le caractère fictionnel et performatif de cette formation genrée, dont la configuration binaire engendre aussi son propre trouble.

HÉTÉRO-TEXTUALITÉS : F(R)ICTIONS DU DÉSIR ET INSCRIPTION CORPORELLE DU GENRE

En effet, si l'intrigue se tisse selon une « téléologie hétérosexuelle[3] », ces récits laissent aussi affleurer des figures de désir ambivalentes qui perturbent la définition hétéronormée de la masculinité qu'ils mettent en œuvre.

Ainsi, dans *Tom Jones*, bien que le récit consiste à mettre en place l'union finale de Tom et Sophie, c'est accompagné d'un acolyte masculin,

1 J. Butler, *Trouble dans le genre. Le féminisme et la subversion de l'identité*, trad. de l'anglais par C. Kraus, Paris, La Découverte, 2005, p. 93.

2 Voir E. Kosofsky Sedgwick, *Between Men. English Literature and Male Homosocial Desire*, New York, Columbia University Press, 1985.

3 C. MacLeod, *Embodying Ambiguity : Androgyny and Aesthetics from Winckelmann to Keller*, Detroit, Wayne State University Press, p. 139.

Partridge, que Tom accomplit son voyage. Or ce serviteur un peu benêt, double picaresque de Sancho Pança, forme avec le héros un couple dont la possible dimension érotique est soulignée de manière ironique. En effet, à plusieurs reprises, il adresse à son compagnon le vers si célèbre introduisant les récits d'Enée à son amante Didon, bientôt délaissée :

> *Infandum, regina, jubes renovare dolorem*
>
> « Elle est ineffable, reine, la douleur que tu m'ordonnes de répéter[1] ».

Par ce transfert homosocial de l'énonciation, le texte semble ainsi suggérer que c'est le désir homoérotique qui constituerait le renoncement nécessaire à la constitution d'une figure masculine héroïco-épique. Il n'est dès lors pas étonnant que la plupart des conquêtes féminines de Jones, avant son assagissement marital, soient dépeintes en Amazones[2].

C'est aussi le cas pour Wilhelm, dont l'apprentissage de la masculinité s'apparente à une éducation à l'hétérosexualité, cautionnée *a posteriori* par la révélation du rôle directif joué par le *Männerbund*, l'association homosociale que constitue la *Turmgesellschaft*[3]. En effet, de l'enfance à l'âge adulte, Wilhelm est marqué par des expériences érotiques qui font du processus de sa maturation un progressif renoncement à une sexualité polymorphe. Dès le récit de son enfance, il s'avoue fasciné par Chlorinde, l'Amazone guerrière de la *Jerusalem libérée* du Tasse, qui le séduisait par sa « virile féminité » (« *Mannweiblichkeit*[4] », I, 7). De même, les femmes rencontrées dans son parcours, souvent travesties, donnent à voir une identité de genre ambiguë, résumée sous le terme d'« Amazone », appliqué aussi bien à Marianne, l'amante comédienne, qu'à Thérèse ou même à Natalie. Or, ce travestissement suggère le caractère performatif de l'identité de genre, la masculinité s'incarnant dans des figures polysémiques qui troublent – momentanément – la cohésion du système sexe/genre articulée à la structure téléologique de l'intrigue. D'autre part, il souligne la dimension *queer* du désir de Wilhelm, que l'intrigue

1 Virgile, *Enéide*, II, v. 3 (traduction personnelle). La citation suit l'édition anglaise du roman, où elle apparaît en VIII, 6 (p. 424), VIII, 9 (p. 438), XII, 3 (p. 628), XIV, 3 (p. 752).

2 C'est ainsi que sont décrites Molly Seagrim (IV, 6), Goody Brown (IV, 8) et Mrs. Western (VI, 2).

3 Voir F. Schößler, « Familie und Männerbund. Die Erziehung zur Männlichkeit in Goethes Roman *Wilhelm Meisters Lehrjahre* », *Freiburger GeschlechterStudien*, Bd. 21/2007, p. 241-255.

4 *MA*, p. 26.

travaille à discipliner. La figure de Mignon, « créature absurdement hybride » (« *ein albernes zwitterhaftes Geschöpf*[1] », III, 11), selon le mot de Jarno, le grand ordonnateur du devenir hétéronormé de Wilhelm, en est révélatrice. En effet, cet être, dont le nom désigne dans l'argot de l'époque un amant homosexuel[2], ne cesse de susciter chez Wilhelm, par l'impossibilité même de lui assigner un genre, un désir ambigu. C'est pourquoi la mort tragique de Mignon, dont les funérailles sont ritualisées par la *Turmgesellschaft*, et qui est embaumé/e dans la « salle du passé » (« *Saal der Vergangenheit* », VIII, 8) apparaît comme le cœur secret de cet apprentissage d'une masculinité certes désormais « maîtrisée », mais qui implique la mise à mort de toute ambivalence de genre et le renoncement à tout désir polyvalent. Aussi la formation de Wilhelm peut-elle se relire comme le récit initiatique de la formation d'une identité genrée qui passe par l'incorporation de cette blessure du désir, symbolisée par la scène où il fait à Aurélie cette promesse : « *Kein weibliches Geschöpf soll ein Bekenntnis der Liebe von meinen Lippen vernehmen, dem ich nicht mein ganzes Leben widmen kann*[3]. » (« Aucune créature féminine ne surprendra sur mes lèvres l'aveu d'un amour auquel je ne puisse consacrer ma vie tout entière[4] »). Or, pour sceller ce serment, elle lui fait à la main une incision avec la pointe d'un poignard, en concluant : « *Man muss euch Männer scharf zeichnen, wenn ihr merken sollt*[5] *!* » (« il faut vous marquer pour de bon, vous autres hommes, pour que vous n'oubliiez point[6] ! »). Et le double sens du terme « marquer[7] » esquisse ici une analogie entre inscription corporelle du genre et écriture.

Cette inscription corporelle du genre, à la fois marque douloureuse et signe distinctif de la masculinité, s'écrit non seulement au « front » de Rastignac, mais encore sur tout son corps, dont le roman décrit la métamorphose : à sa beauté trouble de « jeune fille » (p. 119) se

1 *MA*, p. 192 ; la traduction de l'édition Folio est édulcorée (« une créature équivoque et niaise », p. 251) : en effet, le terme de « *Zwitter* », dont dérive « *zwitterhaft* », désigne communément un être « androgyne » ou « hermaphrodite ».

2 R. Tobin, *Warm Brothers. Queer Theory and the Age of Goethe*, Philadelphia, University of Pennsylvania Press, 2000, p. 42.

3 *MA*, p. 280.

4 IV, 20, p. 354.

5 *MA*, p. 280.

6 IV, 20, p. 354.

7 Peut-être davantage perceptible en allemand, « *zeichnen* » signifiant aussi « dessiner », « tracer ».

substitue l'aplomb final de celui qui a incorporé les airs et atours d'un « gentilhomme » (p. 147). Et l'ambiguïté de la relation entre Rastignac et Vautrin inscrit aussi cet apprentissage dans une dynamique homosociale qui, selon la poétique réaliste, permet alors le réinvestissement d'un possible désir homoérotique vers une hétérosexualité moins univoquement conjugale, chez Balzac, qu'instrumentalisée au profit de la réussite sociale. Inaugurée dans la fameuse « maison des deux sexes et autres » (p. 55), l'ascension de Rastignac l'amène, à la fin du roman, à choisir une seule direction : celle de la maison de Mme de Nucingen, par qui il se promet de « parvenir ».

Dans l'essai cité en introduction, Souvestre poursuivait ainsi sa description du jeune homme-roman : « Placé au point d'intersection de tous les genres, il semble toujours prêt à tomber dans chacun ; on dirait un voyageur arrivé au carrefour d'un labyrinthe et qui cherche sa route[1] ». C'est peut-être pourquoi, pour devenir « roman » – comme son protagoniste doit devenir « homme » –, le récit de formation choisit l'auteur contre l'acteur, la maîtrise naturalisée de la narration contre l'art(ifice) théâtral, et le droit chemin de l'intrigue contre le détour de la performance. Articuler l'analyse du genre comme forme à celle du genre comme identité sexuée construite permet dès lors de comprendre comment la fiction (re)produit des formes non seulement genrées, mais aussi sexualisées, qui constituent les matrices idéologiques – et ambivalentes – des représentations culturelles. Aussi ce récit-maître du devenir-masculin du protagoniste du roman de formation européen peut-il se lire comme l'histoire (au double sens du terme) d'un devenir générique, appelée à former la fiction dominante de la subjectivité moderne – dont l'on pourrait montrer que témoigne, par exemple, ce grand récit qu'est la théorie freudienne du développement sexuel, réinvestissant l'intrigue romanesque de la maturation et du renoncement.

Or, si, selon Lukács, « [l]e roman est la forme de la virilité mûrie ; [et que] cela signifie que le caractère clos de son monde est, sur le plan objectif, imperfection, et sur le plan subjectif du vécu, résignation[2] » (« *Der Roman ist die Form der gereiften Männlichkeit ; das bedeutet, daß das Abschließen seiner Welt objektiv gesehen etwas Unvollkommenes, subjektiv erlebt*

1 É. Souvestre, art. cité, p. 126.
2 G. Lukács, *La Théorie du roman*, *op. cit.*, p. 66.

eine Resignation ist[1] »), alors peut-être n'y a-t-il meilleure définition non tant de « l'individu » problématique, que de la « masculinité » problématique dont ces romans de formation constituent la fiction.

Marie-Pierre HARDER
Sorbonne Universités,
Paris-Sorbonne
Centre de recherche en littérature
comparée (EA4510)
Labex Obvil

1 G. Lukács, *Die Theorie des Romans*, *op. cit.*, p. 61.

LA CONSTRUCTION DE L'IDENTITÉ VIRILE DANS LA LITTÉRATURE JEUNESSE DES ANNÉES 20 ET 30

L'exemple des romans d'aventures de Jean de La Hire (1878-1956)

L'étude du genre à travers la littérature revêt une importance cruciale car, à côté d'instances de socialisation comme la famille ou l'école, la fiction joue un rôle non négligeable dans la détermination genrée. Elle entretient elle aussi ce « travail du genre », constamment à l'œuvre dans la vie sociale, par une répétition des symboles, conventions et signaux distillés par ailleurs[1]. Dans cette perspective, la fiction destinée à la jeunesse ne peut être négligée, car elle participe largement à ce processus d'imprégnation qui débute dès le plus jeune âge, pour les filles, mais aussi pour les garçons. C'est dans ce cadre que nous étudierons les romans que Jean de La Hire a écrits pour les jeunes garçons pendant l'entre-deux-guerres, et que nous nous intéresserons tout particulièrement à cette « manière d'inculquer la virilité[2] ».

Jean de La Hire[3] (1878-1956) reste un auteur important de l'entre-deux-guerres, aussi bien en termes de succès que de production. Auteur de plus de six cents romans, il a publié dans la plupart des genres offerts par la littérature populaire : romans d'aventures et de science-fiction, romans policiers ou romans sentimentaux. Une partie de son œuvre est aussi destinée aux adolescents de sexe masculin ; ces romans publiés en fascicules ont d'ailleurs suscité l'enthousiasme des jeunes lecteurs, retrouvant en ses héros leurs « frères, qui faisaient le tour du monde en biplan, en hydravion, et qui luttaient à deux ou trois contre cent[4] ». Le

---

1 C. Guionnet, E. Neveu, *Féminins/Masculins. Sociologie du genre*, Paris, Armand Colin, 2009, p. 95.

2 P. Ory, « Virilité illustrée et littérature de jeunesse », A. Corbin, J.-J. Courtine et G. Vigarello (dir.), *Histoire de la virilité*, t. 3, Paris, Seuil, 2011, p. 185.

3 Pseudonyme d'Adolphe d'Espie.

4 J.-P. Sartre, *Les Mots*, nouv. éd., Paris, Editions Gallimard, 2003, p. 171.

contexte éditorial favorable, avec l'essor des éditions bon marché, et le développement d'une littérature destinée exclusivement à la jeunesse à la veille de la Première Guerre mondiale, favorisent beaucoup le succès de ce type de production[1]. Les stratégies éditoriales d'entreprises essentiellement privées ont ainsi pour objectif de drainer un public toujours plus important « vers des objets, principalement narratifs, supposés répondre à son "goût" pour trois genres : le comique, l'aventureux et le sentimental[2] ».

La Hire s'est tout de suite spécialisé dans « l'aventureux », genre qu'il pratique déjà pour les adultes depuis ses débuts dans la littérature populaire en 1907. Le roman d'aventures, héritier du *Bildungsroman*[3], est traditionnellement destiné aux adolescents, son intrigue exigeant une certaine maturité chez le jeune lecteur. Et c'est en 1912 que La Hire écrit son premier roman d'aventures destiné à la jeunesse, *Le Corsaire sous-marin*[4], aux éditions Ferenczi. Il publiera ensuite *Les Trois Boy-Scouts*[5], *Deux Boy-Scouts à Paris pendant la guerre*[6], *Le Tour du monde de deux enfants*[7], *L'As des Boy-Scouts*[8], *Les Grandes Aventures d'un Boy-Scout*[9], Le *Grand match de quatre enfants autour du monde*[10], *Le Roi des Scouts*[11], *Scouts, service secret*[12] et *L'Assassinat du Nyctalope*[13].

1 Les tirages importants et bon marché, mais aussi la publication en série dans des collections destinées aux plus jeunes, incitent en effet les petits lecteurs à « consommer » chaque semaine les romans issus de cette production. En témoigne Sartre dans *Les Mots*, « Au cours d'une de nos promenades, Anne-Marie [sa mère] s'arrêta comme par hasard devant le kiosque qui se trouve encore à l'angle du boulevard Saint-Michel et de la rue Soufflot, je vis des images merveilleuses, leurs couleurs criardes me fascinèrent, je les réclamai, je les obtins ; le tour était joué, je voulus avoir toutes les semaines *Cri-Cri, l'Epatant, Les Vacances, Les Trois Boy-Scouts* de Jean de La Hire et *Le Tour du monde en aéroplane*, d'Arnould Galopin qui paraissaient en fascicules le jeudi. » (p. 61-62).

2 P. Ory, « Virilité illustrée et littérature de jeunesse », *op. cit.*, p. 187.

3 D. Thaler et A. Jean-Bart, *Les Enjeux du roman pour adolescents. Roman historique, roman-miroir, roman d'aventures*, Paris ; Budapest ; Torino, l'Harmattan, 2002, p. 143.

4 79 fascicules publiés de 1912 à 1913.

5 Il existe deux séries, une première constituée de 41 fascicules publiés en 1913-1914, et une seconde de 67 fascicules publiés en 1919, 1920 et 1921 aux éditions Ferenczi. Je n'ai malheureusement trouvé que la première série.

6 Publié en 1916 chez Larousse, sous le nom de son épouse Marie de La Hire – Jean de La Hire était coutumier du fait.

7 1922-1923, 71 fascicules aux éditions Ferenczi.

8 1925-1926, 52 fascicules chez Ferenczi.

9 1926, 28 fascicules chez Ferenczi.

10 1926-1927, 32 fascicules chez Ferenczi.

11 1930-1931, 64 fascicules chez Fayard.

12 1933, 27 fascicules aux éditons Tallandier.

13 1933, La Renaissance du livre.

Ces romans mettent en scène de façon presque exclusive des jeunes gens âgés entre quatorze et dix-sept ans. Mais la particularité des romans de La Hire réside dans le fait que la figure majeure est incarnée par le boy-scout. Et s'il n'en est pas la figure principale, son ombre tutélaire accompagne là aussi le jeune héros. Par exemple, sans *L'Assassinat du Nyctalope* qui revient sur la naissance du « Nyctalope » – sorte de super-héros créé par La Hire que l'on retrouvera dans divers romans, La Hire précise dès les premières pages, parmi bien d'autres exceptionnelles qualités, que le jeune Léo de Sainte-Claire « avait été scout et chef de patrouille des plus renommés[1] ». Mais si Jean de La Hire exploite la vogue du roman-scout, il n'en est pas l'inventeur. C'est d'abord un mouvement de jeunesse, initié par Robert Baden-Powell (1857-1941) en 1907 après la publication et le succès de son livre *Aids to scouting* (1899). Le mouvement commence à s'implanter en France en 1911, et en 1913 paraît *Jack l'éclaireur* de Paul Zimmermann, premier roman scout en langue française, aux éditions Larousse dans la collection « Livres roses pour la jeunesse ». Dans la même année, trois autres romans « boy-scout » vont ensuite être publiés : *Le Défi d'un boy-scout* du colonel Royet (paru dans *Le Journal des voyages*), *Les Aventures de trois boy-scouts* d'Arnould Galopin (édité par Albin Michel dans le nouveau journal *Le Boy-Scout*) et *Les Trois Boy-Scouts* de Jean de La Hire.

Pour continuer d'exister (c'est-à-dire pour continuer à se vendre), ces séries de fascicules ont l'obligation de plaire au plus grand nombre, et donc d'offrir les valeurs et idées attendues par son lectorat. Comme un miroir, la littérature populaire reflète ainsi les attentes de la société qui la publie et qui, ensuite, la lit. Cette dimension est particulièrement intéressante lorsque l'on s'intéresse, comme ici, au roman pour adolescents « car il permet de poser le thème de l'insertion de l'individu dans la société, ce qui est toujours une bonne manière de proposer une peinture de cette société[2] ». Dans ce cadre, l'adoption d'une perspective « genrée » est particulièrement fructueuse.

Avec les romans de La Hire, nous essaierons d'analyser le modèle de virilité qui est proposé aux jeunes lecteurs. Nous nous attacherons d'abord à l'analyse de la figure du boy-scout, ce qui nous permettra de montrer quelles valeurs sont transmises au jeune lecteur, et quels comportements sont attendus de sa part. Mais pour comprendre le modèle

1 *L'Assassinat du Nyctalope*, p. 15.
2 D. Thaler et A. Jean-Bart, *op. cit.*, p. 143.

qui est présenté dans ses romans, il ne faut pas en oublier l'ingrédient majeur : sans aventures, il n'y a pas de boy-scout. Nous verrons donc ensuite l'importance donnée à l'aventure dans la construction de l'identité virile adolescente. Car ce n'est qu'en se frottant aux dangers des horizons lointains que le boy-scout voit sa destinée magnifiée, et que l'adolescent peut enfin devenir un homme.

LE MODÈLE INDÉPASSABLE DU BOY-SCOUT

Si le boy-scout n'est pas systématiquement le héros des romans de La Hire, il en est bien souvent le protagoniste principal. Le choix d'un tel personnage n'est pas anodin, car il permet de véhiculer un idéal viril, soutenu par un mouvement de jeunesse très populaire.

UN ADOLESCENT « DOUÉ MAGNIFIQUEMENT DES PLUS VIRILES QUALITÉS »

Dès les premières pages des romans de La Hire, on voit se dessiner la figure d'un adolescent idéal, presque toujours incarné par le boy-scout. Ce que l'auteur définit donc avec ses personnages, c'est un véritable modèle de virilité pour l'adolescent de l'entre-deux-guerres.

La première qualité de cet adolescent idéal, c'est avant tout l'intelligence. Qu'il soit « intelligent », « imaginatif », « débrouillard » ou « d'esprit rusé », chaque jeune héros de La Hire est en effet largement doté de capacités intellectuelles supérieures. Ces qualités le mènent tout naturellement à réussir dans ces études, qu'il poursuit toujours dans le domaine des sciences : Léo Sainte-Claire, héros de *L'Assassinat du Nyctalope*, ancien « scout et chef de patrouille des plus renommés[1] », est licencié ès sciences ; François Hardi, héros des *Grandes aventures d'un boy-scout*,

> était élève à l'école des arts et métiers. Doué pour les sciences, il n'était pas encore fixé sur la profession qu'il adopterait. Il voulait être ingénieur. Serait-ce en physique ? en chimie ? en électricité ? en mécanique[2] ?

1 *L'Assassinat du Nyctalope*, p. 15.
2 *Les Grandes aventures d'un boy-scout*, f.1, p. 3.

À l'intelligence, il faut ensuite ajouter un « cœur bien trempé[1] ». Il s'agit non seulement de courage – ce n'est pas pour rien par exemple que François Hardi s'est vu attribué le surnom de « Franc-Hardi », mais aussi de persévérance. Raymond Balsan, héros principal des *Trois boy-scouts*, ne se laisse jamais abattre ; l'un des héros du *Roi des scouts* est « d'une opiniâtreté d'esprit que rien ne pouvait vaincre[2] ». Courage et persévérance vont en fait de pair avec un extraordinaire développement physique, support indispensable à l'essor de ces qualités. La Hire, sans jamais faire référence à la beauté physique, rend hommage à la constitution magnifique de ses jeunes héros, surdéveloppée par le sport : ils sont « forts », « vigoureux », « grands », « souples » et « endurants ».

Les jeunes héros lahiriens, au moral comme au physique, sont donc clairement porteurs d'un idéal d'excellence. Cet idéal se trouve d'ailleurs à la base d'un système élitiste « naturel », car ces qualités mènent tout naturellement au « leadership » chez La Hire. Aucune protestation n'est émise lorsque le plus « doué » des scouts est choisi pour diriger le groupe, car tous reconnaissent la supériorité naturelle de leur chef. Mais si une hiérarchie naturelle, basée sur des qualités objectives, se met facilement en place, c'est parce que l'« esprit de camaraderie » anime chacun des participants. L'esprit de camaraderie permet de fonder une société égalitaire, mais la sympathie qui anime les rapports entre les différents membres de cette communauté n'exclut en rien la hiérarchie, l'obéissance et la discipline. Au contraire,

> le scoutisme entretient une idéologie de l'égalité entre pairs qui n'éradique nullement le rapport traditionnel de maître à disciple, l'objectif final étant toujours de bâtir une société disciplinée, mais par l'exemple et l'adhésion volontaire[3].

Pour résumer toutes ces qualités, nous nous arrêterons sur le portrait de Paul Mandar, l'« As des boy-scouts » qui est :

> doué magnifiquement des plus viriles qualités : intelligence, esprit de décision, audace, avec de la prudence et de la bonté, et le sens bien rare chez un garçon de cet âge, de l'esprit d'autorité et de discipline[4].

1 *Les Trois boy-scout*, f.1, p. 6.
2 *Le Roi des scouts*, f.1, p. 7.
3 P. Ory, « Virilité illustrée et littérature de jeunesse », *op. cit.*, p. 194.
4 *L'As des boy-scouts*, f.1, p. 3.

Le portrait dressé ici est sans ambiguïté. En qualifiant ces qualités des « plus viriles », La Hire les dénie *de facto* aux femmes. Intelligence, courage, autorité naturelle et discipline : voilà des qualités indispensables pour faire un homme, et uniquement un homme.

LE BOY-SCOUT, LE COMBATTANT ET LE SOLDAT

Pour *Le Corsaire sous-marin*, son premier roman destiné à la jeunesse, Jean de La Hire crée le personnage du commandant Girard et celui de son jeune mousse, Jean l'Anguille. Ainsi, dès les premières pages de ce nouveau genre dans lequel La Hire s'engage, apparaît le héros martial qui hantera, dès lors, toute la production de l'écrivain. Le duo formé par Jean l'Anguille et son « cap'taine » est, en quelque sorte, programmatique : Jean l'Anguille, c'est l'adolescent idéal, l'exemple que doit poursuivre le jeune lecteur, l'homme encore à faire mais bientôt fait ; le commandant Girard, c'est l'homme fait, celui que l'adolescent – ce Jean l'Anguille – doit aspirer à devenir, le parangon de toutes les vertus viriles. Dès le deuxième fascicule de la série, le narrateur dépeint la liste de ces vertus :

> Ah ! que cet officier français était beau ! Jeune, lui aussi, et vigoureux et comme lumineux d'intelligence, il parlait avec une telle noblesse, un tel feu d'indignation et de fierté jaillissait de ses clairs yeux bleus, une telle force émanait de toute sa personne svelte, souple et solide, une si intense autorité enfin semblait irradier de son attitude et même de son uniforme où les galons d'or luisaient, insignes du commandement, que le Corsaire, debout devant lui, dut, tout au fond de son âme, le respecter et l'admirer[1] !

Ces vertus viriles (beauté physique, beauté « morale », force, autorité naturelle) paraissent inextricablement liées à son statut de soldat, comme en témoignent les galons luisants de son uniforme, véritable prolongement de lui-même.

Si *Le Corsaire sous-marin* est le seul roman de La Hire qui met en scène un soldat, l'ombre tutélaire du personnage plane toujours sur les héros lahiriens. Et notamment chez le boy-scout, qui est lui-même défini comme un combattant, ou plutôt comme un combattant en gestation. Le boy-scout est ainsi particulièrement bien taillé pour devenir un héros

1 *Le Corsaire sous-marin*, fascicule.2, p. 4.

patriotique, au sein de la littérature cocardière qui s'épanouira pendant la Première Guerre mondiale[1]. Dans son roman de 1916 intitulé *Deux boy-scouts à Paris pendant la Guerre*, le futur du jeune scout est tout tracé : il sera soldat, car il est formé pour le devenir. Cette conscience de ce destin guerrier est même ancrée dans l'esprit des jeunes garçons eux-mêmes, dans « leurs âmes de futurs militaires[2] ». En témoigne l'admiration de Pierre Morand, treize ans et futur scout, lorsqu'il décrit ses deux camarades plus âgés :

> Pierre Morand regardait avec admiration ses camarades Jean et Jacques Bruneau parce qu'ils étaient vêtus du costume en drap kaki des boy-scouts. [...] tout cela représentait pour lui le plus bel uniforme du monde et Pierre qui n'avait que treize ans enviait Jean d'avoir seize ans, Jacques d'en avoir quinze, et tous les deux de faire partie d'une compagnie d'éclaireurs du IXe arrondissement de Paris. [...] Pierre Morand enviait surtout Jean et Jacques parce qu'ils seraient bientôt soldats et qu'ils pourraient se joindre à ceux que la mobilisation venait d'appeler sous les drapeaux pour défendre la France[3].

L'exaltation de ces valeurs militaires reste une constante des récits scouts de La Hire ; on la retrouve notamment avec la description des attributs, proprement militaires, des héros : l'uniforme toujours, dont des descriptions détaillées doivent combler la fascination des jeunes lecteurs ; et les armes à feu – carabines ou brownings – absolument nécessaires pour partir à l'aventure.

Car, dans les récits de La Hire, c'est au travers du combat que le jeune homme va prouver sa valeur, faisant de cet « instinct combatif » propre à l'adolescent le ressort majeur de l'intrigue[4]. En général, le ou les héros doivent se mesurer aux adultes (et gagner) pour faire ainsi

---

1 « En France comme en Grande-Bretagne ou en Allemagne, la production de livres de guerre pour enfants, de 1914 à 1918 (et à vrai dire au-delà), prend l'allure d'un phénomène de masse. » in S. Audoin-Rouzeau, *La Guerre des enfants 1914-1918. Essai d'histoire culturelle*, Paris, A. Colin, 1993, p. 47.

2 *Deux Boy-scouts à Paris pendant la guerre*, p. 5.

3 *Ibid.*, p. 2-3.

4 La perception d'un « instinct combatif » qui serait propre à l'adolescent, et sa mobilisation par un imaginaire de l'aventure et des jeux de conquête, reste la vraie réussite du mouvement scout selon le pédagogue suisse Pierre Bovet. L'élan viril ainsi canalisé à travers une « pédagogie de l'affrontement » permettrait de faire l'éducation civique, physique et morale de l'adolescent. (A. Baubérot, « On ne naît pas viril, on le devient », dans A. Corbin, J.-J. Courtine et G. Vigarello (dir.), *Histoire de la virilité*, t. 3, Paris, Seuil, 2011, p. 159-184.)

avancer le récit. Il peut s'agir d'un adulte qui sabote les projets du héros (*Les Trois Boy-Scouts*), ou encore d'adultes « inférieurs » et agressifs par nature (l'influence des thèses colonialistes se fait bien sentir dans *L'As des boy-scouts* ou *Scouts, service secret*), et même d'adultes « extraterrestres » (*Les Grandes aventures d'un boy-scout*). A la violence des combats s'ajoute également une cruauté parfois difficilement supportable. L'enlèvement est chose courante – c'est l'enlèvement de Franc-Hardi par le professeur Korridès qui initie l'intrigue des *Grandes aventures d'un boy-scout* – et les tortures ne sont pas absentes de ces récits destinés aux plus jeunes. L'un des héros des *Trois Boy-Scouts* sera ainsi le spectateur de tortures proprement inhumaines :

> Le père Joseph [paralysé mais conscient] avait le flanc ouvert du côté du cœur, et les bras écorchés. [...]
> Voyez-vous, jeune homme, lorsque vous êtes arrivés, j'étais en train de détacher du corps de cet homme cet organe vital que l'on appelle le cœur[1].

L'adolescent se voit donc bien souvent à la merci de la force et du pouvoir des adultes, soumis aux rapports de force existant entre le monde de l'enfance et celui de la maturité.

L'ÉLOGE DU SACRIFICE

Malgré ces violences, le jeune héros lahirien supporte tortures et sacrifices avec vaillance. Car l'enfant décrit par La Hire, s'il n'est pas encore un homme de devoir, est bien un « enfant de devoir ». A travers le personnage du boy-scout, La Hire s'applique à diffuser l'image d'un enfant idéal et idéalisé, comme on en rencontre tant dans les récits d'aventure destinés à la jeunesse, qui exaltent alors un « sens du devoir sans compensation[2] ». L'exaltation du sacrifice chez le jeune garçon prend une place prépondérante avec la commémoration des hommes tombés au combat durant la Première Guerre mondiale ; pendant

1 *Les Trois boy-scouts*, f.22, p. 90.

2 « Au début de notre siècle, les romans enfantins et les romans d'aventures illustrent, en France, la pédagogie officielle inspirée de Renouvier et appliquée dans les écoles de la Troisième République, fondée sur le sens du devoir sans compensation, la morale du travail et le respect des traditions (famille et patrie). » (G. Ottevaere-Van Praag, *La Littérature pour la jeunesse en Europe occidentale (1750-1925). Histoire sociale et courants d'idées, Angleterre, France, Pays-Bas, Allemagne, Italie*, Bruxelles, Presses universitaires, 1978, p. 349.)

l'entre-deux-guerres, le sacrifice devient ainsi un des éléments majeurs de la construction de l'identité virile[1].

Pénétrés par le sentiment de leur devoir, les jeunes gens décrits par La Hire sont très sérieux, et bien loin du gamin espiègle qui hantera, par exemple, la littérature anglaise à la même époque. Les jeunes scouts de La Hire se concentrent avant tout sur leurs études, leurs performances sportives et leurs parcours dans le scoutisme, comme le montre ce passage *Roi des scouts* :

> Chacun des quatre garçons était capitaine scoutiste, détenteur de plusieurs championnats sportifs de jeunes gens et, en plus, excellent élève de lycée et de collège[2].

Le sérieux de ces adolescents les porte tout naturellement à manifester un sens du devoir hors-du-commun, sens du devoir qui va bien souvent jusqu'au sacrifice. Ce sens du devoir et du sacrifice s'exprime tout particulièrement lorsque la vie ou le destin d'un adulte aimé (essentiellement, les parents) est en jeu. Raymond Balsan, héros des *Trois Boy-scouts* en fait lui-même l'expérience face à la détresse de ses parents :

> Je vous consolerai du malheur, moi… en vous apportant d'au-delà des Océans la gloire et la fortune[3] !

Le sens du sacrifice peut même être poussé à l'extrême chez certains jeunes héros. Dans *Le Corsaire sous*-marin, le commandant Girard n'aurait pu se sauver sans le sacrifice de Jean l'Anguille, ce « brave mousse [qui] ne pensait jamais à lui-même[4] ». Quelques instants avant l'accomplissement de cet acte de bravoure, Jean est décrit ainsi :

> Et dans ce regard d'enfant, Girard vit tant de dévouement affectueux, tant d'intelligence et tant d'audace, qu'il comprit que, tout jeune qu'il fût, le mousse vaudrait un homme, le cas échéant[5].

La capacité à se sacrifier, jusqu'à s'oublier soi-même, c'est donc apprendre à être adulte, et tout particulièrement à « valoir un homme ».

---

1 A. Rauch, *Histoire du premier sexe. De la Révolution à nos jours*, Paris, Hachettes Littératures, 2006, p. 299-317.

2 *Le Roi des scouts*, f.1, p. 7.

3 *Les Trois boy-scouts*, f.1, p. 37.

4 *Le Corsaire sous-marin*, f.5, p. 14.

5 *Ibid.*, f.2, p. 12.

Si un tel sacrifice est possible, c'est parce que « L'enfant ne s'appartient pas ». Car dans la littérature enfantine française du début du XXe siècle,

> le petit Français, tel qu'il apparaît dans ses livres, est un être encensé par ses aînés et en même temps écrasé sous leur volonté [...]. Après la défaite de 1870, les livres récréatifs et les livres scolaires élèvent un culte aux grandes vertus civiques et individuelles. Inlassablement, ils expriment la noblesse des sentiments généreux et, d'un livre à l'autre, il n'est question que de charité, de désintéressement, d'endurance, d'obéissance et de modestie. Les enfants sont adaptés à l'extrême à la vie de société[1].

L'AVENTURE OU L'APPRENTISSAGE DE LA VIRILITÉ

L'aventure, entendue comme le voyage vers des horizons lointains et exotiques, est la composante essentielle des romans que La Hire destine aux adolescents. Celle-ci constitue en effet l'élément indispensable de la construction de l'identité de l'adolescent, et doit lui permettre d'atteindre l'âge d'homme.

LE GRAND DÉFI DE L'AVENTURE

Les jeunes héros de La Hire sont brutalement arrachés à la quiétude du cocon familial, pour être propulsés dans un monde inconnu où le danger rode à chaque instant. L'aventure s'impose à eux, alors que rien, semble-t-il, ne les prédestinait à vivre de telles péripéties. Malgré tout, leur rapport à l'aventure est ambigu ; il ne s'agit pas d' « aventurier par goût » au sens de Matthieu Letourneux[2] (les jeunes héros lahiriens sont loin d'être des explorateurs professionnels ou des chasseurs de grands fauves), mais leurs qualités et leurs aptitudes les portent tout naturellement à accepter une aventure qu'ils désirent dans le secret de leur cœur. Si leur respect pour leurs parents, la poursuite de leurs études les empêchait de « courir les aventures », l'irruption soudaine, brutale et nécessaire de l'aventure les contraint à partir vers ces espaces inexplorés, contentant ainsi les aspirations secrètes de « courageux petits gaillards

1 G. Ottevaere-Van Praag, *op. cit.*, p. 344.
2 M. Letourneux, *Le Roman d'aventures 1870-1930*, Limoges, Pulim, 2010.

affamés d'aventure[1] ». Dans les *Grandes aventures d'un boy-scout*, cette ambiguïté se fait clairement sentir. Le héros n'a en effet guère le choix face au marché imposé par l'ingénieur Korridès :

> Voulez-vous vous prêter à ma formidable expérience ? voulez-vous être mes collaborateurs intelligents au lieu d'être mes esclaves comme je peux vous y contraindre[2] ?

Face à un tel choix, que faire ? C'est l'occasion – voire une excuse – pour poursuivre ses rêves :

> Lui qui avait tant rêvé de voyages dans les colonies, en Orient, tout au fond de l'Afrique mystérieuse ! Qu'était cela en comparaison du voyage interplanétaire dans le Monde-Nouveau[3] ?

Cette acceptation totale de l'aventure est rendue possible par une forme de « modalisation » spécifique du récit. L'aventure, sa brutalité présente et ses difficultés à venir, sont dès l'origine perçues comme des éléments d'un « jeu ». Avec la conclusion d'un « pari », la mise en place d'un « match » ou d'une « compétition », La Hire utilise ici un procédé classique[4] dans le roman d'aventures pour initier l'intrigue. C'est l'occasion de mettre en valeur le goût du risque et l'esprit de compétition qui habitent les jeunes héros de ses récits. Comment refuser, en effet, un défi qui va permettre de révéler qui l'on est réellement ?

> Alors, ce sera non seulement un match pour la délivrance de la famille Lion et le sauvetage de ses enfants, pour la recherche du grand Trésor des Indiens, mais aussi pour trancher la question de savoir si les boy-scouts seuls sont capables de courir les grandes aventures[5].

Le jeu, conçu ici comme une compétition, est alors la source même de l'aventure. Dans *L'As des boy-scouts*, cette rivalité est même portée à un niveau international : deux équipes de boy-scouts, l'une française, l'autre anglaise, s'affrontent en effectuant une course autour du monde. Comme l'explique Matthieu Letourneux dans *Le Roman d'aventures*

1 *Les Trois Boy-Scouts*, fascicule.1, p. 37.
2 F.1, p. 28.
3 F.1, p. 29.
4 C'est un pari qui conduit Phileas Fogg à faire *Le Tour du monde en quatre-vingt jours.*
5 *Le Grand Match de quatre enfants autour du Monde*, f.1, p. 4.

1870-1930[1], l'introduction du « jeu » permet de dramatiser l'intrigue (sans lui, pas d'aventure), mais il permet aussi de désamorcer les situations dangereuses :

> Les deux équipes jouent à se faire la guerre, et le roman mène de front un récit de rivalité patriotique et l'affirmation d'une fraternité sportive. [...] C'est parce que les scouts sont des enfants qui jouent, mais que l'on forme à devenir des serviteurs de l'Empire, que la tension peut être maintenue[2].

L'AVENTURE COMME SPORT

La forme donnée à l'intrigue permet donc de développer et d'approfondir la métaphore sportive, introduite par le pari ou le match. C'est aussi parce que dans les romans de La Hire, l'aventure est comprise un sport à part entière.

D'abord, l'aventure, toujours lointaine, est un espace de jeu à part entière, un terrain spécifique qui se différencie nettement de l'espace et du temps réel. La mise en scène de l'aventure dans un ailleurs exotique et dangereux, dès l'ouverture du roman, renforce cette séparation avec la réalité :

> Mandar, ne vous dissimulez pas que les dangers seront grands... Vous devrez traverser des pays sauvages ; certains ont été peu explorés jusqu'à ce jour[3].

Le petit lecteur comprend tout de suite que toutes les péripéties, même les plus cruelles, ne sont que des éléments d'un jeu doté de règles spécifiques (en l'occurrence, la victoire du bien sur le mal). On joue ici à se faire peur, mais dans un espace clairement identifié. Mathieu Letourneux compare les contrées explorées au terrain de sport qui, « par son dénuement et son fonctionnalisme » sépare clairement l'espace où l'on joue de l'espace où l'on vit. Forêts, déserts, savanes, planètes inexplorées constituent alors l'univers de l'aventure, « fondé sur des règles du jeu [...] différentes du modèle réaliste[4] ». Dans cet espace de jeu, éloigné du contrôle des adultes, les héros adolescents vont pouvoir développer une saine sociabilité masculine et une fraternité sans failles. Si avec « La salle de boxe, le ring, le combat, etc., voilà des lieux, des circonstances, des cérémonies où se fabrique du

1 M. Letourneux, *op. cit.*
2 *Id.* p. 99.
3 *L'As des boy-scouts*, fascicule 1, p. 8.
4 *Id.*, p. 99.

masculin, où des hommes se fabriquent entre eux[1] » ; avec les contrées sauvages, les planètes inexplorées, les péripéties extraordinaires, voilà les lieux et les cérémonies où se fabriquent les adolescents entre eux.

Ensuite, si l'aventure est une pratique sportive, c'est aussi parce qu'elle est une pratique sportive ininterrompue, une sorte de décathlon échevelé. *Le Tour du monde de deux enfants* n'est qu'une longue partie de chasse qui permet d'explorer et de décrire des contrées sauvages. On retrouve ce même aspect dans *Les Grandes aventures d'un boy-scout*. On pourra y ajouter la lutte au corps à corps (boxe, lutte ou pugilat), les longues marches, la natation, la course automobile et, très souvent chez La Hire, la pratique de l'aviation.

A travers l'aventure, l'importance de la pratique sportive est en quelque sorte sacralisée. Comme chez Jules Verne, les corps des jeunes aventuriers de La Hire sont bien taillés, minces et rompus aux exercices sportif, « à mille lieues de l'embonpoint du bourgeois[2] » : Raymond Balsan, héros des *Trois boy-scout*, a été « rendu physiquement très fort par toute sortes d'exercices[3] » même s'il sort à peine de l'enfance ; ou

> François Hardi n'était pas qu'un élève intelligent et studieux. Il était aussi un jeune sportif, d'allure et de santé magnifiques ; plus grand et plus fort qu'on ne l'est d'ordinaire à son âge, il excellait dans tous les exercices physiques[4].

Les qualités physiques, sans surpasser les qualités intellectuelles, sont clairement mises en avant. François Hardi a le corps d'un adulte, et cette maturité physique va de pair avec une habileté et une maîtrise propre à l'homme fait. Dès lors, le développement de l'esprit ne doit pas être négligé au détriment du corps, car l'accomplissement physique est ici la marque de l'âge adulte.

L'AVENTURE COMME ÉDUCATION

Comme le souligne Laurent Déom dans *Le Héros dans les productions littéraires pour la jeunesse*, « l'aventure n'est pas pensable ici sans exotisme[5] ».

1 A. Rauch, « Quelques pistes d'historien sur le masculin », dans Daniel Welzer-Lang et Chantal Zaouche Gaudron (dir.), *Masculinités, état des lieux*, Toulouse, éditions érès, 2011, p. 56.

2 S. Venayre, « La virilité ambigüe de l'aventurier », dans A. Corbin, J.-J. Courtine et G. Vigarello (dir.), *Histoire de la virilité*, t. 3, Paris, Seuil, 2011, p. 344.

3 *Les Trois Boy-Scouts*, fascicule 1, p. 6.

4 *Les Grandes aventures d'un boy*-scout, fascicule 1, p. 3.

5 L. Déom, « Des héros qui font bande à part, la parole créatrice dans *Les Chroniques du Pays perdu* de Jean-Louis Foncine », dans L. Déom et J.-L. Tilleuil (dir.), *Le héros dans les*

Ici, l'espace et le temps sont abolis, pour privilégier le « déplacement vers » ou la « course à ». S'accumulent alors les actions et drames les plus rocambolesques. Dans *L'As des boy-scouts*, l'équipe part en dirigeable jusqu'en Tunisie mais, le ballon est détruit par un incendie. Ils sautent alors en parachute pour atterrir dans le désert (fascicule 1). Ils sont ensuite attaqués par des bédouins (f. 2) puis affrontent des cannibales (f. 7). Ils pilotent un avion (f. 12) et découvrent un trésor « qui sauve la vie à leur compagnon Yves » (f. 15). Dans le Pacifique, ils doivent survivre sur un radeau (f.20) puis utilisent un sous-marin (f. 39). Laurent Déom conclut ainsi :

> Bref, les personnages sont placés, à chaque épisode, dans des situations qui se distinguent par leur caractère extraordinaire ou par la proximité de la mort, et qui importent plus que les héros eux-mêmes[1].

Chaque péripétie est en effet censée démontrée ou illustrée la valeur morale du ou des jeune(s) héros, face aux dangers très variés qui menacent à chaque instant.

De fait, l'action est nettement privilégiée, comme si les héros s'effaçaient derrière elle. D'une part, parce que l'action va transformer leur physique et modeler leur corps (on retrouve ici l'intérêt de la pratique sportive) ; d'autre part, parce que l'action, voyage ininterrompu vers un ailleurs étrange, a une valeur fondamentale chez La Hire. Il s'inscrit clairement dans la tradition de la littérature de voyage, née à la Renaissance (ou « *Artes apodemicae*[2] »), et qui donne au voyage une valeur éducative certaine pour le jeune homme. Le XIXe siècle a vu notamment l'apparition des « tours », fictions pédagogiques mettant en scène uniquement des jeunes garçons âgés entre 7 et 18 ans. D'après Sylvain Venayre,

> La diffusion massive de tels récits a grandement consolidé l'idée selon laquelle le voyage participait à une éducation virile[3].

Sans pour autant reprendre complètement à son compte la fonction pédagogique de ce genre de littérature, La Hire écrira lui-aussi *Le Tour du monde de deux enfants*.

---

productions littéraires pour la jeunesse, Paris, l'Harmattan, 2010, p. 49.

1 *Id.*, p. 49.

2 Ces livres proposent des méthodes « savantes » pour voyager.

3 S. Venayre, « Les valeurs viriles du voyage », A. Corbin, J.-J. Courtine et G. Vigarello (dir.), *Histoire de la virilité*, t. 2, Paris, Seuil, 2011, p. 325.

Le voyage prend finalement tout son sens dans son aboutissement. Comme chez Jules Verne, les héros de La Hire sont transformés en hommes au moment où ils prennent leur place dans la société – ce qui n'aurait pu être possible sans l'aventure qu'ils viennent de vivre. Ils trouvent naturellement un métier à la mesure des compétences qu'ils ont confirmées lors de leur voyage, et s'assagissent enfin. Le passionné de science deviendra ingénieur, le fils de marin deviendra commandant, le mécanicien fera des études de mécaniques, etc. :

> Ils furent élèves dans diverses écoles techniques d'arts et métiers, jusqu'à leur service militaire. [...] Avec quelque beau petit voyage en France de temps en temps, telles sont leur ambition[1].

Le jeune héros de La Hire est ainsi à l'image de l'Ulysse décrit par Jankélévitch dans *L'Aventure, l'ennui, le sérieux*, un

> faux voyageur [...] aventurier par force et casanier par vocation, et ses pérégrinations, à cet égard, sont des aventures un peu bourgeoises[2].

LE RENOUVELLEMENT D'UNE FIGURE DE L'ENFANCE ?

Dans les romans que La Hire a écrits pour la jeunesse, la figure du boy-scout revêt une importance primordiale. Il incarne l'adolescent idéal, qui ne peut s'accomplir et devenir un homme qu'à travers les aventures les plus lointaines et les plus périlleuses.

Jacques Van Herp, romancier et critique littéraire, suggère que La Hire a manifesté avec ce personnage le désir de s'affranchir de la figure du « gamin de Paris[3] ». Il s'agirait pour La Hire d'exploiter un nouveau « filon » narratif, lui permettant de renouveler la figure de l'enfant dans la littérature française pour la jeunesse, et tout particulièrement dans le roman d'aventures. En effet, plus besoin de faire du héros un

1 *L'As des boy-scouts*, f.52, p. 16.
2 Cité dans I. Jan, *La littérature enfantine*, Paris, Les éditions ouvrières, 1995, p. 139.
3 A. Arvel, « La préhistoire : le roman scout », *Bulletin de l'Association belge des amis du Signe de piste*, numéro spécial, avril 1993. (Alain Arvel est l'un des pseudonymes de Jacques Van Herp.)

orphelin ou un enfant abandonné pour le plonger dans les péripéties les plus rocambolesques. Mais on ne peut manquer de comprendre que le personnage du boy-scout répond à un certain nombre d'aspirations existant dans la société française de l'entre-deux-guerres. Après le massacre de la Première Guerre mondiale et l'arrivée – menaçante – des femmes dans la société civile, un retour à une société plus « virile » est à l'ordre du jour[1]. La Hire ne peut manquer d'être influencé par les théories décadentistes qui surgissent à la même époque dans les romans, les essais ou les articles, et de voir en ce personnage du boy-scout, la figure de l'enfance la plus adaptée pour lutter contre une « dévirilisation » précoce. Avec le boy-scout, le romancier peut en effet plonger son personnage dans la saine camaraderie, l'émulation masculine et les joies de la pratique sportive, répondant ainsi aux attentes de la société française de l'entre-deux-guerres.

Cependant, faut-il y voir une volonté axiologique de Jean de La Hire ? Il ne faut pas oublier que La Hire est avant tout un écrivain populaire, qui veut et doit plaire au plus grand nombre. On peut donc voir aussi dans cette utilisation du personnage du boy-scout, l'exploitation d'un effet de mode qui permettra de rencontrer le succès. Mais c'est bien là toute l'astuce et toute la finesse de l'écrivain populaire : savoir quoi écrire, comment, quand et pour qui.

Marie PUREN
École nationale des Chartes,
Université Paris 1 – Panthéon Sorbonne

1 On retrouvera cette analyse dans la deuxième partie du livre d'André Rauch, *Histoire du premier sexe. De la Révolution à nos jours*, *op. cit.*

QUATRIÈME PARTIE

INTERSECTIONS GENRE ET RACE

LA CONSTRUCTION DE LA MASCULINITÉ AU CONTACT DE LA FEMME RACIALEMENT « AUTRE » CHEZ GIL COURTEMANCHE ET DANY LAFERRIÈRE[1]

De toutes les rencontres entre les cultures, le contact sexuel et amoureux est l'un des plus troublants et des plus intenses. À traverser la frontière qui sépare les « races », on enfreint un tabou profond qui, s'il tend à s'estomper, est loin d'avoir disparu. En même temps, et sans doute précisément en raison de ce tabou, la rencontre sexuelle des « races » noire et blanche fait fantasmer, comme en témoignent, par exemple, la fascination pour une prétendue hypervirilité des Noirs ou encore l'idée, ancrée dans l'expérience de l'esclavage, que les femmes noires sont lascives et toujours disponibles, alors que la pureté des femmes blanches éveille malgré elles la dangereuse convoitise des hommes noirs[2]. Dans les œuvres littéraires à l'étude ici, l'exploitation de la double différence sexe/« race » fait émerger une masculinité fondée sur la domination sociale et sexuelle de l'Autre-femme.

Pour illustrer quelques-uns des cas de figure liés à la double matrice « race »/genre, il sera question, dans les pages qui suivent, de deux romans québécois récents : *Un dimanche à la piscine à Kigali* de Gil Courtemanche (2000) et *Vers le sud* de Dany Laferrière (2006). Courtemanche, Québécois blanc de souche française décédé en 2011, présente une histoire d'amour entre un Québécois blanc et une Rwandaise avant et pendant le génocide de 1994. Laferrière, Québécois d'origine haïtienne, met en scène dans *Vers le sud* des interactions sexuelles entre Haïtiens et étrangers des deux sexes en donnant la parole à de jeunes hommes noirs ainsi qu'à quelques

1 Le présent article est issu d'un projet de recherche intitulé « La masculinité en question dans la littérature québécoise contemporaine », mené en collaboration avec Isabelle Boisclair et subventionné par le Conseil de recherches en sciences humaines du Canada.

2 Voir par exemple A. Davis, *Women, Race, and Class*, New York, Vintage Books, 1981.

femmes blanches d'âge mûr. Dans les deux cas, la représentation du féminin est au service d'une « fiction du masculin » particulièrement flatteuse. Pas de masculin, ici, sans des personnages féminins réduits à l'état de proie, de symbole ou de bouc émissaire. Jugées non désirables, les femmes sont bannies de la fiction ; désirables, elles servent d'objets sexuels et, surtout, de faire-valoir des protagonistes, dont elles révèlent les prouesses et la puissance. La masculinité est donc la *conséquence* textuelle du traitement des personnages féminins : c'est de la construction de la femme en Autre que surgit une vision idéalisée de la masculinité, plus grande que nature, plus fantasmée que réelle.

Rappelons d'entrée de jeu que l'altérité est un concept non pas absolu, mais relationnel – il n'y a d'Autre que défini comme tel par un groupe de référence[1] – et mouvant. S'il est vrai qu'elle peut être assortie à une valence aussi bien positive (le « bon sauvage » de Rousseau) que négative (stéréotypes racistes, sexistes, antisémites, etc.), la notion d'altérité est le plus souvent liée à une hiérarchisation, à l'appropriation d'un groupe par un autre. Dans les contextes (post)coloniaux, la « race » colonisée sera ainsi définie comme exotique, mystérieuse (les « Orientaux énigmatiques ») et donc traîtresse ; par ailleurs, elle sera jugée infantile, paresseuse, primitive et sans culture, incapable, en somme, de se gouverner. Cette caractérisation explique et normalise les régimes coloniaux et l'esclavage[2]. De façon étrangement similaire (mais au fond, il n'y a rien d'étonnant au fait que différents régimes de pouvoir s'appuient sur les mêmes justifications), s'édifie, dans l'idéologie patriarcale, une série d'oppositions binaires en vertu desquelles les femmes sont définies comme irrationnelles et plus près de la nature que de la culture, incapables d'autonomie et donc faites pour être protégées et prises en charge par les hommes[3]. L'Autre, aux yeux de celui qui possède l'autorité politico-culturelle grâce à laquelle il se pose comme le Même, est un objet à exploiter et à approprier ; il sert à confirmer le dominant dans sa position supérieure. Cette position, qu'on déclare attribuable à la nature, est donc non seulement justifiée mais bénéfique pour tous et, dès lors, à l'abri de toute remise en question.

---

1 É. Landowski, *Présences de l'autre. Essais de socio-sémiotique II*, Paris, PUF, coll. « Formes sémiotiques », 1997.

2 Voir, par exemple, E. Said, *Orientalism*, New York, Vintage Books, 1978, et A. Memmi, *Portrait du colonisé*, Paris, Buschet/Chastel, 1957.

3 Voir S. de Beauvoir, *Le Deuxième Sexe*, Paris, Gallimard, 1949, 2 vol.

Par ailleurs, le concept de « race », comme le révèlent les travaux inspirés des mouvances postcoloniales, féministes et antiracistes, est une construction idéologico-discursive plutôt qu'une réalité biologique. Cela dit, si les « races » n'existent pas, le racisme existe bel et bien. Quant aux romans étudiés ici, ils présentent la « race » comme une réalité indépassable, liée au plaisir, au pouvoir et à la transgression.

À la fin des années 1960, Kate Millett a montré que les relations sexuelles dans les textes littéraires fonctionnaient comme un condensé des rapports de pouvoir entre hommes et femmes et une apologie indirecte du patriarcat. Dans la même foulée, Anne-Marie Dardigna a observé, à partir de la littérature érotique française, que le désir dont il s'agit est celui de réduire à néant l'Autre-femme comme personne humaine dotée d'une volonté et d'une voix propres[1]. À partir du même moment, les théoriciennes féministes noires, parmi lesquelles Angela Davis, bell hooks ou Audre Lorde, pour ne nommer que quelques pionnières, ont pensé les multiples oppressions de sexe/race/classe/orientation sexuelle en s'attardant à leurs imbrications complexes. Nous verrons que les auteurs retenus ici présentent plutôt une vision unidimensionnelle et stéréotypée de l'articulation sexe/« race ».

Comme l'a montré notamment Connell[2], la masculinité peut être hégémonique ou non hégémonique, fait déterminant dans le cas d'une lecture fondée sur la « race ». Au départ, l'homme blanc qui noue une relation avec une femme noire est doublement dominant par son sexe et sa « race », peut-être aussi par sa situation géopolitique ou économique. Il aura tendance à « exotiser » sa partenaire ou à en faire le symbole d'une culture à savourer ou à dominer. En revanche, un homme noir en relation avec une femme blanche est dominant par son sexe, mais dominé en raison de sa « race », parfois aussi de sa situation économique. Il peut donc chercher à instrumentaliser la femme blanche pour rehausser son propre statut ou encore à se venger de l'homme blanc en lui enlevant « sa » femme. Plusieurs de ces stratégies sont à l'œuvre dans les romans étudiés ici.

Pour mieux comprendre les « fictions du masculin » qui se dégagent des deux romans à l'étude, nous verrons comment sont dépeintes les femmes, puisque de leur représentation dépend la vision de la virilité

---

1 A.-M. Dardigna, *Les châteaux d'Éros ou les infortunes du sexe des femmes*, Paris, Maspero, « petite collection Maspero », 1980.

2 R. W. Connell, *Masculinities*, Berkeley, University of California Press, 1995.

que propose le texte. Nous verrons les rôles qu'on leur attribue : celui d'objets sexuels et proies destinées à rehausser le prestige des hommes et à illustrer leur capacité non seulement de séduction, mais aussi de domination. Sur le plan formel, nous retiendrons deux éléments : les questions de focalisation et de distribution de la parole (qui voit, qui parle, de qui le roman véhicule-t-il la vision ?) ainsi que les métaphores employées pour décrire les hommes et les femmes, qui traduisent dans les deux cas l'intention d'imposer et de pérenniser la domination masculine.

LES BONNES INTENTIONS : *UN DIMANCHE À LA PISCINE À KIGALI* (2000)

Chronique du génocide ethnique qui a fait quelque 800 000 victimes au Rwanda en 1994, *Un dimanche à la piscine à Kigali* est un roman moraliste et humanitaire qui dénonce autant le racisme (y compris la haine entre les ethnies noires du pays) que la corruption des autorités locales et étrangères ou l'inaction des Nations Unies. La narration hétérodiégétique épouse le point de vue de Bernard Valcourt, journaliste québécois d'une cinquantaine d'années qui noue une idylle avec Gentille, une Rwandaise de 22 ans. Désabusé, mais toujours idéaliste, Valcourt s'épuise à prévenir les médias occidentaux de l'imminence de la catastrophe. L'une de ses actions politiques fait suite à la disparition de « Mélissa, la plus laide et la plus maigre de toutes les prostituées de l'hôtel[1] » (84), précipitée par la fenêtre d'une chambre par un client belge. Valcourt dénonce le crime aux autorités, qui affirment que la femme est simplement retournée dans son village et le menacent de représailles s'il insiste. Si l'incident révèle une compassion sincère pour les femmes victimes de la violence masculine, la mort de Mélissa est « rentable » textuellement et socialement pour Valcourt puisqu'elle révèle ses qualités d'« homme de gauche et humaniste éclairé » (43) et lui vaut l'admiration de Gentille.

1 G. Courtemanche, *Un dimanche à la piscine à Kigali*, Montréal, Boréal compact, 2002 (édition originale 2000). Toutes les références ultérieures seront indiquées directement dans le corps du texte.

Par ailleurs, et malgré la sympathie de Valcourt pour la souffrance des femmes, la « politique sexuelle » du roman, pour reprendre l'expression de Kate Millett[1], est résolument traditionnelle : les hommes sont des séducteurs ou des prédateurs et les femmes, des proies, souvent consentantes, certes, mais confinées à ce seul rôle. L'action sociale et politique est un privilège masculin, tandis que les femmes, en troupeau indistinct, ne jouent qu'un rôle sexuel :

> [...] l'hôtel des Mille-Collines avec sa clientèle de coopérants, d'experts internationaux, de bourgeois rwandais, d'expatriés retors ou tristes et de prostituées (11).

> [...] à gauche, derrière le ministre, les quelques officiels et Hutus proches du pouvoir qui se sentaient obligés d'assister à ces curieuses funérailles. À droite tous les Tutsis, les amis hutus du Parti libéral et du Parti social-démocrate, et toutes les femmes qu'avait baisées Méthode (69).

> Il [Cyprien] n'avait jamais aimé les Tutsis [...] mais il adorait la taille fine de leurs femmes qu'il pouvait entourer de ses deux grandes mains, leur peau chocolatée et leurs seins durs comme des grenades juteuses (100).

On ne peut dire plus clairement que les femmes forment non pas un *groupe social* – atomisées, isolées, elles n'ont ni titre ni appartenance institutionnelle –, mais bien un *troupeau sexuel* formé de proies interchangeables. De fait, deux amis, Raphaël et Méthode, vont « chez les filles qu'ils partageaient systématiquement » (49) ; on n'a qu'à imaginer la même phrase à l'envers (deux amies qui « se partagent systématiquement les hommes ») pour voir les connotations de virilité et de puissance dont elle est chargée. En revanche, Élise, une infirmière canadienne, « offrait son petit corps dodu mais ferme à tous ceux qui lui rappelaient la vie triomphante » (63). Une femme, même forte et libre, ne « prend » pas ; elle « offre » son corps, se propose en objet de désir. La masculinité se définit donc par l'accès à ces bassins de femelles indistinctes.

Deux scènes illustreront la politique des rapports sexuels chez Courtemanche. Dans la première, Méthode, ancien cadre de la Banque Populaire atteint du sida, réclame un dernier contact sexuel avant de mourir :

> C'est la mère qui tira le drap et qui défit la ceinture de la robe de chambre. C'est la mère qui posa la main sur la tête de Mathilde, qui la poussa délicatement

1 K. Millett, *Sexual Politics*, New York, Doubleday, 1969.

> entre les deux os qui faisaient office de jambes et qui dit : « Suce-le, suce-le pour qu'un dernier jus de vie sorte de lui » (65).

Malgré l'apparente audace d'une telle tentative de contrer la mort par l'Éros, cette scène consacre une vision profondément catholique et traditionnelle des femmes. L'alliance de la mère et de la prostituée crée une sorte de double Pietà sexualisée où deux femmes sont au service d'un homme jusqu'à sa mort. Toutes les femmes que la narration valorise, et presque toutes celles qu'elle présente, se caractérisent par leur abnégation et leur générosité : mères, infirmières, prostituées, elles prodiguent aux hommes sexe, soins et chaleur humaine. Dans le domaine sexuel comme dans celui des relations humaines en général, les femmes donnent, les hommes prennent, profitent, jouissent, et c'est précisément cette possession qui confirme leur virilité.

Le second exemple de relations hommes-femmes extrêmes est celui du jeune Rwandais Justin, dont il est dit qu'il « se vengeait du fait d'être garçon de piscine » en se comportant avec les Blanches « en brute animale » ; il les fait jouir en hurlant « comme des bêtes » (146), les humilie en refusant de recommencer malgré leurs supplications et leur transmet sciemment le sida. L'oppression raciale, sociale et économique qu'a subie Justin est projetée sur les femmes, objets de sa haine et instruments de sa vengeance. Dans la relation sexuelle entre un Noir et des Blanches, la force masculine s'affirme à même la souffrance et l'avilissement des femmes et au prix de la réactivation de clichés racistes comme l'amant noir « bête de sexe » (cliché dont Dany Laferrière, nous le verrons, fait un usage abondant). Cette attitude plaît à Valcourt, qui « ne manqu[e] jamais une occasion de contribuer à l'effort de guerre de Justin » (146), sans toutefois le savoir séropositif : la complicité entre hommes, par-delà les différences de « race », s'affirme aux dépens des femmes.

Venons-en à la relation d'amour qui se trouve au centre du texte, l'idylle tragique entre Valcourt et la jeune Rwandaise, Gentille, serveuse à l'hôtel où loge le protagoniste. Voici le portrait initial qui en est fait :

> Et Gentille, qui a un nom aussi joli que ses seins, si pointus qu'ils font mal à son chemisier empesé, Gentille, qui a un visage encore plus beau que ses seins, et un cul plus troublant dans son insolente adolescence que son visage et que ses seins, Gentille, qui n'a jamais souri ni parlé tellement sa beauté la gêne et la paralyse, Gentille pleure (15-16).

Flatteuse, la description n'en est pas moins fragmentaire et réductrice : les parties ainsi offertes au regard du lecteur sont celles qui seront détruites par les ravisseurs de Gentille, laquelle apparaît déjà ici en victime éplorée. À la fois sex-symbol et Madone pure et muette (« elle pleure »), elle fascine Valcourt, qui rêve depuis des mois de « transformer les seins de Gentille en seins de femme » (16). Le corps féminin est ainsi une matière inerte que l'homme peut « transformer » par son toucher ; Gentille rappelle à la fois Cendrillon avec ses tâches ingrates et la Belle au bois dormant qui ignore son propre désir. Qu'il s'agisse du regard agressif des autres hommes ou de celui, compatissant, de Valcourt, Gentille est avant tout un corps, un spectacle. Ici encore, la masculinité se construit par opposition au féminin : par-delà la « race » (les Noirs comme les Blancs peuvent « manger » Gentille, « la sucer du regard » ([54]), eux regardent, elles sont regardées, consumées, puis, en général, détruites.

Alors que la plupart des Rwandaises décrites dans le roman sont des prostituées, Gentille, elle, est tout sauf vénale. Malgré les avantages évidents qu'a une pauvre Noire à se faire aimer d'un riche Blanc, elle tombe sincèrement amoureuse. Est réactivé ici, dans cet amour inégal par la « race », la classe sociale et l'âge, le cliché de la femme « primitive » qui attend qu'on lui révèle à la fois les émotions (« Je veux que tu m'enseignes l'amour des Blancs » [83]) et la grande culture blanche, symbolisée ici par la poésie de Paul Éluard. Territoire vierge, donc, à marquer par un homme dont le prestige social et la réputation de virilité s'en voient grandis.

Les réseaux métaphoriques qui parcourent le roman réduisent eux aussi les femmes en jolis objets à la fois « exotiques » et vulnérables, fruits ou fleurs à la beauté éphémère : Agathe à la « bouche juteuse comme une grenadine » (55), Élise « plus généreuse qu'un champ de coquelicots » (57), les Tutsies aux seins « durs comme des grenades juteuses » (100). Un deuxième réseau métaphorique, destiné lui aussi à établir la supériorité masculine comme à naturaliser la violence, est celui de la chasse : Gentille est comparée à « une gazelle qui sent le lion » (237) et les hommes, à des vautours (12, 73), des corbeaux ou des crocodiles (24). Que la gazelle soit chassée, puis tuée, voilà qui est tellement dans l'ordre des choses que la violence paraît, dès lors, normale, voire presque invisible.

Proie sexuelle comme les autres femmes du roman, Gentille sera aussi une victime expiatoire de la violence ethnique. C'est son propre père qui en fait un symbole et l'offre, tel un lopin de terre, à Valcourt :

« Gentille est comme le fruit de la terre rouge de cette colline [...] Fils, vous allez épouser le pays qu'on veut tuer... [...] Je vous donne ma fille et la colline de Kawa » (219-220). Transformer en symbole un être humain, c'est le priver de son existence propre ; de nombreuses créatrices et théoriciennes postcoloniales ont dénoncé cette réduction des femmes en simple enjeu d'un combat entre hommes[1]. La violence symbolique ainsi commise annonce la violence physique à venir. Tout en sachant sa femme directement menacée, Valcourt refuse de quitter le pays avec elle, sous prétexte qu'ailleurs, « exilée, étrangère, démunie », elle se transformerait en son « esclave » (159). Sur le plan de la stricte logique narrative, Valcourt ne peut quitter le Rwanda, puisqu'*Un dimanche à la piscine à Kigali* est une chronique du génocide ; « sauver » Gentille serait donc « perdre » le roman. Cela dit, le fait que l'amante noire soit promise à la mort dès le début indique clairement son instrumentalisation.

En effet, Gentille, qu'on prendra à tort pour une Tutsie, sera violée, torturée, infectée par le sida. On passe alors, pendant quelques pages, d'un récit hétérodiégétique centré sur Valcourt à un récit à la première personne assuré par Gentille. Ce n'est qu'au moment de raconter sa séquestration, les viols et les coups qu'on lui fait subir, avec, du reste, l'encouragement actif d'une femme jalouse de sa beauté, que Gentille se voit enfin dotée de la parole, comme si son unique récit était celui de sa propre destruction : « Aujourd'hui, je ne suis que deux petits trous sales et puants qu'on s'obstine à élargir [...] Je suis un vagin » (268). Face à un Valcourt qui offre enfin de l'amener au Canada, Gentille refuse ainsi : « Mon chéri, si tu m'aimes comme tu le dis, et je te crois, je te crois, tu vas partir. Je ne suis plus celle que tu as aimée [...] je t'en supplie, si tu m'aimes, va-t'en » (282). Après cette apostrophe aux accents mélodramatiques, l'unique moment où Gentille se montre vraiment éloquente, Valcourt s'en va « sans un mot » (282) ; Gentille meurt sans qu'il l'ait revue ni secourue durant son agonie[2]. C'est qu'elle a rempli ses fonctions narratives : révéler la beauté naïve du Rwanda et la cruauté inimaginable du génocide, valoriser l'humanisme de Valcourt et justifier son récit (« Valcourt savait

1 Voir par exemple C. L. Innes, « Rewriting Her Story : Nation and Gender », *The Cambridge Introduction to Postcolonial Literatures in English*, Cambridge, Cambridge University Press, 2007, p. 137-160.

2 Sa mort, totalement solitaire, est l'objet d'une ellipse textuelle ; le contraste est fort avec la mort de Méthode, accompagnée par de nombreux amis fidèles et racontée avec un luxe de détails qui en signalent le scandale, mais aussi la dignité.

qu'il ne pourrait vivre s'il ne parvenait pas à écrire la mort de Gentille » [258]). Voici le dernier paragraphe du roman : « Il vit avec une Suédoise, une femme médecin de son âge qui travaille pour la Croix-Rouge. Ils ont adopté une petite fille hutue, dont les parents ont été condamnés à mort pour participation au génocide. Elle s'appelle Gentille. Valcourt est heureux » (284). Cette chute, en montrant un Valcourt sorti indemne de la tragédie et amoureux de nouveau, cette fois d'une Suédoise – choix surdéterminé aux connotations de blancheur, mais aussi de sensualité[1] – rappelle une fois de plus l'instrumentalisation de la femme aimée, comme de tous les autres personnages féminins, non seulement dans la diégèse mais également dans la logique narrative (privilège accordé à la perspective masculine, réseaux métaphoriques objectivants, stéréotypes raciaux et sexuels). Entre Justin qui, tout comme les violeurs de Gentille, ne voit dans les femmes qu'un « vagin », un « trou », les étrangers qui exploitent « le cul des Rwandaises, leur territoire d'exploration » (15), et Valcourt qui ne fait rien pour sauver Gentille, il y a une différence de degré et non de nature. Dans cet univers, les femmes « se prennent » comme des proies ou, au mieux, « se donnent » (comme Élise), voire sont « données » (comme Gentille par son père). Le choix d'une jeune femme noire, très belle mais ignorante, confirme le prestige socio-sexuel de Valcourt, son humanisme et sa vaste culture. Plus généralement, la masculinité s'affirme à partir de la domination du corps des femmes, qu'on malmène (le diplomate belge qui tue la prostituée, Justin, les violeurs rwandais), qu'on réduit en objet et dont la destruction fournit la matière première de l'écriture.

LA MAUVAISE FOI : *VERS LE SUD*, DE DANY LAFERRIÈRE

Formé d'une mosaïque de petits textes narrés parfois à la troisième personne, parfois à la première, *Vers le sud* donne la parole, entre autres, à plusieurs femmes blanches d'âge mûr qui se sont rendues en Haïti

1 On se rappellera que pour les gens de la génération de Courtemanche, les premiers films érotiques mettant en scène des Suédoises, surtout dans le contexte puritain du Québec de l'époque, ont durablement marqué l'imaginaire érotique hétérosexuel.

pour coucher avec de jeunes prostitués noirs. On se trouve devant une situation où, en principe, les femmes devraient dominer par leur pouvoir économique, leur origine géographique et leur statut de narratrices. De plus, leur jouissance est placée au centre du roman. Cela dit, le plaisir sexuel des femmes sert à illustrer la supériorité des hommes noirs et entraîne, pour elles, des conséquences dévastatrices : perte d'humanité, aliénation, esclavage. Le corps des femmes devient le champ de bataille où se livre une guerre Nord-Sud, le lieu d'une cruelle vengeance raciale qui rappelle celle de Justin dans le roman de Courtemanche. Autant les réseaux métaphoriques du roman que les diverses voix narratives consacrent une relation de pouvoir qui encense la masculinité noire au prix de la déshumanisation des femmes, qu'elles soient noires ou blanches[1].

Vers le sud exploite un triple réseau métaphorique convenu et très restreint, mais abondamment réitéré : le registre animal, celui de la chasse, enfin celui la drogue et de la folie. Employés jusqu'à satiété par le narrateur omniscient comme par l'ensemble des personnages, hommes et femmes, ces trois registres entraînent un aplatissement des voix et des individualités – alors que la multiplication des narrateurs devrait au contraire entraîner une diversification des métaphores, puisque cette figure constitue en principe une façon propre d'utiliser le langage pour traduire une vision singulière –, et font triompher une unique vision masculine.

Le réseau animal revient avec une fréquence toute particulière. Dans le cas des hommes, la comparaison rehausse leur force et leur ascendant. Fanfan se dit « tigre dans la jungle urbaine[2] » (14) et joue « au chat et à la souris » (13) ; les femmes, elles, sont assimilées en toute logique et symétrie à des souris (48, 223), elles sont « en chaleur » (47), elles poussent, au moment de jouir, « une plainte qui semble venir d'un animal marin » (48). Enfin, ce sont « des bêtes assoiffées de sang

1 Bien que la question dépasse les limites de la présente étude, les protagonistes du roman réservent aux Noires le même traitement humiliant qu'aux Blanches. Voir L. Saint-Martin, « "Avec un hurlement de bête blessée" : désir, pouvoir masculin et parole féminine dans *Vers le sud* de Dany Laferrière », *Québec Studies*, n° 54, printemps-été 2011, p. 139-155, et, sur le premier roman de l'auteur, « Une oppression peut en cacher une autre : antiracisme et sexisme dans *Comment faire l'amour avec un Nègre sans se fatiguer* de Dany Laferrière », *Voix et images*, vol. XXXVI, n° 2 (107), hiver 2011, p. 53-68.

2 D. Laferrière, *Vers le sud*, Montréal, Boréal, 2006. Toutes les références ultérieures seront indiquées directement dans le corps du texte.

et de sperme » (162) traquées par un homme qui prépare patiemment son attaque, puis frappe sans merci. Telle réagit « comme un boxeur inexpérimenté qui vient de recevoir un coup derrière la nuque » (100), telle autre « s'arrête net, comme quelqu'un qui vient d'être atteint d'une balle dans le dos » (81). En somme, si aucune violence *physique* n'est infligée aux personnages féminins dans cet univers – c'est plutôt un jeune prostitué qui sera tué –, la violence *psychique* faite aux femmes – humiliation, domination, perte de soi – est à son comble et emprunte le registre du meurtre (balles, coups, proie).

La même déshumanisation est présente aussi dans un dernier registre métaphorique, celui de la drogue et de la folie : les femmes sont comparées à une « droguée en manque » (22, 152), à une « mécanique détraquée » et sont rendues « folles » par les hommes (28, 80, 165, 184, 206). Que la passion puisse rendre fou, qu'être désiré confère du pouvoir, on ne peut en douter. Mais pareille épidémie laisse songeur, d'autant qu'elle épargne les hommes du roman, qui multiplient les partenaires sans s'attacher à aucune.

Véhiculé par ces métaphores, hautement redondantes et composées pour l'essentiel de clichés, le motif central de *Vers le sud* est donc la domination sexuelle des femmes, blanches et noires, par les hommes noirs. Peu importe qui la raconte, l'histoire est la même : « À l'âge de douze ans, j'ai compris que je pouvais faire ce que je voulais des femmes » (10), dit Fanfan, discours auquel répondent, chez les femmes, des énoncés comme « Il faisait de mon corps ce qu'il voulait » (163) ou encore « dès que je m'approche trop près de lui [...] je ne contrôle plus rien » (209). La parole accordée aux femmes confirme leur soumission et présente la masculinité de la même façon que chez Courtemanche : comme la domination du fauve sur un troupeau féminin indifférencié.

Ainsi, toutes les voix du roman convergent pour raconter la même histoire : la domination sexuelle qu'exerce le Noir, sa virilité exceptionnelle, la folie des femmes réduites à leur désir impuissant. En effet, toutes les femmes, blanches et noires, jeunes et moins jeunes, succombent d'emblée à la puissance de l'amant noir. Aucune des Blanches n'a connu le plaisir avec son mari blanc, alors qu'un simple toucher de l'homme noir déclenche invariablement une jouissance explosive. Pareille simplification de la réalité, dictée par un tenace fantasme de toute-puissance, confine au stéréotype racial.

Le désir des femmes, leur plaisir, sont longuement dits et montrés, mais pour mieux renforcer le pouvoir masculin. Sans négliger les plaisirs sexuels, les hommes jouissent tout autant « dans leur tête », du pouvoir qu'ils ont, et s'échangent les amantes sans état d'âme : « la prochaine fois, elle paiera » (36), se promet l'un d'eux. En plus de l'argent, tous cherchent un pouvoir (dominer, se faire acheter des cadeaux, humilier l'autre) et non pas une rencontre véritable, même avec les femmes noires de leur âge.

C'est dire que, dans cette œuvre, on revient aux jeux de pouvoir homme-femme dénoncés par Kate Millett ou Anne-Marie Dardigna : rabaissement des femmes réduites à leur corps et à l'animalité, vues comme interchangeables et en effet échangées par les hommes pour renforcer leur camaraderie et affirmer leur virilité. S'il souligne à grands traits les liens entre désir, « race » et sexe, Laferrière consacre la domination d'un seul sexe dans toutes les situations : les femmes sont interchangeables et entièrement soumises à un désir aliénant. Le désir est ici au service d'un programme précis : l'affirmation de soi des hommes noirs grâce à l'anéantissement de l'ensemble des femmes.

En apparence, on a affaire, chez Laferrière, à des croisements complexes entre cinq catégories d'appartenance : sexe, « race », classe, origine géographique (Nord-Sud) et âge. En fait, les enjeux sont nettement plus simples, voire simplistes : tous les Blancs sont riches, presque tous les Noirs sont pauvres, aucun homme blanc ne sait faire jouir une femme, tous les hommes noirs savent le faire, etc. On assiste donc moins à une réflexion approfondie sur ces variables en interaction complexe, comme celle qu'ont élaborée de nombreuses théoriciennes féministes noires, qu'à une polarisation entre femmes blanches et hommes noirs. Déclarant vouloir s'en prendre au colonialisme, ces derniers dominent et humilient les femmes. Les passages cités montrent clairement la convergence de toutes les voix narratives vers un nombre très réduit de motifs et de constats. La situation que décrit le roman existe sûrement, mais c'est la multiplication de cas identiques, l'uniformité des voix et des pratiques, qui frappe. On a en fait affaire à une polyphonie de surface, à de fausses voix de femmes, à des représentations stéréotypées et sans nuances – le Blanc intrigant et impuissant, le Noir hyperviril, la Noire frivole et coquine, la Blanche qui perd la tête à la vue d'un bel éphèbe. Sous prétexte de dénoncer la violence coloniale – l'exploitation économique d'Haïti, l'arrogance des gens du Nord, sujets qui, s'ils servent de toile de fond, sont peu traités –, le livre verse dans le sexisme le plus voyant. Il multiplie également les stéréotypes raciaux : les femmes pareilles à des fruits tropicaux (215), les pénis noirs démesurés et source de jouissance instantanée, l'impuissance et l'ennui qui se dégagent des hommes blancs. Donner la parole à la femme blanche uniquement pour qu'elle dise sa propre domination, c'est se comporter au niveau narratif comme Charlie et Fanfan au niveau sexuel, eux qui font ce qu'ils veulent des femmes. Il s'agit d'une affaire de vengeance qui va jusqu'à l'appropriation de la voix des femmes : les femmes noires n'accèdent jamais à la narration, les femmes blanches le font mais à la façon de marionnettes aux mains d'un ventriloque invisible. Le corps et le désir des femmes figurent au premier plan, mais dans une situation de subordination qui fait d'elles l'instrument d'une vengeance Nord-Sud, l'enjeu d'un conflit plus vaste qu'on réduit à ses seules dimensions sexuelles. La masculinité noire qui émerge est tyrannique et inhumaine, mais textuellement survalorisée et, pour tout dire, hautement fantasmatique.

L'AUTRE SEXE, L'AUTRE « COULEUR »

En matière de relations sexuelles « mixtes », Valcourt affiche dans *Un dimanche à la piscine à Kigali* à la fois une bonne dose de cynisme et, s'agissant de lui-même, un angélisme marqué : « Mais oui, la femme blanche exerçait un attrait certain sur l'homme noir, tout comme l'inverse, lui avait-on dit, était vrai. Si lui avait une femme noire, c'était le fruit des hasards de la vie plutôt que d'une passion pour l'autre couleur » (145). Lui-même se soustrait à ces jeux sexuels troubles (« lui avait-on dit »), mais la vision qu'il exprime fait totalement abstraction du désir des femmes, qu'elles soient noires ou blanches. *Vers le sud*, en revanche, fait état d'une « passion pour l'autre couleur » chez les femmes blanches asservies à un désir qui les comble sexuellement mais les prive de leur volonté et de leur humanité. Les hommes noirs du roman expriment plutôt, envers « l'autre couleur », un ressentiment, une soif de vengeance et un projet d'exploitation : tirer le maximum d'argent des femmes blanches tout en instrumentalisant autant les Haïtiennes que les étrangères pour exalter leur propre masculinité.

S'ils mettent en scène dans un cas le couple formé d'un Blanc et d'une Noire, dans l'autre les accouplements entre Noirs et Blanches – des situations, donc, diamétralement opposées –, *Un dimanche à la piscine à Kigali* et *Vers le sud* se ressemblent bien plus qu'on ne l'imaginerait : les bons sentiments teintés de culpabilité de Gil Courtemanche, la mauvaise foi joyeuse de Dany Laferrière aboutissent, à peu de choses près, aux mêmes résultats. Les mêmes métaphores, parfaitement convenues par ailleurs – comparer les femmes à des fruits ou des bêtes et les hommes à des chasseurs –, rabaissent le féminin et survalorisent un masculin conçu comme fort, actif et triomphant. Les hommes sont uniques, les femmes-proies interchangeables. Qu'elles soient réduites au silence comme Gentille ou qu'elles prennent la parole comme plusieurs protagonistes de Laferrière, elles n'ont pas vraiment voix au chapitre puisqu'elles ne font, au mieux, que réitérer le discours qu'on tient sur elles.

Dans les deux romans, le corps féminin est un instrument qui permet une monstration, il donne à voir autre chose qui le dépasse : l'atrocité du génocide, l'hypervirilité de l'amant noir. Gil Courtemanche décrit et célèbre les parties du corps de Gentille qui feront plus tard l'objet de la violence. Dès le début, la mécanique textuelle est aussi apparente qu'implacable et on sait que Gentille mourra ; au second plan, évolue Justin, l'homme noir qui se venge sur les femmes et dont Valcourt approuve la fureur. Alors que la femme noire chez Courtemanche est symbole d'un peuple et victime expiatoire, la femme blanche chez Laferrière n'apparaît que pour confirmer la toute-puissance de l'amant noir. Dans ce cas, le corps féminin est peu décrit ; ce qui compte, c'est la performance époustouflante du narrateur sous le regard goguenard d'un lecteur qui vit par procuration sa puissance[1]. Que l'homme soit du reste un privilégié, comme Valcourt, ou un pauvre sans métier comme les prostitués de *Vers le sud*, les femmes lui servent de faire-valoir et lui permettent d'afficher sa supériorité. À croire que, si le désavantage social conféré par la « race » peut être renversé fantasmatiquement

1 Pour l'identification lecteur-héros dans la littérature érotique, voir K. Millett, *op. cit.*

grâce à la domination des femmes, une infériorité irréductible est liée à l'appartenance au sexe féminin. C'est dire que l'érotisme, chez ces auteurs, a autant, voire davantage, à voir avec le pouvoir qu'avec le désir. La masculinité s'édifie à même la réduction en objet, voire la destruction des femmes.

Lori SAINT-MARTIN
Université du Québec à Montréal

« *HOW* VERY *UN-DOMINICAN OF HIM* » OU LA MERVEILLEUSE MASCULINITÉ D'OSCAR WAO

UN ROMAN AUX INTERSECTIONS

Dans le cadre de la littérature de l'exil, il a souvent été question de subjectivités entre-deux, de sujets *in-between* – et donc nécessairement objectifs – et de réflexions entre un « ici » aliénant et un « là-bas » idéalisé[1]. En réaction à cette pensée binaire et suite aux réflexions postcoloniales, les mouvements migratoires sont aujourd'hui célébrés et associés aux figures d'identités composées[2]. Ainsi, selon les théoriciens de l'hybridité comme N. García Canclini et Homi K. Bhabha, ces nouvelles identités permettraient des transformations interculturelles, l'ouverture d'un espace-tiers ou encore l'émergence d'un nouveau type de métissage[3]. Par ailleurs, notre compréhension des migrations a fortement évolué depuis une quinzaine d'années, on ne parle donc plus aujourd'hui de relocalisations unidirectionnelles et permanentes mais plutôt de communauté transnationale et de cultures globalisées selon un agencement postcolonial[4]. C'est dans cette optique que j'observerai

1 C. M. Mardorossian, « From Literature of Exile to Migrant Literature », *Modern Language Studies*, vol. 32, n° 2,2002, p. 15-33.

2 Dans le monde anglo-saxon, un terme clef dans les études de la migration est celui de « multi-hyphenated identities » c'est-à-dire, littéralement, d'identités « à tirets multiples », comme c'est le cas pour les noms d'origines nationales de la majorité des immigrés de première et seconde génération – par exemple les franco-espagnols ou les dominicains-américains – (H. K. Bhabha, *The Location of Culture*, New York, Routledge, 1994 ; en français : *Les Lieux de la culture : Une théorie postcoloniale*, Paris, Payot, 2007).

3 N. García Canclini, *Culturas Híbridas. Estrategias para entrar y salir de la modernidad*, Buenos Aires – Barcelone – México, Paidós, 1990.

4 Les constructions identitaires des individus migrants et les productions culturelles de la migration ne s'enracinent pas dans deux groupes sociaux bien délimités. Je partage ainsi

quelles sont les différentes masculinités issues de la diaspora dominicaine en confrontation dans le roman de Junot Díaz *La Brève et Merveilleuse Vie d'Oscar Wao*, et, face à ces tensions de genre, de quelle manière la subjectivité masculine d'Oscar Wao est singulière.

The Brief Wondrous Life of Oscar Wao (publié en anglais 2007, gagnant du prix Pulitzer en 2008 et traduit en français en 2009) est le premier roman de Junot Díaz, écrivain américain originaire de la république Dominicaine, d'où il émigra avec ses parents à l'âge de six ans[1]. Contrairement à ce que le titre « merveilleux » pourrait donner à penser, les huit chapitres du roman racontent la difficile vie d'Oscar, l'antihéros, *queer* par excellence, un dominicain-américain qui consacre tout son temps à l'écriture de romans qu'il ne publiera jamais. Seuls le premier et les deux derniers chapitres du roman traitent directement de la vie d'Oscar depuis son enfance jusqu'à sa difficile vie de jeune adulte ; tous les autres chapitres racontent la vie des personnages proches d'Oscar. Dans le deuxième chapitre, la sœur d'Oscar, Lola, conte son adolescence rebelle dans les années 80, entre les quartiers d'immigrés latinos des banlieues américaines et sa famille traditionnelle restée sur l'île. Le troisième chapitre est consacré à Belicia Cabral De León, la mère d'Oscar et de Lola, et à son apprentissage de la dictature machiste qui régnait à Santo Domingo dans sa jeunesse. Les deux autres chapitres nous révèlent d'abord la vie de Yunior, le seul et unique ami d'Oscar qui est aussi son colocataire, puis, finalement, la manière avec laquelle le *fukú*, une malédiction dominicaine, est entrée dans la famille du grand-père maternel d'Oscar.

Par conséquent, les périodes historiques, les espaces et les voix narratives varient tout au long du roman. Cependant, le narrateur qui donne cohésion et sens à tous ces récits est Yunior, le colocataire d'Oscar. L'histoire d'Oscar Wao nous parvient ainsi grâce à ce filtre masculin normatif car Yunior est l'antithèse d'Oscar en ce qu'il n'arrive pas

---

la perspective de H. K. Bhabha qui ne parle pas de culture mais « d'énoncés culturels », chacun d'entre eux étant pensé depuis des différences internes comme le sexe, la classe ou la race – auxquelles il faut ajouter la dimension de genre (dans le sens de *gender*) (H. K. Bhabha, *op. cit.*)

1 J. Díaz, *The Brief Wondrous Life of Oscar Wao*, Londres, Faber and Faber, 2007 ; *La Brève et Merveilleuse Vie d'Oscar Wao*, trad. Laurence Viallet, Paris, Christian Bourgois, coll. 10/18, 2009.

à dominer ses « instincts masculins » et a beaucoup de difficultés à comprendre et à accepter la vie monacale et *nerd*[1] de son ami.

Comme nous le verrons dans les différents extraits du roman, l'œuvre condense aussi différents codes linguistiques : elle fut d'abord écrite en anglais, tout en étant truffée de mots en spanglish, en espagnol et en argot dominicain. Le texte est brillant également par son originalité stylistique et ses références à la littérature fantastique et à la bande dessinée comme *Le Seigneur des anneaux*, *Watchmen* et *Dune. La Brève et Merveilleuse Vie d'Oscar Wao* est donc un texte dense et novateur, tant par sa forme que par les thèmes qu'il traite, une hétérogénéité discursive qui a déjà attiré l'attention de plusieurs critiques[2].

TOUT COMMENÇAIT BIEN…

Au début du roman, lors du court épisode consacré à l'enfance d'Oscar, tout semble fonctionner parfaitement pour ce garçon dominicain, il semble suivre à la lettre les normes de genre qu'impose la société dominicaine de l'époque. Le modèle masculin à suivre, basé sur la norme de genre binaire hétérosexiste profondément machiste, est simpliste. Traditionnellement, le modèle idéal latino-américain de la masculinité hégémonique[3] est celui de l'homme fort, responsable,

1 Le vocable « nerd », un anglicisme de registre familier, se réfère à une personne qui est peu ridicule et maladroite car elle ne suit pas la mode vestimentaire ou montre un intérêt trop prononcé pour l'informatique ou les sciences (J. Sinclair, (dir.), *Collins Cobuild English Dictionary for Advanced Learners*, Glasgow, HarperCollins Publishers, 2001 p. 1030). Il est associé au concept du *geek*, qui désigne un stéréotype de personne, souvent un homme, qui se consacre totalement à l'étude et au travail scientifique, informatique et intellectuel, au point de montrer un clair désintérêt pour les activités sociales, physiques et sportives.

2 Je pense notamment à E. Machado Sáez, « Dictating Desire, Dictating Diaspora : Junot Díaz's *The Brief Wondrous Life of Oscar Wao* as Foundational Romance », *Contemporary Literature*, vol. 3, n°52, 2011, p. 522-555 et E. A. Shiflette, « The Novel Mezclada : Subverting Colonialism's Legacy in Junot Díaz's *The Brief Wondrous Life of Oscar Wao*", University of Tenessee Honors Thesis Projects, page web : http://trace.tennessee.edu/cgi/viewcontent.cgi?article=2387&context=utk_chanhonoproj

3 Je reprends ici la notion de masculinité hégémonique telle que la posent R. W. Connell et J. W. Messerschmidt dans leur article « Hegemonic Masculinity : Rethinking the Concept », *Gender & Society*, n°19, 2005, p. 829-859.

qui travaille et qui apporte les moyens nécessaires à la vie du ménage. En opposition à cela, les femmes se caractérisent par l'émotionnel et l'affectif. Ce modèle implique donc que l'homme intègre la sphère du travail, qu'il se transforme physiquement et affirme son hétérosexualité[1].

Enfant, Oscar suit parfaitement cette norme de genre en répondant au critère de séduction. Ici la séduction apparaît comme une accumulation, une addition de corps de petites filles – considérées comme des femmes en puissance – grâce auxquelles Oscar peut être considéré comme un vrai mâle. Le narrateur, Yunior, explique donc qu'à l'âge de 7 ans Oscar est un véritable Casanova car il passe son temps à poursuivre les filles de son âge et les emmène danser à la première occasion. De plus, toutes les filles et les femmes même adultes le trouvent déjà « mignon » et il n'a pas peur de les apostropher en pleine rue lors de ses vacances en République Dominicaine.

La séduction de ces corps femelles est à son paroxysme quand, à 8 ans, Oscar a son premier – et unique – « ménage à trois » lorsqu'il a deux petites copines en même temps, Maritza, une camarade de sa sœur, et Olga, une voisine portoricaine. Cette attitude de « *verdadero macho* » de la part d'Oscar suit donc la croyance populaire dominicaine selon laquelle les femmes sont naturellement passives et réceptives et les hommes sexuellement voraces par nature. Cependant, cette situation idyllique à la limite du burlesque ne dure pas, car Maritza n'est bientôt plus d'accord pour partager son « homme » et force Oscar à choisir entre elle et Olga. Oscar décide alors d'abandonner sa copine portoricaine, Olga (qui de toute façon ne peut pas entrer chez lui) et garde seulement Maritza – qui le quitte quelques jours plus tard. Ce choix s'explique, en grande partie, par l'origine ethnique d'Olga, une métisse portoricaine, à qui la mère d'Oscar interdit l'accès à sa propre maison – c'est-à-dire celle de la famille de León. La norme genrée se double donc d'un standard racial et ethnique, car tout au long du roman nous observons qu'en République Dominicaine et parmi les communautés immigrées originaires de l'île, le critère de beauté et de désirabilité se mesure en fonction du degré de blancheur de la peau et de la nationalité d'origine. Ainsi les filles se divisent entre les noires, puis ce que Yunior appelle *chicas de oro* (les chabines ou mulâtres en français), les *jabás*

1 M. Viveros Vigoya, « Jusqu'à un certain point, ou la spécificité de la domination masculine en Amérique latine », *Mouvements*, n°31, 2004, p. 56-63.

(plus claires) et les blanches. Cette hiérarchie raciale et les différents conflits qui opposèrent les Dominicains aux Haïtiens expliquent, par conséquent, que les hommes seront plus valorisés s'ils fréquentent des femmes blanches. Les femmes dominicaines, pour leur part, défendront leur position et se définiront en se différenciant systématiquement des Haïtiennes. Dans le roman de Díaz, cette mise en valeur par la négation – « *no somos como ellas* » – est également utilisée par rapport aux autres femmes antillaises ou latino-américaines qui seront systématiquement traitée de prostituée et de voleuses d'hommes.

La revendication de Maritza (Oscar doit choisir entre elle et Olga) marque en réalité le début de la déchéance d'Oscar et son éloignement progressif de la masculinité dominicaine hégémonique, c'est-à-dire celle du « beau gosse avec un million de bombax scotchées au slibard[1] » (« *playboy with a million hots on his jock*[2] »). En effet, après sa rupture avec Maritza, Oscar passe sa vie à fantasmer sur les copines de sa sœur et sur les rares filles qui lui adressent la parole. La situation d'Oscar ne fait qu'empirer au fur et à mesure des années et il s'enferme toujours plus dans ses romans et ses bandes dessinées de science-fiction pour devenir finalement aux yeux de tous un *nerd* ou binoclard obèse.

UNE MERVEILLEUSE MASCULINITÉ ?

Comment comprendre donc cette performance[3] masculine singulière d'Oscar ? En quoi est-elle décalée et comment est-elle représentée ? Comme l'explique R. Ramírez, dans les sociétés caribéennes, les relations homo-sociales sont construites en fonction d'un système hiérarchique[4],

1 J. Díaz, *La Brève et Merveilleuse Vie d'Oscar Wao*, *op. cit.*, p. 23.

2 J. Díaz, *The Brief Wondrous Life of Oscar Wao*, *op. cit.*, p. 11.

3 Suivant la théorie de J. Butler, nous réalisons chaque jour une série d'actes performatifs de tous types, qui, ensemble, forment les rôles sociaux attribués à chaque sexe – féminin ou masculin selon la norme binaire hétérosexuelle. Ces rôles sont construits socialement car ils dépendent des normes et des standards sociaux d'une communauté particulière (J. Butler, *Trouble dans le genre. Pour un féminisme de la subversion*, Paris, La Découverte, 2005).

4 R.L. Ramírez, « Foreword », R.E. Reddock (dir.) *Interrogating Caribbean Masculinities*, Kingston, The University of the West Indies Press, p. x, 2004.

les mouvements de différenciation et de relative égalité dépendront donc de la place hiérarchique et des relations que les hommes entretiennent entre eux. Nous avons donc affaire à de multiples masculinités, et les frontières de représentations de la sexualité et du genre sont constamment renégociées. La performance de genre d'Oscar doit donc être comprise dans le contexte socio-historique dans lequel elle se situe, celui des Dominicains américains de seconde génération et la masculinité hégémonique spécifique de ce groupe de descendants d'immigrés.

Tout au long du roman, Yunior nous répète qu'Oscar grossit d'année en année, qu'il est gauche et ringard. Cependant, lorsqu'on lit de plus près les passages décrivant comment Oscar est perçu par ses voisins, les étudiants de son université ou les *latinos* qu'il croise pour la première fois, nous remarquons qu'Oscar n'est pas rejeté seulement à cause de ses défauts physiques, mais bien parce que sa performance de genre ne correspond à aucun modèle hégémonique. L'épisode de son entrée à l'université est assez éclairant sur ce point :

> *There was the initial euphoria of finding himself alone at college, free of everything, completely on his fucking own, and with it an optimism that here among these thousands of young people he would find someone like him. That, alas, didn't happen. The white kids looked at his black skin and his afro and treated him with inhuman cheeriness. The kids of color, upon hearing him speak and seeing him move his body, shook their heads. You're not Dominican. And he said, over and over again, But I am. Soy dominicano*[1].

> « Il y eut l'euphorie initiale de se retrouver seul à l'université, libéré de tout, avec une putain de paix royale et en prime la pensée optimiste qu'il trouverait parmi ces milliers de jeunes gens quelqu'un comme lui. Mais hélas, rien de tel ne se produit. Les jeunes Blancs lorgnaient sa peau noire puis son afro et s'adressaient à lui avec une amabilité inhumaine. Les jeunes de couleur, ayant repéré la façon dont il s'exprimait et bougeait son corps, secouaient la tête, T'es pas dominicain, Et il répondait, encore et encore : Mais si. Soy Dominicano[2] ».

Ce garçon de la diaspora dominicaine aux États-Unis se situe entre deux normes, celle des hommes dominicains généralement associés au cliché du *latin lover* totalement dépendant de ses pulsions sexuelles et celle des Américains blancs de classe moyenne – couramment assimilés

1 J. Díaz, *Brief*, *op. cit.*, p. 49.

2 J. Díaz, *La Brève et Merveilleuse Vie d'Oscar*, *op. cit.*, p. 61.

à l'archétype du WASP (c'est-à-dire du *White Anglo Saxon Protestant*, le citoyen américain descendant des immigrés protestants d'Europe de l'Ouest). Oscar, lui, est afro-caribéen – ses cheveux sont crépus et il a la peau foncée –, ce qui le relègue d'emblée dans la catégorie des jeunes de couleur. Cependant, ceux-ci ne le reconnaissent pas non plus comme l'un des leurs étant donné son vocabulaire ringard, son corps hors-norme et ses attitudes maladroites.

En effet, Oscar passe la majorité de son temps libre à lire des livres de science-fiction jusqu'à en intégrer complètement le vocabulaire déconnecté du langage réel de la banlieue d'immigrés de Paterson (fictive) où il vit. Il s'adresse à ses amis en rébus et nomme les gens qu'il croise en fonction des héros et antihéros des personnages de ses bandes dessinées favorites comme *Dune* ou *Watchmen.* Par ailleurs, lorsqu'un jeune se risque à lui demander ce qu'il fait dans sa chambre, il explique qu'il s'adonne à l'écriture de « textes spéculatifs[1] » (« *I'm into the more speculative genres*[2] »), une terminologie assez peu explicite pour les jeunes banlieusards. Avec ce vocabulaire ridicule et décalé, Oscar ne peut donc ni séduire ni impressionner ses camarades et encore moins les filles qu'il rencontre sur le campus.

D'autre part, le corps d'Oscar ne correspond pas non plus à l'idéal masculin dominicain. Outre son poids, ce fils d'immigrés n'a ni les cheveux ni le *look* escompté d'un descendant de l'île, comme nous l'indique cette description d'Oscar à l'adolescence :

> *Sophomore year Oscar found himself weighing in at a whopping 245 (260 when he was depressed, which was often) and it had become clear to everybody, especially his family, that he'd become the neighborhood parigüayo*[3] *[...] He wore his semikink hair in a Puerto Rican afro, rocked enormous Section 8 glasses [...]*[4].
>
> « L'année de sa seconde, Oscar a découvert qu'il pesait la bagatelle de cent onze kilos (cent dix-huit quand il était déprimé, c'est-à-dire souvent) et il paraissait désormais évident aux yeux de tous, notamment de sa famille, qu'il était devenu le parigüayo[5] du quartier [...] ses cheveux à moitié crépus

1 *Id.*, p. 56.

2 J. Díaz, *The Brief Wondrous Life of Oscar Wao*, *op. cit.*, p. 43.

3 [Note de l'auteur] *The pejorative* parigüayo, *Watchers agree, is a corruption of the English neologism « party watcher. » The word came into common usage during the First American Occupation of the DR, which ran from 1916 to 1924 [...].*

4 J. Díaz, *Brief*, *op. cit.*, p. 19-20.

5 [Note de l'auteur] Les Gardiens s'accordent à dire que le terme péjoratif *parigüayo* est une altération du néologisme anglais « party watcher » [celui qui regarde la fête, *N.d.T.*]. Le mot

étaient coiffés en afro, à la portoricaine, il se trimbalait d'énormes binocles d'assisté social [...][1] ».

Oscar a des cheveux de portoricain, un corps de jeune américain et des lunettes de petit intellectuel : il ne ressemble donc à aucun modèle existant, c'est un corps hybride et dérangeant car non catégorisable.

Finalement, Oscar consacre son temps libre à lire, écrire et jouer à des jeux de rôle de science-fiction alors que tous ses voisins passent leur journée dehors à exercer leur virilité. Yunior nous donne ainsi sa version des activités extrascolaires d'Oscar :

> *Oscar had always been a young nerd [...] but by high school his commitment to the Genres had become absolute. Back when the rest of us were learning to play wallball and pitch quarters and drive our older brothers' cars and sneak dead soldiers from under our parents' eyes, he was gorging himself on a steady stream of Lovecraft, Wells, Burroughs, Howard, Alexander [...]*[2].

> « Tout petit déjà, Oscar était un tachon [...] mais dès le lycée, il était devenu complètement accro aux Sous-Cultures. À l'époque où, nous, on apprenait à taquiner le ballon, à jeter des pièces, à conduire la caisse de nos grands-frères et à tisser de la reubié dans le dos de nos vieux, il se gorgeait d'un flot ininterrompu de Lovecraft, Wells, Burroughs, Howard, Alexander [...][3] ».

Les hobbies d'Oscar sont, encore une fois, en complet décalage avec les « attitudes normales » attendues chez un caribéen de son âge. Mais, plus que la lecture en elle-même, la gêne vient de ce qu'Oscar se sent plus à l'aise dans la sphère du foyer, de la maison, de l'espace intérieur, que dans l'espace extérieur, un aspect sur lequel nous reviendrons.

Oscar, au cœur du défi multiculturel de la migration, est donc dans l'impossibilité de se situer dans l'une ou l'autre des idéologies masculines, c'est-à-dire dans l'une des constructions discursives et performatives qui sont dominantes dans des sociétés structurées en rapports asymétriques de pouvoir et de genre. Dans ce contexte de la migration dominicaine, les relations structurelles prenant en compte la classe, les inégalités économiques et politiques, le racisme, le colonialisme et l'homophobie

---

commença à être communément employé pendant la Première Occupation Américaine de la RD, de 1916 à 1924 [...].

1 J. Díaz, *La Brève*, *op. cit.*, p. 31-32.
2 J. Díaz, *Brief*, *op. cit.*, p. 20-21.
3 J. Díaz, *La Brève*, *op. cit.*, p. 33.

permettent de rendre compte des masculinités hégémoniques auxquelles Oscar Wao doit se conformer. Ainsi, les relations de pouvoir genrées sont liées aux diverses inégalités existant dans la société américaine dans la période allant des années soixante-dix aux années quatre-vingt-dix. Oscar, fils d'immigrés dominicains[1], est censé déployer une masculinité dominicaine à défaut de correspondre à l'idéal nord-américain réservé aux blancs. En porte-à-faux face à ces deux modèles, le jeune immigré est relégué au rang des mâles inférieurs voire invisibles car son corps ne fait pas sens, son langage est inassimilable et ses attitudes sont inadmissibles.

De plus, contrairement à la masculinité hégémonique dans laquelle il baigne, c'est-à-dire une masculinité essentiellement machiste, patriarcale et hétérosexiste, les performances de genre d'Oscar sont dépouillées de tout composant machiste, violent et paternel. En effet, Oscar n'attire aucune fille, il n'a en rien le charisme du leader ou du protecteur et se refuse à tout acte de violence. Ainsi, nombre de ses proches vont essayer de le ramener sur le « droit chemin » de la masculinité, des tentatives aussi vaines les unes que les autres.

RAPPELS À L'ORDRE

Le premier pas de côté d'Oscar est son refus de la violence : à sept ans lorsqu'il se voit obligé de choisir entre ses deux petites amies, sa mère le conseille en ces termes :

> *What's wrong with you ? his mother asked. She was getting ready to go to her second job, [...] When Oscar whimpered, Girls, Moms de León nearly exploded.* Tú ta llorando por una muchacha ? *She hauled Oscar to his feet by his hear.*
> *Mami, stop it, his sister cried, stop it !*
> *She threw him to the floor.* Dale una galletazo, *she panted, then see if the little puta respects you*[2].

1 L'espace manque pour étudier un point important, la figure complexe et ambivalente du père d'Oscar. D'une part, il s'agit d'un contre-modèle car c'est un père absent et irresponsable et, d'autre part, elle est associée à la figure du dictateur Trujillo qui, lui, est omniprésent.

2 J. Díaz, *Brief, op. cit.*, p. 14.

> « Qu'est ce qui va pas ? lui a demandé sa mère, Elle repartait au boulot [..] Quand Oscar a pleurniché, Les filles, la daronne de León a failli exploser. *Tú ta llorando por una muchacha ?* Tirant Oscar par l'oreille, elle l'a forcé à se relever.
> Mami arrête, a crié sa sœur, arrête !
> Elle l'a jeté à terre, *Dale un galletazo*, elle lui a conseillé, le souffle court, et tu verras comment cette petite te respecte[1]. »

Belicia Cabral pousse donc son fils à gifler la fillette afin de réparer l'affront fait à la masculinité de son fils et, par conséquent, à la famille toute entière. Un tel recours à la violence est monnaie courante dans la communauté dominicaine de Paterson[2]. Oscar ne pourra mettre à exécution cet ordre, lui qui est totalement inoffensif – il a « zéro point de combat[3] » (« *he had like a zero combat rating*[4] ») –, il décide donc d'abandonner Olga et de garder Maritza et évite ainsi de se battre. Cet ordre de Belicia Cabral agit donc comme un rappel à l'ordre genré, le premier d'une longue série de prescriptions qu'Oscar prendra le soin d'éviter d'appliquer tout au long de sa courte vie.

Ainsi, lorsqu'Oscar est encore un jeune adolescent, Belicia Cabral lui ordonne d'aller jouer dehors au lieu de rester à écrire des heures durant dans sa chambre : « *Even his own mother found his preoccupation nutty. Go outside and play ! She commanded at least once a day. Pórtate como un muchachao normal*[5] » (« Et même sa mère trouvait qu'il avait des préoccupations zarbis. Va jouer dehors ! lui ordonnait-elle au moins une fois par jour. Pórtate como un muchacho normal[6] »). Comme nous l'avons vu, la répartition des espaces est, elle aussi, fortement genrée. L'espace de la vie quotidienne est ainsi divisée entre le dehors et le dedans. Le « dehors » est le terrain de jeux des hommes, là où ils peuvent exercer leur virilité – c'est-à-dire jouer et « faire comme les grands » pour les garçons, alors que les hommes adultes ont intérêt à se situer dans l'espace

1 J. Díaz, *La Brève*, *op. cit.*, p. 26-27.

2 Il nous faut signaler en passant qu'ici la réalité rejoint la fiction. En effet, si la violence domestique est très présente dans bon nombre de pays, celle-ci a un écho particulier dans les sociétés caribéennes car c'est principalement pour comprendre cette violence conjugale masculine que les premières études sur les masculinités afro-caribéennes ont été lancées au niveau communautaire et national (R. E. Reddock, *Interrogating Caribbean Masculinities*, Kingston, The University of the West Indies Press, 2004).

3 J. Díaz, *Brève*, *op. cit.*, p. 27.

4 J. Díaz, *Brief*, *op. cit.*, p. 15

5 *Id.*, p. 22.

6 J. Díaz, *La Brève*, *op. cit.*, p. 34.

public pour travailler et marquer leur territoire. En ce qui concerne la maison / le foyer, il est l'espace féminin par excellence, celui où les femmes se préparent et préparent l'arrivée des hommes. La mère d'Oscar qui a intégré cette répartition veut donc absolument éviter d'associer son fils à l'espace féminin, d'autant plus si Oscar reste dans sa chambre pour écrire, activité qui ne met aucunement en valeur sa virilité.

Par ces rappels à l'ordre de l'hétérosexualité obligatoire – vue comme une « contrainte » selon le terme d'Adrienne Rich[1] –, Belicia Cabral tente ainsi de contrôler le comportement verbal et non verbal du jeune garçon afin d'éviter tout signe de féminité. Ce comportement de la mère de la famille De León se comprend donc dans le contexte dominicain dans lequel les mères ont un important rôle à jouer pour maintenir la famille dans les attitudes de genre acceptables, une famille dont elles sont souvent les seules responsables. Comme le remarque Antonio de Moya dans son analyse de la société dominicaine, ces mères agissent comme des gardiennes de la sexualité de leur enfant probablement pour éviter les remises en question de leur rôle de « bonne mère » mais aussi et surtout pour ne pas que soit remise en question le modèle paternel et la virilité qu'il représente[2].

NORMALISATION ET MISE EN RÉCIT D'OSCAR

Ainsi, face à ce dérèglement de la masculinité d'Oscar, les rappels à l'ordre masculin sont multiples de la part de la mère, de la sœur et de l'oncle d'Oscar afin de le remettre sur le droit chemin du genre. Mais c'est paradoxalement Yunior, son « ami », et le narrateur de ce récit, qui aura le plus fort rôle « normalisateur ».

---

1 A. Rich, « La contrainte à l'hétérosexualité et l'existence lesbienne », *La Contrainte à l'hétérosexualité et autres essais*, Genèse-Lausanne, Mamamélis, 2010 [initialement publié en 1980].

2 Voir A. E. De Moya, « Power Games and Totalitarian Masculiniy in the Dominican Republic », *Interrogating Caribbean Masculinities*, Kingston, The University of the West Indies Press, 2004, p. 68-102 et aussi A. E. De Moya, R. García, « AIDS and the Enigma of Bisexuality in the Dominican Republic », *Bisexualitites and AIDS : International Perspectives*, Londres, Taylor and Francis, 1996, p. 121-135.

L'exemple le plus évident, mais aussi le plus ubuesque, de cette mise au pas est certainement l'épisode du jogging d'Oscar. En effet, pour faire plaisir à la sœur d'Oscar, Lola, qui est aussi sa petite amie temporaire, Yunior décide de « s'occuper » du cas Oscar en essayant de le rendre moins *queer*. Il se donne donc pour tâche de transformer ce corps obèse, véritable signe d'échec social pour Yunior, en un corps musclé, normalisé, c'est à dire un corps que l'on pourrait enfin regarder.

Yunior nous explique ainsi cet épisode qu'il considère comme un exploit :

> *I got dude to exercise with me. To fucking* run. *[...] I can't lie : first couple of times I almost laughed, seeing him huffing down George Street, those ashy black knees of his a-shaking. Keeping his head down so he wouldn't have to hear or see all the reactions. Usually just some cackles and a stray* Hey, fat ass[1].
>
> « J'ai réussi à lui faire faire du sport, au mec. À le faire *courir*, putain. [...] Franchement : les deux premières fois, j'ai failli éclater de rire, à le voir descendre Georges Street en soufflant comme un bœuf, ses genoux noirs, cendrés, tout tremblotants. La tête baissée pour ne pas entendre ni voir les réactions. En général quelques gloussements et de temps en temps un *Salut, gros lard*[2] ».

L'unique ami d'Oscar surveille donc ce corps anormal, et en voulant le faire maigrir à tout prix, il opère comme un instrument du pouvoir disciplinaire genré. En prenant moins d'espace, ce corps paradoxalement énorme mais invisible – relégué ainsi au hors-champ[3] – pourrait ainsi réapparaitre dans le champ de vision de l'acceptable. Ces différentes prescriptions ont donc deux effets principaux. D'une part, elles catégorisent, de fait, Oscar en être qui n'est pas regardable, en sujet non identifiable et donc en *queer*. D'autre part, elles tentent de rationnaliser et de « réparer » ce corps décalé : Yunior répète plusieurs fois qu'il essaie de « réparer » Oscar.

Cependant, la stratégie de normalisation principale du colocataire macho est d'autant plus insidieuse qu'elle ne se limite pas à la re-formation d'un corps réfractaire mais surtout à la construction discursive de la vie d'Oscar Wao. En effet, E. Machado Sáez, dans sa critique de

1 J. Díaz, *Brief*, *op. cit.*, p. 176-177.

2 J. Díaz, *La Brève*, *op. cit.*, p. 191.

3 Je me réfère ici à la notion de « hors-champ » telle que définie par T. De Lauretis (T. De Lauretis, *Théorie queer et cultures populaires De Foucault à Cronenberg*, Paris, La Dispute, 2007).

l'œuvre a déjà montré que Yunior, qui assimile l'identité diasporique dominicaine à l'hétérosexualité, fait taire violemment l'identité et les particularités *queer* d'Oscar[1].

Dans ce cadre, le dernier chapitre du roman, intitulé « L'ultime lettre », est révélateur : dans celui-ci, Yunior prétend qu'Oscar aurait, avant de mourir, envoyé un dernier colis à sa sœur Lola depuis la République Dominicaine. L'envoi contiendrait des informations « incroyables » :

> *Anyway, the package that did arrive had some amazing news. Turns out that toward the end of those twenty-seven days the palomo* did *get Ybón away from La Capital*[2].
>
> « Bref, le paquet qui, lui, est arrivé à bon port contenait des informations incroyables. Il s'est avéré qu'au bout de ces vingt-sept journées, le palomo a enfin réussi à emmener Ybón loin de La Capital[3] ».

L'adjectif « incroyable », qu'utilise Yunior, peut donc être compris littéralement car cette expérience amoureuse entre Oscar et Ybón permet à Yunior de transformer Oscar en un Dominicain, enfin normal, c'est-à-dire un vrai macho hétérosexuel. En effet, dans ce courrier, Oscar raconterait qu'il a pu finalement embrasser sa dulcinée, Ybón, et qu'il a même réussi à passer un week-end avec elle, hors de la ville. C'est dans une cabane isolée qu'Oscar aurait enfin perdu sa virginité tout en découvrant que, ce qui lui plaît le plus chez cette femme ce sont simplement les « petites intimités », c'est-à-dire les moments passés à deux et les confidences mutuelles qu'Ybón et lui ont échangées.

La critique E. Machado Sáez met donc en parallèle ce mensonge final de Yunior avec cette volonté de domestication d'Oscar et d'écriture d'une romance nationaliste qui valorise la virilité comme un attribut indubitablement mâle. Il est en effet, intéressant de souligner la persévérance avec laquelle Yunior, véritable narrateur despotique, tente par tous les moyens d'effacer la sentimentalité d'Oscar et de ridiculiser son inactivité sexuelle. Cependant, le fait qu'Oscar ait finalement eu une relation avec Ybón, une prostituée en couple avec un autre homme, fragilise, à mon sens, le récit de domestication d'Oscar étant donné qu'il ne s'agit pas d'un modèle traditionnel de relation de couple. En effet,

---

1 E. Machado Sáez, *op. cit.*

2 J. Díaz, *Brief*, *op. cit.*, p. 334.

3 Díaz, *La Brève*, *op. cit.*, p. 346.

bien qu'elle atteste de l'hétérosexualité, une relation sexuelle avec une prostituée ne correspond pas au modèle patriarcal idéal de masculinité qui requiert la possession d'une ou plusieurs femmes via un échange économico-sexuel afin de correspondre à la masculinité hégémonique[1].

Dans ce cadre, il faut également relever d'autres stratégies narratives, d'une part la question du nom donné à Oscar, d'autre part l'infantilisation du personnage. Ainsi, le nom donné à Oscar par le narrateur est révélateur car c'est bien Yunior et ses amis qui décident un jour de surnommer le jeune immigré « Oscar Wao » en référence à un célèbre dandy, l'écrivain Oscar Wilde. Yunior souligne le parallèle entre son ami et Wilde lorsqu'il voit un jour Oscar déguisé en Dr Who pour la fête d'Halloween ; il lui semble alors que dans cet accoutrement Oscar ressemble plus que jamais à « ce gros dèp d'Oscar Wilde[2] » (« *that fat homo Oscar Wilde*[3] »). En effet, comme Wilde, Oscar passe ses journées à écrire mais le deuxième point de comparaison, beaucoup moins candide, est la déviance de genre clairement associée à cette figure emblématique du mouvement gay voire *queer*[4].

Une deuxième stratégie narrative disqualifiante est celle du procédé récurrent d'infantilisation de la personnalité d'Oscar, mis en place tout au long du roman. Il est intéressant de voir que les termes utilisés pour décrire Oscar et sa sexualité appartiennent, en effet, presque systématiquement au champ sémantique de l'enfance. Par ailleurs, Oscar pleure souvent, tel un bébé, il se jette dans les bras des filles qui lui plaisent,

1 Je me limiterai ici à renvoyer le lecteur à l'ouvrage éclairant de P. Tabet, dans lequel l'ethnologue italienne démontre que la prostitution (telle que comprise par le sens commun) agit comme catégorie normative dont la fonction est d'énoncer les règles d'un usage légitime du corps des femmes dans différentes sociétés. Dans ce cadre, la prostitution est une transgression des règles de propriété sur les femmes, car celles-ci se situent alors dans la position de partenaire de l'échange et non plus d'objet de l'échange économico-sexuels (P. Tabet, *La Grande Arnaque. Sexualité des femmes et échange économico-sexuel*, Paris, L'Harmattan, 2004).

2 J. Díaz, *La Brève*, *op. cit.*, p. 195.

3 J. Díaz, *Brief*, *op. cit.*, p. 180.

4 Le procès de Wilde (en 1895) durant lequel il fut condamné à deux ans de prison sans possibilité de se défendre s'est transformé en un événement clef pour les gays car il officialisa la négation, de la part de la justice, d'un type d'identité gay – l'injure est donc devenue collective. Wilde est ensuite devenu un modèle transhistorique et transculturel de l'identité gay puis queer (D. Eribon, *Réflexions sur la question gay*, Paris, Fayard, 1999 et J. Goldman, J. Wolfreys, « Works on the Wild(e) side – performing, transgressing, queering : Gay Studies / Queer Theories », *Introducing Literary Theories : A Guide and Glossary*, Édimbourg, Edinburgh University Press, 2001).

il assimile le monde réel à son monde de bande dessinée et de jeux de rôle de personnages fantastiques. On soulignera simplement ici la composante libératrice de ces jeux de rôle dans lesquels Oscar peut enfin être quelque d'autre, le plus souvent, un être surhumain qui sauve les jeunes filles de graves dangers.

Yunior tente ainsi de disqualifier de différentes façons l'identité et les particularités *queer* d'Oscar en réinterprétant le corps d'Oscar et en se l'appropriant par cette mise en récit. Cela permet ainsi au narrateur de construire un récit du corps *queer* migrant littéralement entre deux normes de genre qui se comprend donc en opposition au corps dominicain *straight* légitime. Ces différentes stratégies normalisatrices suivent le principe de division et de hiérarchisation, principe clef dans l'analyse du patriarcat mais aussi des performances de genre, et nous aident donc à comprendre les hiérarchies raciales, nationales et de genre au cœur des enjeux de masculinités dans le roman de Díaz. Cependant, cet antihéros *queer*, transforme, malgré lui, ces « décalages » en une masculinité hybride et résistante propre au corps migrant.

CORPS MIGRANT : UNE NOUVELLE CARTOGRAPHIE DU CORPS MASCULIN

Le récit d'Oscar Wao nous propose une nouvelle cartographie du corps masculin, singulière de par sa position de corps migrant situé non pas entre deux cultures, mais dans deux cultures, dans deux espaces genrés. Cette nouvelle cartographie n'est pas celle « d'un corps sain, alternatif et fini » pour reprendre les termes de De Lauretis[1] car Oscar n'est pas un nouveau modèle « prêt à porter » ou à performer. La masculinité *queer* du jeune dominicain américain et son désir pour Ybón mêlent pulsion sexuelle et pulsion de la mort, un conflit qui se conclura par la victoire de Thanatos. Cependant, il n'en faut pas nécessairement en conclure que la masculinité alternative proposée par Oscar est une utopie ou un rêve mortel.

En effet, la structure du texte fonctionne comme une mise en abyme du composant narratif : le roman nous raconte l'histoire personnelle d'Oscar

1 T. De Lauretis, *op. cit.*

au travers de l'histoire de sa famille, ce qui nous amène à l'histoire de son pays, la République Dominicaine. Ce mécanisme de récits dans le récit nous permet donc de comprendre le fonctionnement des relations de pouvoir genrées en République Dominicaine ainsi que celles qui organisent la diaspora de plusieurs générations jusqu'à aujourd'hui.

Ces différents récits nous révèlent ainsi les mécanismes qui régissent la sexualité et la masculinité, toutes deux construites selon les intérêts politiques des classes dominantes. Nous voyons donc apparaître ce que De Lauretis a appelé les « technologies du genre » qui constituent un ensemble de discours et de silences, de pratiques et de tabous qui donnent forme aux normes de genre auxquelles Oscar doit se soumettre. Grâce à cette mise en abyme de récits et aux discours genrés qui transparaissent, les lecteurs comprennent donc que la nouvelle cartographie du corps masculin qu'Oscar Wao nous propose, sa merveilleuse masculinité, plus qu'une utopie, se définit comme une tentative de résistance. Il s'agit donc d'une nouvelle subjectivité en porte-à-faux face à toutes ces technologies du genre, parmi lesquelles il y a le fameux *fukú* dominicain.

Le *fukú* est le nom donné à une malédiction dominicaine mi-fantastique, mi-pastiche, sur laquelle s'ouvre le roman. La première page du récit détaille donc ce qu'est le *Fukú Americanus*, une malédiction qu'un certain Amiral aurait rapportée d'Afrique sur la première île découverte par Colomb, l'Hispaniola, appelée à devenir la République Dominicaine. Plusieurs fois, tout au long du récit de Yunior, cette malédiction permet d'expliquer telle ou telle tragédie dont ont été victimes certaines familles de l'île, et notamment celle d'Oscar.

La portée politique de cette malédiction a été cœur de plusieurs interprétations de la part des critiques[1], mais il me semble que plus qu'une fatalité impliquant un dieu quelconque, le *fukú* peut-être compris comme une dictature politique et genrée. Le *fukú* serait cette idéologie machiste, présente depuis des décennies et aiguisée parfaitement par Trujillo pour ses propres intérêts et son statut de mâle dominant. Face à cette idéologie hégémonique, Oscar essaie ainsi de proposer sa propre masculinité, inspirée de ses romans de science-fiction, de ses films et, plus simplement de son expérience d'immigré dominicain américain de seconde génération. Cette nouvelle subjectivité bien qu'elle apparaisse comme

1 A. Garland Mahler, *op. cit.* et E. Machado Sáez, *op. cit.*

étant « very *un-Dominican*[1] » (« *particulièrement* peu dominicain[e][2] ») pour certains, acquiert, dans ce cadre, une dimension politique et passe du statut de marginalité à celui de revendication et de résistance face aux rôles prescrits par les sociétés américaine, dominicaine ou encore par celle de la diaspora.

Pauline BERLAGE
Université François-Rabelais, Tours
Universitat Autònoma de Barcelona

1 J. Díaz, *Brief*, *op. cit.*, p. 11.
2 J. Díaz, *La Brève*, *op. cit.*, p. 23.

CINQUIÈME PARTIE

POLITIQUE ET FICTIONS GAY

FICTION, GENRE ET IDENTITÉ

La folle chez Guy Hocquenghem et Copi

« Se défaire homosexuel », « se déprendre de l'homosexualisme », tel est le projet politique et théorique de Guy Hocquenghem dans son livre *La Dérive homosexuelle*, recueil d'articles publié en 1977[1]. Quelques années auparavant, Guy Hocquenghem avait été une figure du mouvement homosexuel radical naissant, le Front homosexuel d'action révolutionnaire, apparu à Paris en 1971[2]. En janvier 1972, Guy Hocquenghem affirme publiquement son homosexualité dans une interview au *Nouvel Observateur*, une affirmation qui est au cœur des actions et des écrits du FHAR (« Lesbiennes et pédés, arrêtons de raser les murs » affirmait le FHAR dans son manifeste publié en 1971, le *Rapport contre la normalité*). La même année, il publie *Le Désir homosexuel*, vif essai qui dialogue avec l'*Anti-Œdipe* de Gilles Deleuze et Félix Guattari. Quelques années plus tard, cependant, au moment de la parution de la *Dérive homosexuelle*, son projet n'est plus le même : alors que *Le Désir homosexuel* voulait soustraire l'homosexualité à la psychiatrie et à la psychanalyse, *La Dérive homosexuelle* semble vouloir soustraire l'homosexualité à elle-même. Guy Hocquenghem dénonce ainsi « l'institutionnalisation homosexuelle[3] », la « respectabilisation et la neutralisation de l'homosexualité[4] ». Il déplore une normalisation, une disparition de la « diversité baroque des styles

1 G. Hocquenghem, *La Dérive homosexuelle*, Paris, Jean-Pierre Delarge, 1977, p. 158 et p. 16.

2 Guy Hocquenghem est né en 1946 et mort du sida en 1988. Militant gauchiste en 1968, il a été enseignant au département de philosophie de l'université de Vincennes, journaliste à *Libération*, écrivain et observateur critique des transformations du mouvement gay et du reniement des gauchistes qui rompent, dans les années 80 avec leurs engagements pour se ranger du côté du pouvoir. Il est l'auteur d'une quinzaine de livres essais et pamphlets (*Le Désir homosexuel* en 1972, *Lettre ouverte à ceux qui sont passés du col Mao au Rotary* en 1986, rééd. Marseille, Agone, 2003), nouvelles (*Fin de section* en 1975) et romans (*La Colère de l'Agneau* en 1985, *Ève* en 1987).

3 G. Hocquenghem, *La Dérive homosexuelle, op. cit.*, p. 149.

4 *Id.*, p. 131.

homosexuels traditionnels ». Les liens entre la marge et l'homosexualité disparaissent, écrit Hocquenghem, et « viendra le temps où l'homosexuel ne sera plus qu'un touriste du sexe, un gentil membre du Club méditerranée qui a été un peu plus loin que les autres, à l'horizon de plaisir un peu plus élargi que la moyenne de ses contemporains[1] ».

Pour mener cette critique de la transformation des catégories de l'homosexualité, Guy Hocquenghem choisit notamment de célébrer le personnage de la « folle » et de se tourner vers la fiction. Comment la fiction permet-elle de travailler le genre masculin ? Comment la fiction peut-elle participer à une déconstruction de l'identité sexuelle ? Plus précisément, comment la fiction de la « folle » permet-elle de défaire le genre et d'échapper à ce qui est considéré comme une normalisation de l'identité homosexuelle ?

La folle est une figure récurrente de l'écriture de l'homosexualité – à différentes époques –, soit dans un discours contre, stigmatisant le brouillage du masculin et du féminin (discours qui peut être le fait des homosexuels eux-mêmes), soit dans un contre-discours, valorisant la transgression par la théâtralité[2]. *La Dérive homosexuelle* reprend deux courts textes sur les folles publiés en mars 1977 dans le journal *Libération*, regroupés sous le titre « la machine folle[3] ». Le premier texte est une critique élogieuse du roman de Copi *Le Bal des folles*, paru en 1977 chez Christian Bourgois. Le second est un compte rendu d'un voyage à Barcelone. Guy Hocquenghem est également l'auteur d'une nouvelle, « Oiseau de la nuit », publiée en 1977 dans un livre coécrit avec l'écrivain Jean-Louis Bory, *Comment nous appelez-vous déjà*[4] *?* « Oiseau de la nuit » est le récit de la rencontre entre un touriste américain de passage à Paris et une « folle » (terme choisi par Hocquenghem – le mot homosexuel est absent de la nouvelle) qui lui fait découvrir les circuits nocturnes de la drague. La nouvelle est une célébration des lieux et ambiances interlopes, où se mêlent folles et individus louches. Elle est également une critique d'une forme de « normalisation » de la vie gay, de la disparition de ces lieux, de la disparition d'un « vieux monde homosexuel » au profit d'un « nouveau monde ».

1 *Id.*, p. 131.
2 J.-Y. Le Talec, *Folles de France. Repenser l'homosexualité masculine*, Paris, La Découverte, 2008.
3 G. Hocquenghem, « La machine folle », *La Dérive homosexuelle, op. cit.*, p. 139-147.
4 J.-L. Bory et G. Hocquenghem, *Comment nous appelez-vous déjà ?*, Paris, Calmann-Lévy, 1977.

LA « FOLLE » CONTRE LA MODÉLISATION HOMOSEXUELLE

Pour Guy Hocquenghem, la « folle » n'a rien à voir avec le brouillage du masculin et du féminin, l'effacement des frontières de genre. Son écriture de la folle laisse de côté la question de l'efféminement, pourtant régulièrement associé à la folle. Il écrit ainsi :

> Précisons qu'une folle ne signifie pas l'efféminațion plus qu'une femme la féminité. J'emploie ce mot uniquement pour décrire une forme d'acuité phénoménologique, une façon d'être au monde entreteneuse de quiproquo qui peut aussi jouer des virilités et des races[1].

La valorisation de la folle permet à Guy Hocquenghem de se dresser contre un personnage, associé à cette « modélisation homosexuelle » contre laquelle il écrit. Il s'en prend ainsi à un « nouvel homosexuel », à « des rôles plus véristes, plus adéquats à des vérités sexologiques simples : homosexuels libérés à moustaches et after-shave, transsexuels réussis, jeunes bisexuels de communauté, etc. », à « l'empire d'un homosexe anglo-saxonisé par le libérationnisme[2] ». Mais il n'entend pas proposer une contre-identité, un contre-personnage : il ne s'agit en aucun cas de substituer à l'homosexuel moderne la folle. Ce qui fait de la folle une puissante figure théorique est qu'elle est insaisissable, qu'elle est dans le mouvement, dans le déplacement, ce qui permet à Guy Hocquenghem de valoriser ce « déplacement » contre des identités figées et normées.

La folle n'existe pas : elle est en effet une fiction, une fiction pleinement assumée par Guy Hocquenghem. « Que les folles soient fictives – êtres de fiction et non reproductions véristes d'une réalité comme le travesti total et réussi – les rend inaptes à devenir modèles, guides d'un comportement réel possible[3] ». Commentant sa nouvelle *Oiseau de la nuit*, l'auteur écrit également :

> Quand s'évoque le paradigme « folle », j'ai affaire à un personnage de fiction, au sens où l'on parle d'« histoire de folles ». C'est un mythe mythomane que je me suis efforcé de décrire. Elle n'est et ne peut à aucun moment devenir un modèle,

1 *Id.*, p. 204-205.
2 Guy Hocquenghem, *La Dérive homosexuelle*, *op. cit.*, p. 144.
3 *Id.*, p. 143.

> le guide d'un comportement réel et possible. Elle est même carrément « impossible » (comme les enfants et les fous) et contradictoire, incapable de distinguer le réel de l'imaginaire et donc de les bien faire fonctionner comme instances d'asservissement réciproque. Elle, figure mythique, et non abstraite, que j'ai tenté de raconter. Ni une solution ni une position de valeur. [...] Cette figure n'est pas un porte-parole théorique – ni bien sûr une représentation sociologique. Elle n'est ni rationnelle ni réaliste – bref elle n'a pas grand-chose pour elle. Sinon précisément de représenter une fêlure dans la modélisation homosexuelle[1].

« Personnage de fiction », « mythe mythomane », « figure mythique », « ni rationnelle ni réaliste », « création arbitraire et permanente », c'est l'essentiel de ce qui intéresse Guy Hocquenghem. Contre la modélisation homosexuelle ou le modèle homosexuel, la folle ne peut servir de contre-modèle ; elle est insaisissable.

La folle est une fiction, et appartient pleinement à la fiction. Au mieux, elle n'existe plus : elle a disparu, victime des transformations de la situation sociale de l'homosexualité ; elle appartient au passé. « Archéologique », dit même Hocquenghem[2].

Il n'est pas même certain qu'elle ait réellement existé. La folle est fiction parce qu'elle est avant tout une référence théorique et littéraire. Hocquenghem la trouve chez Jean Genet, référence omniprésente – mais souvent implicite – dans la manière dont il théorise l'homosexualité.

> Les dernières grandes folles sont chez Genet [écrit Hocquenghem]. Encore implantées dans les années cinquante dans tous les quartiers de Paris jouissant d'une pissotière, repliées au cours des années soixante dans un périmètre délimité par le Fiacre et le Quai aux Fleurs, elles ont cédé la place à des rôles plus véristes, plus adéquats à des vérités sexologiques simples[3].

Guy Hocquenghem écrit le second texte sur les folles après un séjour à Barcelone. Barcelone, comme il le rappelle dans ses premières lignes, est la ville du *Journal du voleur* (1949) de Jean Genet. Mais aussi la ville où Hocquenghem pense retrouver des folles, ville où il pense avoir trouvé une « faille dans la modélisation homosexuelle ». Ainsi,

> il n'y a pas d'homosexuels à Barcelone (déception du jeune prof pédé français rencontré là-bas : pas de boîtes, rien du code homosexuel habituel). [...] Il n'y

1 J.-L. Bory et G. Hocquenghem, *Comment nous appelez-vous déjà ?*, *op. cit.*, p. 208.
2 G. Hocquenghem, *La Dérive homosexuelle*, *op. cit.*, p. 144.
3 *Ibid.*

> a que des mariconas, des mâles ambigus, des gigolos aigus, des militaires et des touristes… Bref, à Barcelone, le virus n'a pas encore été isolé, rationalisé, et réduit à sa platitude tendancielle.

Mais, y compris à Barcelone, il reconnaît l'ambiguïté de la référence et précise : « je l'ai peut-être rêvé[1] ».

LA FICTION DU *BAL DES FOLLES*

Figure théorique, la folle est ainsi, pour Guy Hocquenghem, une fiction. Et pour élaborer cette figure, il se tourne vers la fiction, comme dans la critique élogieuse qu'il fait du roman de Copi, *Le Bal des folles*, publié en 1977 chez Christian Bourgois. Ami d'Hocquenghem, Copi – Raúl Damonte – est un dessinateur et dramaturge argentin. Né à Buenos Aires en 1939, Copi appartenait au groupe des « Argentins de Paris », comprenant notamment Jérôme Savary, Alfredo Arias ou encore Jorge Lavelli. Il se fait connaître à partir du milieu des années 60 pour ses dessins de presse, notamment dans le *Nouvel Observateur* (pour son célèbre personnage de la dame assise qui dialogue avec un volatile), puis ses pièces de théâtre. Il meurt du sida en 1987, quelques mois avant Guy Hocquenghem.

À propos du *Bal des folles*, Guy Hocquenghem annonce « prendre la folie des folles au pied de sa lettre, comme une création arbitraire et permanente, et non comme un malheur humain[2] ». La folle selon Guy Hocquenghem tourbillonne comme un bal qui donne son nom au roman : ce qui l'intéresse dans la folle est son incessant déplacement, son impossible fixité, qui lui permettent de contester une homosexualité qui lui apparaît normalisante.

Ces déplacements se déclinent à tous les niveaux dans *Le Bal des folles*, dans l'intrigue, dans la parole de la folle et jusque dans la structure même du récit. Le mouvement, le rythme effréné forment ce qu'Hocquenghem appelle dans la *Dérive homosexuelle*, un « délire-folle ». L'intrigue est faite de

1 *Id.*, p. 146-147.
2 *Id.*, p. 142.

rebondissements incessants. Ainsi, *Le Bal des folles* « saute et cabriole dans un cocktail ensanglanté, rapide rhapsodie picaresque, hystérie toute portée vers l'extérieur et l'action[1] ». Les 160 pages – 12 chapitres – du roman sont une succession d'aventures et de péripéties, de situations délirantes, dont le narrateur et personnage principal est une folle, écrivain, qui doit rendre un roman à son éditeur et qui commet cinq meurtres. Le déplacement est celui de la relation passionnée entre le narrateur et son amant Pierre qui ne cessent de rompre et de se réconcilier. Il est aussi géographique. Au fil du roman, le narrateur voyage de Rome à Paris, de New-York à Ibiza. À Paris même, il se déplace du boulevard Magenta à Saint-Germain-des-Prés ou à l'Opéra. Et au sein même de Saint-Germain-des-Prés, le narrateur ne cesse de bouger, d'un appartement rue Maubert à un hôtel au carrefour de Buci, du Café de Flore à un autre hôtel rue Saint-Benoît. Le roman même se termine sur le départ du narrateur pour Rome. La dernière phrase est : « On s'embrasse sur les deux joues, je prends ma valise, je sors[2] ».

Ce rythme effréné est aussi celui de la parole. Copi use de deux figures de style, l'asyndète et la parataxe, c'est-à-dire une suppression des conjonctions dans les phrases et une juxtaposition de phrases sans subordonnées. La succession de phrases courtes suggère ainsi un débit de parole très rapide, un rythme effréné, comme si le narrateur passait d'une idée à l'autre, et fait écho à la succession d'actions qui compose l'intrigue. Ainsi débute le chapitre V :

> Nous louons une petite maison en face de la mer, nous voyons très peu de monde, je fume du hasch comme un dingue et je reste dessiner dans mon fauteuil roulant toute la journée sur la terrasse, c'est Pierre qui fait les courses, me gâte ; je suis devenu extrêmement capricieux, je ne le laisse jamais sortir, il passe la journée à faire le ménage et à me faire la cuisine avec beaucoup de laurier[3].

La folle est « dans l'événement » écrit Guy Hocquenghem.

> Du coup, elles [les folles] sont de plain-pied dans le roman, à ce point obnubilées par la course rapide des objets de leurs désirs qu'elles se maintiennent hors profondeur, hors psychologie. Toutes dans l'événement », une idée qui ne peut que séduire celui qui écrit contre le « vérisme psychosexologique[4].

---

1 *Ibid.*
2 Copi, *Le Bal des folles*, Paris, Christian Bourgois, 1977, p. 164.
3 *Id.*, p. 63.
4 G. Hocquenghem, *La Dérive homosexuelle*, *op. cit.*, p. 143.

Le *Bal des folles* est également très proche du monologue. Le roman est écrit à la première personne, avec très peu de dialogues (que la ponctuation ne distingue pas du reste du texte et qui se confondent parfois). Comme l'a montré Isabelle Barbéris à propos d'une autre pièce de Copi, *Loretta Strong* (qu'elle compare aux chroniques de Michel Cressole, ami d'Hocquenghem et de Copi, publiées dans *Une Folle à sa fenêtre*[1]), le monologue est l'outil d'une « parole folle[2] ». Ainsi :

> Si l'on associe d'abord ce personnage [la folle] à une image, celle, précisément, du travesti, c'est l'utilisation verbale qu'en font Copi et Cressole qui porte la charge iconoclaste de la Folle, dont la panique discursive réduit les simulacres en poussières de mots. L'hypothèse étant que la Folle est avant tout un être de parole, au-delà des apparences. Car seule la parole peut mener à bien le projet subversif d'une « follie » qui avance par inversion et subversion de chaque énoncé proféré. La parole ininterrompue de la Folle peut alors être comparée à un procédé de *morphing* continu dont la fonction serait de venir troubler les catégories établies[3].

Isabelle Barbéris trace une continuité entre la folie des fous au Moyen Âge, folie qui « relevait d'abord d'une caractérisation linguistique et verbale », le fou étant « l'auteur d'une parole inclassifiable qui oscille entre le mutisme de l'*infans* et le *loquela continua*, le discours pléthorique et ininterrompu », et la folie des folles. Elle poursuit, évoquant une « mise en panique discursive » : « la Folle dont il est ici question est avant tout un être de parole qui profère, dépense les mots avant de les penser » et « la parole de la Folle comme antérieurement celle du fou ont l'instabilité du vent[4] ».

C'est cette instabilité qui séduit Guy Hocquenghem : qu'elle soit celle de l'intrigue ou celle de la parole de la folle, elle est l'instabilité qu'il veut faire advenir face à une identité homosexuelle. Mais ce mouvement, cette instabilité vont encore plus loin. D'après Hocquenghem, « [les folles] sont incapables de distinguer le vrai monde de l'imaginaire, et donc de les bien faire fonctionner comme instances d'asservissement

---

1 M. Cressole, *Une folle à sa fenêtre*, Paris, Cahiers Gai Kitsch Camp, 1992.
2 I. Barbéris, « Copi-Cressole. Le monologue extérieur de la "Folle" », F. Dubor et F. Heulot-Petit (dir.), *Le Monologue contre le drame*, Rennes, Presses universitaires de Rennes, 2012, p. 123-133.
3 *Id.*, p. 124.
4 *Id.*, p. 125-126.

réciproques[1] ». L'impossibilité de distinguer réalité et imaginaire se retrouve dans la structure même de la narration, dans la construction du *Bal des folles*.

Le récit se construit autour de deux narrations, toutes deux à la première personne, d'une part l'écriture d'un roman par le narrateur, d'autre part les souvenirs d'une histoire d'amour avec Pierre (et des aventures qui y sont liées). La distinction, très nette, entre les deux narrations s'efface au fil de la progression du roman (à partir du neuvième chapitre), si bien qu'à la fin du roman il devient impossible de distinguer les deux.

Dans la première narration, le narrateur écrit le livre qu'il a promis à son éditeur et s'enferme pour cela dans son hôtel boulevard Magenta. Son amant Pierre est mort et le narrateur se souvient de leur vie commune, ce qui fait basculer le récit dans la seconde narration, les différents épisodes de sa tumultueuse histoire d'amour avec Pierre et avec Marylin, maîtresse de Pierre. Le livre est ainsi un aller-retour entre l'écriture du roman par le narrateur et les souvenirs de son histoire avec Pierre.

Le basculement entre les deux narrations se fait au fil du récit, par l'utilisation des temps. Le narrateur commence à raconter son histoire avec Pierre au passé, et celle-ci se poursuit naturellement au présent. Même si le basculement est soudain – dans le sens où il n'est pas annoncé, si ce n'est par l'utilisation des temps, le passage du présent au passé – la distinction entre les deux narrations est claire. Au fil du roman, des procédés narratifs permettent de faire le basculement entre les deux narrations, et notamment un jeu sur les rêves et le sommeil du narrateur (par exemple à la fin du chapitre IV, le réveil soudain du narrateur indique que les souvenirs appartenaient au rêve).

Mais, au chapitre X, cette structure vole en éclats. Après avoir commis deux meurtres, le narrateur se réfugie dans un sauna homosexuel. Le récit se situe dans la première énonciation, avec des personnages qui y appartiennent depuis le début, Marielle de Lesseps, une amie du narrateur, et son éditeur. Poursuivi par la police, le narrateur imagine rester longtemps dans le sauna, « prendre une chambre à l'année ». Là, à la fin du chapitre IX, il commet deux nouveaux meurtres – dont celui de son propre éditeur –, avant de faire exploser le sauna.

---

1 G. Hocquenghem, *La Dérive homosexuelle*, *op. cit.*, p. 143.

Le chapitre X débute : « Je rentre dans une cabine boulevard des Capucines et j'appelle Marielle. Où étais-tu passé ? me demande-t-elle. Depuis quatre jours que nous avons déjeuné chez *Lipp* elle n'a pas de mes nouvelles[1] ». Or, le narrateur est supposé avoir vu Marielle de Lesseps, qui a participé aux derniers développements de l'intrigue. Le narrateur poursuit : « Ainsi, j'ai rêvé. Mes quatre derniers jours n'ont jamais existé que dans mon imagination ! Qu'ai-je fait entre-temps ? Je n'en sais rien ». Plus loin, il fait part de son désarroi :

> Je raccroche, je vous l'avoue, très soulagé : je ne me souviens plus de ce que j'ai fait ces quatre derniers jours mais l'important est de savoir que je n'ai pas tué. Mon roman n'existe plus tant pis [le narrateur a perdu son manuscrit, ce qui lui arrive fréquemment] mais je suis innocent, c'est le principal. Pour en être plus sûr, je reviens sur mes pas, je regarde l'entrée du *Continental Opéra* [le sauna qu'il est censé avoir fait exploser], il fonctionne comme d'habitude, les folles jettent un coup d'œil rapide à gauche et à droite avant de s'y engouffrer de peur que quelqu'un de leur famille soit dans les parages[2].

La double narration sur laquelle reposait le récit est fortement perturbée : ce qui semblait appartenir à la première narration – l'écriture en cours du roman – s'avère subitement ne pas y appartenir. S'il était évident que la seconde narration, celle de l'histoire d'amour avec Pierre, était en partie liée avec les souvenirs et le rêve – par exemple quand, après plusieurs pages consacrées à l'histoire avec Pierre, le narrateur se réveille, faisant comprendre que le sommeil l'avait plongé dans ses souvenirs – ce qui semblait devoir être associé à la première narration est également du rêve. Dans ces conditions, une incertitude plane sur le roman : qu'est-ce qui appartenait au rêve ? Qu'est-ce qui était « réel » ?

Dès lors, l'ambiguïté se déploie et ne se lève plus jusqu'à la fin du roman. Le narrateur lui-même ne sait plus distinguer le rêve de la réalité, la fiction de l'imaginaire. Dans les pages qui suivent, le narrateur se rend dans un immeuble où il est censé être déjà allé dans les chapitres précédents, chapitres qui n'étaient que du rêve :

> Je prends un taxi. Il s'arrête devant le trente-trois rue des Trois-Portes, je ne reconnais pas l'entrée, ça me rassure, je n'aime pas ce mélange de rêve et de réalité, j'ai peur d'être encore amené à tuer comme dans mes rêves précédents.

1 Copi, *Le Bal des folles*, *op. cit.*, p. 133.
2 *Id.*, p. 133-134.

> Mais l'escalier est le même. Et le papier aussi. Maledizione. Un instant j'ai envie de fuir. Je sais que même si je ne suis pas un criminel mon emploi du temps de ces quatre derniers jours m'est complètement sorti de la tête, n'aurais-je pas pendant cette période tué pour de bon[1] ?

Pour le narrateur, il n'a commis les quatre meurtres que dans ses rêves. Il a donc passé ses derniers jours à rêver et n'a rien écrit, dit-il. Ainsi, à la fin du chapitre, il discute avec Marielle :

> Je n'ai rien écrit ces jours-ci mais j'y pense toujours. [...] Je lui raconte le mieux que je peux mon rêve de ses trois derniers jours. [...] Le téléphone sonne : c'est lui [mon éditeur]. Il a une bonne nouvelle : les logeuses du boulevard Magenta l'ont appelé ce matin, j'y ai abandonné ma valise et mes cahiers, mon numéro de téléphone était écrit sur l'un deux. [...] Mais alors j'ai bien écrit ces quatre derniers jours ? Oui, il a reçu tout à l'heure mes trois cahiers bien remplis et sans ratures. Il les a lus, il est un peu vexé du rôle que je l'ai fait jouer dedans[2].

Apparaît là une perspective de dénouement. Une partie du texte, celle qui était le rêve du narrateur, est en fait le roman qu'il a écrit (mais dont il ne se souvient plus). Un problème subsiste : à quel moment cela a-t-il commencé ? Qu'est-ce qui était du rêve ? Qu'est-ce qui appartenait au roman en train de s'écrire ? Et qu'est-ce qui était de l'écriture du roman ?

Le texte comportait bien des « indices » de ce brouillage. Au début du chapitre IV, le narrateur, dans son hôtel boulevard Magenta, apprend que la femme qui dort dans la chambre voisine de la sienne s'est pendue pendant la nuit. Interrogé par la police, le narrateur aperçoit le visage du cadavre : la femme qui s'est pendue était Marylin. Le narrateur se réveille alors : le suicide de Marylin n'était qu'un rêve. Mais la patronne de l'hôtel lui montre le journal où est relaté un suicide dans une prison romaine : le narrateur apprend ainsi que Marylin s'est véritablement suicidée, non pas à Paris, mais à Rome. D'autres indices suggéraient que le récit des aventures avec Pierre appartenait au roman en cours d'écriture. Le narrateur peut ainsi déclarer :

> Mais le souvenir de Pierre reste confus, je ne me souviens plus de mes premiers cahiers, je ne sais plus si je l'ai quitté à Rome, à Paris, à New-York ou à Ibiza.

1 *Id.*, p. 134.
2 *Id.*, p. 135-137.

> Si je n'avais pas oublié mes cahiers boulevard Magenta ! Pierre se refuse à ma bic, ça ne marche plus[1].

Mais ce jeu sur le rêve ne prend véritablement son sens que la fin du roman connue, quand il apparaît qu'il annonce le brouillage entre la fiction et la réalité.

Dans la suite du roman, la situation est loin de se dénouer et les ambiguïtés se multiplient. Le chapitre XI débute chez Marielle, puis vient le récit de la vie du narrateur à Rome avec Marilyn, Pierre et Michael. La fin du chapitre semble indiquer que le narrateur a fait ce récit à Marielle ; récit qui est enregistré avec un magnétophone et qui doit constituer un chapitre supplémentaire du livre. Le récit semble être revenu aux deux narrations initiales : d'une part, une narration « présente », celle du roman en train de s'écrire, et d'autre part une « narration passée », la suite des aventures, qui constitue le roman en train d'être écrit. À la fin du chapitre, le narrateur quitte l'appartement de Marielle, s'installe à l'hôtel et s'endort. Il se réveille au chapitre XII ; la narration est de nouveau bousculée et la situation est analogue au chapitre X.

> Je vomis à côté du lit, je n'ai pas la force d'arriver jusqu'au lavabo. Qu'est-ce que j'ai fait ces derniers jours ? J'ai écrit, j'ai tué quelqu'un. Qui ? Je n'en sais rien, mais je suis persuadé d'avoir tué quelqu'un. Tant pis ça me reviendra[2].

De nouveau, il n'est pas déterminé si, du point de vue du narrateur, le chapitre précédent appartient au réel ou à la fiction, au rêve ou à la réalité. Le narrateur a de nouveau son éditeur au téléphone, qui lui apprend l'existence de son roman.

> J'appelle mon éditeur, il était sur le point de se coucher. Ton roman est excellent, me dit-il. C'est très touchant, quoiqu'il aurait préféré une fin moins abrupte. Quel roman ? Celui que Marielle de Lesseps lui a donné aujourd'hui, quatre cahiers et deux bandes. Je ne me souviens pas de l'avoir enregistré. Pourtant c'est ma voix, il branche le magnétophone au téléphone, en effet c'est ma voix[3].

De nouveau se produit une déstabilisation dans la narration : alors que la situation était à peu près arrêtée, ce qui précédait, c'est-à-dire la

---

1 *Id.*, p. 129.
2 *Id.*, p. 152.
3 *Id.*, p. 154.

découverte de l'écriture du roman, n'appartient pas, contrairement à ce que les indices laissaient supposer, à la première narration, mais à la seconde, c'est-à-dire au roman en cours d'écriture, par une forme de mise en abîme. Et jusqu'à la fin du *Bal des folles* se poursuit cette fuite en avant dans la narration. Au chapitre XII, Marilyn et Michael arrivent à Paris, avec leur petite fille que le narrateur tue. Une nouvelle fois, la frontière entre l'écriture du roman et le roman en écriture, la fiction et réel est impossible à déterminer : à la fin du chapitre le narrateur donne un nouveau chapitre à son éditeur, ce qui laisse penser que l'épisode avec Marilyn, Michael et la petite fille est du roman, mais la découverte du corps de la petite fille dans une pissotière bat en brèche cette certitude. Le roman se termine sur cette indétermination – et le départ du narrateur pour Rome.

Il est d'ailleurs possible, en délaissant le texte pour la vie de Copi, d'ajouter une nouvelle dimension à cette confusion entre fiction et réalité, imaginaire et réel. Copi, l'écrivain, et le narrateur semblent se confondre. Le narrateur s'appelle Copi ; sans être nommé, il est évident que l'éditeur du roman renvoie à Christian Bourgois (il est de gauche, ses bureaux sont rue Garancière à Paris, comme les éditions Christian Bourgois). Marielle de Lesseps, personnage du roman, existe vraiment, est une amie de Copi et le livre lui est dédié. De même, la société des folles de Saint-Germain comme les travestis de l'Alcazar sont des éléments de la vie de Copi, qui a lui-même habité rue Saint-Benoît. Et, tout comme son narrateur, il avoue, dans une interview publiée par la *Quinzaine littéraire* en janvier 1988, oublier ses romans.

C'est ainsi que le roman de Copi permet à Guy Hocquenghem d'élaborer la figure théorique de la folle. S'il trouve dans le roman de quoi célébrer cette folle, ce n'est pas seulement pour l'intrigue ou pour les personnages, mais bien parce que cette impossibilité à déterminer fiction et réel dans l'intrigue lui permet de penser l'identité homosexuelle. Dans la *Dérive homosexuelle*, il écrivait :

> Que les folles soient fictives – êtres de fiction et non reproductions véristes d'une réalité comme le travesti total et réussi – les rend inaptes à devenir modèles, guides d'un comportement réel possible. (Elles sont même carrément « impossibles », comme les enfants et les fous.) Elles sont incapables de distinguer le vrai monde de l'imaginaire, et donc de les bien faire fonctionner comme instances d'asservissement réciproques[1].

1 G. Hocquenghem, *La Dérive homosexuelle*, *op. cit.*, p. 143.

Le rapport de la folle au monde est le rapport que veut faire advenir Guy Hocquenghem aux catégories sexuelles. Comme elle est entre imaginaire et réel, la folle ne peut être un « modèle », une « instance d'asservissement ». La fiction permet à Guy Hocquenghem de théoriser ce qui doit être selon lui la politique d'un mouvement gay et son rapport aux catégories sexuelles : le refus de tout « modèle » et la nécessité de s'opposer à toute catégorie. Les catégories sexuelles ne semblent ainsi valoir que pour l'utilisation stratégique qu'il est possible d'en faire, et non pour elles-mêmes. L'affirmation de l'homosexualité de 1972, alors que la psychanalyse ou la psychiatrie ont le monopole des discours sur l'homosexualité, n'a plus le même sens en 1977 : dès lors que l'homosexualité apparaît pour Hocquenghem comme une catégorie normalisante et excluante, il rejette cette même affirmation. Quelques années plus tard, dans une interview à la revue *Masques* en 1981, il insiste ainsi sur l'idée de déplacement, un déplacement qui évoque celui sans cesse opéré par la folle :

> L'important n'est pas d'être ou pas dans telle case, mais de se déplacer de l'une à l'autre, et de constituer non pas le centre de la vision sociale, mais l'objet ou l'inquiétude périphérique de la vision sociale. [...] Ce qui est intéressant, c'est le passage, et non la case en question[1].

Antoine IDIER
Université de Picardie – Jules-Verne,
Amiens

1 « Rencontre avec Guy Hocquenghem », J.-P. Joecker et A. Sanzio, *Masques*, n° 9-10, été 1981.

« *AMA Y HAZ LO QUE QUIERAS* »

Masculinités et récit démocratique dans *El Amante Lesbiano* de José Luis Sampedro

Interrogé par l'*ABC de Sevilla* sur les motivations de l'écriture de *El Amante Lesbiano*[1], le romancier espagnol José Luis Sampedro manifeste que « le roman est un appel à la liberté pour que toutes les manifestations de la vie, les formes différentes de manifester les affects, qui ne sont pas courantes et acceptées, puissent avoir cours » (« *la novela pide libertad para que puedan realizarse todas las manifestaciones de la vida, las formas diferentes de manifestar el afecto y que no son las corrientes y aceptadas*[2] »). Avec la publication de ce roman, l'auteur prétend interroger les soubassements culturels d'une société espagnole « bien-pensante » imprégnée d'une morale orthodoxe catholique[3]. Et pour ce faire, significativement, Sampedro investit le territoire des identités sexuées et de genre en pleine effervescence dans l'Espagne des années 1990 et 2000 : son roman propose d'explorer la trajectoire d'un individu masculin réélaborant sa masculinité par l'exercice d'une sexualité affranchie des injonctions de l'ordre catholique familial hétérosexuel et s'instituant progressivement, au cours du roman, en « amant lesbien » de Farida, personnage féminin dont il est épris.

Cette reformulation littéraire du masculin nous intéresse pour au moins un aspect : en envisageant de « défaire » la masculinité d'une Espagne au fort héritage catholique par un investissement dissident du territoire de la sexualité, l'auteur mesure combien les identités de

1 J. L. Sampedro, *El Amante Lesbiano*, Barcelone, Delbosillo, 2000.

2 *ABC de Sevilla*, 21 février 2000, p. 60. Toutes les traductions sont les nôtres.

3 Voir notamment ses déclarations dans *ABC de Sevilla* : le roman « aborde un amour non admis par la société bien-pensante » (« *trata de un amor no admitido por la sociedad bienpensante* »), prétendant s'attaquer à « l'orthodoxie dans la religion qui promeut une morale sexuelle, à mon avis, contre nature » (« *la ortodoxia en la religión que tiene una moral sexual que, a mi juicio, es contra natura* »), 19 novembre 1999, p. 38.

genre sont produites avant tout par les catégories discursives et morales mobilisées pour thématiser le sexuel[1]. En plaçant l'intérêt du propos sur la sexualité comme siège de la reconfiguration des identités de genre – et tout spécialement masculine –, Sampedro se propose d'extirper ces dernières du substrat catholique dont l'efficacité sociale en Espagne a été assurée par la longue dictature franquiste. Dans son intention d'interroger la prégnance de cette composante du lien social espagnol contemporain, qui travaille en profondeur les questions de genre, Sampedro semble signifier dans cette émancipation face au catholicisme – entendu comme un ensemble de catégories morales – la nécessité de laïciser les identités de genre, et en amont, d'extraire le champ du sexuel des catégories morales produites par l'institution religieuse. Parce qu'elle touche au for intérieur des Espagnols, selon le dispositif proposé dans le roman, cette laïcisation garantirait que les ultimes remparts culturels de la dictature franquiste, ou tout au moins, des institutions ayant contribué à en façonner l'économie morale, s'effondrent au nom de la « démocratie ».

Le projet de Sampedro consiste alors à s'attaquer à une masculinité entendue comme hégémonique, vestige de temps révolus, qui trouverait son origine dans la morale catholique, à laquelle est imputé l'exercice d'une violence sur le genre. L'intention serait de saper le substrat catholique espagnol de la société contemporaine et d'explorer, dès lors, les voies possibles d'une émancipation, à partir de la sexualité, du sujet aux prises avec des identités de genre contraignantes. Synthétiquement, le roman s'articule en deux parties qui font s'enchâsser une figuration onirique dans un récit cadre relativement ténu intitulé « *El suceso* » (« l'événement ») : un vieil homme, Mario, sort de chez son cardiologue et meurt d'un arrêt cardiaque. Le moment de sa mort, dont on prend connaissance dans les toutes dernières pages, déclenche « *la vivencia* » (« l'expérience vécue »), récit enchâssé, qui le projette dans une quête identitaire : ce récit constitue l'exploration, construite depuis la subjectivité du vieillard au moment de sa mort au milieu des années 1990 en Espagne, d'une autre vie possible – qui n'a donc pas été *vécue* – sur le

1 Sur ce point, voir E. Dorlin, « Les Blanchisseuses. La société plantocratique antillaise, laboratoire de la féminité moderne », E. Dorlin, D. Fougeyrollas-Schwebel, H. Rouch, *Le Corps, entre sexe et genre*, Paris, L'Harmattan – Cahiers du Cedref, 2005, p. 143-165. Dorlin souligne notamment que « si le genre précède le sexe, la sexualité doit être définie comme précédent le genre » (p. 161). Ces questions sont plus abondamment développées par l'auteure dans E. Dorlin, *Sexe, genre, sexualités*, Paris, PUF, 2008, p. 48-63.

mode onirique. La réactivation du *topos* de l'ultime confession convoque chez le personnage le dévoilement de sa véritable identité troublée par une dissonance entre sa masculinité et son rapport à la sexualité, depuis l'éveil à la sensualité aux côtés de Farida en 1935 à Tolède jusqu'à l'énonciation, à travers les épreuves amoureuses que cette dernière lui impose, de la formule par laquelle il accède à son « identité » : « *el amante lesbiano* ».

L'œuvre de Sampedro permet d'appréhender un discours littéraire sur le masculin, mais il est soutenu par une narration historiographique plus vaste qui trouve dans les identités de genre un espace particulièrement fécond où s'énoncer dans l'Espagne contemporaine. *L'Amant lesbien*, comme dispositif narratif, nous enjoint de repenser le masculin à travers une expérience individuelle qui incorpore une temporalité politique, historique, se déployant sur une part fondamentale du XXe siècle espagnol – réel ou fantasmé selon la diégèse –, de 1935 à 1995, c'est-à-dire, rapporté à une chronologie politique bien connue, depuis les derniers mois de la Seconde République jusqu'à la consolidation de la monarchie parlementaire ayant succédé à la dictature franquiste. En situant le temps de l'énonciation dans l'Espagne démocratique, la mise en récit des identités sexuelles et de genre postfranquistes constitue alors une pierre de touche pour penser le présent démocratique espagnol et sa généalogie. Le récit sur le genre s'accompagne d'un récit sur le passé contemporain espagnol, le deuxième servant de support de légitimation du premier.

L'objet sera ici le suivant : en examinant la proposition que Sampedro soumet à ses lecteurs d'introduire une masculinité alternative face aux contraintes imposées par un substrat catholique hérité de la dictature franquiste, il est possible d'interroger l'ambition d'émancipation politique face à la morale catholique ancrée dans ce dispositif, à la lumière du concept d'hégémonie ramené à sa formule genrée de « masculinité hégémonique ». Les déplacements du masculin formulés par Sampedro, au nom d'une « démocratie » plus élargie, inclusive, retrouvent des narrations politiques plus vastes qui, en Espagne, renseignent dans une large mesure sur la production des identités de genre – masculines notamment. Si Sampedro prétend faire vaciller les cadres discursifs donnés par la morale catholique en les dénonçant comme des catégories contraignantes, incarnées par les subjectivités citoyennes, les masculinités espagnoles s'énoncent dans des langages qui mobilisent certes la morale catholique, mais pas uniquement : une pensée sur l'hégémonie d'identités de genre en Espagne exige de prendre la mesure de leur généalogie dans la période contemporaine, au risque d'omettre d'autres langages dans lesquels ces identités de genre sont advenues et ont été vécues. Autrement dit, dans cette tentative de Sampedro d'examiner de manière critique les limites imposées aux identités sexuelles et de genre, nous souhaiterions envisager les implications qu'engage le fait de poser l'exclusivité de l'élément catholique comme seul facteur opératoire dans la démocratie espagnole œuvrant à la disqualification des pratiques transgressives masculines. Peut-on croire en une valeur politique intrinsèque de l'élément catholique en dehors de ses appropriations dans un contexte politique et social singulier ? En le dépouillant des autres éléments avec lesquels il résonne dans l'Espagne contemporaine, Sampedro ne court-il pas le risque d'aboutir à une impasse dans ce projet d'ouvrir d'autres pratiques possibles sur le genre masculin ? En arrière plan, la question posée vise à soumettre le dispositif de Sampedro à un autre récit sur les identités masculines contemporaines prenant acte des conditions de leur avènement dans l'espace public espagnol « démocratique », post-franquiste, c'est-à-dire, de leur historicité.

LE GENRE MASCULIN À L'ÉPREUVE DES SEXUALITÉS : FONDER UN RÉCIT D'ÉMANCIPATION

El Amante Lesbiano est entièrement construit sur le mode de l'enquête. Le personnage narrateur Mario est projeté dans un univers dans lequel il reconnaît progressivement des souvenirs lui appartenant qui s'entremêlent avec des situations nouvelles élaborées à la croisée du souvenir et du fantasme. Le personnage reconstruit une généalogie depuis son adolescence en 1935 jusqu'à sa mort au milieu des années 1990 en Espagne afin de résoudre la part d'ombre de son identité profonde, et de faire advenir « [son] être véritable » (« *[su] verdadero ser* »). Or, cette reconstruction prend les allures d'aveux d'un vieillard moribond dès lors que le lecteur comprend que l'aboutissement de l'enquête coïncide avec la mort du personnage narrateur du récit enchâssé. Mario reformule, au cours de

« *la vivencia* », ce qui est posé comme étant son « identité », travaillée par une dissonance face à une masculinité « hégémonique » cristallisée autour de référents virils. En contrepoint de cette masculinité virile se trouve l'avènement de l'identité masculine du narrateur qu'il thématise par la formule d' « amant lesbien ». Il y accède par l'intermédiaire d'une relation sadomasochiste qu'il entretient avec Farida : celle-ci tient le rôle de guide dans le parcours identitaire du narrateur Mario qui explore les méandres de la masculinité qu'il incarne. Il est l'amant lesbien de Farida, et se définit en ces termes :

> *A veces en mi vida llegué a preguntarme si era homosexual. Pero los hombres no me atraían y en cambio las mujeres sí ; lo cual no me resolvía nada porque con ellas, frecuentemente, yo fallaba como hombre, sin poder explicármelo. Acabo de encontrar la respuesta. Mi sexo es masculino, pero mi género es femenino, atraído hacia las mujeres y, para concluir, sumiso. Así es que resulto lesbiano*[1].

> « Plusieurs fois au cours de ma vie, j'en vins à me demander si j'étais homosexuel. Pourtant, les hommes ne m'attiraient pas, en revanche, les femmes, si ; ce qui ne me convainquait guère parce qu'avec elles, souvent, j'échouais en tant qu'homme, sans pouvoir me l'expliquer. Je viens de trouver la réponse. Mon sexe est masculin, mais mon genre est féminin, attiré vers les femmes et, pour conclure, soumis. De sorte que je suis lesbien ».

La transgression qui tiendrait à associer le masculin à la soumission est certainement à interroger, mais contribue néanmoins au projet de Sampedro de lever les tabous sexuels de l'Espagne post-totalitaire qui refusent au masculin le rôle dominé dans le rapport sexuel. Dans la même veine, le narrateur fait coïncider, grâce à la superposition finale du récit cadre avec le récit enchâssé, le personnage de Farida avec celui de la mère de Mario qui devient alors, dans le dernier rapport sexuel qu'il a avec Farida, « l'amant lesbien » de sa mère. Si le dispositif est à l'évidence grossier, et que l'on voit sans trop de peine les ficelles sur lesquelles tire l'auteur pour servir son propos, la question qui nous intéresse dans cette narration littéraire sur le masculin ne tient pas tant à l'organisation presque sensationnelle d'une transgression de tabous accumulés qu'à la réélaboration du masculin à partir d'un processus identitaire qui fait combiner identité de genre masculine et sexualité. Le parcours du personnage de Mario est en effet jonché de seuils symboliques

1 J. L. Sampedro, *op. cit.*, p. 159.

dans son évolution vers le statut d'amant lesbien : ces seuils sont intéressants parce qu'ils contribuent à féminiser progressivement ce qui est réifié dès l'abord comme masculin. Le personnage reçoit de Farida le nom de Miriam : « désormais, tu t'appelleras Miriam. Ton ancien nom, mais accordé à ton nouveau genre » (« *desde ahora te llamarás Miriam. Tu antiguo nombre, pero con tu nuevo género*[1] »), elle réinterprète son anatomie à la lumière de cette féminisation et attribue à Mario/Miriam une série de prothèses qui signifient le genre féminin. Elle qualifie d'abord son pénis d'« anomalie anatomique » :

> *Aprende a mentalizar lesbianamente esas excrecencias que te cuelgan. Acepta tu clítoris hipertrofiado, mayor que el corriente en las mujeres. Tienes los ovarios caídos, un prolapso, que te cuelgan al exterior. [...] Anomalías anatómicas, que no borran tu mentalidad femenina, ni tu género de lesbiana activa y convencida*[2].
>
> « Apprends à te représenter lesbiennement ces excroissances qui pendent. Accepte ton clitoris hypertrophié, plus grand que celui qu'ont les femmes d'habitude. Tes ovaires sont descendus, un prolapsus, ils pendent à l'extérieur. [...] Des anomalies anatomiques, qui n'effacent pas ton esprit féminin, ni ton genre de lesbienne active et convaincue ».

Puis le personnage de Mario s'approprie progressivement les vêtements féminins qui viennent rendre compte de son parcours identitaire :

> *Por de pronto ahí veo quién soy, en pleno cambio : el que fue y el que está siendo. [...] Mi torso es azul pálido y debajo dos muy blancos segmentos de muslos sobre unas piernas vestidas con elegancia, bien formadas, plenamente femeninas hasta los zapatos de gala con su diseño nostálgico. El Mario que está siendo se yergue sobre esas piernas y taconea imperioso, más fuerte que las viejas ideas inculcadas*[3].
>
> « Soudainement, là, je vois qui je suis, en plein changement : celui qui fut et celui qui advient. [...] Mon torse est bleu pâle, et dessous, deux très blancs segments de cuisses sur des jambes vêtues avec élégance, aux belles formes, entièrement féminines, jusqu'aux souliers de soirée au design nostalgique. Le Mario qui advient se dresse sur ses jambes et bat le sol de ses talons, impérieux, plus fort que les vieilles idées inculquées ».

Cette identité en cours d'avènement est contemporaine d'un retour du désir sexuel chez Mario, un désir hétérosexuel qui s'accomplit dans

1 *Id.*, p. 184.
2 *Id.*, p. 180.
3 *Id.*, p. 125.

la soumission au désir de l'autre – Farida. Le champ du sexuel devient nodal dans la réélaboration de cette masculinité : une des dernières séquences du récit enchâssé met en scène l'acte sexuel entre Farida et Mario/Miriam, où Farida sodomise son partenaire qui s'exclame alors : « Enfin je suis né femme ! » (« *Ya he nacido mujer*[1] »). L'exploration d'une masculinité hétérosexuelle déconstruisant un rapport hiérarchique qui attribue nécessairement la domination au masculin ouvre sur l'avènement de l'identité nouvellement énoncée de Mario, fondée sur une libération de ce qui est thématisé comme les contraintes des grammaires du genre, par la sexualité. Cet acte est au fondement de la libération du sujet Mario. Cette libération passe par l'énonciation de la formule augustinienne, « *Ama y haz lo que quieras* » (« Aime et fais ce que tu veux »), et par l'accumulation de références aux mystiques espagnols, dont San Juan de la Cruz : « Entrons plus avant dans l'épaisseur » (« *Entremos más adentro en la espesura* »), ces deux vers servant d'épigraphes au roman.

« AIME ET FAIS CE QUE TU VEUX » : POLITIQUE DU GENRE DE *EL AMANTE LESBIANO*

S'il n'y avait qu'un problème à souligner ici dans ce dispositif, peut-être tiendrait-il à la naturalisation à l'extrême des identités de genre, figées dans une lecture par trop étroite et schématique de ce qu'elles engagent. La pratique sexuelle transgressive, où le personnage masculin s'approprie un rôle « dominé », « féminin », dénature certes dans un premier temps un rapport de nécessité entre genre et sexe, où le sexe « biologique » cesse d'être perçu comme ce qui dote le genre d'un signifié naturalisé : la relecture du sexe, après l'avènement du « genre » nouveau, dit que désormais le genre précède le sexe dans ce dispositif. Il se joue ici un tour important dans la dénaturalisation d'une masculinité phallocentrée par l'intermédiaire d'une sexualité transgressive. Cependant, le dispositif de Sampedro n'interroge jamais un ordre symbolique hétérosexuel premier, dans lequel se construit l'identification de Mario à Miriam. En posant le parcours identitaire de Mario/Miriam au carrefour entre le « féminin » et

1 *Id.*, p. 271.

le « masculin », l'auteur enferme le dispositif dans une binarité qui fige les signifiés du genre : il enclot la trajectoire du personnage Mario dans « une structure psychique sans dehors[1] », hétérosexuelle, qui polarise les expériences sociales et corporelles entre « féminin » et « masculin ». Il en va ainsi de l'ensemble des personnages du roman, tous travaillés par une dissonance de genre : sa mère est décrite comme masculine, « virile », alors que son père vit une exotique relation amoureuse avec un Iranien, malgré son mariage avec la mère de Mario. Les exemples de cette réification drastique des signifiés attribués aux identités de genre abondent, à l'image de l'identification du qualificatif « féminin » avec « soumission » dans l'expression « amant lesbien[2] ».

Or, c'est précisément là que Sampedro remotive une figure chère à l'Espagne contemporaine, le travesti, qui a été élevé au rang d'emblème esthétique de la transition démocratique. Le travestissement dénaturalise habituellement les prothèses du genre, révèle leur caractère socialement construit par la théâtralisation parodique des identités de genre traditionnelles. C'est tout au moins la lecture qu'en propose le *camp*, qui se trouve au fondement des études culturelles célébrant la figure du travesti dans la transition démocratique espagnole[3]. Cependant, la réappropriation par Sampedro de la figure du travesti est singulière pour autant qu'il s'agit dans ce cas d'investir le genre comme une série de catégories naturalisées. Il y a non pas volonté de se mettre à distance par rapport au système genré traditionnel, mais de se situer en son sein, point tant pour l'interroger que pour répondre à une assignation inéluctable. C'est ainsi que le personnage de Mario obéit à son « genre » féminin qui fonctionne comme une injonction intimée à l'individu :

> *No vas a cambiar de sexo ; no lo necesitas y además está en cada célula tuya. Se trata de aceptar tu género, de asimilar esa condición femenina asentada en tu cerebro. Tampoco has de cambiar tu preferencia por las mujeres, ni tu actitud sumisa*[4].

1 E. Dorlin, *Sexe, genre et sexualités*, *op. cit.*, p. 56.

2 Voir la formule : « *un amante lesbiano, adorante, sumiso y activo* », où *sumiso* et *activo* déclinent respectivement la composante « féminine » et « masculine » du groupe nominal qu'ils qualifient. J. L. Sampedro, *El Amante Lesbiano*, *op. cit.*, p. 211.

3 Voir par exemple, T. M. Vilarós, *El mono del desencanto una crítica cultural de la transición española (1973-1993)*, Madrid, Siglo Veintiuno, 1998 ; A. Mira, *De Sodoma a Chueca : una historia cultural de la homosexualidad en España en el siglo* XX, Barcelone-Madrid, Egales, 2004 ; R. M. Mérida Jiménez, *Las minorías sexuales en España, textos y representaciones*, Barcelone, Icaria, 2013.

4 J. L. Sampedro, *El Amante Lesbiano*, *op. cit.*, p. 180.

> « Tu ne vas pas changer de sexe ; tu n'en as pas besoin, et d'ailleurs, il est dans chacune de tes cellules. Il s'agit d'accepter ton genre, d'assimiler cette condition féminine inscrite dans ton cerveau. Tu n'as pas non plus à changer ta préférence pour les femmes, ni ton attitude de soumission ».

Le passage par l'acte sexuel ne tient désormais plus lieu que d'épreuve pour actualiser une identité prédiscursive, qui préexiste au sujet : là se joue une nouvelle naturalisation des identités de genre. L'association avec les mystiques qui surcharge le roman est dès lors particulièrement signifiante. Tant la formule augustinienne que celle de San Juan de la Cruz rendent compte de cette pensée métaphysique selon laquelle le pouvoir divin organise au préalable les expériences terrestres : le monde est fondé par l'amour divin, certes, mais celui-ci entendu comme le Verbe qui structure l'ordonnancement du monde. On retrouve alors, derrière, *l'archê en logos*[1] – le pouvoir divin incarné dans le verbe – où le langage, comme territoire de la nomination, a constitutivement en lui le pouvoir d'instituer le monde. L'amour divin comme préoccupation métaphysique se déploie dans le langage : ce dernier construit le monde terrestre et social. Le sujet n'existe jamais que dans le faisceau du pouvoir langagier qui le nomme. Convoquer la tradition mystique est alors un pari hasardeux, car pourrait bien se dessiner en filigrane l'échec même du projet d'émancipation proposé par Sampedro, dans la mesure où la naturalisation drastique des catégories de genre qu'il mobilise verrouille tout déplacement possible entre les grammaires du genre, fermant la voie à l'émergence d'identités et de subjectivités nouvelles : les mots pour nommer les expériences de genre préexistent à celles-ci et les contraignent. Le réinvestissement de la figure du travesti tend bien à constituer un point de résistance pour produire une nouvelle mise en récit du masculin dans l'Espagne contemporaine, mais les catégories que manie l'auteur invalident dès l'abord toute possible émancipation, tant elles figent les signifiés accordés au « masculin » et au « féminin ».

Pourtant, quelque chose est « fait » à la masculinité héritée du modèle franquiste, peut-être parce que le roman, lors de sa publication en 2000, est contemporain de nombreux événements qui portent des coups importants à ce signifié social et en assurent une reconfiguration partielle. Les

---

1 D. Scavino, *El señor, el amante y el poeta : notas sobre la perennidad de la metafísica*, Buenos Aires, Eterna Cadencia Editoria, 2009.

collectifs des minorités sexuelles, autour de la Radical Gai madrilène surtout, sont parvenus à articuler des langages politiques, en s'appropriant à nouveau le concept de fierté homosexuelle, oublié depuis les années de la transition démocratique, à même de reformuler les attributs traditionnels du masculin[1]. Un exemple particulièrement frappant de l'effectivité de ces discours serait à l'évidence la sortie du placard du lieutenant-colonel Sánchez Silva et du chapelain d'une caserne militaire en septembre 2000. Faisant écho à ces énoncés multiples qui reconfigurent le champ d'expérience du masculin, le roman de Sampedro semble, malgré ses faiblesses théoriques, contribuer à la mise en débat dans l'espace public du masculin « hégémonique[2] », celui-ci étant entendu comme façonné par une économie morale essentiellement catholique. Le dispositif narratif suggère la constitution d'un point de résistance sur le masculin, d'un espace de friction au moment où le récit enchâssé retrouve le récit cadre, à la fin du roman : la mort du vieillard n'émeut personne, et est énoncée dans les langages du quotidien (« Quand l'heure est venue de mourir », « *Cuando a cada cual le llega su hora*[3]... »), et l'instance narratrice de ce récit cadre qualifie la « *vivencia* » d' « événement comme tant d'autres », (« *suceso como tantos* »). La banalisation de la mort, et par équivalence, de l'expérience fantasmée dans le récit enchâssé où a eu lieu la transgression portée à la masculinité, vient signifier le caractère aliénant des catégories disciplinaires sur le genre et, *in fine*, témoigne de la difficulté de faire advenir cette résistance dans le quotidien. Ce serait une probable interprétation de la virtualisation du récit enchâssé qui en serait la démonstration. Mais les termes pour penser les identités de genre demeurent les mêmes, et c'est à ce titre que cette hégémonie d'une forme de masculinité et les conditions de sa mise en débat critique et politique par l'auteur doivent être examinées : en arrière plan, se profile un questionnement sur le statut des minorités sexuelles et de genre dans l'espace public d'une Espagne qui s'émeut bien peu des attaques virulentes adressées régulièrement par l'Église catholique et la Conférence Épiscopale espagnole ces dernières années. La question de

1 Voir R. Llamas, F. Vidarte, *Homographies*, Mont-de-Marsan, Éditions Dans l'Engrenage, 2012 (Madrid, Espasa Calpe, 2000 pour la version espagnole originale).

2 R. Connell, J. W. Messerschmidt, « Hegemonic masculinity : rethinking the concept », *Gender society*, 2005, nº 19, p. 829-859.

3 J. L. Sampedro, *op. cit.*, p. 280.

la morale catholique dans l'Espagne contemporaine, dans ses rapports aux identités de genre et sexuelles – et notamment au masculin et à ses reconfigurations – dépasse probablement l'inhibition sexuelle dont fait état le récit de Mario/Miriam, et sa révision ne saurait se satisfaire d'une narration tenant si peu compte de la contingence historique des identités.

MASCULINITÉS HÉGÉMONIQUES ET « DÉMOCRATIE » EN ESPAGNE

Pour y parvenir, il convient de souligner que l'événement fondateur de la quête identitaire de Mario dans le roman est la rencontre avec Farida, en 1935 à Tolède, qui correspond à l'éveil à la sensualité du jeune adolescent. Il ne la retrouve que virtuellement au moment de sa mort, qui déclenche la « *vivencia* ». L'entre-deux, c'est-à-dire la vie telle qu'elle a été vécue par le personnage, n'est signifié que par l'intermédiaire d'éléments brefs qui émaillent la confession. Mario a épousé une femme qui l'a trompé au su de tous sans qu'il cherche à l'en empêcher puisqu'il sentait combien le modèle hétérosexuel traditionnel lui attribuant le rôle dominant dans le couple ne lui convenait pas. L'expérience vécue par le narrateur est alors celle d'une frustration, qui nourrit le fantasme d'un moment heureux dans les années de la République, réinvesti, nous dit-on, soixante ans plus tard par le narrateur, puis déployé dans toutes ses potentialités : il vit une relation charnelle avec Farida et accède à cette identité qu'il n'a pas pu incarner. Le désir, fondé sous la République, et refoulé pendant les années de la dictature, trouve son moment d'énonciation légitime – la possibilité de sa mise en récit – dans la démocratie espagnole contemporaine. Autrement dit, ce qui est institué ici, c'est une généalogie directe entre la Seconde République et la démocratie contemporaine espagnoles, venant signifier par là que la démocratie aurait à s'inspirer de la République des années 1930 pour penser le genre et l'émancipation de la morale catholique qui est au fondement de l'ordre franquiste des genres et des sexes. Le texte fait en effet une place de choix à la Seconde République, figée pour signifier la liberté :

> *Al cabo, el piano me devuelve a mí mismo ; ahora ofrece un fox-trot de mis tiempos, el Halleluya que aún se escuchaba en algún te-dansant durante la República. Desde la plaza de la Libertad, más de una tarde, pude oírselo tocar a la orquestina del Ritz*[1].
>
> « Au bout d'un moment, le piano me renvoie à moi-même ; il joue maintenant un foxtrot de mon époque, l'alleluia que l'on écoutait encore dans quelque thé dansant de la République. Depuis la Place de la Liberté, plus d'un après-midi, j'ai entendu l'orchestre du Ritz ».

L'année 1935 marque le temps de la liberté et du souvenir de l'existence effective de Farida, qui fonctionne désormais comme un élément qui ressurgit du passé et fonde la possibilité d'expérimentations de genre : le travestissement et les expériences sexuelles posées comme transgressives. C'est là le tour de force malheureux qu'opère le roman : il réinvestit le signifiant « travesti » qu'il déterritorialise de l'Espagne de la « transition démocratique », pour l'installer dans une nouvelle genèse, dans le temps de la République dont il est suggéré qu'elle doit constituer l'antécédent de la démocratie espagnole où peut être imaginée une nouvelle masculinité. Cette immédiate généalogie est problématique et ne saurait être négligée : le narrateur Mario souligne combien sa mémoire et ses souvenirs peuvent être inventés, donnant à sa narration une préoccupation pour le statut des expériences passées dans le récit :

> ¿Invento ahora memorias difusas ? ¿Acaso cabe crear recuerdos ? ¡Sería como inventar hoy el ayer : un tiempo reversible ! Pero claro que se inventa, a veces nos convencemos de haber sucedido lo que no pasó o, al revés, de que no ocurrió lo que vivimos, pero eso es el olvido, aunque hay varios olvidos como memorias diversas.
>
> « Inventé-je maintenant des mémoires diffuses ? Est-il souhaitable de créer des souvenirs ? Cela reviendrait à inventer aujourd'hui l'hier : un temps réversible ! Bien sûr qu'on l'invente, parfois, nous nous convainquons qu'il s'est produit ce qui n'a pas eu lieu, ou, à l'inverse, que ce que nous avons vécu n'est pas arrivé, mais l'oubli tient en cela, bien qu'il y puisse y avoir autant d'oublis que de mémoires ».

L'insistance sur la nature construite du récit sur le passé ne saurait être anodine dans un roman qui dissocie par un acte brutal la démocratie espagnole de son antécédent premier, la dictature franquiste, dans la construction poétique du temps historique, politique, qu'il propose. Il y

1 *Id.*, p. 95.

aurait ainsi la volonté d'instaurer une temporalité démocratique permettant de faire l'économie d'une révision critique de ce que la transition démocratique a fait des identités de genre au moment où s'est forgée la démocratie espagnole actuelle. Convoquer la République comme antécédent direct à l'expérience contemporaine permet de manipuler avec une certaine aisance l'argument de la morale catholique comme contraignant les pratiques de genre en lui opposant l'archéologie d'une laïcité espagnole enracinée dans les années 1930. Ce que cette linéarité poétique que propose le roman entre la Seconde République et la démocratie contemporaine néglige n'est autre que l'étroite proximité entre cette même démocratie et la dictature franquiste qui l'a précédée immédiatement. Les limites imposées aux pratiques du genre masculin en Espagne ne saurait se réduire à la contrainte exercée sur les individus par l'Église catholique comme institution productrice de cadres régulateurs de la sexualité et du genre, en l'opposant à un modèle démocratique en partie idéalisé, au risque d'effacer toute possibilité d'élaborer des leviers pour fonder l'existence radicalement égalitaire des individus indépendamment de leurs manières d'incarner le genre dans l'espace public contemporain. En retrouvant une inquiétude visant à rendre les identités à la contingence de leur avènement – à leur historicité –, l'écueil du dispositif poétique de Sampedro apparaît : il fait le choix de ne pas réviser la généalogie des identités de genre dans l'Espagne contemporaine, où les langages de la morale catholique s'hybrident dans des imaginaires sociaux singuliers qui obligent à penser l'avènement d'une sécularisation du lien social en des termes plus ambigus. Si certaines études historiques soulignent la puissance des langages d'une classe moyenne pilotant la transition à bon port depuis les années 1960, il convient encore de signifier les contours moraux dans lesquels s'incarnent ces langages de classe[1]. Et c'est Enrique Tierno Galván, sociologue et l'un des faiseurs de la transition démocratique en Espagne, maire socialiste de Madrid (1979-1986), qui souligne la nécessité d'un christianisme accessible aux masses dans l'avènement d'une société espagnole nouvelle « développée » – sur le modèle d'une classe moyenne consommatrice :

1 Voir P. Sánchez León, « La pesadilla mesocrática : ciudadanía y clases medias en el orden liberal histórico español », M. Pérez Ledesma (dir.), *De súbditos a ciudadanos : una historia de la ciudadanía de España*, Madrid, Centro de Estudios Políticos y Constitucionales, 2007, p. 135-164.

« Il convient de rappeler [...] qu'un christianisme trivialisé revêt autant d'importance historique et autant de possibilités que le christianisme comme doctrine sur le cosmos, pratiquement incompréhensible pour les masses occidentales[1] ». L'imbrication de l'élément catholique dans les imaginaires sociaux régissant la nature du lien social espagnol issu de la transition démocratique empêche ainsi que soit pensée une laïcité émancipée des valeurs morales produites par l'institution catholique. Introduire une sorte de *nécessité* entre République et démocratie, comme le suggère Sampedro, verrouille toute exploration de ce pacte genré de la transition démocratique – et, du même coup, de la rentabilité de l'économie morale catholique dans l'espace social espagnol aujourd'hui. Ainsi, et pour finir, c'est la pertinence du concept de « masculinité hégémonique » qu'il convient d'interroger dans ses rapports à des « masculinités alternatives » selon les formules de Connell, tant le péril est grand d'en réifier les contours, comme s'ils incarnaient toujours un donné constant de notre modernité occidentale sur le masculin, au-delà de certaines variables de race ou de classe notamment. Et s'il convenait de les conserver, ce serait alors en reconnaissant à l'*hégémonie* ce qu'elle permet d'appréhender dans la démarche scientifique et politique, à savoir, selon les propos de Judith Butler, revenant sur la définition donnée par Ernesto Laclau et Chantal Mouffe :

> *My understanding of the view of hegemony established by Ernesto Laclau and Chantal Mouffe in* Hegemony and Socialist Strategy *(1985) is that democratic politics are constituted through exclusions that return to haunt the politics predicated upon their absence. This haunting becomes politically effective precisely in so far as the return of the excluded forces an expansion and rearticulation of the basic premises of democracy itself*[2].
>
> « Ce que je comprends de la vision de l'hégémonie que Ernesto Laclau et Chantal Mouffe établissent dans *Hégémonie et stratégie socialiste* (1985) est que les organisations politiques démocratiques sont constituées à travers des exclusions qui font retour pour hanter les politiques énoncées sur l'absence de ces exclusions. Cette réapparition devient politiquement effective précisément dans la mesure où le retour de ce qui a été exclu oblige à une expansion et à une réarticulation des prémisses basiques de la démocratie ».

---

1 E. Tierno Galván, *Obras Completas*, Madrid, Universidad Autónoma de Madrid, 2008, vol. III, p. 134.

2 J. Butler, « Restaging the universal : Hegemony and the limits of formalism », J. Butler, E. Laclau, S. Zizek, *Contingency, Hegemony, Universality : Contemporary dialogues on the left*, Londres – New York, Verso, 2000, p. 11-43, p. 11 pour la citation. Nous traduisons.

Les narrations sur le masculin espagnol sont dépendantes de mises en récit de l'histoire récente de l'Espagne et interagissent avec elles. Un projet visant à rendre compte des identités masculines et à réviser les contraintes imposées aux expérimentations sur le masculin exige le retour de ce qui a été exclu au moment de la constitution de la démocratie espagnole. La transition démocratique comme événement politique a su refuser des expériences tout à la fois citoyennes et anthropologiques investissant nouvellement le masculin – travestisme, transsexualité « Male to Female » notamment – et les porter hors des frontières de ce qu'elle avait institué comme légitime, par un discours de classe soutenu par une économie morale catholique. L'absence de narration historiographique sur une génération complète d'Espagnols morts du sida dans l'Espagne démocratique en est un exemple. D'où il apparaît que les narrations sur le masculin et ses réélaborations transgressives constituent un prisme singulier pour saisir la construction de la citoyenneté en Espagne, qui exige d'en réviser les soubassements moraux difficilement réductibles à ces seuls *autres* « bien-pensants », pétris des discours de la seule « orthodoxie catholique ».

Brice CHAMOULEAU
Université Bordeaux 3
– Michel-de-Montaigne
École des hautes études hispaniques
et ibériques – Casa de Velázquez

« À FORCE JE VAIS FAIRE DE TOI UN HOMME »

La mise en tension de deux modèles de masculinité dans le roman *Ne le dis à personne* de Jaime Bayly

La vocation totalisante et totalisatrice qui a caractérisé la plupart des romans du *boom*[1] des années soixante est allée en s'atténuant dans le roman latino-américain de ces dernières décennies. Contrairement à ces œuvres qui prétendaient être une sorte de « somme » phénoménologique et existentialiste, le roman actuel exhibe des prétentions et des apparences plus modestes, mais non moins significatives, constituant des solides incursions dans les sujets et les problèmes vitaux de l'homme et des sociétés du continent sud-américain. Il s'est ainsi consolidé un vaste panorama de tendances et d'auteurs qui parcourent d'un pas nouveau des espaces habituels, marginaux ou novateurs dans un va-et-vient discursif où interviennent des constantes, des variantes et des ruptures. L'une des thématiques traditionnelles, celle de la famille, est revisitée par les écrivains de la jeune génération *McOndo*[2], faisant apparaître dans son sein des éléments jusqu'à présent éludés ou censurés. À ce titre, il est intéressant de découvrir les nombreuses interrogations que

---

1 « Terme par lequel on désigne le phénomène de recomposition du champ littéraire hispanique dans les années 1960 et 1970 », Voir : *Dictionnaire des Littératures Hispaniques. Espagne et Amérique latine*, sous la direction de J. Bonells, Paris, Laffont, 2009, p. 188.

2 Une des manifestations les plus significatives de cette jeune génération a été la publication en 1996 de *McOndo*, une anthologie de dix-sept nouvelles d'auteurs hispano-américains nés après 1959. Le titre semblait être un clin d'œil ou un hommage au *Macondo* de Gabriel García Márquez. Cependant, la lecture de la présentation du livre révèle qu'ils avaient plutôt l'intention de dénoncer une représentation stéréotypée de l'Amérique latine qui ne correspondait pas, selon eux, à la réalité sociale et surtout politique du continent dans son ensemble. Ce groupe d'écrivains comprend notamment Jaime Bayly (Pérou, 1965), Mario Bellatin (Mexique, 1960), Rodrigo Fresán (Argentine, 1963), Alberto Fuguet (Chili, 1964), Santiago Gamboa (Colombie, 1965) et Edmundo Paz Soldán (Bolivie, 1967). Voir : A. Fuguet et S. Gómez, « Presentación del país McOndo », *McOndo*, Barcelone, Mondadori, 1996, p. 9-18.

le personnage gay présent dans cette littérature se pose par rapport à ses parents, aux institutions et aux conventions sociales. Le personnage gay chez les auteurs de cette génération se détache du nous social en réclamant un espace pour un Moi qui veut s'assumer auprès de sa famille tout en mettant en question le modèle traditionnel de la masculinité représenté par la figure du père. Ce changement se reflète de façon plus récurrente et explicite dans la fiction latino-américaine depuis les années 1990.

Cette tension entre la masculinité traditionnelle et une masculinité « alternative » est repérable dans le roman *Ne le dis à personne*[1] (1994) de l'écrivain péruvien Jaime Bayly. Dans le roman, Luis Felipe, le père de Joaquín, veut transmettre à son fils, le narrateur-protagoniste, une idée de ce que doit être à ses yeux « la » masculinité. Cette éducation donnée par le père sera analysée en deux temps : tout d'abord dans sa volonté d'étouffer en Joaquín toute velléité d'empathie, de proximité affective, de communication libre – associée à la non masculinité – ensuite dans le rapport aux femmes que Luis Felipe tente d'inculquer à son fils. Dans une dernière phase de l'étude, on verra comment le résultat de cette éducation se révèle un échec tout au moins partiel. Nous pourrons voir ainsi dans ce roman que la masculinité traditionnelle, celle du père, n'est pas une essence mais une construction sociale, et que de ce fait elle peut être mise en question et ouvrir la voie à une masculinité « alternative » représentée par le fils.

Ne le dis à personne narre les vicissitudes de l'éveil sexuel de Joaquín Camino. Le héros est un jeune homme appartenant à une famille aisée et traditionnelle de Lima et face aux valeurs et aux enseignements reçus dans ce contexte social, il ne peut résoudre de façon satisfaisante le conflit que génère en lui son attirance pour des personnes de son sexe. Joaquín refuse de vivre sa sexualité de façon « traditionnelle », c'est-à-dire en menant une double vie. Le thème de l'homosexualité traité sans tabou dans ce contexte social constitue en soi un bouleversement au regard de la littérature péruvienne antérieure et a sans doute contribué à susciter le scandale. À ce propos Daniel Balderston et José Quiroga signalent

---

1 J. Bayly, *No se lo digas a nadie*, Barcelone, Seix Barral, 1994 ; trad. fr. Françoise Marchand-Sauvagnargues, *Ne le dis à personne*, Paris, Stock, 1996, rééd. Paris, Adventice, 2006. Les citations en français font référence à l'édition de 2006. Les références sont données directement dans le texte, entre parenthèses.

avec une pointe d'ironie que Jaime Bayly est devenu « le chroniqueur de la haute société péruvienne » (« *el cronista de la alta sociedad peruana*[1] »). En effet, il s'agit bien d'un roman d'apprentissage, mais aussi, il a été lu au Pérou comme un roman à clé dans lequel tout le monde a cherché à établir un lien entre certains personnages et telle ou telle personnalité publique. Luis Felipe, contrairement à Maricucha, sa femme, veut que son fils soit soldat : « Militaire, dit Luis Felipe sans hésiter une seconde. J'ai toujours voulu que mon fils aîné soit militaire » (p. 169). (« *Militar – dijo Luis Felipe, sin dudarlo un segundo –. Yo siempre quise que mi hijo mayor fuera militar* », p. 122). Alors que le prêtre renonce à la sexualité pour se consacrer à Dieu, donnant ainsi à la mère la possibilité de conserver son fils pour toute la vie, puisque aucune femme ne pourra rivaliser avec elle, le soldat se consacre à une autre femme, la mère-patrie, la terre, qui doit être défendue. Le monde des armes évoque la masculinité pure. La soumission à un supérieur hiérarchique permettrait de projeter en ce dernier l'admiration pour la force et la puissance phallique du père sans culpabilité. Dans le cas présent, on pourrait croire que l'homme hétérosexuel serait à même de sublimer son identification féminine et ses fantasmes homoérotiques envers le père, à travers la soumission à la hiérarchie sans crainte de « se transformer » en femme et sans l'angoisse de castration qui y est associée.

Luis Felipe croit fermement au précepte selon lequel « les hommes ne pleurent pas » et doivent se faire respecter en toutes circonstances. Il prône la compétition, la lutte pour la domination sur les autres hommes et pour une reconnaissance comme dominant, par le biais de l'agressivité et de la violence si nécessaire[2]. En effet, le personnage de Luis Felipe met en pratique les quatre préceptes nécessaires pour être un homme, selon Luis Bonino[3] lorsque celui-ci évoque l'étude *The Forty-nine Percent Majority*, des psychologues Brannon et David :

---

1 D. Balderston et J. Quiroga, *Sexualidades en disputa. Homosexualidades, literatura y medios de comunicación en América latina*, Buenos Aires, Libros del Rojas, 2005, p. 65.

2 Le psychanalyste R. Isay signale, sur la base du travail clinique effectué pendant plusieurs années sur des hommes homosexuels, que la « plupart de ces hommes ont aussi l'impression qu'ils étaient moins agressifs que les autres garçons de leur âge, étant enfants, et qu'ils n'aimaient pas participer aux activités de compétition. Depuis leur petite enfance, ils se sont sentis en marge. », Être homosexuel, Paris, Marabout, 1997, p. 33-34.

3 L. Bonino, « Varones, género y salud mental : deconstruyendo la "normalidad" masculina », *Nuevas Masculinidades*, M. Segarra, Á. Carabí (dir.), Barcelone, Icaria, 2000, p. 48-49.

1. ne rien avoir d'une femme ;
2. être important ;
3. être un dur ;
4. faire preuve d'un autoritarisme exacerbé.

Luis Felipe a suivi ces instructions sans les mettre en question et de cette même manière il essaie de façonner son fils. Le modèle traditionnel répresenté par le père apparaît ainsi comme un moyen d'exercer la domination masculine.

Luis Felipe veut transmettre à Joaquín une idée de ce que doit être à ses yeux « la » masculinité. Pour expliquer son attitude, trois hypothèses peuvent être formulées étant précisé qu'elles ne s'excluent pas entre elles : d'une part son sentiment d'insécurité face à la masculinité, d'autre part une connaissance intuitive de l'orientation sexuelle de Joaquín et finalement la volonté inébranlable de développer la virilité de son fils : « À force je ferai de toi un homme, nom de Dieu ! » (p. 105) (« *A la fuerza te voy a hacer un hombre, carajo* », p. 76). Cette phrase est bien entendu plurivoque : Bayly veut montrer que la masculinité traditionnelle, celle du père, n'est pas une essence mais une construction sociale, et que, de ce fait, elle peut être mise en question. C'est bien la tentative d'éduquer son fils dans cette logique de la masculinité traditionnelle qui est relatée dans le roman, et c'est bien l'échec de cette éducation qui est mis en scène par Jaime Bayly.

Il convient tout d'abord de rappeler l'origine sociologique de la culture de Luis Felipe : celle-ci met l'accent sur la différence et l'exclusivité des traits propres aux deux genres, en même temps qu'elle abhorre les aspects du masculin et du féminin mêlés qui se trouvent en tout être humain. Par conséquent, Joaquín est toujours sous surveillance, sous le contrôle strict de son père qui semble « mesurer » à chaque instant la virilité de son fils :

> *– Te voy a dar un consejo de hombre a hombre – le dijo Luis Felipe a su hijo, no bien cuadró el carro frente al colegio.*
> *– Dime, papi – dijo Joaquín.*
> *– Si algún cojudito se quiere pasar de vivo contigo, no te dejes, ¿okay?*
> *– Ya, papi.*
> *– Le tiras dos puñetes en la cara, un patadón en los huevos y les sacas la entreputa hasta que te pida perdón. Sólo así te vas a hacer respetar. Si no, te van a agarrar de punto en el colegio y te vas a joder, hijo.*

– Gracias, papi – dijo Joaquín, y besó a su padre en la mejilla.
– Ya sabes – le dijo Luis Felipe –. Sácale la mierda al primer pendejito que te fastidie.
Joaquín bajó del carro y caminó de prisa. Antes de entrar al colegio, volteó y le hizo adiós a su padre. Luis Felipe le contestó haciendo unos ademanes de boxeador. (p. 13-14)

« "Je vais te donner un conseil d'homme à homme, dit Luis Felipe à son fils, tandis qu'il garait la voiture devant le collège.
– Dis-moi, papa, dit Joaquín.
– Si un petit con veut jouer au malin avec toi, tu ne te laisses pas faire, *okay* ?
– D'accord, papa.
– Tu lui mets deux coups de poing dans la figure, un coup de pied dans les couilles et tu lui en fais baver jusqu'à ce qu'il te demande pardon. C'est la seule façon de te faire respecter. Sinon, ils vont te coincer dans un coin du collège et tu vas jouir, mon garçon.
– Merci, papa, dit Joaquín, et il embrassa son père sur la joue.
– Tu as compris, lui dit Luis Felipe. Fais-en chier au premier petit mariole qui t'enquiquine."
Joaquín descendit de la voiture et se mit en marche rapidement. Avant d'entrer dans le collège, il se retourna et fit au revoir à son père. Luis Felipe lui répondit en mimant les gestes d'un boxeur. » (p. 15)

Le père s'est proposé de faire de son fils un homme tel qu'il le conçoit. L'idée le hante parce qu'il n'y est pas parvenu jusque-là, et face à son échec, il oscille entre l'humiliation : « notre fils est devenu une petite princesse, cria Luis Felipe » (p. 30) (« *nuestro hijo está hecho una princesita – gritó Luis Felipe* », p. 24), et la mise en pratique d'une nouvelle stratégie. Les quinze ans de Joaquín lui fournissent un excellent prétexte pour parvenir à ses fins. Cette fois, il ne peut pas échouer.

– Quince años ya es edad para que hagas cosas de hombres, Joaquín. Quiero llevarte a un sitio donde te vas a terminar de hacer [sic] hombre.
– Perfecto, papi. Como quieras.
– Dime una cosa muchacho. ¿Tú alguna vez has remojado el pájaro?
– ¿Qué pájaro, papi?
Luis Felipe se rió. Joaquín sintió el mal aliento de su padre.
– La pichula, pues, muchacho – dijo Luis Felipe, en voz baja –. ¿Alguna vez te has montado una hembra?
Joaquín sonrió y se ruborizó.
– No, papi – dijo –. Nunca jamás.
– Bueno, ya estás en edad de remojar el pájaro, pues, muchacho. Yo me voy a encargar de que hagas tu debut en forma oficial. Es el mejor regalo que te puedo hacer, Joaquín. Me lo vas a agradecer toda la vida.
– Ya, papi.

– A ver si este fin de semana te llevo a un sitio para que te hagas hombre, ¿okay?
– Okay, papi. (p. 56-57)

« – Quinze ans, c'est un âge pour faire des trucs d'homme, Joaquín. Je vais t'emmener dans un endroit où tu vas vraiment devenir un homme.
– Parfait, papa, comme tu voudras.
– Dis-moi une chose, mon gars. Est-ce qu'une fois tu as mouillé ton oiseau ?
– Quel oiseau, papa ?
Luis Felipe se mit à rire. Joaquín sentit la mauvaise haleine de son père.
– La quéquette, mon gars, dit Luis Felipe, à voix basse. Tu as déjà sauté une fille ?
– Non, papa, dit-il. Jamais.
– Bon, tu es en âge de mouiller ton oiseau, mon gars. Je vais m'arranger pour que tu fasses tes débuts de manière officielle. C'est le meilleur cadeau que je puisse te faire, Joaquín. Tu m'en sauras gré toute la vie.
– Oui, papa.
– A la fin de cette semaine, je t'emmène dans un endroit où tu deviendras un homme, *okay* ?
– *Okay*, papa. » (p. 76)

Luis Felipe tient sa promesse et un jour, après le déjeuner familial du samedi, il invite Joaquín à « faire un tour ». Maricucha, la mère de Joaquín, semble deviner les intentions de son mari, et essaie de s'y opposer ; cependant le père est décidé à mener à bien ce qu'il considère comme une étape fondamentale dans l'éducation de son fils. Une fois la résistance de Maricucha vaincue, Joaquín essaie par tous les moyens de faire abandonner ce projet par son père. Mais celui-ci n'est pas prêt à céder et, pour mettre un terme à la réticence de son fils, il prononce sa sentence : « Aujourd'hui je fais de toi un homme, que tu veuilles ou non » (p. 80) (« *Hoy te convierto en hombre aunque no quieras* », p. 60).

Sur le chemin qui sépare la demeure familiale de la maison close, Luis Felipe essaie d'instaurer un climat de complicité avec son fils :

– ¿Quieres que te cuente cómo debuté yo? – dijo Luis Felipe, mientras manejaba de prisa por la carretera a Lima.
– Si quieres – dijo Joaquín, mirando por la ventana.
– Porque yo no tuve la suerte de que mi viejo me llevase al troca a debutar. Tu abuelo era un jodido, Joaquín. Pero yo igual me las ingenié para cepillarme a una chola que trabajaba en casa de mis papás. ¿Sabes qué edad tenía cuando debuté con la chola Eugenia?
– No. ¿Qué edad? Trece años, Joaquín. Trece años. Para que veas que tu viejo era un pendejo desde jovencito [...]. (p. 59)

> « – Tu veux que je te raconte comment j'ai fait mes débuts, moi ? dit Luis Felipe, tandis qu'il fonçait sur la route de Lima.
> – Si tu veux, dit Joaquín en regardant par la fenêtre.
> – Parce que moi je n'ai pas eu la chance d'avoir un vieux pour m'emmener faire mes débuts au bordel. Ton grand-père, il n'était pas commode, Joaquín. Mais tant pis, je me suis débrouillé pour me faire une petite qui travaillait chez mes parents. Tu sais quel âge j'avais, la première fois, avec la *chola* Eugenia ?
> – Non, quel âge ?
> – Treize ans, Joaquín. Treize ans. Tu vois que tout jeune, ton père était déjà un sacré malin [...]. » (p. 79)

Ce dialogue lève le voile sur le dessein de Luis Felipe : faire de son fils un homme et être à Joaquín le père que lui-même n'a pas eu. Il essaie de revivre et de corriger au travers de Joaquín sa propre éducation, celle qui lui a manqué, celle que son père n'a pas voulu ou n'a pas pu lui donner. Son statut social l'autoriserait à avoir une ou plusieurs maîtresses issues de son milieu, or il est le client assidu d'une maison de prostitution de basse catégorie. Il faut remonter à son premier rapport sexuel avec une domestique pour appréhender ce schéma de domination et de pouvoir qu'il reproduit depuis lors : « [U]n soir, sans rien dire, j'ai grimpé dans la chambre de la fille et je lui ai monté dessus, mais cette jument d'Eugenia ne voulait pas écarter les jambes » (p. 80) (« *Así que una noche, calladito nomás, me zampé al cuarto de la chola y me le fui encima, pero la yegua de Eugenia no quería abrir las piernas* », p. 59). En effet la conception de ce qu'est un rapport sexuel selon Luis Felipe, porte le ferment de la domination masculine.

À travers le récit de sa « première fois », Luis Felipe transmet à son fils une série de codes de conduite masculine propres à sa classe sociale. Comme les femmes de son milieu sont inaccessibles parce qu'il faut garantir leur pureté sexuelle et que, parallèlement, les pressions sociales exigent que les hommes mènent de front diverses liaisons attestant leur virilité, ceux-ci finissent par chercher ailleurs la satisfaction de leurs besoins. Les inégalités sociales et la « supériorité » ethnique auxquelles le roman fait constamment référence permettent d'accéder aux femmes de milieux défavorisés par le biais de la violence physique à laquelle elles se soumettent sans contestation[1].

---

1 Voir le livre de C. Monsiváis, *Aires de familia. Cultura y sociedad en América Latina*, Barcelone, Anagrama, 2000.

Les expériences initiatiques sont toujours pleines de peurs, de fantasmes et d'expectatives ; dans le cas de l'initiation sexuelle des hommes, ces éléments se trouvent intensifiés par la pression sociale qui est exercée sur eux. Même si la masculinité est « protégée » par une série d'éléments culturels, elle reste néanmoins toujours mise à l'épreuve et confrontée à la peur de l'échec. Les pays latino-américains sont encore régis par la double morale imposée aux femmes ; d'un côté les « femmes vertueuses » avec lesquelles les hommes se marient et ont des enfants, et de l'autre les « femmes de mauvaise vie » avec lesquelles les hommes découvrent le sexe pour la première fois et commencent à l'apprécier. L'homme doit donc acquérir de l'expérience avec elles pour pouvoir initier ultérieurement son épouse.

À ce propos, il est important de rappeler le sens attribué à la maison close dans la littérature. Rodrigo Cánovas nous dit :

> *La literatura reinventa el burdel convirtiéndolo tanto en un espacio de sumisión, habitado por seres grotescos que actúan una erótica letal ; como en lugar de rebeldía, dramático o farsesco, donde se juega a cambiar el orden de las cosas*[1].

> « La littérature réinventa le bordel, en faisant de lui à la fois un espace de soumission, habité par des êtres grotesques qui y jouent une érotique létale, et aussi comme un lieu de rébellion, dramatique ou farceur, où on joue à changer l'ordre des choses. »

En effet, cet endroit ne sert pas uniquement de soupape pour la sexualité masculine. Il symbolise également un univers de libération affective. Ainsi, la maison de prostitution est un espace de convivialité où se rendent des clients, qui, à toutes fins utiles, jouent le rôle d'invités. La relation qui s'établit alors entre les habitués et les prostituées va au-delà d'une simple relation commerciale. Dans cet espace, la « tenancière » régente le lieu, mais elle est en même temps l'hôtesse qui reçoit et sert avec amabilité ses convives :

> *– Buenas, don Luis Felipe – dijo, sonriendo –. Qué alegría verlo por acá.*
> *– Hola, Monique – le dijo Luis Felipe –. Te presento a Joquín, mi hijo mayor.*
> *Joaquín le dio la mano a Monique.*
> *– Buenas, señora – le dijo.*
> *Monique soltó una carcajada.*

---

1 R. Cánovas, *Sexualidad y cultura en la novela hispanoamericana. La alegoría del prostíbulo*, Santiago, LOM, 2003, p. 5. Nous traduisons.

– Ay, qué tal piropo, a mí no me decían señora en años – dijo.
– Oye, chola, ¿nos puedes atender? – le preguntó Luis Felipe.
– Claro, don Luis Felipe – dijo Monique –. Para usted las chicas siempre están ready.
– Cojonudo, chola – dijo Luis Felipe –. Tú te pasas, no hay nada que hacer.
– ¿Cuándo le he fallado yo, don Luis Felipe? – preguntó Monique –. ¿Cuándo lo he dejado sin el cariño de esta humilde casa? (p. 60)

« "Bonjour, don Luis Felipe, dit-elle en souriant. Quelle joie de vous voir par ici !
– Bonjour, Monique, dit Luis Felipe. Je te présente Joaquín, mon aîné."
Joaquín tendit la main à Monique.
"Bonjour, madame", dit-il.
Monique éclata de rire.
"Ah ! Quelle galanterie ! Ça fait des années qu'on ne m'a pas appelée madame, dit-elle.
– Écoute, ma poule, tu peux t'occuper de nous ? demanda Luis Felipe.
– Bien sûr, don Luis Felipe, dit Monique. Pour vous, les filles sont toujours *ready*.
– Du tonnerre ! dit Luis Felipe. T'es vraiment bonne, rien à faire.
– Est-ce que je vous ai jamais lâché, don Luis Felipe ? demanda Monique. Est-ce que je vous ai jamais privé de la douceur de cette humble maison ?" » (p. 81)

À travers les dialogues entre Luis Felipe, Monique et Joaquín, se dévoile une tension qui sert de toile de fond à ce genre de rites :

– Venimos para que lo hagas debutar a mi cachorro, pues, chola – dijo Luis Felipe.
¿Está pito todavía el chiquillo? – preguntó Monique, mirando a Joaquín.
– Sí, pues – dijo Luis Felipe –. Y ya está en edad de debutar.
– ¿Qué edad tienes, hijito? – le preguntó Monique a Joaquín, acariciándole la cabeza.
– Quince, señora – dijo Joaquín –. Quince recién cumplidos.
– Uy, ya estás que te caes de maduro para probar a mis chicas – dijo Monique, sonriendo –. Y no me mires así, hijo, que se ta va a salir la lechada por los ojos.
Luis Felipe soltó una carcajada y pellizcó a Monique en la barriga.
[...]
Monique puso una mano entre las piernas de Joaquín.
– Para mí que ya no eres lampiño y que estos huevos no son de niño – dijo, con una sonrisa coqueta.
Monique y Luis Felipe se rieron a carcajadas. Joaquín sonrió sin ganas. (p. 61)

« Nous sommes venus pour que tu fasses faire ses débuts à mon rejeton, ma poule, dit Luis Felipe.
– Il est encore puceau, le gamin ? demanda Monique en regardant Joaquín.
– Oui, dit Luis Felipe. Et il est en âge de débuter.
– Quel âge as-tu, mon garçon ? demanda Monique à Joaquín, en lui caressant la tête.
– Quinze, madame, dit Joaquín. Juste quinze ans.

– Ouille ! T'es mûr pour essayer mes filles, dit Monique en souriant. Et ne me regarde pas comme ça, le lait va te sortir par les yeux. » (p. 82)

Les préliminaires achevés, rien ne peut empêcher la concrétisation du rite d'initiation nécessaire à la « normalisation » sexuelle et sociale : Joaquín doit choisir la « fille » avec laquelle il désirerait faire ses débuts[1]. À travers l'utilisation du rythme dans les dialogues entre Joaquín, Luis Felipe, la patronne et les filles, le récit rend perceptible l'absurdité de la situation :

– Bueno, Joaquín, si tú no sabes, yo escojo por ti – dijo Luis Felipe –. Yo me agarro a Amparo y tú debutas con Flora, ¿okay?
– ¿Cuál es Flora? – preguntó Joaquín.
– Yo, para servirte, pichoncito – dijo la de los ojos achinados.
[...]
– Hazla gemir, muchacho – le dijo. (p. 62)

« – Bon, Joaquín, si tu ne sais pas je choisis pour toi, dit Luis Felipe. Je prends Amparo et toi tu fais tes débuts avec Flora, *okay* ?
– Laquelle est Flora ? demanda Joaquín.
– Moi, pour te servir, petit pigeon, dit la fille aux yeux bridés.
[...]
"Fais la gémir, mon gars", dit-il. » (p. 83-84)

Au préalable, il y a lieu de préciser qu'il est fort commun dans ce type de rituels que la « professionnelle » prenne l'initiative : « Déshabille-toi, mon poulet, dit Flora » (p. 64) (« *– Quítate la ropa, papito – dijo Flora* », p. 63), pour conduire le novice dans le monde de la volupté et des plaisirs de la chair qui se révéleront être par la suite l'un des mécanismes fondamentaux de la domination masculine. Dans cet épisode du choix de l'initiatrice, Bayly suit la tradition littéraire péruvienne, mais comme cela est patent dans l'ensemble du roman, l'auteur essaie de dénoncer ce qui est sérieux en renversant les codes. Dans ce cas précis il y a un jeu de mots avec le nom de la prostituée. Normalement un homme « déflore » une vierge et dans cette situation c'est une femme expérimentée, nommée

1 Il faut souligner que la maison close est une « topique du roman péruvien, les prostituées ont des traits noirs, indiens ou chinois. Il s'agit de femmes qui représentent les ethnies subalternes » (« *tópico de la novela peruana, las prostitutas son de rasgos negros, indios o chinos. Son mujeres que representan a etnias subalternas* »), M. Velázquez, *El revés del marfil : nacionalidad, etnicidad, modernidad y género en la literatura peruana*, Lima, Universitaria, 2002, p. 226.

Flora, qui va « déflorer » un homme. Flora joue donc son rôle, aussi absurde soit-il, mais Joaquín fait preuve d'une méconnaissance du corps de la femme, de laquelle découle son ignorance de l'acte sexuel ; ignorance amplifiée par son attirance pour les hommes. En effet, à ce point du roman, le texte a fourni suffisamment d'indices qui montrent que le narrateur-protagoniste a parfaitement identifié son orientation sexuelle, raison qui explique sa gaucherie face à Flora dont le langage mielleux et artificiel, inhibe davantage l'adolescent : « Tu vas voir, je vais te baiser superbe. Après, soit tu meurs, soit tu deviens fou » (p. 85) (« *Vas a ver que te voy a cachar rico. Después del polvito, si no mueres, quedas loco* », p. 63).

Il s'agit donc d'une scène nodale et emblématique, mais du point de vue de l'économie narrative c'est sans surprise que l'initiation de Joaquín se révèle être un échec malgré tous les efforts déployés par Flora, la jeune prostituée : « Rien, mon poulet, dit-elle. Même avec une grue, elle ne se lèverait pas » (p. 86) (« *Nada, papito – dijo ella –. Esto no se levanta ni con grúa* », p. 63). Néanmoins un instinct d'honneur et de survie atteint Joaquín qui, effrayé à l'idée de ce que son père pourrait dire s'il apprenait ses déconvenues, offre à Flora un billet contre son silence. Le récit prend à cet instant une intensité qui permet une nouvelle progression dans le roman :

> *– ¿Cuál es tu problema, chibolo? – preguntó ella –. ¿Te gustan las pichulitas?*
> *– No, no – dijo él sorprendido –. ¿Por qué crees eso?*
> *– No, por nada, papito, por nada. Pero si te gustan las pichulitas, no te preocupes, déjate llevar por el instinto nomás. Si no, vas a sufrir por las puras.*
> *– Gracias, Flora. (p. 64)*

> « C'est quoi, ton problème, môme ? demanda-t-elle. Tu aimes les petites quéquettes ?
> – Non, non, dit-il surpris. Pourquoi crois-tu cela ?
> – Non, pour rien, mon poulet, pour rien. Mais si tu aimes les petites quéquettes, ne t'en fais pas, laisse-toi porter par ton instinct, voilà tout. Sinon, tu vas souffrir pour rien.
> – Merci, Flora. » (p. 87)

Cette image féminine qui auparavant l'effrayait apparaît maintenant comme une voix qui appelle Joaquín à suivre son instinct et à s'accepter. Flora est devenue la « bonne mère » qui apprend à son « rejeton » à être soi-même. Flora avait pour mission d'aider Joaquín à passer d'une catégorie à une autre, « supérieure ». En quelque sorte, Flora a accompli son travail et a aussi permis que Joaquín puisse confirmer ce qu'il savait déjà. Cette situation va en outre mettre en relief l'écart entre le modèle de masculinité du père et celui du jeune homme, qui apparaît comme une alternative qui refuse la violence et l'agressivité : « Mille excuses, Flora, dit-il. Je ferais n'importe quoi pour que tu me pardonnes. / Puis il se baissa et lui baisa la main » (p. 87) (« *– Mil disculpas, Flora – dijo –. No sé qué hacer para que me perdones. Luego se agachó y le besó una mano* », p. 64).

Après l'aparté avec Flora, Luis Felipe retrouve son fils et pense que son apprentissage s'est terminé par un succès, notamment en raison des paroles élogieuses de la jeune prostituée : « Eh ! Comment c'était mon gars, s'enquit Luis Felipe [...] – Un diable, il a failli m'asphyxier tellement il y allait fort, dit Flora. Tel père, tel fils, hein, don Luchín » (p. 88) (« *– ¿Qué tal mi cachorro, Florita? – preguntó Luis Felipe. – Un diablo, casi me mata de asfixia con ese troncazo – dijo Flora –. De tal palo tal astilla, pues, don Luchín* », p. 65). Obstiné dans son plan, à la sortie de l'établissement, le père ne peut s'empêcher de compléter cette expérience par quelques « sagesses » de ce type : « Maintenant que tu es un petit homme, je vais te donner deux ou trois conseils à propos des femmes. [...] n'oublie jamais que toutes les femmes sont des putes [...] sauf qu'il y en a qui le savent et d'autres non » (p. 89) (« *– Ahora que eres un hombrecito, te voy a dar dos o tres consejos sobre mujeres. [...] nunca te olvides que todas las mujeres son unas putas [...] sólo que unas lo saben y otras no* », p. 66). Par ces mots, le père exprime l'affection et la fierté qu'il ressent pour son fils, mais simultanément il veut lui apprendre que la virilité se gagne au fil du temps. Le code machiste que Luis Felipe tente de communiquer laisse transparaître une conception de la femme comme objet, comme « autre », que l'on domine d'abord physiquement et que l'on apprend ensuite à contrôler et à réprimer par la force. Dans ce comportement, un autre élément mérite d'être souligné : le père concentre tous ses efforts pour que Joaquín « devienne un homme » et réponde aux exigences culturelles propres à son genre et à sa classe sociale. Cette attitude machiste, très révélatrice de la culture latino-américaine, constitue « sa » façon de lui permettre l'intégration dans la hiérarchie sexuelle et sociale du Pérou.

La stratégie de Luis Felipe en vue d'inculquer son modèle de masculinité à son fils produit tragiquement pour lui un effet contraire à celui qu'il recherche. Plus le temps passe et plus la distance entre le père et le fils augmente. De cet éloignement naît la quête d'une affection sans discrimination, comme elle vient et à n'importe quel prix, parmi ses pairs, à travers des jeux érotiques pour lesquels, dans la plupart des cas, Joaquín paye par la souffrance l'illusion de se sentir aimé. Face à son angoisse du rejet, il accepte tout, sans poser ni limites ni conditions. Par la suite, dans sa recherche, il va de déception en déception, faisant la plupart du temps la confusion entre ses propres besoins d'affection et les besoins sexuels des autres.

Cependant l'éducation que Luis Felipe s'est efforcé de donner à son fils produit des résultats probants, sur un aspect au moins : Joaquín sait que l'argent est une source de pouvoir. Ainsi, un jour, Joaquín va chasser avec Dioni, le fils de Sixto, un employé de Luis Felipe. Il sait que Dioni est capable de n'importe quoi pour un peu d'argent. Ce savoir lui donne le courage nécessaire pour oser satisfaire ses pulsions sexuelles avec le fils de Sixto.

> *Cuando terminaron de orinar, se subieron la bragueta y se echaron en el pasto.*
> *– A ver enséñame de nuevo tu pitilín – dijo Joaquín, poco después.*
> *– ¿Para qué? – preguntó Dioni.*
> *– Sólo para ver – dijo Joaquín.*
> *Dioni se desabrochó el pantalón y se bajó el calzoncillo.*
> *– ¿Lo puedo tocar? – preguntó Joaquín.*
> *– No – dijo Dioni –. Hombres no se tocan.*
> *Joaquín sacó un billete arrugado de su bolsillo.*
> *– Te pago – dijo.*
> *Dioni se guardó el billete.*
> *– Bueno – dijo. (p. 89)*

> « Quand ils eurent fini d'uriner, ils refermèrent leur braguette et se couchèrent dans l'herbe.
> "Allez, montre-moi encore ton zizi, dit Joaquín, peu après.
> – Pourquoi ? demanda Dioni.
> – Juste pour voir", dit Joaquín.
> Dioni dégrafa son pantalon et baissa son caleçon.
> "Je peux le toucher ? demanda Joaquín.
> Non, dit Dioni. Les hommes ne se touchent pas."
> Joaquín sortit de sa poche un billet chiffonné.
> "Je te paie", dit-il.
> Dioni prit le billet.
> "Bon", dit-il. » (p. 122)

Dioni raconte à son père ce qui s'est passé et ce dernier narre l'épisode à Luis Felipe. Cette révélation constitue la preuve irréfutable de l'orientation sexuelle de son fils ; toute ambiguïté est levée et justifie l'interruption de sa comédie de l'initiation rituelle. Dès lors, le mot « pédé » dans la bouche de Luis Felipe désigne un fait, une réalité qui dépasse la pure offense. Mais en le prononçant, Luis Felipe reconnaît aussi, implicitement, son échec. Malgré tous ses efforts, il n'a pas pu faire de son fils un homme.

Les expériences vécues avec Flora et Dioni ont eu pour conséquence d'amplifier la curiosité et les pulsions de Joaquín. Néanmoins, n'ayant personne à qui se confier et se sentant coupable et rejeté à cause de ce qu'il éprouve, Joaquín vit une situation de confusion et d'angoisse :

> *Una noche de verano, Joaquín bajó del camarote y se metió a la cama de su hermano. Fernando balbuceó algo incomprensible y siguió durmiendo. Joaquín cerró los ojos y acarició el sexo de su hermano, quien siguió con los ojos cerrados, respirando profundamente, mientras Joaquín lo tocaba suavemente. De pronto, Joaquín abrió los ojos, vio el cuadro de la Virgen en la pared y se asustó: le pareció que la Virgen estaba mirándolo a los ojos. Entonces besó a su hermano en la frente y subió a su cama. No pudo dormir. Rezo tres misterios del rosario, pidiéndole a la Virgen que por favor lo perdonase. (p. 93)*

> « Un soir d'été, Joaquín descendit de sa couchette et se glissa dans le lit de son frère. Fernando balbutia quelques mots incompréhensibles et continua à dormir. Joaquín ferma les yeux et caressa le sexe de son frère, qui avait toujours les yeux fermés et respirait profondément tandis que Joaquín le touchait doucement. Soudain, Joaquín ouvrit les yeux, vit le portrait de la Vierge sur le mur et il eut peur : il lui sembla que la Vierge le regardait dans les yeux. Alors il embrassa son petit frère sur le front et remonta dans son lit. Il ne trouva pas le sommeil. Il récita trois mystères du rosaire et, dans sa prière, il demanda pardon à la Vierge. » (p. 128)

L'écriture de Bayly se caractérise plutôt par le goût des dialogues que par la description psychologique, par le jeu sur le registre oral de la langue que par le souci du détail ; à ce moment du récit, le narrateur nous apprend l'existence d'un frère jusque là passé sous silence et aborde de front l'interdit de l'inceste. Celui-ci, s'il est replacé dans le contexte sociologique, n'a pas d'origine morale comme on peut le considérer actuellement, mais plutôt « politique » puisque son instauration a permis le passage de la famille à la société. La mère, par exemple, est l'objet sexuel du fils et le père le rival de celui-ci, situation qui, avec l'évolution de l'enfant et l'intervention du père, se résout et permet l'identification à ce dernier. L'acte incestueux de Joaquín correspond à la logique du conflit qu'il est en train de vivre. L'imaginaire religieux accentue la culpabilité que ressent le narrateur. Cette vision de la Vierge Marie peut être lue comme une critique de Bayly à l'égard des stéréotypes de la société latino-américaine dont implicitement il retranscrit les codes.

Le conflit s'achève par l'expulsion de Joaquín du cercle familial. Ce dénouement peut être lu comme une nouvelle naissance : « En arrivant, il regarda la rivière desséchée, respira profondément et se sentit libre et léger. Peu après, il monta dans un bus à destination de Lima » (p. 130) (« *Al llegar a la carretera, mirando el río seco, respiró profundamente y se sintió libre, ligero. Poco después, subió a un ómnibus con destino a Lima* », p. 94). Il ne peut plus rien espérer de cette existence sans élan vital, de cette rivière morte, de sorte que ce voyage qui le conduit de la maison de ses parents à la ville inconnue apparaît comme une métaphore d'une décision impliquant le choix d'une nouvelle modalité de vie. Joaquín devra donc apprendre les codes d'un monde dont il ignore tout pour parvenir à s'assumer et ainsi construire son identité sexuelle. Ce choix libérateur impliquera naturellement un coût. D'un côté, il lui offrira l'anonymat nécessaire pour pouvoir vivre plus librement sa sexualité, mais, par ailleurs, il l'obligera à affronter le défi qui suppose la reconstruction d'un réseau de liens affectifs.

Les difficultés rencontrées par Joaquín Camino à l'intérieur de la famille nucléaire sont surtout représentées par les carences affectives. Ce sont des carences qu'il va chercher à pallier en cherchant une famille de substitution dans la ville. L'émergence de cette nouvelle famille semble traduire la volonté du récit de « normaliser » l'homosexualité en rapprochant le personnage gay des personnages hétérosexuels de sa génération, tout en explorant d'autres modes relationnels. De sorte que les rapports entre ces deux mondes deviennent dans *Ne le dis à personne* un matériau littéraire qui appelle à modifier les structures anciennes afin de faire face aux situations liées à une sexualité « autre » aussi bien dans l'expérience corporelle que dans la personnalité des personnages. En effet, le roman ne se centre pas exclusivement sur la vie intérieure du protagoniste ou la socialisation de celui-ci. Bayly ainsi que les auteurs de sa génération cherchent donc de nouveaux thèmes littéraires afin que leurs personnages soient substantiels et chargés de sens par eux-mêmes et non seulement par leur différence. Ils mettent aussi en lumière les contradictions et le déphasage entre les exigences du modèle traditionnel de la masculinité en Amérique latine et la réalité du monde contemporain. Ils désirent certainement en cela attirer un public plus vaste et varié, mais simultanément ils insèrent le personnage gay, avec son style, ses goûts, son langage et sa masculinité « alternative », dans le paysage littéraire latino-américain du XXIe siècle.

Henri BILLARD
Université de Poitiers
CRLA Archivos

LE SCHÉMA NARRATIF VICTIMAIRE DANS LA LITTÉRATURE GAY ALLEMANDE À LA FIN DU XXe SIÈCLE (1970-2000)

Les émeutes de Stonewall, réaction à un raid de la police le 28 juin 1969 au bar *Stonewall Inn* dans le quartier Greenwich Village à New York, constituent un tournant dans l'histoire de l'homosexualité, car ces événements considérés comme la première lutte des gays et lesbiennes contre l'homophobie marquent le début du mouvement homosexuel aux États-Unis comme dans d'autres pays occidentaux[1]. Les émeutes de Stonewall annoncent également le début des études gay et lesbiennes ainsi que la naissance d'une littérature gay dans les années 1970, du moins en Amérique du Nord et en Europe occidentale et centrale. L'homosexualité (masculine) a été longtemps soumise au tabou et n'a donc pas pu être un objet de la littérature. En Allemagne, le tabou littéraire est partiellement surmonté depuis le milieu du XVIIIe siècle[2] lorsque l'amour et la sexualité entre hommes sont parfois évoqués de façon implicite sous forme d'un « sous-texte » homosexuel. On peut repérer cette stratégie de « subtextualisation » depuis certaines œuvres de Johann Joachim Winckelmann jusqu'à Thomas Mann en passant par la littérature du XIXe siècle, avec notamment August von Platen[3]. Mais c'est à l'époque du modernisme classique (1890-1930) que l'homosexuel fait son entrée soit comme protagoniste, soit comme personnage secondaire, dans la littérature de langue allemande, dans laquelle il représente un nouveau

1 Voir D. Carter, *Stonewall. The Riots that Sparked the Gay Revolution*, New York, St Martin's Press, 2004.

2 Wolfgang Popp donne un aperçu de la littérature homosexuelle dans sa monographie : *Männerliebe. Homosexualität und Literatur*, Stuttgart, Metzler, 1992.

3 Voir H. Detering, *Das offene Geheimnis. Zur literarischen Produktivität eines Tabus von Winckelmann bis zu Thomas Mann*, Göttingen, Wallstein Verlag, 1994.

type de masculinité[1]. Une littérature gay proprement dite, c'est-à-dire centrée autour de l'expérience du *coming out*, qui commence par la prise de conscience du désir homosexuel et finit dans le meilleur des cas par l'adoption d'un mode de vie permettant de vivre ce désir au sein de la société, ne voit le jour qu'après les émeutes de Stonewall.

Cet article pose pour thèse que la littérature gay publiée entre 1970 et 2000 en Allemagne, mais aussi dans d'autres pays, est caractérisée par la prédominance d'un schéma narratif victimaire qui présente l'individu gay comme victime[2]. Ce schéma narratif connaît trois variantes : l'homme gay apparaît comme victime 1) de la société homophobe, 2) du sida ou 3) d'un autre homme gay. Le premier sous-type domine quantitativement la littérature gay, surtout dans les années 1970 et 1980, le deuxième atteint un point culminant vers 1990, moment où le sida a pris de l'ampleur en Allemagne et ne peut pas être traité de façon efficace, et le troisième n'apparaît que d'une manière sporadique pendant toute cette période.

Cette étude illustrera le schéma narratif victimaire en prenant pour chacune des trois variantes un récit de langue allemande. *Die Konsequenz* (*La Conséquence*, 1975), livre phare des années 1970 écrit par Alexander Ziegler et porté à l'écran deux ans plus tard par Wolfgang Petersen, dénonce la société homophobe qui empêche un jeune couple gay de vivre son amour. Dans son récit autobiographique *Es ist spät, ich kann nicht atmen* (*Il est tard, je ne peux pas respirer*, 1992), Mario Wirz raconte sa vie avant et après le diagnostic de sa séropositivité. Et dans le roman *Jupiter* (1999) de Thomas Jonigk, le protagoniste se voit confronté à l'effondrement de son identité, suite à un abus sexuel dont il a été victime pendant l'enfance et l'adolescence. Les différentes variantes du schéma narratif victimaire peuvent être combinées dans un seul

1 Voir K. Wieland, « Die Konstruktion von männlichen Homosexualitäten im psychiatrisch-psychologischen Diskurs um 1900 und in der Erzählliteratur der Frühen Moderne », *Scientia Poetica* n° 9, 2005, p. 216-262.

2 Voir les grands classiques de la littérature et du cinéma gay à la fin du XXe siècle : *Faustrecht der Freiheit* (1975) de Rainer Werner Fassbinder, *In einem Jahr mit 13 Monden* (1978) de Rainer Werner Fassbinder, *Bent* (1979) de Martin Sherman, *Le Jardin d'acclimation* (1980) d'Yves Navarre, *L'Homme blessé* (1983) de Patrice Chéreau et Hervé Guibert, *The Times of Harvey Milk* (1984) de Rob Epstein, *Another Country* (1984) de Marek Kanievska, *La Muerte de Mikel* (1984) d'Imanol Uribe, *An Early Frost* (1985) de John Erman, *Maurice* (1987) de James Ivory, *Coming Out* (1989) d'Heiner Carow, *À l'ami qui ne m'a pas sauvé la vie* (1990) d'Hervé Guibert, *Angels in America* (1991) de Tony Kushner, *Philadelphia* (1993) de Jonathan Demme et *Priest* (1994) d'Antonia Bird.

texte, mais en règle générale, l'une d'elles prédomine. Les trois textes étant structurés très différemment l'un de l'autre, ils seront analysés ici de manière linéaire en tenant compte aussi bien du discours que de l'histoire du récit[1] ; une attention particulière sera portée à la matrice actantielle antagonique[2] qui caractérise le schéma narratif victimaire : la victime et ses adjuvants *versus* l'agresseur et ses complices. La conclusion proposera une esquisse de l'horizon du schéma narratif victimaire dans la littérature allemande au nouveau millénaire.

VICTIME DE LA SOCIÉTÉ HOMOPHOBE

Le narrateur du récit *Die Konsequenz* d'Alexander Ziegler[3] est d'ordre autodiégétique[4] ; il est né en 1945, acteur, et condamné en 1967 à une peine de prison pour avoir vécu une relation homosexuelle avec un mineur de 16 ans. Le paratexte[5] précise que ce livre repose sur un fait autobiographique, et le lecteur connaissant la biographie de Ziegler comprend vite que l'histoire racontée est celle de l'auteur. Mais comme cette équation n'est pas explicite dans le texte – le nom du protagoniste n'est jamais indiqué –, il convient d'éviter l'identification entre auteur, narrateur et personnage. Le texte est divisé en onze chapitres, comportant chacun deux parties bien distinctes : la première relève du temps du récit, qui commence le 18 mars 1974 et se termine le 12 mai 1974, la deuxième couvre la période allant de l'été 1967 à Noël 1973, qui constitue le temps de l'histoire ; seul le onzième chapitre fait exception : il ne consiste qu'en une partie qui marque la fin du temps du récit, donc le 12 mai 1974.

1 Pour la distinction entre « discours » et « histoire » dans le récit, voir T. Todorov, « Les catégories du récit littéraire », *Communications* 8, 1966/1981, p. 131-157.

2 Pour le concept d' « actant », voir A. J. Greimas, « Eléments pour une théorie de l'interprétation du récit mythique », *Communications* 8, 1966/1981, p. 34-65, surtout p. 51 *sqq.*

3 A. Ziegler, *Die Konsequenz*, Zürich, Schweizer Verlagshaus, 1975. *La Conséquence*, traduction française de Michel Caignet, Paris, Chiens et loups, 1986. La traduction française étant difficilement accessible, nous retraduisons les citations.

4 Voir la narratologie structurale de G. Genette, « Discours du récit. Essai de méthode », *Figures III*, Paris, Seuil, 1972, p. 65-282.

5 Voir G. Genette, *Palimpsestes. La littérature au second degré*, Paris, Seuil, 1982.

La situation d'énonciation forme ainsi un récit-cadre à l'intérieur duquel alternent le présent (1974) et le passé (1967-1973) de l'histoire racontée.

En prison, le narrateur-protagoniste fait la connaissance de Thomas Manzoni, né en 1951, fils d'un gardien, qui joue un rôle dans une pièce de théâtre mise en scène et jouée par quelques prisonniers, parmi lesquels le narrateur. Très vite les deux hommes tombent amoureux l'un de l'autre et essaient de vivre une relation d'amour qui constitue l'histoire du récit. Dès le début, le lecteur est informé de l'issue de l'histoire, car le texte commence avec la visite du protagoniste dans une clinique psychiatrique où Thomas est hospitalisé après une tentative de suicide motivée par son impossibilité à continuer à affronter l'homophobie de la société. Leur relation d'amour est caractérisée par une alternance entre vie commune en liberté et internement de l'un ou de l'autre dans des institutions closes : 1) mise en prison du narrateur à Scheurental (chapitres 1-5), 2) vie commune en liberté (chapitres 5-6), 3) internement de Thomas dans la maison de correction de Dürrenmoos (chapitres 7-9), 4) vie commune en liberté (chapitre 10), 5) hospitalisation de Thomas dans une clinique psychiatrique. Les séjours dans les espaces hétérotopiques[1] visent à réorienter le désir homosexuel des deux hommes vers l'hétérosexualité, norme absolue de la société homophobe.

Les agresseurs qui souhaitent réprimer le désir homosexuel sont avant tout la justice et les parents de Thomas : le tribunal qui condamne le protagoniste à une peine de prison et les Manzoni qui demandent aux instances judiciaires compétentes de placer leur fils mineur dans une maison de correction. Les agresseurs sont secondés par un grand nombre de complices : la police, les gardiens de prison, le maître d'apprentissage de Thomas, les éducateurs et les pensionnaires de la maison de correction[2]. Les actes de stigmatisation sont riches et variés, outre l'internement il s'agit d'insultes[3], d'humiliations, de châtiments, du licenciement

1 Pour la notion d'« hétérotopie », voir M. Foucault, *Die Heterotopien. Les hétérotopies. Der utopische Körper. Le corps utopique*, Francfort/Main, Suhrkamp, 2005 (première publication : « Des espaces autres », *Architecture, Mouvement, Continuité*, n° 5, octobre 1984, p. 16-49).

2 Rares sont ceux qui ont de la compréhension pour le couple gay, par exemple un gardien de prison à Scheurental, qui tolère que les détenus homosexuels aient des rapports sexuels furtifs dans les douches, et le policier qui passe chez le narrateur afin d'arrêter Thomas après son évasion de Dürrenmoos et éprouve de la compréhension pour eux.

3 L'insulte la plus cruelle est prononcée par la mère de Thomas qui préfère un fils mort à un fils gay : « *Lieber einen toten Sohn, als einen schwulen !* » (p. 152) (« Plutôt un fils mort qu'un fils pédé »)

professionnel[1], de la contrainte à l'acte hétérosexuel[2]. La stigmatisation est si omniprésente que certains gays ont même intériorisé l'homophobie en s'auto-désignant par des termes péjoratifs tels que « Schwestern, Schwuchteln, Sieder, Trinen, Tucken, Tunten » (« *tantouze, pédale, tapette, lopette, tata, tafiole* ») (p. 165 ; en italiques dans l'original). Face au régime hétéronormatif, peu de personnages sont disposés à aider les victimes gay, et certains se révèlent être de surcroît de « faux amis ». Contrairement au protagoniste entouré d'amis et connaissances, Thomas est isolé en dehors de sa vie de couple. Le narrateur autodiégétique s'adresse à deux personnages homosexuels, qui pourraient remplir la fonction d'adjuvant : Heinz Anderegg, qui travaille dans un notariat communal et qu'il prie de lui fournir une fausse carte d'identité afin de pouvoir travailler incognito comme stagiaire dans la maison de correction de Dürrenmoos où Thomas est interné ; Clemens Krauthagen, député conservateur et catholique au parlement allemand[3], à qui il demande de lui procurer une carte de séjour en Allemagne pour Thomas, recherché par la police suisse après s'être évadé de Dürrenmoos. Anderegg et Krauthausen profitent de la détresse du couple gay ainsi que de la confiance du protagoniste. Ils soumettent leur aide à la condition que les victimes soient prêtes à assouvir leur propre désir homosexuel : le narrateur doit passer une nuit avec Anderegg, Thomas doit accepter de devenir l'amant de Krauthagen. Il est intéressant de constater que le texte établit une opposition entre deux catégories d'homosexuels : ceux qui tentent de vivre ouvertement leur homosexualité, et les autres qui se cachent. Le texte prend parti pour la première catégorie, pour ceux qui ont le courage civique de faire le *coming out* bien que cet acte conduise à l'échec social, alors que ceux qui préfèrent dissimuler leur orientation sexuelle pour réussir dans la vie publique tout en assouvissant en catimini leur désir homosexuel se

---

1 Le maître d'apprentissage licencie Thomas lorsqu'il apprend que celui-ci est homosexuel. Au contraire, le protagoniste trouve facilement du travail après sa libération puisque le monde du théâtre est très libéral à l'égard de l'homosexualité. Seule la ZDF, la deuxième chaîne de télévision nationale en Allemagne, ne lui donne plus d'engagement.

2 Les pensionnaires de Dürrenmoos obligent Thomas à faire l'amour avec une fille démente, âgée de 16 ans, qui vient presque tous les soirs dans une remise à outils située sur le terrain de la maison de correction où les pensionnaires, à tour de rôle, la sodomisent.

3 L'auteur précise que Clemens Krauthagen est un nom fictif, mais qu'il renvoie à un député du Bundestag, le parlement allemand. Il préfère ne pas indiquer son vrai nom parce que l'homme politique le menace d'une poursuite judiciaire au cas où il rendrait public son homosexualité. Le statut fictionnel du texte est ainsi relativisé.

voient reprocher leur lâcheté et leur manque de solidarité avec les autres gays. Le texte actualise et combine donc ici le premier et troisième sous-type du schéma narratif victimaire : le narrateur-protagoniste et son ami sont doublement victimisés, d'une part par la société homophobe, d'autre part par des homosexuels cachés. L'accent est nettement mis sur la discrimination par la société homophobe, particulièrement intransigeante à l'égard de la question gay : elle empêche le couple gay de vivre publiquement son amour et ne lui accorde aucune reconnaissance, ni au plan juridique, ni au plan social.

Pour souligner qu'il ne s'agit nullement d'un cas exceptionnel, le texte présente deux histoires semblables : Ludger Claus, ancien acteur, est physiquement et psychiquement détruit après avoir passé une dizaine d'années dans des maisons d'arrêt pour avoir eu des rapports homosexuels (« *ein kaputter Mann* », « un homme brisé », p. 58) ; Peter Geßler, un rentier aisé, a été un homme respecté et apprécié par la société jusqu'au jour où il a fait son *coming out* et commencé une relation avec un mineur de 16 ans. Sous l'influence des mesures répressives de la police judiciaire, il a fini par signer une déclaration de culpabilité avant de se donner la mort. Tout comme Claus et Geßler, Thomas finit par être une épave physique et psychique, lui-même dit à son ami :

> *Aber die anderen Narben siehst du nicht [il a une cicatrice sur son visage]. Die sind nicht auf der Haut, die sitzen tiefer, die kann man nicht einfach operieren. Das Schlimmste war für mich, daß ich meine Selbstachtung verlor.* (p. 245-246)
>
> « Mais les autres cicatrices, tu ne les vois pas. Elles ne sont pas sur la peau, elles sont plus profondes, on ne peut pas les opérer. Et pour moi, le pire a été de perdre mon amour-propre ».

Puis il s'enferme dans la salle de bains dont il casse le miroir, acte métaphorique qui reflète bien sa personnalité brisée. Face à la société homophobe, l'homme gay n'a pas la moindre chance de vivre son désir homosexuel en public ; chaque tentative est vouée à l'échec et débouche sur la destruction de l'individu, dans le pire des cas, sur le suicide.

VICTIME DU SIDA[1]

Es ist spät, ich kann nicht atmen (*Il est tard, je ne peux pas respirer*) de Mario Wirz[2] est un rapport, comme l'indique le sous-titre *Ein nächtlicher Bericht* (« Un compte rendu nocturne »). Il s'agit d'un texte autobiographique, car le narrateur autodiégétique se présente comme Mario ou Volker Wirz, Volker étant son nom de naissance, Mario son nom d'artiste (en revanche, les prénoms des autres personnages sont modifiés et les villes autres que Berlin désignées par la seule initiale). L'auteur-narrateur-protagoniste, âgé de 34 ans, acteur et écrivain, sait depuis cinq ans qu'il est séropositif, sans que la maladie ne se soit cependant déclarée. Le temps du récit est bien déterminé : février 1991. Wirz s'isole dans son studio à Berlin-Neukölln et entend relater sa vie, y compris sa maladie. Ce qui déclenche l'acte de raconter semble être le fait que le protagoniste est confronté à une nouvelle étape de sa maladie qui demande maintenant un traitement avec l'AZT, le nombre de ses cellules T étant en chute continue. Il compare son rôle d'autobiographe à celui du détective qui est censé dévoiler une réalité cachée ; il souhaite découvrir de cette façon de nouveaux aspects de sa vie et de sa personnalité en les racontant dans un récit autobiographique où alternent le présent – février 1991 – et le passé.

L'histoire du récit englobe alors la vie de Mario Wirz, dont la représentation peut être découpée en quatre séquences : 1) enfance et adolescence dans une petite ville allemande nommée F. (jusqu'à 20 ans), 2) les années folles à Berlin (20-25 ans), 3) vie de couple avec son ami Jan dans une ville nommée K. (25-28 ans) et 4) vie avec la séropositivité à Berlin (à partir de 28 ans). Le texte se focalise sur la dernière période, donc sur la question de savoir comment vivre avec la conscience d'être séropositif ; les autres étapes de sa vie informent sur son évolution personnelle et permettent de comprendre sa réaction actuelle à l'infection VIH.

---

1 Sur la littérature gay en langue allemande sur le sida voir l'article de J. Pfeiffer, « "Jegliches Mitleid verwischt der Regen". Tod und Aids in der deutschsprachigen Literatur », *Forum Homosexualität und Literatur* 19 (1993), p. 11-26. Ce numéro de la revue a pour thème « Littérature et sida ».

2 M. Wirz, *Es ist spät, ich kann nicht atmen. Ein nächtlicher Bericht*, Berlin, Aufbau Verlag [1992], 1994. Le texte n'a pas été traduit en français. Les citations sont traduites par Bernard Banoun.

Wirz se considère comme une victime du sida sans pour autant nier sa responsabilité dans l'infection : au contraire, il culpabilise à cause d'une promiscuité sexuelle excessive qui l'a exposé au virus VIH. En revanche, il reproche aux autres leur réaction peu compréhensive face au sida : à sa mère d'avoir honte de son fils séropositif, à son ami Jan de l'avoir quitté et de vivre actuellement une relation avec un jeune homme en pleine santé, à la société d'exclure les malades, les personnes âgées et les pauvres : « *Weg mit den Kranken und Häßlichen, den Schwachen und Armen, den Alten und Gebrechlichen* » (« Les malades, les moches, les faibles et les pauvres, les vieux et les séniles : du balai ! », p. 66). À la première victimisation par la maladie s'ajoute donc une victimisation secondaire qui relève du social ; la réaction de l'entourage micro- et macro-social renforce le statut victimaire. La réaction du narrateur lui-même est caractérisée par l'isolement social – il ne fréquente que rarement ses amis et ses connaissances – et un chaos de sentiments et sensations variés, parfois contradictoires : tristesse, angoisse, désespoir et espoir, amertume, auto-commisération et haine de soi. Lui-même interprète sa vie avec la séropositivité comme une longue nuit, donc comme une mort métaphorique qui entraînera sans doute la mort biologique[1].

La présentation de la situation actuelle est régulièrement interrompue et complétée par les souvenirs qui remontent jusqu'à l'enfance et l'adolescence. Fils illégitime qui n'a jamais connu son père, il grandit chez sa mère après avoir passé les trois premières années de sa vie dans un foyer d'accueil. Il est « fils à maman » et remplace le mari absent auprès de sa mère, qui l'appelle tendrement « *mein kleiner Mann* » (« mon petit homme ») et se comporte de manière excessivement protectrice. Wirz est un enfant marginal, traité de bâtard par les voisins et ridiculisé par le *peer group* qui se moque de son habitus efféminé en l'appelant « *Fräulein Volker* » (« Mademoiselle Volker »). À 16 ans, il prend conscience qu'il est gay et fait alors une tentative de suicide, raison pour laquelle il est interné dans une clinique psychiatrique. C'est à ce moment que le texte actualise la première variante du schéma narratif victimaire : le jeune Wirz devient la victime de la société homophobe, ce qu'il interprétera en tant qu'adulte comme le début de sa victimisation, prolongée et transformée par le sida : « *Aids, eine erworbene Immunschwäche. Mir ist,*

1 Mario Wirz est décédé le 30 mai 2013 à Berlin.

als hätten mich bereits in F. die Gartenzwerge infiziert. » (« Le sida, une déficience immunitaire acquise. Moi j'ai l'impression d'avoir été déjà contaminé par les nains de jardin de F. », p. 29) Âgé de 20 ans, il s'installe à Berlin où il suit une formation d'acteur et vit son homosexualité de façon « excessive » en compensant ainsi le déficit sexuel qu'il a subi en province. Il voit cette période de sa vie rétrospectivement d'un œil très critique : il se désigne comme une « *Fickmaschine* » (« machine à baiser », p. 57), qui a eu des rapports sexuels anonymes et fugitifs avec des partenaires interchangeables, sans aucun attachement émotionnel, et il reproche aux gays d'avoir intériorisé l'homophobie puisqu'ils se méprisent eux-mêmes ainsi que les autres homosexuels :

> *Wir sprechen nicht miteinander. Wir zwitschern und stechen uns pfeifend die Augen aus. Der Lederfreak verachtet die Tunte. Die Tunte verachtet den smarten Bürger im Anzug. Der Anzug verachtet die Tunte und den Lederfreak. Wir verachten uns selbst und verachten zurück.* (p. 83).
>
> « Nous ne nous parlons pas. Nous gazouillons et sifflotons en nous arrachant les yeux. Le mec méprise la folle. La folle méprise le bourgeois bcbg en costume. Le costume méprise la folle et le mec cuir. Nous nous méprisons nous-mêmes et méprisons en retour. »

Les années folles prennent fin lorsqu'à l'âge de 25 ans, Wirz fait la connaissance de Jan en faisant du *cruising* dans un parc public. C'est le début d'une histoire d'amour qui dure presque quatre ans et permet à Wirz de cultiver son « syndrome de Peter Pan[1] » : il se plaît à jouer le rôle de l'artiste maladroit et chaotique, Jan assumant le rôle du père et compensant ainsi l'amour paternel dont son ami a été privé. Durant la phase de séparation, Wirz reprend sa carrière de « machine à baiser », entre en contact avec le virus VIH et apprend sa séropositivité en novembre 1985.

Le résultat de la socialisation de Wirz est une double identité sexuée qui se reflète dans ses deux prénoms : son nom de naissance Volker est associé à son côté féminin, il est sentimental, larmoyant, anxieux, doté d'un fort complexe d'infériorité ; son nom de plume Mario représente son côté masculin qui se révèle être une identité de façade qu'il met en

1 Pour la notion de « syndrome de Peter Pan », voir l'ouvrage populaire de D. Kiley, *Das Peter-Pan-Syndrom. Männer, die nie erwachsen werden wollen* [1983], Munich, Heyne Verlag 1989.

scène afin d'apparaître comme un « vrai mec ». Cette identité masculine ambiguë se manifeste aussi dans sa réaction au sida : tantôt il sombre dans la dépression et se sent incapable d'organiser sa vie[1], tantôt il s'exhorte à se confronter à sa séropositivité avec énergie et espoir, le premier état étant tout de même nettement prédominant. Wirz, qui paraît le plus souvent passif, voire paralysé, incapable d'agir, arrive cependant à se concentrer sur l'écriture dont le résultat est ce récit autobiographique.

VICTIMISATION ENTRE GAYS

Contrairement aux textes de Ziegler et Wirz, *Jupiter* de Thomas Jonigk[2] se présente d'emblée comme de la fiction, le texte portant l'indication générique « roman ». Le narrateur autodiégétique s'appelle Martin, 19 ans, vendeur au détail et actuellement au chômage, et se révèle être un « unreliable narrator[3] », car l'acte de narration comprend des lacunes, des incertitudes, voire des contradictions[4]. Comme nous allons le voir, cette « unreliability » est due à des troubles psychiques qui s'aggravent, de surcroît, au fur et à mesure de la narration. Le temps du récit est indéterminé, le temps de l'histoire reste vague, mais le lecteur peut supposer que l'histoire, dont la narration est organisée en douze chapitres, se déroule dans les années 1990, en tout cas dans un laps de temps assez court, car le narrateur-protagoniste a toujours 19 ans à la fin du livre. Le lieu du récit, lui, est précisé : il s'agit de Berlin. La

1 À cet égard, la remarque suivante de Wirz est parlante : « *Ich habe mich weder in meiner Geschichte, noch in meiner Wohnung eingerichtet* » (p. 48) (« Je ne me suis pas plus installé dans mon histoire, que dans mon appartement »). Voir aussi le titre du texte « *Es ist spät, ich kann nicht atmen* », qui exprime son incapacité à respirer, donc à vivre.

2 T. Jonigk, *Jupiter. Roman*, Salzbourg-Vienne, Residenz Verlag, 1999 ; *Jupiter*, traduction française de Georges-Arthur Goldschmidt, Paris, Lagrasse, Verdier, 2004.

3 Le terme de « unreliable narrator » a été forgé par W.C. Booth, *The Rhetoric of Fiction*, Chicago, The University of Chicago Press, 1961, seconde édition revue et augmentée en 1983. Pour plus de précision sur la définition actuelle de ce terme voir l'article « Unzuverlässigkeit, erzählerische » dans : A. Nunning (dir.), *Metzler Lexikon. Literatur- und Kulturtheorie*, Stuttgart-Weimar, 2004, p. 681 *sqq.*

4 La contradiction la plus formidable est que le narrateur prétend à deux reprises que ses parents sont morts (p. 78, 80), alors qu'il semble les fréquenter au quotidien.

durée de la narration varie considérablement puisque les trois premiers chapitres décrivent méticuleusement une seule scène dans un bar, tandis que les événements racontés dans les chapitres 4 à 12 s'étendent sur plusieurs mois.

L'histoire du roman est centrée autour de la rencontre de Martin avec un homme plus âgé nommé Jürgen et compte trois étapes :

1. Martin fait la connaissance de Jürgen dans les toilettes d'un bar où il vient de se faire pénétrer – dans un scénario sadomasochiste – par deux Turcs et le patron du bar (chapitres 1-3).
2. Martin devient l'amant de Jürgen et travaille comme vendeur dans son magasin de détail (chapitres 4-11).
3. Jürgen est arrêté par la police pour abus sexuel sur sa fille Gabriele, âgée de quatre ans, qui vit chez sa mère, divorcée de Jürgen (chapitre 12).

La deuxième séquence comprend également des souvenirs du narrateur autodiégétique ainsi qu'un dialogue entre « Martin » et « je » (chapitre 10), qui révèle son caractère schizophrène. Les souvenirs tournent autour de son père qui l'a abusé sexuellement dès l'âge de deux ans et qui est omniprésent et tout-puissant dans l'imaginaire de son fils.

Le roman présente alors deux cas d'abus sexuel : Martin aussi bien que Gabriele sont des victimes de leurs pères bisexuels ou homosexuels. Les agresseurs sont secondés par des complices, à savoir un psychiatre, qui atteste que c'est le père de Martin qui a été séduit et abusé par son fils, et un policier, qui est venu arrêter Jürgen et édulcore l'abus sexuel :

> *Es ist falsch, den Mann anzuzeigen, wenn Sie mich fragen. Regeln Sie das privat. Jeder macht mal einen Fehler, wenn Sie mich fragen, den er später bereut. Dem Kind hat es doch auch nicht geschadet, wenn Sie mich fragen.* (p. 140)
>
> « C'est une erreur de dénoncer cet homme, si vous voulez mon avis. Réglez ça entre vous. Chacun fait un jour une faute qu'il regrette plus tard. L'enfant, ça ne lui a pas fait de mal, si vous voulez mon avis ». (p. 129)

Peut-être la mère de Martin est-elle la complice de son mari – il est difficilement imaginable qu'elle ne soit pas au courant de l'abus sexuel – mais le texte ne se prononce pas à cet égard. La mère de Gabriele, en revanche, remplit la fonction d'une adjuvante de la victime, car elle dénonce son ex-époux auprès de la police. La présente étude portant sur la victimisation des gays, seul le cas de Martin sera pris en considération ici.

Chez Martin, l'abus sexuel a laissé les traces typiques d'un traumatisme.

1. Il n'a que des souvenirs vagues de son enfance et ne cesse de répéter qu'il ne s'en souvient pas du tout ou que partiellement, ce qui peut être interprété comme le signe d'un refoulement :

> *Ich hatte eine glückliche Kindheit, an die ich mich nicht erinnern kann. Aber ich weiß, daß es eine schöne Kindheit war.* (p. 13)
>
> « J'ai eu une enfance heureuse dont je ne parviens pas à me souvenir. Mais je sais que c'était le bon temps ». (p. 14).

2. Il souffre d'un complexe de culpabilité qui l'amène à culpabiliser pour un rien. Tantôt il se sent coupable parce qu'il a écrasé un insecte, parce qu'il n'a pas réussi à tenir les chiens de Jürgen en laisse, parce que celui-ci souffre temporairement d'une allergie dont il croit être la cause ; tantôt c'est parce qu'un partenaire n'est pas sexuellement satisfait (Jürgen, par exemple, qui, selon Martin, sodomise sa fille de quatre ans parce qu'il est sexuellement déçu par lui). Son complexe de culpabilité va si loin qu'il croit même être coupable d'avoir séduit son père, inversant ainsi les rôles de l'agresseur et de la victime :

> *Ich bin der Sohn. Mein Vater ist das Opfer. Vater ist wie ich. Ich bin Täter. Ich bin nicht wie er. [...] Ich tauche ein in das tiefe, spermafarbige Wasser erdrückender Schuldgefühle.* (p. 107)
>
> « Je suis son fils. Mon père est la victime. Père est comme moi. Je suis celui qui a fait cela. Je ne suis pas comme lui. [...] Je plonge dans l'eau profonde – couleur de sperme – de sentiments de culpabilité écrasants ». (p. 98-99)

3. Martin a tendance à s'exposer à des actes sexuels qui ressemblent à un abus sexuel, répétant et actualisant ainsi l'expérience traumatisante : soit il veut faire l'amour avec son père ou avec Jürgen, substitut de père, soit il cherche des contacts sexuels sadomasochistes où il adopte le rôle de celui qui est dominé, humilié, torturé, comme par exemple dans la scène initiale du roman.

4. Il a des pratiques auto-agressives portant atteinte à son intégrité corporelle :

> *Ich stieß das spülmaschinenfeste Messer aus rostfreiem Stahl in mich, wenn auch unterschiedlich tief, in verschiedene Körperteile, zum Beispiel drang die Spitze nur schwer in meine Fußsohle ein, während das Aufschneiden meiner Finger sich geradezu als Kinderspiel erwies. Ich hatte viel Freude daran und ging als Sieger daraus hervor.* (p. 125-126)
>
> « J'enfonçai le couteau inoxydable résistant au lavage en machine dans diverses parties de mon corps, il est vrai à des profondeurs différentes : par exemple, la pointe ne pénétra que difficilement dans la plante de mes pieds, alors qu'ouvrir mes doigts se révéla un véritable jeu d'enfant. Cela me donna beaucoup de joie et j'en sortis vainqueur ». (p. 216)

L'auto-agression est à la fois actualisation et punition de l'abus sexuel dans la mesure où elle ne respecte pas l'intégrité corporelle de la victime qui croit être l'agresseur et se punit lui-même. Le point culminant de ces pratiques auto-destructrices est une tentative de suicide qui échoue, Martin vomissant le somnifère qu'il a pris en overdose.

5. D'une part il tend à dissocier des parties de son moi, comme son corps, en considérant les éléments écartés comme étrangers à sa personne :

> *Seit einiger Zeit fühlten sich Gliedmaßen, die sich bei genauer Beobachtung immer wieder als meine erwiesen, als taub an.* (p. 88)
>
> « Depuis quelque temps, des membres qui, après une observation attentive, se révélèrent être les miens, étaient atones au toucher ». (p. 81)

D'autre part il tend à fusionner avec autrui, éprouvant le résultat de la fusion comme une unité, alors que lui se perçoit lui-même comme une entité incomplète :

> *Und mein anderer, das war der Mann an meiner Seite, den ich in gleichbleibender Reichweite wissen wollte, damit ich mich immer vollständig fühlte und nicht wie früher, als ich mich nicht vollständig gefühlt hatte. [...] Zwei Männer zusammen ergänzen sich zu einem Menschen.* (p. 39)
>
> « Et mon autre, c›était l›homme à mon côté que je voulais savoir à distance accessible et constante, afin de toujours me sentir complet, pas comme avant lorsque je ne m›étais pas senti complet. [...] Deux hommes forment ensemble un être humain complet ». (p. 37)

6. Au fil du temps, Martin glisse vers un état schizophrène qui se manifeste au niveau de l'énonciation par une alternance entre « je » et « il » ou « Martin », par exemple, au chapitre 10 qui consiste en un

dialogue, comme dans une pièce de théâtre, entre deux personnages, « je » et « Martin ».

À la fin du roman, la dissolution de l'identité personnelle du narrateur autodiégétique est fort avancée, ayant atteint un degré qui met son existence en danger. Il se sent scindé en deux personnes distinctes : tantôt « je » a envie de tuer « Martin », tantôt « je » entend fusionner avec « Martin » pour surmonter sa solitude. Il envisage de se suicider mais rejette l'idée aussitôt et interrompt subitement la narration. Le texte se termine avec une anacoluthe qui est une reprise presque littérale du début du roman où Martin s'est soumis volontairement à trois hommes dans les toilettes d'un bar ; la pratique sadomasochiste peut recommencer.

LE SCHÉMA NARRATIF VICTIMAIRE AU NOUVEAU MILLÉNAIRE

Dès les années 1990, on peut constater un recul sensible du schéma narratif victimaire dans la littérature gay allemande et ce constat vaut pour les trois sous-types (victime de la société homophobe, victime du sida et victimisation entre gays). Étant donné que la société allemande – comme d'autres sociétés du monde occidental, par exemple aux Pays-Bas et dans les pays scandinaves – est devenue plus libérale à l'égard de l'homosexualité (masculine)[1], il ne paraît plus opportun aujourd'hui de présenter l'homme gay dans la littérature comme une victime de l'homophobie, même si ce phénomène subsiste bien sûr. Autrement dit, plus la société se libéralise par rapport à l'homosexualité, moins on retrouve le schéma narratif victimaire dans la littérature gay. De plus, la dernière décennie du XXe siècle est la période où la recherche médicale a développé un traitement plus efficace du sida, grâce auquel la maladie

1 Le signe juridique le plus évident de cette libéralisation fut la suppression en 1994 de l'article 175 du code pénal allemand, qui existait depuis 1872. Cette loi interdisait les actes sexuels entre hommes. L'interprétation du terme « acte sexuel » variait suivant le régime politique. Voir le catalogue de l'exposition *Die Geschichte des § 175. Strafrecht gegen Homosexuelle.* Berlin 1990. Et en 2001, le parlement allemand adopta une loi sur la « *Eingetragene Lebenspartnerschaft* », l'équivalent allemand du PACS en France.

a perdu son caractère mortel et est devenue une affection chronique. De ce fait, le nombre de textes littéraires consacrés au sida diminue, le sujet ayant perdu de son urgence. Quant à la troisième variante du schéma narratif victimaire, elle a toujours été plutôt rare[1] et d'ailleurs très controversée dans la communauté gay. Certains militants ont jugé qu'il n'est pas politiquement correct d'avancer qu'un homme gay peut être la victime d'un autre homosexuel et ont soupçonné le troisième sous-type d'être une expression de l'homophobie. Bref, il semble que le schéma narratif victimaire n'ait plus la cote dans la littérature gay allemande du nouveau millénaire[2]. Mais il n'est pas exclu que certains textes littéraires publiés après l'an 2000 continuent à y recourir. On peut citer le roman d'Alain Claude Sulzer *Zur falschen Zeit* (2010)[3] : il s'agit d'un roman mémoriel dont le narrateur essaie de reconstruire la vie de son père qui s'est suicidé dans les années 1950, peu de temps après sa naissance. Il découvre petit à petit que son père était gay et ne pouvait pas vivre publiquement son homosexualité dans la société conservatrice d'après-guerre. Le père a donc été victime de la société homophobe de l'époque d'Adenauer, il a vécu « au mauvais moment », comme le titre original l'exprime. Cependant il est difficilement concevable aujourd'hui qu'un « *Zeitroman* » allemand raconte une histoire pareille, celle-ci semble être réservée à littérature mémorielle, voire historique.

Klaus WIELAND
Université de Strasbourg
Dynamiques européennes
(UMR 7367)

---

1 L'exemple le plus récent de ce sous-type est sans doute le film *L'Inconnu du lac* (2013), réalisé par Alain Guiraudie, où deux homosexuels sont assassinés par un troisième, apparemment psychopathe.

2 Dans des sociétés où l'homosexualité reste stigmatisée, voire interdite, le schéma narratif victimaire est toujours d'actualité. À titre d'exemple, je cite les films *Einayim Phukot* (2009) (titre français : *Tu n'aimeras point*) d'Haim Tabakman, qui raconte une histoire gay dans le milieu ultraorthodoxe à Jérusalem, et *Out in the dark / Alata* (2012) de Michael Mayer, qui dénonce l'homophobie extrêmement agressive et violente dans la société palestinienne dans la bande de Gaza.

3 *Une autre époque*, traduction française de Johannes Honigmann, Nîmes, Jacqueline Chambon, 2011.

CONCLUSION

Identités de papier : l'espace littéraire, la norme, la dissidence

Il n'est jamais inutile de le rappeler : les grands écrivains sont souvent de grands théoriciens. Et, quand il s'agit des questions de genre ou de sexualité, leurs œuvres contiennent des efforts de théorisation ou, en tout cas, des questionnements, bien plus intéressants que ceux ressassés *ad nauseam* par les tenants de l'idéologie psychanalytique. C'est évident chez Proust, notamment, malgré les propos que l'on cite toujours de lui contre la littérature qui contiendrait des théories. S'il est une œuvre saturée de théories, c'est bien la sienne ! Le problème, chez lui, comme chez les autres, étant toujours de savoir qui est l'auteur de la théorie qui figure dans tel livre ou dans tel passage d'un livre : est-ce l'écrivain, est-ce le narrateur, est-ce le personnage qui tient le discours théorique rapporté par le narrateur, etc. ? Et l'on doit également se demander si l'auteur souscrit aux théories énoncées par un personnage ou même par le narrateur ; et s'interroger, par conséquent, sur le statut de la théorie présentée dans un roman ou un cycle romanesque : celle que l'auteur veut avancer, celle qu'il entend dénoncer, etc. ? Et lorsque l'on constate que plusieurs théories cohabitent, il est permis de se demander s'il ne s'agit pas pour l'écrivain de chercher, tout simplement, à mettre en scène la multiplicité des théories possibles, et notamment des théories qui, à un moment donné de l'histoire, s'opposent et s'affrontent.

Il convient également de souligner qu'une théorie énoncée par l'auteur ou le narrateur à propos d'un personnage peut fort bien ne pas valoir pour d'autres personnages, ce qui ôte à la théorisation sa prétention, pourtant hautement proclamée, à la généralité. Dans l'éblouissant chapitre sur Proust de son *Epistemology of the Closet*, Eve Kosofsky Sedgwick l'a montré en rappelant que la théorie de l'homosexualité élaborée à propos de Charlus au début de *Sodome et Gomorrhe*, – à savoir que l'homosexuel masculin, ou plutôt l'« inverti », aurait en fait une âme de femme enfermée dans un corps d'homme – ne s'applique pas et n'est pas appliquée par le narrateur à d'autres personnages dont on découvre ensuite qu'ils sont gays, comme par exemple Saint-Loup[1].

Mais peut-on dire vraiment que cette théorie s'applique à Charlus ? C'est une théorie énoncée par le narrateur à propos de Charlus. Là encore, il suffit de renvoyer aux belles pages d'Eve Sedgwick sur ce qu'elle appelle le « spectacle du placard ». Le roman met en scène un personnage qui croit qu'il cache ce qu'il est aux yeux des autres, mais le narrateur et les autres jouent avec le savoir – et donc le privilège épistémologique – qu'ils détiennent sur lui.

Je voudrais néanmoins ajouter un point important aux célèbres analyses d'Eve Sedgwick sur le placard comme structure épistémologique d'oppression, et sur le « privilège hétérosexuel » : que produit et reproduit cette structure ? La question se pose en effet : Charlus se pense-t-il lui-même dans les termes qui lui sont appliqués par le narrateur ? Accepterait-il la théorie élaborée à son sujet par le narrateur, cette théorie que l'on présente traditionnellement comme la « théorie proustienne de l'homosexualité » ? Non ! Evidemment ! Et l'on peut même avancer que, d'une certaine manière, il échappe par tout son discours à ce qui est dit de lui ; il résiste, en tant que personnage qui parle – et qui parle beaucoup de lui-même sous couvert de parler des homosexuels qui prolifèrent alentour –, à la théorie de l'homosexualité que développe le narrateur à son propos en tant que personnage dont les autres parlent. Le narrateur en a bien conscience, d'ailleurs, qui ne cesse d'insister sur le fait que Charlus est au plus haut point « épris de virilité », lorsqu'il entend nous révéler que le baron est en réalité une femme. La vérité profonde de Charlus le renvoie donc au contraire de ce qu'il proclame être. Mais cela nous incite à penser que Charlus, si on l'interrogeait, protesterait contre cette façon de le caractériser. Nul besoin de l'interroger, d'ailleurs : il ne cesse d'esquisser pour le lecteur une théorie qui, si elle n'est pas thématisée comme telle, si elle est constituée de fragments épars, de propos décousus qui interviennent au fil des pages, si elle est une théorie spontanée, dont les éléments sont plus ou moins réfléchis, et qui s'apparente plutôt à un long bavardage obsessionnel et parfois incohérent qu'à une réflexion

1 E. Kosofsky Sedgwick, *Epistemology of the Closet*, Berkeley et Los Angeles, University of California Press, 1990.

rigoureuse, n'en constitue pas moins un discours sur l'homosexualité, tenu par un homosexuel, et qui ne correspond pas du tout à ce qui est dit de lui par le narrateur hétérosexuel. Au point que cela finit par nous étonner : en quoi et pourquoi ce narrateur peut-il bien être le porte-parole d'un auteur homosexuel qui crée cette figure hétérosexuelle pour penser l'homosexualité et parler d'elle en énonçant des définitions à portée générale de l'homosexualité que ses personnages homosexuels contredisent selon différentes modalités et auxquelles lui-même, dans la vie réelle, aurait eu horreur d'être réduit – rappelons, en effet, que c'est parce que sa virilité avait été mise en cause par Jean Lorrain, un auteur gay, très célèbre à l'époque, et connu comme gay, que Proust l'avait provoqué en duel, pratique dont les historiens nous enseignent à quel point elle était l'un des lieux symboliques de l'affirmation et de la construction de la masculinité ! Et nous pourrions alors, nous aussi, avec Jean Lorrain, jouer le rôle des spectateurs du placard, et ironiser sur le fait que cette « folle » qu'était Proust voulait essayer de cacher son homosexualité en s'indignant que l'on puisse mettre en question sa masculinité, alors même que cet efféminement qui lui était attribué par Lorrain aurait dû correspondre à ses yeux à sa propre « vérité » profonde d'homme-femme telle que sa théorie s'efforçait de l'inscrire dans l'être même de tout homosexuel masculin. D'où la nécessité pour lui, pour dénier son homosexualité, d'affirmer sa virilité, au moment même où les autres – les spectateurs de son placard, et pas seulement les spectateurs hétérosexuels, mais aussi les spectateurs gays plus audacieux que lui et agacés sans doute par son attitude – s'amusaient à le ramener à son efféminement. La partie qui se joue ici entre Lorrain et Proust est analogue, ou homologue, mais à rôles inversés, à celle qui se joue entre le narrateur et Charlus : l'un croit détenir la vérité de l'autre, et l'autre rejette de toutes ses forces cette vérité qu'on lui accole.

LE SAVOIR ASSUJETTI

Il y aurait donc une sorte d'instabilité fondamentale de la théorie, si assurée d'elle-même qu'elle puisse sembler, et si dogmatiquement qu'elle soit affirmée, notamment dans l'essai théorique inséré dans les premières pages de *Sodome et Gomorrhe*. Elle est toujours menacée d'implosion. D'abord parce que lorsqu'elle est énoncée comme une loi générale, on s'aperçoit bien vite qu'elle ne permet pas de rendre compte de toutes les situations ni de tous les personnages. Loin s'en faut. À peine énoncée, elle est démentie par l'œuvre elle-même qui l'énonce (à travers le portrait de Saint-Loup, par exemple). Mais aussi parce qu'elle rencontre sans cesse des discours concurrents – exposés en même temps qu'elle – qui font vaciller sa prétention à l'hégémonie interprétative. La théorie est contredite par la pluralité des manières d'être et des manières de se penser soi-même. Mais elle est défaite aussi par des paroles qui, implicitement ou explicitement, viennent saper son autorité. Sans doute, comme Gérard Genette y a insisté, s'affirment toujours dans un roman un point de vue dominant et des points de vue dominés. Chez Proust, le point de vue du narrateur jouit, bien sûr, d'un privilège considérable : le monde est vu à travers ses yeux, et les gestes et les paroles des autres personnages sont commentés, expliqués, évalués, jugés par le narrateur. Mais, à travers ce filtre, la parole des autres personnages existe malgré tout. Et d'une certaine manière, elle résiste à la parole dominante. Le personnage gay – Charlus – résiste au discours du narrateur *sur* l'homosexualité (c'est-à-dire en grande partie *sur* lui, Charlus). Et donc la théorie de l'homosexualité chez Proust, ce qu'on appelle communément la théorie proustienne, non seulement n'est pas celle du personnage homosexuel, mais c'est celle que refuse et rejette le personnage homosexuel. Il y a donc chez Proust plusieurs théories de l'homosexualité. Et je me demande pourquoi la critique littéraire tient tant à parler de la théorie proustienne comme s'il n'y en avait qu'une, en ne prenant jamais en considération celle du baron sur lui-même : sa prise de parole. Ce que Foucault aurait peut-être appelé un « savoir assujetti », en tout cas un savoir dominé (bien que formulé par un homme socialement dominant, puisque, à cet égard, il est du côté des dominés), mais qui réussit malgré tout à s'exprimer et à s'affirmer.

Tous ceux qui ont lu *À la recherche du temps perdu* savent que Charlus parle sans cesse de l'homosexualité et des homosexuels. Dans *La Prisonnière*, le narrateur souligne à plusieurs reprises cette manie, pourtant moins surprenante et moins singulière qu'il n'y paraît (ce serait plutôt un trait largement partagé !) : le baron ne peut pas s'empêcher de revenir en permanence à son obsession, quel que soit le sujet de la conversation.

Il a un point de vue sur l'histoire de l'homosexualité, sur son présent, etc. Il en parle tellement, et semble savoir tant de choses sur la question que son ami Brichot, qui est professeur à la Sorbonne, s'amuse même à imaginer qu'il pourrait donner un enseignement sur l'homosexualité au Collège de France. Voici ce que dit Brichot au baron de Charlus, après ce qui s'apparente à un long exposé de Charlus :

> – Décidément, baron, dit Brichot, si jamais le Conseil des Facultés propose d'ouvrir une chaire d'homosexualité, je vous fais proposer en première ligne. Ou plutôt non, un Institut de psychophysiologie spéciale vous conviendrait mieux. Et je vous vois surtout pourvu d'une chaire au Collège de France, vous permettant de vous livrer à des études personnelles dont vous livreriez les résultats comme fait le professeur de tamoul ou de sanscrit devant le très petit nombre de personnes que cela intéresse. Vous auriez deux auditeurs et l'appariteur, soit dit sans vouloir jeter le plus léger soupçon sur notre corps d'huissiers, que je crois insoupçonnable.
> – Vous n'en savez rien, répliqua le baron d'un ton dur et tranchant. D'ailleurs, vous vous trompez en croyant que cela intéresse si peu de personnes. C'est tout le contraire[1].

On voit que l'idée d'un programme d'études gays et lesbiennes n'a pas attendu les années 1990 pour être lancée. Proust la suggérait déjà. Et déjà, il opposait un savoir ancré dans l'expérience vécue et la biographie des individus aux limitations du savoir universitaire, aveugle ou s'aveuglant sur ces réalités. En effet, Charlus, peu avant que Brichot ne l'imagine donnant des conférences sur le sujet, traite d'ignorant le professeur de la Sorbonne, et ignorant justement de ces questions dont ils sont en train de parler, même si Brichot semble tout à fait déterminé à écouter ce que dit son ami et à apprendre de lui. Certes, Brichot compare le baron à un « croisé » de l'homosexualité, puisque les dominants assimilent toujours à une croisade, à de l'activisme, et même à du prosélytisme le discours que tiennent les minoritaires sur eux-mêmes. Mais il est très intéressé par tout ce que lui raconte Charlus, car il a l'impression de rencontrer dans la réalité un personnage identique à ceux qu'il connaît par les textes antiques qu'il étudie en tant qu'érudit. Or c'est bien parce que Charlus est gay qu'il sait tout cela, et parce que Brichot est hétérosexuel qu'il ne sait rien. Brichot le dit : il s'émerveille du savoir que Charlus doit à

1 M. Proust, *La Prisonnière*, *À la recherche du temps perdu*, Paris, Gallimard, « Bibliothèque de la Pléiade », 1988, t. 3, p. 811-812.

son mode de vie et il insiste sur le fait que fréquenter une bibliothèque n'est rien à côté de ce qu'enseigne l'« existence ». Le savoir livresque n'est rien à côté de l'« expérience » vécue[1].

POUR SAINTE-BEUVE

Tout le passage dans lequel intervient cette suggestion amusée de Brichot à Charlus développe d'une manière très claire l'idée qu'il y aurait un rapport presque direct entre la subjectivité de l'individu (telle qu'elle est façonnée par sa sexualité et le mode de vie, le rapport au monde qu'elle implique) et ses centres d'intérêt et l'idée aussi que les problématisations historiques ou théoriques ne sauraient être dissociées de l'investissement personnel. Si l'on reprend l'idée avancée par Sartre, d'ailleurs à propos de l'amour chez Proust, d'une « unité synthétique de la personne », qui relierait entre eux les registres de la sexualité (et les modalités à travers lesquelles les vies sexuelles peuvent ou doivent se vivre), de l'affectivité et des sentiments, il faudrait y ajouter celui des goûts artistiques et des intérêts intellectuels. C'est en tout cas le point de vue du baron, tel que Brichot le rapporte au narrateur. Brichot raconte en effet au narrateur que le baron l'a éclairé sur le traité d'éthique publié par un de ses collègues et qu'il avait jusqu'ici « révéré comme la plus fastueuse construction morale de notre époque ». Or ce traité, lui a appris Charlus, aurait été inspiré au collègue de Brichot par un jeune télégraphiste, un « jeune porteur de dépêches ». Même s'il range une telle information dans la catégorie des ragots ou des potins (« quelle potinière », dit-il de Charlus à propos de cette anecdote pleine de sens[2]), c'est toute la dialectique au moyen de laquelle ce collègue expose ses arguments lors des soutenances de thèse qui prend un sens nouveau ou, en tout cas, dit Brichot, un « surcroît de saveur ». La « saveur » d'une philosophie, d'une construction théorique change donc avec la connaissance que l'on a de la vie de l'auteur et de ses goûts sexuels, et de ce qu'on pourrait appeler sa politique sexuelle. Voici donc la pensée, la

1 *Id.*, p. 833.
2 *Id.*, p. 832.

philosophie rapportée non seulement à son ancrage biographique, mais plus directement à son ancrage sexuel. L'art aussi, puisque Brichot compare le traité moral de son collègue aux sculptures de Phidias, inspirées par un jeune athlète. Il est assez frappant que Brichot fasse à deux reprises référence à Sainte-Beuve et à la manière dont ce dernier commentait les œuvres à partir de faits biographiques. La première fois, lorsqu'il semble ramener Charlus au statut de quelqu'un qui fait circuler des potins sur les écrivains, semblable en cela à l'auteur des *Causeries du lundi* ; la deuxième fois, pour préciser malgré tout que ce genre d'informations permet effectivement de mieux comprendre les soubassements d'une œuvre, comme c'était le cas lorsque Sainte-Beuve nous renseignait sur la vie de Chateaubriand. Ainsi, aux yeux de Brichot, le baron de Charlus serait une sorte de Sainte-Beuve de l'homosexualité qui, par le moyen de ce qui s'apparente à des ragots (et qui pourraient donc être disqualifiés comme tels par ceux qui considèrent qu'un commentaire de l'œuvre littéraire ou théorique doit éviter de « tomber dans le biographique », selon le slogan si souvent ressassé par les gardiens du temple universitaire ou les tenants du commentaire académique qui tiennent avant tout à préserver la pureté littéraire ou philosophique de toute contamination par la vie réelle), lui a permis de mieux comprendre les ressorts profonds de la pensée philosophique d'un de ses collègues admirés. Ce n'est pas qu'il ne pouvait la lire ni l'apprécier sans disposer de ces informations, mais elle prend désormais un autre sens, et assurément un sens plus puissant, et, en tout cas, moins abstrait. Elle acquiert une force – une puissance d'affect – qu'elle n'avait pas à ses yeux et que Charlus a su lui restituer[1].

Il ne fait guère de doute que cette méthode du baron pour aborder les œuvres, et ce que l'on pourrait appeler la théorie interprétative qui la sous-tend, telle qu'elle est ici rapportée et reprise par Brichot, nous pouvons l'attribuer à Proust lui-même (c'est d'ailleurs ce que fait remarquer une note dans l'édition de la Pléiade)[2]. Mais cela paraîtra contradictoire avec les professions de foi de Proust dans son *Contre Sainte-Beuve*, que la critique proustienne et la critique littéraire en général – la critique philosophique aussi – répètent inlassablement, et selon lesquelles il n'y aurait pas de rapport entre le moi réel et le moi qui écrit (mais pourquoi,

1 *Ibid.*
2 *Id.*, p. 1771.

dès lors, ressasse-t-on si souvent les remarques de ce dernier texte plutôt que l'approche contraire qui anime toute *La Recherche* et qui en est même, il faut bien le dire, l'un des thèmes et des ressorts principaux ? Quel est l'enjeu de ce choix et de cette oblitération ?). De la même manière que les déclarations de Proust contre la présence de théories dans le cadre d'un roman sont démenties par le fait que les théories prolifèrent dans ses romans, ses remarques du *Contre Sainte-Beuve* sont démenties par les propos qu'il met dans la bouche des personnages de *La Recherche* et dont on voit bien qu'ils expriment sa propre manière de voir – et, de toute façon, que ce soit le cas ou non, auxquels sont données une grande place et une grande force. Il s'agit ici, véritablement, et quelle qu'en soit la voix énonciatrice, d'une sorte de manifeste « Pour Sainte-Beuve ».

Revenons au problème posé plus haut : qu'enseignerait Charlus dans le cadre de cette chaire au Collège de France que s'amuse à lui promettre Brichot ? Ou sur quelle théorie son enseignement s'appuierait-il ? On aurait aimé entendre le cours où il aurait exposé sa théorie du rapport entre l'œuvre artistique, littéraire ou philosophique et la sexualité, évoquée à l'instant. Comment l'amour pour un petit télégraphiste contribue-t-il à l'élaboration d'un traité de morale ? Quel éclairage la connaissance d'un tel fait biographique donne-t-elle sur la démarche et le contenu du traité ? Qu'est-ce que cela change dans la perception du livre, dans son interprétation, dans la compréhension de l'effet qu'il peut produire sur certains lecteurs qui y reconnaîtront des affects partagés ? Et peut-on le lire si on ignore un élément aussi significatif ? Qu'est-ce que cette ignorance fait perdre au lecteur ?

On aurait également aimé entendre le baron développer son point de vue statistique (dans cette sorte de rapport Kinsey avant la lettre, où il nous dit que ce qu'il appelle le nombre de « saints », c'est-à-dire d'hommes hétérosexuels, ne dépasse pas 3 à 4 sur 10). Ce qui, évidemment, perturbe beaucoup le narrateur, qui se demande si ce pourcentage s'applique également aux femmes, car il s'inquiète alors du nombre possible de sollicitations ou d'occasions que pourrait rencontrer Albertine : le chiffre donné par le baron éveille sa jalousie. En tout cas, cela signifierait que 6 à 7 hommes sur 10 ne sont pas des « saints », mais des « coupables », comme dit Brichot ! Mais qu'est-ce que cela veut dire ? Comment tous ces gens vivent-ils leur sexualité ? Où ? Comment ces non-saints se rencontrent-ils ? Comment se reconnaissent-ils ? Que font-ils entre eux ? Cela signifie aussi que l'« homosexualité » est une réalité vécue plus ou moins clandestinement par des hommes mariés et pères de famille (l'histoire de l'homosexualité est donc indissociable d'une histoire du mariage et de la parenté)[1].

HISTOIRES DE L'HOMOSEXUALITÉ

Un peu avant dans le roman, Charlus parle au narrateur et développe tout au long d'une page une sorte de constatation sur l'évolution historique de la pratique homosexuelle. Pas une histoire dans la longue durée. Non : une histoire qui couvre une période qui va de la jeunesse du baron jusqu'au moment où il est en train de parler. Cette analyse pourra paraître assez déroutante, mais les historiens de l'homosexualité et de la sexualité devraient s'intéresser à ces remarques, puisqu'elles semblent contredire le récit qu'ils nous donnent fréquemment d'une sédimentation progressive, au cours du XXe siècle, de l'identité homosexuelle, et nous indiquer, au contraire, que nous sommes passés d'une période où aurait prévalu une conception « minorisante » à une période où prévaudrait une conception « universalisante », pour reprendre le vocabulaire d'Eve Sedgwick. Mais il est vrai qu'il est plutôt question ici d'une séquence qui se situe avant la Première Guerre mondiale et que ce dont parle Proust relève plutôt du passé au moment où il en parle.

Retraçant ce qu'il a vu changer au cours de sa vie, Charlus passe en revue tour à tour l'effacement des frontières de classe, la mode, la politique, les arts... Et il ajoute, en une de ces longues tirades qui émaillent le roman et qui conduisent Brichot à l'imaginer professeur :

> Mais j'avoue que ce qui a encore le plus changé, c'est ce que les Allemands appellent l'homosexualité. Mon Dieu, de mon temps, en mettant de côté les hommes qui détestaient les femmes et ceux qui n'aimant qu'elles ne faisaient autre chose que par intérêt, les homosexuels étaient de bons pères de famille et n'avaient guère de maîtresse que par couverture. J'aurais eu une fille à marier que c'est parmi eux que j'aurais cherché mon gendre si j'avais voulu être assuré qu'elle ne fût pas malheureuse. Hélas ! tout est changé. Maintenant,

1 *Id.*, p. 801-802.

> ils se recrutent aussi parmi les hommes qui sont les plus enragés pour les femmes. Je croyais avoir un certain flair, et quand je m'étais dit : « sûrement non », n'avoir pas pu me tromper. Hé bien, j'en donne ma langue au chat. Un de mes amis qui est bien connu pour cela avait un cocher que ma belle-sœur Oriane lui avait procuré, un garçon de Combray qui avait fait un peu tous les métiers, mais surtout celui de retrousseur de jupons, et que j'aurais juré aussi hostile que possible à ces choses là. Il faisait le malheur de sa maîtresse en la trompant avec deux femmes qu'il adorait, sans compter les autres, une actrice et une fille de brasserie. Mon cousin le prince de Guermantes, qui a justement l'intelligence agaçante des gens qui croient tout trop facilement me dit un jour : « Mais pourquoi est-ce que X ne couche pas avec son cocher ? Qui sait si ça ne lui ferait pas plaisir, à Théodore (c'est le nom du cocher) ! [...]. » Hé bien, l'année suivante, j'allai à Balbec et là j'appris par un matelot qui m'emmenait quelque fois à la pêche que mon Théodore [...] venait sur le port lever tantôt un matelot, tantôt un autre, avec un toupet d'enfer, pour aller faire un tour en barque et « autre chose itou » [...]. Je ne blâme pas ces novateurs, je les envie plutôt, je cherche à les comprendre mais je n'y arrive pas. S'ils aiment tant la femme, pourquoi, et surtout dans ce monde ouvrier où c'est mal vu, où ils se cachent par amour propre, ont-ils besoin de ce qu'ils appellent un môme ? C'est que cela leur représente autre chose. Quoi[1] ?

Oui, quoi ? Mais laissons cette question et quelques autres pour un autre jour, car on n'en finirait pas de commenter cette page, tant elle est riche d'indications et d'aperçus sur les réalités de la vie sexuelle. Ce sur quoi je voudrais m'arrêter, c'est cette étrange théorie de l'évolution historique qui nous fait passer d'une époque de « spécialisation » exclusive, comme dit le narrateur, à une époque où cette « spécialisation » est mise en question par des « novateurs », des modernes, que le baron ne parvient pas à comprendre. Certes, de son temps, il y avait des hommes homosexuels qui vivaient avec des femmes : ils se mariaient avec elles, avaient des enfants. Mais ils étaient homosexuels. Et l'on peut même aller jusqu'à dire qu'être homosexuel, pour un homme, signifiait la plupart du temps, sauf pour quelques intégristes, se marier, avoir des enfants avec sa femme et mener une vie (homo)sexuelle à côté de ce mariage hétérosexuel. Or voici qu'aujourd'hui, dit-il, on peut constater que les hommes qui aiment les hommes (ou en tout cas qui aiment les mômes, c'est-à-dire des plus jeunes qu'eux) aiment aussi les femmes.

En tout cas, on peut dire que l'on trouve donc deux théories de la temporalité des identités, dans *La Recherche*. Je ne dis pas qu'elles sont

---

1 *Id.*, p. 810.

incompatibles ni même contradictoires entre elles. Mais ce sont malgré tout deux théories bien distinctes : celle qui porte sur les individus, et qui est énoncée par le narrateur, notamment à propos de Charlus, et qui veut que plus une « tante » vieillit, plus elle devient « tante », plus les signes de la « maladie » sont visibles, comme si la vérité s'inscrivait peu à peu dans le corps, le visage, les gestes, etc., et les façonnait au point de les rendre presque caricaturaux : Charlus jeune était viril, Charlus vieux apparaît comme une vieille femme fardée et maniérée. L'âge le fait devenir et paraître ce qu'il est. Sa nature devient évidente.

Et puis nous avons une autre théorie de l'évolution historique de l'homosexualité, une évolution collective, telle qu'elle est développée par Charlus dans ce discours au narrateur que je viens de citer, et qui nous incite à penser que, aujourd'hui, on ne peut plus savoir qui est qui, qui est quoi, alors que, auparavant, on pouvait le savoir : du moins les « initiés » pouvaient le savoir.

Bref, dans le cadre de la théorie du narrateur, au terme de l'évolution dans le temps d'un même individu gay, tout le monde peut voir et comprendre ce qu'il est, même les profanes. Mais dans le cadre de la théorie développée par Charlus, nous sommes au terme d'une période historique qui a conduit d'un avant, situé pendant la jeunesse de Charlus, à un après, qui est le moment où il parle, et où plus personne ne peut savoir qui est qui, même les initiés.

C'est donc une évolution qui couvre la même période de temps – de la jeunesse de Charlus à sa vieillesse, ce qui signifie, pour l'époque, une trentaine ou une quarantaine d'années – au terme de laquelle, d'un côté, se révèle aux yeux de tous ce qu'est la nature de Charlus, mais, de l'autre, devient opaque pour Charlus lui-même la faculté de deviner qui sont les autres homosexuels, puisqu'il se trompe à propos du cocher Théodore.

Mais si l'on accorde du crédit à ces considérations historiques du baron, que devient la théorie du narrateur sur l'inversion (l'âme d'une femme dans un corps d'homme) : ça ne marche plus du tout ! Et que devient le rapport de l'homosexuel masculin aux femmes : « avant », il se mariait avec une femme sans avoir le goût des femmes. C'était par convention ou nécessité sociale. Aujourd'hui, l'homosexuel aime les femmes et les hommes. Or, quand il se mariait par convention, l'homosexuel, l'inverti, la « tante », choisissait une femme très masculine, au point qu'on pouvait avoir l'impression que dans le couple, la femme était l'homme, et l'homme la femme. Il y a, dans le même passage de *La Prisonnière* une théorie de ce qu'est « la femme d'une Tante » : elle est hommasse. Elle est comme un homme. Et c'est pourquoi elle fait facilement des enfants à l'homme gay, puisque la complémentarité des sexes joue à plein pour la reproduction (il faut un homme et une femme pour la reproduction et Proust ici semble anticiper le discours biologico-théologique des lacaniens français ou celui – c'est le même – des personnalistes chrétiens de la revue *Esprit*, bien que ce soit en version humoristique et quasi parodique). Mais si l'homosexuel n'est plus une tante, s'il n'est plus un inverti, s'il est pareil au cocher Théodore, que sera la femme avec qui il se mariera et avec qui il aura des enfants ? Elle n'a plus besoin d'être masculine, hommasse. Il lui suffit d'être une femme, féminine. Nous sommes toujours dans la différence des sexes, mais le gay est l'homme et son épouse la femme ! Et est-ce que tout cela vaut pour les lesbiennes – mettons-nous à la place du narrateur, qui se demande toujours si les théories du baron valent aussi pour les femmes !

Il est d'ailleurs assez singulier que, dans toutes ces élaborations et descriptions, on ne sache jamais très bien quelles sont les pratiques sexuelles des uns et des autres : qui fait quoi dans les relations sexuelles, à partir de quelles pratiques peuvent être assignés des rôles ou des identités, selon des représentations conventionnelles du masculin et du féminin qui semblent fonctionner dans le texte de manière à éviter la question, précisément, de l'acte sexuel (que ferait le cocher avec son patron ? Et avec le « môme » dans la barque ?) tandis que la question de l'acte sexuel sera au centre de la réflexion de Jean Genet.

En tout cas, on voit à quel point les théorisations du baron contredisent en permanence celles du narrateur, résistent donc à la théorie proustienne, la privent de toute pertinence, de toute validité, et proposent sans cesse d'autres manières de voir et de penser. Je ne dis évidemment pas qu'elles sont plus exactes ni plus vraies. Car si dans la théorie développée par le narrateur, ou par le roman lui-même, un homosexuel croit être un homme qui aime les hommes alors qu'il est en réalité une femme qui aime les hommes, et qui donc ne peut aimer, sauf à se mentir à lui-même, que des hommes qui sont de vrais hommes et donc ne sont pas homosexuels – c'est là le drame de l'homosexualité – on voit comment le discours du baron vient contrecarrer cette tentative de définition : comment les ouvriers ou les cochers qui courent les femmes et par ailleurs cherchent des matelots ou des mômes pourraient-ils être décrits comme des homosexuels, des invertis ou des tantes ? Mais on ne peut pas dire non plus qu'ils ne le sont pas au prétexte qu'ils aiment aussi les femmes, puisque Charlus distingue chez les homosexuels de sa jeunesse ceux qui l'étaient exclusivement de ceux qui l'étaient tout en se mariant et en étant les meilleurs pères de famille (il serait néanmoins utile de faire intervenir ici la question des classes, car le monde auquel appartient Charlus n'est pas le même que celui auquel appartient Théodore, et les contradictions théoriques ou même les réalités qui apparaissent comme ressortissant à des temps dissociés, ne sont peut-être que des effets de manières différentes de vivre la sexualité dans des milieux différents). En tout cas, l'œuvre proustienne et ses personnages passent leur temps à démentir la « théorie proustienne de l'homosexualité », si bien qu'on peut se demander si parler d'une théorie proustienne de l'homosexualité ne revient pas à choisir un discours contre les autres, à privilégier un point de vue sur les autres, sans même prendre la peine de justifier un tel choix. Cela ne signifie pas que nous devrions préférer les théories du baron à celles du narrateur, bien sûr, mais simplement que nous devons toujours garder à l'esprit que le champ discursif de la sexualité est le terrain d'une bataille permanente entre, d'un côté, des discours qui se dotent d'un privilège épistémologique et, de l'autre, des paroles qui tentent de résister à ce discours installé dans la légitimité culturelle et renvoyant les autres perceptions à l'illégitimité.

(Sans doute faudrait-il mettre à distance bien des remarques du baron ; je n'ai pas attendu quelques livres récents pour remarquer qu'il construisait de manière nationaliste son identité gay : souvenez-vous, quand il demande au narrateur de quelle nationalité est son ami Bloch. Il est français, répond le narrateur : « ah je croyais qu'il était juif », réplique alors Charlus. Gay et antisémite, gay et raciste… c'est une bien vieille histoire[1]…)

---

1 Voir D. Eribon, « L'abjecté abjecteur. Quelques remarques sur l'antisémitisme gay des années 1930 à nos jours », *Hérésies. Essais sur la théorie de la sexualité*, Paris, Fayard, 2003, p. 169-206.

SOUS LA LOI DU PHALLUS

En tout cas, nous voyons que l'œuvre littéraire tend à défaire la théorie au fur et à mesure qu'elle la fait, à la déconstruire au fur et à mesure qu'elle la construit. Mais nous voyons aussi que le discours dominé tend, à bien des égards, à réinscrire les « coupables » dans la norme, la normalité, à ratifier l'idée normative de masculinité, pour leur permettre d'échapper à la théorie qui les pathologise ou les particularise. Le discours minoritaire est bien normatif !

Peut-on suggérer que Jean Genet, reprenant les problèmes là où Proust les a laissés, a porté à son comble cette incohérence conceptuelle fondamentale – le caractère fondamentalement incohérent de la conceptualité – qu'on trouve chez ce dernier, et ce mouvement de construction/déconstruction de la norme qui caractérise *À la recherche du temps perdu*, et qu'on retrouve, aussi bien dans *Notre-Dame-des-Fleurs* que dans *Querelle de Brest* ou dans *Miracle de la rose*.

On sait en effet que l'imaginaire de la sexualité est défini dans les textes de Genet par une polarité d'apparence très rigide des rôles sexuels « masculin » et « féminin », que cette polarité soit fondée sur la différence d'âge (les matelots et les mousses sur les navires qui hantent ses rêves ou les « caïds » et leurs « vautours » à la colonie pénitentiaire de Mettray, c'est-à-dire les aînés et les nouveaux arrivants), ou sur une différence de « genre » (les « hommes » et les « tantes » dans *Notre-Dame-Des-Fleurs* – la dualité étant marquée autant par l'allure ou la personnalité sexuée des deux partenaires de la relation que par leur rôle dans l'acte sexuel).

La relation entre le pilote et le mousse dans les poèmes ou dans *Miracle de la rose* est une version transfigurée par la fantasmagorie – et la littérature – de la relation qui, à Mettray, voue les détenus plus jeunes à être les objets sexuels des plus âgés. Il y a les « durs » et leurs « femmes ». Et, bien sûr, les rôles et la hiérarchie sont très marqués entre ces deux catégories : les « hommes » dominent et les « femmes » sont soumises et obéissent. Un homme ne saurait être « soumis » et, surtout, il ne saurait être sexuellement « passif », sous peine de perdre son statut d'homme ; et c'est pourquoi « l'insulte la plus grave parmi les durs – elle se punit de mort très souvent –, c'est le mot “enculé”[1] ».

Les couples qui se forment entre les « durs » et les « jeunots » sont de vrais couples, qui se considèrent comme « mariés », et, d'ailleurs, se « marient » effectivement. Par exemple, le narrateur épouse Divers, au cours d'une cérémonie nocturne :

> De quelle race plus souveraine était Divers ? Je lui appartins dès le premier jour, mais il me fallut attendre que Villeroy, mon caïd d'alors, partît à Toulon engagé dans la flotte, pour qu'avec lui je célèbre mes noces. Ce fut par une nuit claire et glacée, étincelante. Du dedans, on entrebâilla la porte de la chapelle, un gamin passa sa boule rasée, regarda dans la cour, inspecta le clair de lune et, moins d'une minute après, le cortège sortait. Description du cortège : douze couples de colombes ou colons, de quinze à dix-huit ans [...]. En tête courent le marié, Divers, et moi, la mariée. Je n'avais sur la tête ni voile ni fleurs ni couronne, mais flottaient autour de moi, dans l'air froid, tous les idéals attributs des noces[2].

Mais, évidemment, ce dispositif quasi institutionnel qui apparie systématiquement les anciens et les nouveaux dans le cadre de couples durables et officialisés comme tels, ne saurait rester très longtemps figé : les plus jeunes finissent par devenir les plus âgés, et au bout de quelques années, ils se transforment eux-mêmes en « hommes » :

> Si les durs choisissaient leurs favoris parmi les plus beaux jeunots, tous ceux-ci ne sont pas destinés à rester femmes. Ils s'éveillent à la virilité et les hommes leur font une place à côté d'eux[3].

Par conséquent, le système qui semble si rigidement codifié de la différence des rôles sexuels liée à la structure des âges, est inévitablement miné de l'intérieur par le simple fait que les jeunes vieillissent, et qu'ils changent donc de rôle. Ainsi, chaque individu occupe successivement les deux rôles. Rien ne change dans la structure, sauf la place qu'on y occupe. C'est la première description d'une chaîne, qui se construit dans le temps, et donc chacun est un maillon qui relie le présent au passé, en étant d'abord la « femme » d'un plus âgé avant de devenir « l'homme »

---

1 J. Genet, *Miracle de la rose*, Décines, L'Arbalète, 1946-1993, p. 153.
2 *Id.*, p. 86.
3 *Id.*, p. 194.

d'un plus jeune. Mais le changement ne semble pouvoir s'opérer que dans un sens : de « jeune » à « dur », puisqu'il s'agit d'un phénomène naturel de vieillissement. Et donc, de « femme » à « homme ». Et théoriquement, puisqu'il s'agit d'une structure sexuée et sexuelle indexée à une structure d'âges, il n'est pas concevable de suivre une autre évolution qui ferait passer de « dur » à « femme ». Pourtant, même si le système semble logiquement exclure une telle éventualité, puisqu'il repose précisément sur le fait que le rôle sexuel correspond à un statut social dans la hiérarchie de la colonie et que changer de rôle dans ce sens reviendrait à perdre ce statut, c'est-à-dire sa place parmi les hommes, les durs, et donc déchoir aux yeux de tous, perdre son honneur, être destitué de sa dignité, et quasiment de la qualité d'être humain, il semble bien qu'il soit au moins possible – au grand étonnement du narrateur, dont les certitudes, et même les schèmes de perception du monde, vacillent sous cette révélation – d'occuper simultanément les deux places et de jouer les deux rôles, avec des partenaires différents. En effet, lorsque Villeroy, qui est le « mec » du narrateur avant que ce dernier n'épouse Divers, lui raconte ses projets d'évasion et les contacts qu'il a noués, pour les réaliser, avec un « casseur » sorti de la prison de Fontevrault depuis peu, il lui dit avoir été embrassé par ce « casseur ». Et le narrateur en ressent alors un sentiment de « vertige » :

> Mon homme, mon dur, mon mec, celui qui m'embrassait et me donnait son parfum, se laissait embrasser, caresser, par un marle plus puissant. Un casseur l'avait embrassé !

Ce qui stupéfie le narrateur, lorsqu'il apprend que son amant est en même temps l'aimé d'un d'autre (qui, dans la « hiérarchie » masculine de la force et la puissance, occupe une position supérieure), c'est de comprendre tout à coup que celui qui domine dans une relation peut être en même temps celui qui est dominé dans une autre. Les rôles ne sont pas aussi figés qu'il l'avait cru. L'impensable est pourtant réalité. On songe alors aux remarques de Foucault qui, analysant le système codifié de la différence d'âge et de statut qui régit certaines formes de « l'amour des garçons » dans la Grèce antique, souligne que, pour être absolument nécessaires, ces seuils entre l'amant et l'aimé ne sont pas toujours très clairement délimités (les deux partenaires de la relation peuvent avoir quasiment le même âge, et parfois, on n'est pas même certain de savoir lequel est le plus âgé des deux), mais aussi qu'il peut arriver qu'un garçon ait simultanément le rôle de l'amant dans une relation avec un partenaire (à peine) plus jeune que lui et celui de l'aimé dans une autre, avec un partenaire (à peine) plus âgé[1].

Ayant donc compris que tous les « hommes » qui ont des « femmes », peuvent en même temps être des « femmes » pour des mâles plus forts qu'eux, le narrateur, dans un deuxième temps, élabore sur le fondement de cette découverte une véritable cosmologie où le monde s'organise sous la loi générale du sexe masculin, à laquelle tous les hommes (à l'exception d'un seul) sont soumis. On pourrait parler d'une loi phallique de l'univers, mais qui ne serait nullement – loin de là ! – la Loi du Père des psychanalystes lacaniens, ou celle du Phallus à majuscule, liée à l'ordre du signifiant et du symbolique ; mais qui relèverait plutôt d'une sexualisation générale du monde, une dépense non-productive de sperme, où chacun, c'est-à-dire chaque homme ou jeune homme, est « emmanché » par un autre dans une chaîne de l'Être qui, loin d'être « discursive », relie dans le réel ou dans l'imaginaire tous les individus, du plus haut au plus bas : de celui, d'essence quasi-divine qui ne sera jamais pénétré mais dont le geste initial enclenche la concaténation des actes de pénétration, jusqu'au dernier des hommes – le narrateur – qui ne pénètre personne, et qui, se trouvant au bout de la chaîne, porte le poids du monde (masculin), non sur ses épaules, mais sur ses reins :

> Je fus encore terrassé par cette idée que chaque mâle avait son mâle admirable, que le monde de la beauté virile et de la force s'aimait ainsi, de maillon en maillon, formant une guirlande de fleurs musclées et tordues, ou rigides, épineuses [...]. Ces marlous n'en finissaient pas d'être femmes pour un autre plus fort et plus beau. Ils étaient femmes de moins en moins en s'éloignant de moi, jusqu'au marlou très pur, les dominant tous, celui qui trônait sur sa galère, dont la verge si belle, grave et lointaine, sous forme de maçon, parcourait la Colonie. Harcamone ! J'étais à l'autre bout de cette guirlande, et c'est le poids de la virilité du monde que je supportais sur mes reins quand Villeroy m'emmanchait[2].

---

1 M. Foucault, *Histoire de la sexualité*, t. 2, *L'Usage des plaisirs*, Paris, Gallimard, 1984, p. 214, notamment la note 1, où il évoque un personnage du *Banquet* de Xénophon.

2 *Id.*, p. 264-265. On notera que l'on trouve une image analogue de la « chaîne » du monde dans *Haute Surveillance*, mais cette fois, les maillons ne sont pas liés entre eux par la pénétration sexuelle. Il s'agit cependant d'une même gradation dans les degrés

Ce n'est pas seulement le monde de la prison – celle de Fontevrault – qui s'organise ainsi entre les deux pôles extrêmes de l'Homme absolu qu'est Harcamone, le condamné à mort, et le narrateur qui se soumet à tous les hommes pour être soumis à la Loi de ce Phallus Premier, mais c'est le monde tout entier dont le fonctionnement érotique et fantasmatique s'organise au long de cette ligne qui les relie l'un à l'autre. Il n'y a donc plus d'un côté les « hommes » et de l'autre les « femmes », mais chaque individu est à la fois la « femme » de l'un (sauf le Premier, qui peut donc être considéré comme la Verge Initiale, l'Homme Absolu) et l'« homme » d'un autre (sauf le dernier de la chaîne, en l'occurrence le narrateur), le Premier et le dernier n'étant alors que des point théoriques autour desquels s'organise le système général de la domination masculine, produit du fantasme si typiquement genétien de l'homosexuel passif, soumis à la loi du mâle, nécessairement hétérosexuel (c'est-à-dire, pour Genet, non pénétré), dont les « marles » de la colonie ne sont alors que des incarnations imparfaites. L'homosexuel est la femme du monde, de tout le monde, puisqu'il est soumis à la loi des hommes, de tous les hommes, du monde masculin. Et l'univers tout entier s'organise autour de cette relation qui unit, par la médiation de tous les actes de pénétration, le « jules » absolu et la tante absolue (comme dans *Notre-Dame-des-Fleurs* où Mignon et Divine sont présentés comme « le couple idéal » : « Divine et Mignon. C'est selon moi le couple d'amants idéal[1] »).

Puisqu'il veut revendiquer l'infamie, l'abjection, Genet doit revendiquer (par l'intermédiaire de son narrateur), le statut le plus bas, le plus dominé, le plus humilié : celui d'être la femme de l'univers tout entier,

---

de la puissance virile puisqu'elle va du petit voleur minable jusqu'au grand Caïd, mais bizarrement, c'est ce dernier qui porte sur ses « reins » le poids du monde, les reins étant ici le symbole de la force masculine, alors qu'ils sont, dans le *Miracle*, le symbole de la passivité féminine. Dans la pièce (version de 1947), Yeux-Verts déclare en effet : « Mais qu'est-ce que je suis pour vous ? Vous croyez que je n'ai pas deviné ? Que c'est moi, ici, dans la cellule, qui supporte tout le poids. Je ne peux pas dire le poids de quoi, je suis illettré, mais il me faut des reins solides. Comme Boule de Neige supporte la même charge, mais pour toute la forteresse, il y en a peut-être un autre, le Caïd des Caïds qui la supporte pour le monde entier ! Vous pouvez vous foutre de ma gueule, moi, j'ai des droits. Je suis l'homme. Oui, je suis l'homme ! » (J. Genet, *Haute Surveillance*, version de 1947, *Théâtre complet*, Paris, Gallimard, « Bibliothèque de la Pléiade », 2002, p. 114). Ce passage est repris mais condensé au début de la version de 1985 (*cf. id.* p. 6).

1 J. Genet, *Notre-Dame-des-Fleurs*, *op. cit.*, p. 56.

la « femme » absolue, transpercée de mille verges, tel un saint Sébastien se délectant du plaisir des flèches qu'il attend et sollicite.

Mais il ne faut pas perdre de vue l'autre conclusion qui s'impose : cette cosmologie de la domination masculine et hétérosexuelle, représentée visuellement par l'image de la guirlande, a également pour conséquence que tout hétérosexuel peut avoir des relations homosexuelles avec un autre homme, et pas seulement avec un « pédé », une « tante » ou un adolescent... Autrement dit, tout homme dans cet univers est un enculeur, mais aussi, potentiellement un enculé. La domination masculine et hétérosexuelle, couplée avec l'hétérosexualisation des individus ayant des pratiques homosexuelles (il y a les « hommes » et les « femmes », et les « hommes » ne sont pas homosexuels, bien qu'ayant des pratiques sexuelles avec des personnes du même sexe qu'eux, puisque que ces personnes sont des « femmes », et des femmes qui, donc, aiment des hommes et couchent avec eux) a pour conséquence, au bout du compte, une homosexualisation générale du monde (masculin), puisque les « hommes » se révèlent être aussi, et en même temps, des « femmes » pour des hommes encore plus hommes qu'eux, seul l'homme idéal et inaccessible conservant sa masculinité intacte – et avec elle son statut d'homme.

Si, selon le modèle que dépeint Foucault lorsqu'il étudie la Grèce antique, être « dominé », avoir le rôle « passif » dans la relation sexuelle, et plus encore être « pénétré » (que ce soit dans l'acte de sodomie ou dans celui de la fellation) revient à perdre son honneur et donc l'aptitude à gouverner la Cité, on voit que, dans l'univers de Genet, soit il ne reste quasiment plus personne pour occuper les fonctions politiques et gouverner, soit cette capacité d'exercer le Pouvoir se concentre dans les mains d'Un seul, à qui tous les autres doivent allégeance. Il est évidemment loisible de déceler dans cette cosmologie sexuelle la représentation d'un ordre politique, où l'idéologie masculiniste et la domination d'un seul sur tous composeraient, avec l'interdépendance hiérarchisée des maillons de la chaîne, les linéaments d'une aspiration à telle ou telle forme de totalitarisme. Mais sans doute l'éthique de la trahison qui anime les livres de Genet, sa méfiance sans cesse réaffirmée à l'égard des pouvoirs, la pratique de la ruse qui vise à les déjouer tout en paraissant s'y plier, cette manière de ne pas respecter ce que l'on prétend adorer, le caractère conditionnel ou plus exactement stratégique (au sens foucaldien d'une attitude adoptée à un moment donné dans une configuration donnée) et donc provisoire de ses adhésions, devraient plutôt nous inciter à penser que le pansexualisme qui semble définir sa vision du monde n'est pas de nature à coïncider si facilement avec telle ou telle forme de régime politique ou social. Au contraire ! ! ! Car la masculinité apparaît ici comme n'étant rien d'autre qu'un fantasme à l'ombre duquel tout est permis, ou, en tout cas, tout est possible : je veux dire toutes les identités, et toutes les transgressions de l'ordre du genre et de l'ordre sexuel, toutes ces transgressions qui perturbent tellement les psychanalystes aujourd'hui, lacaniens ou autres.

LA FORCE DU SYSTÈME

Car si j'ai parlé d'une chaîne de l'être, c'est une autre image qu'utilise Genet : une guirlande (mais une guirlande qui n'est pas fermée ; elle ne forme pas un cercle, puisque le premier n'est jamais pénétré et que le dernier ne pénètre personne). C'est donc sous le signe des fleurs – et aussi du parfum – que le monde de la masculinité s'érotise et s'homosexualise, comme c'est partout le cas dans son œuvre : par exemple à la première page du *Journal du Voleur* (où les bagnards sont comparés à des fleurs), ou dans *Haute Surveillance* (le lien tracé entre la force, le meurtre et le lilas), ou encore dans *Notre-Dame-des-Fleurs* (au début de ce roman, les « grands macs inflexibles, stricts, sexes épanouis » sont comparés à des lys) ou, dans ce *Miracle* où la rose rouge géante qui envahit la cellule de la prison vient symboliser la virilité du bel Harcamone, qui est précisément celui sur lequel le monde (carcéral) fantasme.

Ainsi, de même que, selon le fameux *Traité des sensations* de Condillac, c'est parce qu'elle respire l'odeur d'une rose que la statue s'anime et devient peu à peu capable d'entrer dans une conversation, ici, c'est sous l'égide de la couleur des fleurs (les roses, les lys, les lilas), que s'anime l'univers de la masculinité et de la sexualité masculine (c'est-à-dire de la sexualité des hommes entre eux), dont il est probable qu'elles gardent de leur origine florale une sorte de fragilité quintessentielle. La masculinité, dès lors qu'elle est appréhendée à travers le prisme de la sexualité entre hommes – et c'est ainsi qu'elle est appréhendée chez Genet – est fondée sur un principe d'incertitude, travaillée par une instabilité dont les effets en chaîne viennent perturber la reproduction à l'identique que semblerait commander la figure d'Harcamone). Harcamone ne peut être l'incarnation idéal-typique de la masculinité et la figure autour de laquelle toute la masculinité du monde tourne et s'organise que dans la mesure où, par la position qui lui est conférée, il pénètre potentiellement tous les autres hommes et que, ce faisant, il défait la masculinité qu'il incarne et symbolise. La masculinité et la polarité homme-femme (la différence des sexes) ne sont donc pas des structures anthropologiques immuables, un *a priori* transcendantal qui régirait inéluctablement les pratiques ou les identifications, puisque la vie sexuelle traverse en permanence des zones de turbulence que nul ne saurait prédire ni annoncer et dans lesquelles les rôles bougent, se transforment, s'intervertissent, se démultiplient… Ainsi, la sexualité telle qu'elle apparaît aux yeux du narrateur genétien au cours de ses différentes aventures introduit entre les normes et les pratiques, les règles et les réalités, les identités et les désirs, les identifications et les plaisirs une série de discordances qui, si elles laissent la normativité tout à fait intacte – avec les notions obsessionnellement réaffirmées du masculin et du féminin, et le primat du masculin sur le féminin etc. – provoquent malgré tout le délitement général des rigidités proclamées d'un ordre sexuel dont la Loi, en un mot, et au même titre que toutes les lois, semble avoir pour destin d'être constamment défiée et ignorée, et surtout défiée et ignorée par ceux-là mêmes qui s'en réclament et veulent la faire fonctionner. La faire fonctionner, c'est toujours la défaire, dans la réalité ou dans le fantasme. Par conséquent, la Loi est une fiction dont la fiction, autant que la réalité, ne cessent de se jouer.

Pourtant, il serait sans doute important d'en venir, en ce point, à se demander si ce jeu n'est pas ce qui permet à la Loi elle-même de fonctionner. Au fond, il n'y a pas de hors-la-loi. Et les ratés du système font partie intégrante du système, à la fois comme des soupapes de sécurité et, plus fondamentalement encore, comme ce qui permet à la norme de se définir *a contrario* par ce qui l'exclut et la repousse et qui est aussi ce qu'elle exclut et qu'elle repousse, et ainsi de se stabiliser. Comment dès lors penser la subversion de l'ordre si tout ce qui travaille à le déstabiliser contribue en même temps, d'une certaine manière, à le consolider ? Fort heureusement, la place me manque pour affronter ce problème, et, pour l'instant, il est indispensable, sinon préférable, de nous en tenir là…

Didier Eribon
Université de Picardie – Jules-Verne, Amiens
Centre universitaire de recherches sur l'action publique et le politique (CURAPP-ESS, UMR 7319)

BIBLIOGRAPHIE

Cette bibliographie reprend les textes critiques cités par les auteurs des articles. Elle ne reprend pas les corpus principaux (œuvres littéraires) ni les travaux centrés exclusivement sur le féminin, la féminité, les féminismes. Y ont été ajoutés, en revanche, d'autres ouvrages dont les contenus ont trait aux études sur le masculin, le genre et le *queer*. Elle ne prétend pas à l'exhaustivité.

ADAMS, Rachel et SAVRAN, David (dir.), *The Masculinities Studies Reader*, Malden (Massachusetts), Blackwell, 2002.

ALDRICH, Robert (dir.), *Une histoire de l'homosexualité*, traduit de l'anglais par Pierre Saint-Jean et Paul Lepic, Paris, Seuil, 2006.

ALLAL, Marina, « Antisémitisme, hiérarchies nationales et de genre : reproduction et réinterprétation des rapports de pouvoir », *Raisons politiques*, n° 4/24, 2006, p. 125-141.

AMIGORENA, Horacio et MONNEYRON Frédéric (dir.), *Le Masculin. Identités, fictions, dissémination*, Paris, L'Harmattan, 1998.

ARIÈS, Philippe, « Réflexions sur l'histoire de l'homosexualité », *Communications* 35, p. 56-67.

ASHBURY, Katherine et PLAGNOL-DIÉVAL, Marie-Emmanuelle (dir.), *Le Mâle en France, 1715-1830. Représentations de la masculinité*, Berne-Berlin, Peter Lang, 2004.

ASPETSBERGER, Friedbert, « Temporäre Grenzüberschreitungen. Zum Wandel der Geschlechtspositionen in den Roman Josefs Winkler », *Dossier Josef Winkler*, Günther A. Melzer et Gerhard Höfler (dir.), Graz, Droschl, 1998, p. 75-89.

BAADER, Benjamin M., GILLERMAN, Sharon, LERNER, Paul F. (dir.), *Jewish Masculinities. German Jews, Gender, and History*, Bloomington, Indiana UP, 2012.

BADINTER, Elisabeth, *XY. De l'identité masculine*, Paris, Odile Jacob, 1992.

BALDERSTON, Daniel, QUIROGA, José (dir.), *Sexualidades en disputa. Homosexualidades, literatura y medios de comunicación en América latina*, Buenos Aires, Libros del Rojas, 2005.

BANOUN, Bernard, « "L'Autre de l'Autre". Minorité migrante, minorité sexuelle. Les gays turcs dans le Berlin d'aujourd'hui », *Lieux communs de la multiculturalité urbaine en Europe centrale*, *Cultures d'Europe centrale* 8, Delphine Bechtel et Xavier Galmiche (dir.), 2009, p. 225-241.

BANOUN, Bernard, « *Muttersprache* : langue maternelle ou langue-mère. Engendrement et enfantement par le verbe chez Josef Winkler », *Le Pouvoir au féminin. Identités, représentations et stéréotypes dans l'espace germanique*, dir. Aline Le Berre, Angelika Schober et Florent Gabaude, Limoges, PULIM, 2013, p. 281-291.

BARBÉRIS, Isabelle, « Copi-Cressole. Le monologue extérieur de la "Folle" », *Le Monologue contre le drame*, dir. Françoise Dubor et Françoise Heulot-Petit, Rennes, Presses universitaires de Rennes, 2012.

BECUE, Aurélien, COURAPIED Romain, ETEMAD Emilie, TAZARTEZ Chloé (dir.), *Pouvoirs de la littérature, modèles de la communauté*, actes de la journée d'études du 11 mars 2011 (Groupe Phi – CELLAM), publié le 14 mars 2012 en ligne, http://www.cellam.fr.

BEDDOW, Michael, *The Fiction of Humanity : Studies in the Bildungsroman from Wieland to Thomas Mann*, Cambridge, Cambridge University Press, 1982.

BENTHIEN, Claudia, STEPHAN, Inge (dir.), *Männlichkeit als Maskerade. Kulturelle Inszenierungen vom Mittelalter bis zur Gegenwart*, Cologne-Vienne, Böhlau Verlag, 2003.

BERGMANN, Emilie L. & SMITH, Paul Julian (dir.), *¿Entiendes ? Queer Readings, Hispanic Writings*, Durham-Londres, Duke University Press, 1995.

BERSANI, Leo, *Homos*, Cambridge, Harvard University Press, 1995.

DE BIASIO, Anna (dir.), *Declinare il maschile*, N° 61 d'*Allegoria. Per uno studio materalistico della letteratura*, 2011.

BOCHOW, Michael, MARBACH, Rainer, *Islam und Homosexualität*, Hambourg, MännerschwarmSkript, 2003.

BOHEEMEN, Christine van, *The Novel as Family Romance. Language, Gender and Identity from Fielding to Joyce*, Ithaca, Cornell University Press, 1987.

BOLTANSKI, Luc, « Pouvoir et impuissance : projet intellectuel et sexualité dans le Journal d'Amiel », *Actes de la recherche en sciences sociales*, vol. 1, n° 5/6, 1975, p. 80-108.

BONINO, Luis, « Varones, género y salud mental : deconstruyendo la "normalidad" masculina », *Nuevas Masculinidades*, Marta Segarra et Ángels Carabí (dir.), Barcelone, Icaria, 2000, p. 48-49.

BORY, Jean-Louis et HOCQUENGHEM Guy, *Comment nous appelez-vous déjà ?*, Paris, Calmann-Lévy, 1977.

BOURCIER, Marie-Hélène et MOLINIER, Pascale (dir.), *Les Fleurs du mâle. Masculinités sans hommes ?*, N° 45 des *Cahiers du genre*, 2008.

BOURCIER, Marie-Hélène, *Queer zones*, 3 vol., Paris, Éditions Amsterdam, 2006, 2008, 2011.

BOURDIEU, Pierre, *La Domination masculine*, Paris, Le Seuil, coll. Points, 2002.
BOYARIN, Daniel, *Unheroic Conduct : The Rise of Heterosexuality and the Invention of the Jewish Man*, Berkeley, University of California Press, 1997.
BROD, Harry, KAUFMAN, Michael, *Theorizing Masculinities*, Thousand Oaks (Cal.), Londres, Sage Publications, 1994.
BROUGHTON, Trev Lynn, *Men of Letters, Writing Lives : Masculinity and Literary Auto/Biography in the Late Victorian Period*, New York, Routledge, 1999.
BRUNOTTE, Ulrike, HERRN, Rainer (dir.), *Männlichkeiten und Moderne. Geschlecht in den Wissenskulturen um 1900*, Bielefeld, Transcript, 2008.
BURY, Rhiannon, *Cyberspaces of Their Own : Female Fandoms Online*, New York, Peter Lang, 2005.
BUTLER, Judith, *Gender Trouble. Feminism and the Subversion of Identity*, New York, Routledge, 1990.
BUTLER, Judith, *Trouble dans le genre. Le féminisme et la subversion de l'identité*, traduit par Cynthia Kraus, Paris, La Découverte, 2005.
BUTLER, Judith, *Bodies that Matter. On the Discursive Limits of « Sex »*, New York – Londres, Routledge, 1993.
BUTLER, Judith, *Ces corps qui comptent. De la matérialité et des limites discursives du « sexe »*, traduit par Charlotte Nordmann, Paris, Amsterdam, 2009.
CANOVAS, Rodrigo, *Sexualidad y cultura en la novela hispanoamericana. La alegoría del prostíbulo*, Santiago de Chile, LOM, 2003.
CARNES, Mark C. et GRIFFEN, Clyde (dir.), *Meanings of Manhood, Constructions of Masculinity in Victorian America*, Chicago, The University of Chicago Press, 1990.
CARTER, David, *Stonewall. The Riots that Sparked the Gay Revolution*, New York, St. Martin's Press, 2004.
CHARDIN, Philippe, BOULANGER, Alison (dir.), *Roman de formation, roman d'éducation dans la littérature française et les littératures étrangères*, Paris, Kimé, 2007.
CICIONI, Mirna, « Male Pair Bonds and Female Desire in Fan Slash Writing », *Theorizing Fandom : Fans, Subculture and Identity*, dir. Cheryl Harris & Alison Alexander, Cresskill (NJ), Hampton, 1998, p. 153-178.
COBB BIERMANN, Joanna, « Masculine music ? Feminine Music ? Beethoven's Music for Two Women Characters », *Beethoven. Studien und Interpretationen, Band 5*, Mieczysław Tomaszewski et Magdalena Chrenkoff (dir.), Cracovie, 2012, p. 351-362.
COHEN, Margaret, *The Sentimental Education of the Novel*, New York, Columbia University Press, 1999.
COHEN, Theodore F., *Men and Masculinity : A Text-Reader*, Belmont (CA), Wadsworth Cengage Learning, 2001.

COLE, Sarah, *Modernism, Male Friendship, and the First World War*, Cambridge, Cambridge UP, 2003.

CONNELL, Raewyn W., *Masculinities*, Cambridge, Polity Press, 2005 (2e éd.).

CONNELL, Raewyn W., MESSERSCHMIDT, James, « Hegemonic masculinity : rethinking the concept », *Gender society*, 2005, nº 19, p. 829-859.

CONNELL, Raewyn W., CARRIGAN, Tim, LEE, John : « Toward a new sociology of masculinity », *Theory and Society*, vol. 14, no. 5, 1985, p. 551-604.

COQUILLAT, Michelle, *Poétique du mâle*, Paris, Gallimard, collection « Idées », 1982.

CORBIN, Alain, COURTINE, Jean-Jacques et VIGARELLO, Georges (dir.), *Histoire de la virilité* (trois volumes), Paris, Seuil, 2011.

CORBIN, Alain, COURTINE, Jean-Jacques et VIGARELLO, Georges (dir.), *Histoire du corps* (trois volumes), Paris, Seuil, 2005.

COURAPIED, Romain, « Mensonges de l'intention d'auteur en période décadente. Les difficultés exégétiques dans *Monsieur Vénus* (1884) de Rachilde », *En territoire féministe : regards et relectures, Postures* nº 15, université de Montréal, printemps 2012, p. 69-81.

COURT, Martine, *Corps de filles, corps de garçons : une construction sociale*, Paris, La Dispute, 2010.

CRESSOLE, Michel, *Une folle à sa fenêtre, Cahiers Gai Kitsch Camp*, Paris, 1992.

CUSSET, François, *Queer critics. La littérature française déshabillée par ses homo-lecteurs*, Paris, PUF, 2002.

DAFFLON NOVELLE, Anne (dir.), *Filles-garçons. Socialisation différenciée ?*, Grenoble, PUG, 2006.

DE LAURETIS, Teresa, *Théorie queer et cultures populaires De Foucault à Cronenberg*, traduit par Marie-Hélène Bourcier, Paris, La Dispute, 2007.

DELEUZE, Gilles, *Critique et clinique*, Paris, Minuit, 1978.

DELPHY, Christine, *L'Ennemi principal*, t. 1 : *Penser le genre*, Paris, Syllepse, 1998.

DELPHY, Christine, *L'Ennemi principal*, t. 2 : *Penser le genre*, Paris, Syllepse, 2001.

DE MOYA, Antonio E., « Power Games and Totalitarian Masculiniy in the Dominican Republic », *Interrogating Caribbean Masculinities*, Rhoda. E. Reddock (dir.), Kingston, The University of the West Indies Press, 2004, p. 68-102.

DE MOYA, Antonio, E., GARCÍA, Rafael, « AIDS and the Enigma of Bisexuality in the Dominican Republic », *Bisexualitites and AIDS : International Perspectives*, Peter Aggletin (dir.), Londres, Taylor and Francis p. XXX, 1996, p. 121-135.

DÉOM, Laurent et TILLEUIL, Jean-Louis (dir.), *Le Héros dans les productions littéraires pour la jeunesse*, Paris, l'Harmattan, 2010.

DETERING, Heinrich, *Das offene Geheimnis. Zur literarischen Produktivität eines Tabus von Winckelmann bis zu Thomas Mann*, Göttingen, Wallstein Verlag, 1994.

DETREZ, Christine, « Des *shonen* pour les garçons, des *shojo* pour les filles ? Apprendre son genre en lisant des mangas », *Réseaux* n° 29, 2011, p. 165-187.

DINGES, Martin (dir.), *Männer-Macht-Körper. Hegemoniale Männlichkeiten vom Mittelalter bis heute*, Francfort/Main, Campus, 2005.

DORLIN, Elsa, FOUGEYROLLAS-SCHWEBEL, Dominique, ROUCH, Hélène, *Le Corps, entre sexe et genre*, Paris, L'Harmattan – Cahiers du Cedref, 2005.

DORLIN, Elsa, *Sexe, genre, sexualités*, Paris, PUF, 2008.

DRISCOLL, Catherine, « One True Pairing : The Romance of Pornography and the Pornography of Romance », *Fan Fiction and Fan Communities in the Age of the Internet : New Essays*, Karen Hellekson et Kristina Busse (dir.), Jefferson (NC), McFarland, 2006, p. 79-96.

DYER, Richard, *White : Essays on Race and Culture*, Londres – New York, Routledge, 1997.

EAKLOR, Vicki L., *Queer America. A People's GLTB History of the United States*, New York – Londres, The New Press, 2008.

EDELMAN, Lee, *Essays in Gay Literature and Cultural Theory*, New York – Londres, Routledge, 1994.

EDELMAN, Lee, *No Future. Queer Theory and the Death Drive*, Durham et Londres, Duke University Press, 2004.

ERHART, Walter, HERRMANN, Britta (dir.), *Wann ist der Mann ein Mann ? Zur Geschcichte der Männlichkeit*, Stuttgart-Weimar, Metzler, 1996.

EILBERG-SCHWARTZ, Howard (dir.), *People of the Body : Jews and Judaism from an Embodied Perspective*, Albany (NY), SUNY Press, 1992.

ERIBON, Didier (dir.), *Les Études gays et lesbiennes.* Actes du colloque des 21 et 27 juin 1997, Paris, Éditions du Centre Georges Pompidou, 1998.

ERIBON, Didier, *Réflexions sur la question gay*, Paris, Fayard, 1999.

ERIBON, Didier, *Hérésies. Essais sur la théorie de la sexualité*, Paris, Fayard, 2003.

ERIBON, Didier (dir.), *Dictionnaire des cultures gays et lesbiennes*, Paris, Larousse, 2003.

ERIBON, Didier, *Michel Foucault 1926-1984*, Paris, Flammarion, 1989, nouvelle édition revue et augmentée en 2011.

FARGES, Patrick, CHAMAYOU-KUHN, Cécile et YAVUZ, Perin Emel (dir.), *Le Lieu du genre. La narration comme espace performatif du genre*, Paris, PSN, 2011.

FARGES, Patrick, « Masculinités et "masculinisme" ? (1880-1920 », *Le Premier Féminisme allemand 1848-1933. Un mouvement social de dimension internationale*, Patrick Farges et Anne-Marie Saint-Gille (dir.), Lille, Septentrion, 2013, p. 157-173.

FARGES, Patrick, FRANÇOIS Anne Isabelle, YAVUZ, Perin Emel, « Les *Gender Studies* entre transfert et institutionnalisation : une circulation des modèles et des pouvoirs », *Le Pouvoir au féminin. Identités, représentations et stéréotypes dans l'espace germanique*, Aline Le Berre, Angelika Schober, Florent Gabaude (dir.), Limoges, PULIM, 2013, p. 27-42.

FASSIN, Eric, « L'empire du genre. L'histoire politique ambiguë d'un outil conceptuel », *L'Homme* 2008/3-4, n° 187-188, p. 375-392.

FASSIN, Eric, *Le sexe politique. Genre et sexualité au miroir transatlantique*, Paris, Éditions de l'École des hautes études en sciences sociales, 2009.

FAUSTO-STERLING, Anne, *Sexing the Body*, New York, Basic Books, 2000.

FERGUSON, Gary (dir.), *L'Homme en tous genres*, numéro de *Itinéraires, Littérature, Textes, Culture*, Paris, L'Harmattan, 2008.

FICHTE, Hubert, *Die Geschichte der Empfindlichkeit*, Ronald Kay, Gisela Lindemann, Torsten Teichert et Wolfgang von Wangenheim (dir.) in Zusammenarbeit mit Leonore Mau, Francfort/Main, Fischer, 1987-2006.

FOUCAULT, Michel, *Histoire de la sexualité*, t. 2, *L'Usage des plaisirs*, Paris, Gallimard, 1984.

FOUCAULT, Michel, Cours du 19 mars 1975 : « Les Anormaux », Paris, Gallimard-Seuil, coll. « Hautes Études », 1999.

FOUCAULT, Michel, « Des caresses d'hommes considérées comme un art », *Dits et écrits II, 1976-1988*, Paris, Gallimard, Quarto, 2001, p. 1134-1136 (compte rendu de J. Dover, *Homosexualité grecque*, Grenoble, La Pensée sauvage, 1982).

FRAISSE, Geneviève, *La Controverse des sexes*, Paris, PUF, coll. « Quadrige », 2001.

FRAISSE, Geneviève, « Sexe/genre, Différence des sexes, Différence sexuelle », Barbara Cassin (dir.), *Vocabulaire européen des philosophies. Dictionnaire des intraduisibles*, Paris, Seuil, 2004, p. 1154-1158.

Freunde eines Schwulen Museums in Berlin e.V. (dir.) *Die Geschichte des § 175. Strafrecht gegen Homosexuelle*, catalogue d'exposition, Berlin, Rosa Winkel, 1990.

GLEASON, Maud, *Mascarades Masculines. Genre, corps et voix dans l'Antiquité gréco-romaine*, traduit de l'anglais (États-Unis) par Sandra Boehringer et Nadine Picard, suivi de « Les multiples vies de Favorinus d'Arles », par Florence Dupont, Paris, EPEL, 2013.

GOLDMAN, Jane, WOLFREYS, Julian, « Works on the Wild(e) side – performing, transgressing, queering : Gay Studies / Queer Theories », John Wolfrey (dir.), *Introducing Literary Theories : A Guide and Glossary*, Édimbourg, Edinburgh University Press, 2001.

GUEREÑA, Jean-Louis, *Les Espagnols et le sexe*, Rennes, PUR, 2013.

GUIONNET, Christine, NEVEU, Eric, *Féminins/Masculins. Sociologie du genre*, Paris, Armand Colin, 2009.

GUTERMANN-JACQUET, Deborah, *Les Équivoques du genre. Devenir homme et femme à l'âge romantique*, Rennes, PUR, 2012.

HALBERSTAM, Judith, *Female Masculinity*, Durham, Duke University Press, 1998.

HALPERIN, David, *One Hundred Years of Homosexuality and Other Essays on Greek Love*, New York – Londres, Routledge, 1990.

HALPERIN, David, *Saint Foucault. Towards a Gay Hagiography*, New York, Oxford University Press, 1995.

HALPERIN, David, *How to Do a History of Homosexuality*, Chicago, University of Chicago Press, 2002.

HANISCH, Ernst, *Männlichkeiten : eine andere Geschichte des 20. Jahrhunderts.* Vienne-Cologne-Weimar, Böhlau, 2005.

HAUSEN, Karin, « Die Polarisierung der "Geschlechtercharaktere" – eine Spiegelung der Dissoziation von Erwerbs – und Familienleben », *Sozialgeschichte der Familie in der Neuzeit Europas*, Werner Conze (dir.), Stuttgart 1976, p. 363-393.

HEIDEL, Ulf, MICHELER, Stefan, TUIDER, Elisabeth (dir.), *Jenseits der Geschlechtergrenzen. Sexualitäten, Identitäten und Körper in Perspektiven von Queer Studies*, Hambourg, MännerSchwarm, 2001.

HEINSOHN, Kirsten, SCHÜLER-SPRINGORUM, Stefanie (dir.), *Deutsch-jüdische Geschichte als Geschlechtergeschichte. Studien zum 19. und 20. Jahrhundert*, Göttingen, Wallstein, 2006.

HELFER, Joachim, AL-DAIF, Rashid, *Die Verschwulung der Welt. Rede gegen Rede. Beirut-Berlin*, Francfort/Main, Suhrkamp, 2006.

HÉRITIER, Françoise, *Masculin-Féminin. La pensée de la différence*, Paris, Odile Jacob, 1996.

HÉRITIER, Françoise. *Masculin-Féminin II. Dissoudre la hiérarchie*, Paris, Odile Jacob, 2002.

HIRSCH, Marianne, « The Novel of Formation as Genre », *Genre* 1 2/3, 1979, p. 293-311.

HOCQUENGHEM, Guy, *Le Désir homosexuel*, Paris, Éditions universitaires, 1972, Paris, Fayard, 2000.

HOCQUEN""GHEM, Guy, *La Dérive homosexuelle*, Paris, Jean-Pierre Delarge, 1977.

HOOKS, bell, *We Real Cool : Black Men and Masculinity*, Londres, Taylor & Francis, 2004.

IDIER, Antoine, *Dissidanse rose. Fragments de vies homosexuelles à Lyon dans les années 1970*, Lyon, Michel Chomarat, 2012.

IDIER, Antoine, *Les Alinéas au placard. L'abrogation du délit d'homosexualité (1977-1982)*, Paris, Cartouche, 2013.

INNES, Catherine Lynette, « Rewriting Her Story : Nation and Gender », *The Cambridge Introduction to Postcolonial Literatures in English*, Cambridge, Cambridge University Press, 2007, p. 137-160.

ISAY, Richard, *Être homosexuel*, Paris, Marabout, 1997.
JACOBS, Jürgen, *Wilhelm Meister und seine Brüder*, Munich, Fink, 1972.
JOECKER, Jean-Pierre, SANZIO, Alain, « Rencontre avec Guy Hocquenghem », *Masques*, n° 9-10, été 81.
KATZ, Jonathan Ned, *The Invention of Heterosexuality*, Dutton Signet, 1995, réédité par University of Chicago Press 2007, traduit par Michel Oliva et Catherine Thévenet, *L'Invention de l'hétérosexualité*, Paris, EPEL, 2001.
KEGAN GARDINER, Judith (dir.), *Masculinity Studies and Feminist Theory : New Directions*, New York, Columbia University Press, 2002.
KESSLER, Suzanne J., *Lessons from the Intersexed*, New Brunswick, Rutgers University Press, 1998.
KILEY, Dan, *Das Peter-Pan-Syndrom. Männer, die nie erwachsen werden wollen*, Munich, Kabel Verlag, 1983/1989.
KIMMEL, Michael, *Changing Men : New Directions in the Study of Men and Masculinity*, California, Sage, 1987.
KIMMEL, Michael, *Manhood in America : A Cultural History*, New York, The Free Press, 1996.
KINGERLEE, Roger, *Psychological Models of Masculinity in Döblin, Musil, and Jahnn : « Männliches, Allzumännliches »*, Lewiston, Mellen, 2001.
KNIGHTS, Ben, *Writing Masculinities : Male Narratives in Twentieth-Century Fiction*, New York, St. Martin's Press, 1999.
KÜHNE, Thomas (dir.), *Männergeschichte-Geschlechtergeschichte. Männlichkeit im Wandel der Moderne*, Francfort/Main, Campus, 1996.
LAQUEUR, Thomas, *Making Sex*, Cambridge, Harvard University Press, 1990 ; *La Fabrique du sexe. Essai sur le corps et le genre en Occident*, traduit par Michel Gautier, Paris, Gallimard, 1992.
LEHMAN, Peter (dir.), *Masculinity : Bodies, Movies, Culture*, New York, Routledge, 2000.
LE TALEC, Jean-Yves, *Folles de France. Repenser l'homosexualité masculine*, Paris, La Découverte, 2008.
LINCK, Dirck, *Halbweib und Maskenbildner. Subjektivität und schwule Erfahrung im Werk Josef Winklers*, Berlin, Rosa Winkel, 1993.
LLAMAS, Ricardo, VIDARTE, Francisco, *Homographies*, Mont-de-Marsan, Éditions Dans l'Engrenage, 2012.
LUTZ, Helma *et al.* (dir.), *Framing Intersectionality : Debates on a Multi-faceted Concept in Gender Studies*, Farnham, Ashgate, 2011.
MACLEOD, Catriona, *Embodying Ambiguity : Androgyny and Aesthetics from Winckelmann to Keller*, Detroit, Wayne State University Press, 1998.
MAIRA Daniel, ROULIN Jean-Marie (dir.), *Masculinités en révolution de Rousseau à Balzac*, Saint-Étienne, Presses de l'université de Saint-Étienne, 2013.

MARTSCHUKAT, Jürgen, STIEGLITZ, Olaf, *Geschichte der Männlichkeiten*, Francfort/Main, Campus, 2008.

MAUGUE, Annelise, *L'Identité masculine en crise au tournant du siècle, 1871-1914*, Paris, Rivages, 1987.

MAYER, Hans, *Außenseiter*, Francfort/Main, Suhrkamp, 1975.

MAYER, Hans, *Les Marginaux*, traduit par Laurent Muhleisen, Maurice Jacob et Pierre Fanchini, Paris, Albin Michel, 1981, 1996.

MERCADER, Patricia, TAIN, Laurence (dir.), *Cahiers Masculin/Féminin*, numéro « L'Éternel masculin » nº 4, Lyon, Presses universitaires de Lyon, 2003.

MÉRIDA JIMÉNEZ, Rafael, *Las minorías sexuales en España, textos y representaciones*, Barcelone, Icaria, 2013.

MILLER John, « Alternative Masculinities and the "Dominion of Men", *The Lord of the Rings* », *Images of Masculinity in Fantasy Fiction*, Susanne Fendler and Ulrike Horstmann (dir.), Lewiston (NY), Mellen, « Studies in Comparative Literature » nº 57, 2003, p. 183-203.

MILLETT, Kate, *Sexual Politics*, New York, Doubleday, 1969.

MILLOT, Catherine, *Gide Genet Mishima. Intelligence de la perversion*, Paris, Gallimard, L'Infini, 1996.

MINDEN, Michael, *The German Bildungsroman : Incest and Inheritance*, Cambridge, Cambridge University Press, 1997.

MIRA, Alberto, *De Sodoma a Chueca : una historia cultural de la homosexualidad en España en el siglo XX*, Barcelone-Madrid, Egales, 2004.

MOLLOY, Sylvia & MCKEE IRWIN, Robert (dir.), *Hispanisms and Homosexualities*, Durham-Londres, Duke University Press, 1998.

MONSIVAIS, Carlos, *Aires de familia. Cultura y sociedad en América Latina*. Barcelone, Anagrama, 2000.

MORETTI, Franco, *The Way of the World : The Bildungsroman in European Culture*, Londres, Verso, 1987, 1995.

MOSSE, George L., *The Image of Man. The Creation of Moderne Masculinity*, Oxford-New York, Oxford University Press, 1995.

MOSSE, George L., *L'Image de l'homme. L'invention de la virilité moderne*, trad. Michèle Hechter, Paris, Abbeville, 1997.

MOULINIER, Ann-Gaël, *Journaux intimes de la folie : étude différentielle de l'écriture du sujet dans l'hystérie et la schizophrénie à partir des écrits de Mary Barnes et de Vaslav Nijinski*, thèse de doctorat en psychopathologie, université Rennes 2, 2010.

MURPHY, Peter (dir.), *The Fiction of Masculinity : Literary Constructions of Man*, New York – Londres, New York University Press, 1994.

NATTER, Tobias G. von und LEOPOLD, Elisabeth, *Nackte Männer*, catalogue de l'exposition, Vienne, Leopold Museum, 2013.

NOBLE, Jean Bobby, *Masculinities without Men ? Female Masculinity in Twentieth-Century Fictions*, Vancouver, University of British Columbia Press, 2004.

NÜNNING, Vera et Ansgar, « Von der strukturalistischen Narratologie zur "postklassischen" Erzähltheorie : Ein Überblick über Ansätze und Entwicklungstendenzen », *Neue Ansätze in der Erzähltheorie*, Vera et Ansgar Nünning (dir.), Trèves, WVT, 2002, p. 1-33.

NÜNNING, Vera et Ansgar (dir.), *Erzähltextanalyse und Gender Studies*, Stuttgart, Metzler, 2004.

PFEIFFER, Joachim, « "Jegliches Mitleid verwischt der Regen'. Tod und Aids in der deutschsprachigen Literatur », *Forum Homosexualität und Literatur*, n° 19, 1993, p. 11-26.

PFEIFFER, Joachim, « Friendship and Gender : The Aesthetic Construction of Subjectivity in Kleist », *Outing Goethe and His Age*, Alice Kuzniar (dir.), Stanford, Stanford University Press, 1996, p. 215-227.

PFEIFFER, Joachim, « Männerfreundschaften in der Literatur des 18. Jahrhunderts », *Freiburger Frauenstudien* 6, 2000, p. 193-210.

PFEIFFER, Joachim, « "... in Eurem Bunde der Dritte." Männerfreundschaften in der Literatur des 18. Jahrhunderts », *Masculinities, Maskulinitäten. Mythos, Realität, Repräsentation, Rollendruck*, Therese Steffen (dir.), Stuttgart, Metzler, 2002, p. 194-208.

PLANTÉ, Christine, « Genre, un concept intraduisible ? », *Le Genre comme catégorie d'analyse*, Dominique Fougeyrollas-Schwebel *et al.* (dir.), Paris, l'Harmattan, 2003, p. 127-136.

PLANTÉ, Christine, « Le Genre des genres », *Cahiers du CEDREF*, PARIS 7, n° 1, 1989.

POLLAK, Michael, « L'homosexualité masculine, ou : le bonheur dans le ghetto ? », *Communications* 35, p. 37-55.

POPP, Wolfgang, *Männerliebe. Homosexualität und Literatur*, Stuttgart, Metzler, 1992.

RAFFALOVICH, Marc-André, « Les groupes uranistes à Paris et Berlin », *Archives d'anthropologie criminelle*, vol. 19, 1904, p. 926-936.

RAMÍREZ, Rafael L., « Foreword », *Interrogating Caribbean Masculinities*, Rhoda E. Reddock (dir.), Kingston, The University of the West Indies Press, p. VIII-X, 2004.

RAUCH, André, *La Crise de l'identité masculine, 1789-1914*, Hachette Littératures, 2000.

RAUCH, André, *L'Identité masculine à l'ombre des femmes. De la Grande Guerre à la Gay pride*, Paris, Hachette, 2004.

RAUCH, André, *Histoire du premier sexe. De la Révolution à nos jours*, Paris, Hachette Littérature, 2006.

REDDOCK, Rhoda. E. (dir.) *Interrogating Caribbean Masculinities*, Kingston, The University of the West Indies Press, 2004.

REESER, Todd W. et SEIFERT, Lewis C. (dir.), *L'Esprit créateur XLIII*, 3, les « French Masculinities », 2003.

REESER, Todd W. et SEIFERT, Lewis (dir.), *« Entre hommes » : French and Francophone Masculinities in Theory and Culture,* Newark, University of Delaware Press, 2008.

REESER, Tood W., *Masculinities in Theory : An Introduction*, Malden (Masschusetts), Blackwell, 2010.

REVENIN, Régis (dir.), *Hommes et masculinités de 1789 à nos jours : Contributions à l'histoire du genre et de la sexualité en France*, Paris, Autrement, coll. « Mémoires/Histoire », 2007.

RICH, Adrienne, « La contrainte à l'hétérosexualité et l'existence lesbienne », *La Contrainte à l'hétérosexualité et autres essais*, Genèse-Lausanne, Mamamélis – Nouvelles Questions Féministes, 1980], 2010, p. 57-102.

RICHARD, Nelly, *Masculine/Feminine. Practices of Difference(s)*, Durham-Londres, Duke University Press, 2004.

ROY, Jerôme, (dir.), *Conceptions of Postwar German Masculinity*, New York, Suny Press, 2001.

RÖSING, Helmut, « Auf der Suche nach Männlichkeitssymbolen, Beethoven und die Sonaten (hauptsatz) form, *"Der männliche" und der "weibliche" Beethoven »*, Bericht über den Internationalen musikwissenschaftlichen Kongress vom 31. Oktober bis 4. November 2001 an der Universität der Künste Berlin, herausgegeben von Cornelia Bartsch, Beatrix Borchard und Rainer Cadenbach, Verlag Beethoven-Haus Bonn, 2003, p. 5-19.

RUBIN, Gayle, *Surveiller et jouir. Anthropologie politique du sexe*, traduction de Rostom Mesli, Flora Botler, Christophe Broqua, Nicole-Claude Mathieu, Paris, Epel, 2010.

RUNTE, Annette, « "Qu'as-tu fait du sexe dont tu as reçu le don ?" Un célibataire entre deux âges (1915) », *Europe, Franz Kafka* n° 923, mars 2006.

RUNTE, Annette, *Biographische Operationen. Diskurse der Transsexualität.* Munich, Munich, Wilhelm Fink Verlag, 1996.

RUNTE, Annette, *Lesarten der Geschlechterdifferenz. Studien zur Literatur der Moderne.* Bielefeld, Aisthesis, 2005.

RUNTE, Annette, WERTH, Eva (dir.), *Feminisierung der Kultur ? Krisen der Männlichkeit und weibliche Avantgarden / Féminisation de la civilisation ? Crises de la masculinité et avant-gardes féminines*, Würzburg, Königshausen & Neumann, 2006.

RUNTE, Annette (dir.), *Literarische Junggesellen-Maschinen und die Ästhetik der Neutralisierung / Machine littéraire, machine célibataire et genre neutre*, Würzburg, Königshausen & Neumann, 2011.

RUSPINI, Elisabetta (dir.), *Uomini e corpi. Una riflessione sui rivestimenti della mascolinità*, Milan, Franco Angeli, 2009.

SAINT-MARTIN, Lori, *Au-delà du nom. La question du père dans la littérature québécoise actuelle*, Montréal, Presses de l'université de Montréal, 2010.

SAINT-MARTIN, Lori, « "Avec un hurlement de bête blessée" : désir, pouvoir masculin et parole féminine dans *Vers le sud* de Dany Laferrière », *Québec Studies*, nº 54, printemps-été 2011, p. 139-155.

SAINT-MARTIN, Lori, « Une oppression peut en cacher une autre : antiracisme et sexisme dans *Comment faire l'amour avec un Nègre sans se fatiguer* de Dany Laferrière », *Voix et images*, vol. XXXVI, nº 2 (107), hiver 2011, p. 53-68.

SCHMALE, Wolfgang, *Geschichte der Männlichkeit in Europa (1450-2000)*, Vienne-Cologne-Weimar, Böhlau.

SCHÖSSLER, Franziska, *Goethes* Lehr- und Wanderjahre. *Eine Kulturgeschichte der Moderne*, Tübingen, Francke, 2002.

SCHÖSSLER, Franziska, « Familie und Männerbund. Die Erziehung zur Männlichkeit in Goethes Roman Wilhelm Meisters Lehrjahre », *Männer und Geschlecht*, Freiburger, Geschlechter-Studien 21, 2007, p. 241-253.

SCOTT, Joan Wallach, « Gender : A Useful Category of Historical Analysis », *The American Historical Review*, Vol. 91, No. 5, 1986, p. 1053-1075 ; Joan Wallach Scott, « Genre : une catégorie utile d'analyse historique », *Les Cahiers du Grif*, 1988, 37/38, p. 125-153.

SEDGWICK, Eve KOSOFSKY, *Epistemology of the Closet*, Berkeley, Los Angeles, University of California Press, 1990.

SEDGWICK, Eve KOSOFSKY, *Épistémologie du placard*, traduit par M. Cervulle, Paris, Amsterdam, 2008.

SEDGWICK, Eve KOSOFSKY, *Between Men. English Literature and Male Homosocial Desire*, New York, Columbia University Press, 1985.

SIMON, William, GAGNON, John, *Sexual Conduct : The Social Sources of Human Sexuality*, Chicago, Aldine, 1973.

SMOL, Anna, « "Oh… oh… Frodo !" : Readings of Male Intimacy in *The Lord of the Rings* », *Modern Fiction Studies* nº 50.4, 2004, p. 949-979.

SMOL, Anna, « Male Friendship in *The Lord of the Rings* : Medievalism, the First World War, and Contemporary Rewritings », Sarah Wells (dir.), *The Ring Goes Ever on : Proceedings of the Tolkien 2005 Conference*, Coventry, The Tolkien Society, t. I, 2008, p. 320-326.

SOHN, Anne-Marie, « Sois un Homme ! » *La construction de la masculinité au XIXe siècle*, Paris, Seuil, 2009.

STEIN, Edward, *Forms of Desire. Sexual Orientation and the Social Constructionist Controversy*, New York, Routledge, 1992.

STEPHAN, Inge, « Im toten Winkel. Die Neuentdeckung des "ersten Geschlechts" durch *men's studies* und Männlichkeitsforschung », *Männlichkeit als Maskerade. Kulturelle Inszenierungen vom Mittelalter bis zur Gegenwart*, Claudia Benthien (dir.), Inge Stephan, Cologne-Vienne, Böhlau, 2003, p. 11-35.

STEFFEN, Therese (dir.), *Masculinities-Maskulinitäten. Mythos, Realität, Repräsentation, Rollendruck*, Stuttgart, Metzler, 2002.

SURKIS, Judith, *Sexing the Citizen. Morality and Masculinity in France, 1870-1920*, Ithaca-Londres, Cornell University Press, 2006.

SURKIS, Judith, « Histoire des hommes et des masculinités : passé et avenir » introduction à, *Hommes et masculinités de 1789 à nos jours : Contributions à l'histoire du genre et de la sexualité en France*, Régis Revenin (dir.), Paris, Autrement, coll. « Mémoires/Histoire », 2007.

THEWELEIT, Klaus, Männerphantasien. 1. Frauen, Fluten, Körper, Geschichte ; 2. Männerkörper – Zur Psychoanalyse des Weißen Terrors, Munich, Piper, [1977-1978], 1995.

THIERS-VIDAL, Léo, *De « L'Ennemi Principal » aux principaux ennemis. Position vécue, subjectivité et conscience masculines de domination*, Paris, L'Harmattan, 2010.

THOMAS, Calvin, « Reenfleshing the Bright Boys : or How Male Bodies Matter to Feminist Theory », *Masculinity Studies and Feminist Theory : New Directions*, Judith Kegan Gardiner (dir.), New York, Columbia University Press, 2002, p. 60-61.

TIN, Louis-Georges, *L'Invention de la culture hétérosexuelle*, Paris, Autrement, 2009.

TOBIN, Robert, *Warm Brothers. Queer Theory and the Age of Goethe*, Philadelphia, University of Pennsylvania Press, 2000.

TOMICHE, Anne, BRIDET, Guillaume (dir.), *Genres et avant-gardes*, numéro de la revue *Itinéraires Littérature, Textes, Cultures*, Paris, L'Harmattan, 2012/1.

TOMICHE, Anne, ZOBERMAN, Pierre (dir.), *Littérature et identités sexuelles*, collection Poétiques Comparatistes, publication de la Société Française de Littérature Générale et Comparée, Nîmes, Champ social, 2007.

Transversal. Zeitschrift des David-Herzog-Centrums für Jüdische Studien, n° 2/1 « Judentum und Männlichkeit », 2001.

VAZQUEZ GARCÍA, Francisco, CLEMINSON, Richard, *Los invisibles. Una historia de la homosexualidad en España, 14850-1939*, Granada, Editorial Comares, 2011.

VELAZQUEZ, Marcel, *El revés del marfil : nacionalidad, etnicidad, modernidad y género en la literatura peruana*, Lima, Universitaria, 2002.

VEYNE, Paul, « L'homosexualité à Rome », *Communications* 35, 1982, p. 26-33.

VIVEROS VIGOYA, Mara, « Jusqu'à un certain point, ou la spécificité de la domination masculine en Amérique latine », *Mouvements*, 31, 2004, p. 56-63.

WARNER, Michael, *Fear of a Queer Planet*, Minneapolis, University of Minnesota Press, 1993.

WEAVER, Jonathan. R. (dir.), « Intrepid, Imprudent or Impetuous ? The effects of gender threats on men's financial decisions », *Psychology of Men and Masculinities*, vol. 14 (2), [2012], April 2013, p. 184-191.

WEICH, Horst (dir.), *Namenlose Liebe. Homoerotik in der spanischen Lyrik des 20. Jahrhunderts. Eine zweisprachige Anthologie*, Munich, Lyrik Kabinett, 2000.

WEINBERG, Thomas, « On "doing" and "being" gay : Sexual behavior and homosexual male self-identity », *Journal of Homosexuality*, vol. 4, n° 2, 1978, p. 143-156.

WELZER-LANG, Daniel, ZAOUCHE GAUDRON, Chantal (dir.), *Masculinités, état des lieux*, Toulouse, Editions Erès, 2011.

WEST, Candace et ZIMMERMAN, Don H., « Doing Gender », *Gender & Society*, n° 1, 1987, p. 125-151.

WHITEHEAD, Stephen M., BARRETT, Frank J. (dir.), *The Masculinities Reader*, Malden and Cambridge, Blackwell & Polity Press, 2001.

WIDDIG, Bernd, *Männerbünde und Massen. Zur Krise männlicher Identität in der Literatur der Moderne*, Opladen, Westdeutscher Verlag, 1992.

WIELAND, Klaus, « Die Konstruktion von männlichen Homosexualitäten im psychiatrisch-psychologischen Diskurs um 1900 und in der Erzählliteratur der Frühen Moderne », *Scientia Poetica* n° 9, 2005, p. 216-262.

WIELAND, Klaus, « Mannsbilder im Kriegsroman der Weimarer Republik. Anmerkungen zur literarischen Konstruktion militärischhegemonialer Männlichkeit », *Musil-Forum* 30, 2007/2008, p. 153-193

WILDMANN, Daniel, *Der veränderbare Körper. Jüdische Turner, Männlichkeit und das Wiedergewinnen von Geschichte in Deutschland um 1900*, Tübingen, Mohr Siebeck, 2009.

WITTIG, Monique, *The Straight Mind and Other Essays*, Boston, Beacon Press, 1992.

WITTIG, Monique, *La Pensée straight*, Paris, Balland, 2001 (réédition aux éditions Amsterdam, 2007).

YOSEF, Raz, *Beyond Flesh : Queer Masculinities and Nationalism in Israeli Cinema*, New Brunswick, Rutgers UP, 2004.

ZAPATA, Mónica (dir.), *Lectures du genre dans la production culturelle espagnole et latino-américaine*, www.lecturesdugenre.fr.

ZOBERMAN, Pierre (dir.), *QUEER : Écritures de la différence ?*, 2 vol., Paris, L'Harmattan, 2008.

ZOBERMAN, Pierre, « Prototypes chez Proust : une recherche à corps perdu », *Corpographèses, Itinéraires. LTC*, dir. M.-A. Paveau et P. Zoberman, 2009, 1, p. 23-41.

ZOBERMAN, Pierre, « Sartre, lecteur de Genet : du côté de chez Proust ? », *Actes du Colloque Proust : dialogues critiques*, université Paris 13 SPC – université Paris Ouest – Nanterre – La Défense, Fabula Colloques en ligne, http://www.fabula.org/colloques/document2165.php

INDEX DES NOMS

INDEX DES NOTIONS

PRÉSENTATION DES AUTEURS ET RÉSUMÉS DES CONTRIBUTIONS

Romain COURAPIED, « Existe-t-il un lieu théorique pour le mâle fin-de-siècle ? »

Romain Courapied est docteur en littérature (université Rennes 2) rattaché aux laboratoires du CELLAM et d'ALEF. Sa thèse, encadrée par Steve Murphy, étudie l'épistémologie de l'homosexualité masculine, à travers le corpus médical et juridique, et son importance dans la définition de l'esthétique décadente. Il est auteur d'articles sur Rachilde, Jean Lorrain, et cofondateur de la revue *Ad hoc.*

À la fin du XIXe siècle, le masculin traverse une crise exemplaire se cristallisant autour de la notion de décadence, évoquée dans des textes littéraires à travers des personnages stéréotypés qui en sont à la fois les agents et l'objet. L'étude analyse les tentatives de définition de la virilité (conquérante ou défaillante) à la fin du XIXe siècle français à travers deux romans décadents : *Les Invertis. Le Vice allemand* (1896) d'Armand Dubarry et *L'Homme en amour* (1897) de Camille Lemonnier.

At the end of the nineteenth century, a particular crisis of masculinity crystallised around the notion of decadence, evoked in literary texts through the stereotypical characters who are both its agents and objects. This study analyses attempts to define virility (triumphant or feeble) at the end of the nineteenth century in relation to two decadent novels : Les Invertis. Le Vice allemand *(1896) by Armand Dubarry and* L'Homme en amour *(1897) by Camille Lemonnier.*

Cyril BARDE, « Le roman de la mâle-versation. Fictions de la masculinité d'affaires dans *La Curée* de Zola »

Cyril Barde est ancien élève de l'ENS de Lyon, agrégé de lettres modernes. Il est actuellement doctorant contractuel à l'université Paris 8 où il prépare une thèse sur la littérature et l'Art Nouveau. Il a publié, en collaboration avec Raphaëlle Bellon, « À corps perdu : corps et *gender studies* » (http://cmdr.ens-lyon.fr/spip.php ?article77).

La Curée se présente comme l'épopée dégradée des spéculateurs. Aventuriers parvenus lancés à la conquête du nouveau Paris, ces hommes d'affaires incarnent l'émergence d'une masculinité d'affaires dont la spéculation assoit le prestige et révèle les fragiles fondations. Si la spéculation est synonyme de domination et de prédation, elle est aussi projection, instabilité, falsification. La masculinité d'affaires, indissociable de cette fiction, devient dès lors une forme de malversation.

La Curée *presents itself as the degraded epic of the speculator. These businessmen – upstart adventurers seeking to conquer a new Paris – embody the emergence of a new « business » masculinity whose fragile prestige is founded on speculation. If speculation is a synonym for domination and predation, it also signifies projection, instability, and falsification. Business masculinity, which cannot be separated from this fiction, thus becomes a form of misappropriation or embezzlement.*

Anne Isabelle FRANÇOIS, « "*The Male Line*". Représentations et (r)écritures de la sociabilité masculine dans les fictions des *Inklings* »

Anne Isabelle François, ancienne élève de l'ENS-Paris, agrégée de lettres modernes, docteur de l'EPHE et de l'université de Dresde, est maître de conférences de littérature comparée à l'université Sorbonne nouvelle – Paris 3. Spécialiste des littératures allemande et anglaise des XXe et XXIe siècles, elle travaille, dans une perspective de *Gender* et de *Cultural Studies*, sur l'imaginaire occidental.

L'étude analyse les mises en scène de la sociabilité masculine dans les œuvres des *Inklings*, en particulier de C. S. Lewis et J. R. R. Tolkien. Ces mondes possibles de *fantasy* élaborent des constructions centrées sur l'entre-soi masculin, croisant les enjeux de genre, de classe et de race. Les stratégies narratives promeuvent un modèle national de masculinité, et génèrent des usages où les « fans » prolongent ce sens de la communauté, proposant leurs propres « fictions du masculin ».

This study analyses the staging of masculine sociability in works by the Inklings, in particular C. S. Lewis and J. R. R. Tolkien. These « fantasy » worlds fashion constructions centred on masculine « togetherness », in which questions of gender, class, and race meet. Narrative strategies promote a national model of masculinity and generate practices through which « fans » extend this sense of community, creating their own « masculinity fictions ».

Régis SCHLAGDENHAUFFEN, « L'écriture de l'entrée dans la sexualité dans le *Journal intime* inédit d'Eugène Wilhelm »

Régis Schlagdenhauffen, docteur en sociologie (université de Strasbourg) et docteur en ethnologie européenne (université Humboldt), est attaché temporaire d'enseignement et recherche de l'université de Lorrain. Il a récemment publié *Triangle rose : La persécution nazie des homosexuels et sa mémoire* (Paris, 2011), et travaille également sur l'écriture de la sexualité dans les Journaux intimes.

Le juriste alsacien Eugène Wilhelm (1866-1951) tint son journal intime sans discontinuité de ses 19 ans à sa mort. Son entrée laborieuse dans le cycle de la sexualité, marquée par l'ambivalence des désirs, est donnée à lire dans les premiers carnets de son journal, auxquels cet article est consacré. L'analyse de ce processus nous éclaire sur la genèse du cycle de la sexualité masculine, la construction d'une identité bisexuelle et les formes concrètes d'une injonction sociale à l'hétérosexualité à la fin du XIXe siècle.

Eugène Wilhelm, a jurist from Alsace (1866-1951), kept a diary continuously from the age of nineteen. His laborious entrance into the cycle of sexuality, characterised by the ambivalence of his desires, is described in the first volumes of his diary, and is the subject of this article. Analysing this process throws light on the genesis of the cycle of masculine sexuality, the construction of bisexual identity, and the concrete shape which the social enforcement of heterosexuality took at the end of the nineteenth century.

Patrick FARGES, « Récits de vie, stratégies narratives et construction de la masculinité. Le cas des exilés germanophones en Palestine/Israël après 1933 »

Patrick Farges est maître de conférences à l'université Sorbonne nouvelle – Paris 3. Ses recherches portent sur l'histoire du féminisme, l'histoire du genre et des masculinités juives-allemandes. Il est coauteur de *Le Premier Féminisme allemand, 1848-1933* (Villeneuve d'Ascq, 2013) et est également secrétaire général de l'association des germanistes de l'enseignement supérieur (AGES).

L'article s'appuie sur des récits de vie de juifs allemands (« *yekkes* ») en Israël, qui ont hérité des modèles spécifiques de masculinité juive avant 1933 – entre assimilation, virilisation, position d'*outsider* et soupçon d'efféminement. Quelles stratégies narratives de (re)construction d'une identité masculine ont-ils adoptées après la migration ? La question semble particulièrement pertinente au regard d'une construction nationale israélienne ayant prôné les valeurs viriles de force et de défense.

This article is based on the life narratives of two German Jews (« yekkes »*) in Israel, who inherited specific models of pre-1933 Jewish masculinity which incorporated assimilation, virilisation, marginalisation, and potential effeminacy. What sort of narrative strategies did they adopt in order to (re)construct their masculine identity after migrating ? The question is particularly pertinent given the « virile » values of force and defence central to the construction of Israeli national identity.*

Françoise RÉTIF, « Le père, le fils et le livre. Figures paternelles et création. L'exemple de Peter Henisch »

Françoise Rétif, professeure à l'université de Rouen, dirige l'Institut français et le Bureau de coopération universitaire auprès de l'université de Bonn. Spécialiste du romantisme allemand et des littératures allemande, autrichienne et française du XXe siècle, elle a publié *Ingeborg Bachmann* (Paris 2008), dirigé *Mythes et différences des sexes* (Heidelberg, 2007), et *Pandore et la généalogie mythique de la femme* (Heidelberg, 2012).

Pendant longtemps, l'homme créateur et l'homme procréateur ne firent qu'un, incarnant l'universel et la norme. En se situant après Kafka et Bachmann et leur critique du père, l'écrivain autrichien Peter Henisch cherche dans son roman *Die kleine Figur meines Vaters* (1975-2004) une position à la fois compréhensive et critique pour inventer une autre sorte de masculinité à transmettre tout en interrogeant un modèle de création faisant de la vie et de la mort un objet esthétique, une mise en scène.

For a long time, both creator and procreator were one, incarnating the universal and the norm. Following in the footsteps of Kafka and Bachmann and their critique of the father, Peter Henisch searches for a position at once comprehensive and critical in his novel Die kleine Figur meines Vaters *(1975-2004). He seeks to invent another sort of masculinity and, at the same time, interrogate a model of creation which turns life and death into an aesthetic object, a* mise-en-scène.

Marie GABORIAUD, « La "vie de musicien", une projection du masculin idéal ? Genres et discours musicaux dans la première moitié du xxe siècle »

Marie Gaboriaud, agrégée de lettres modernes, ATER à Paris-Sorbonne, poursuit actuellement une thèse de doctorat en littérature française du XXe siècle, sous la direction de Didier Alexandre. Ses recherches portent sur la construction du mythe de Beethoven en littérature de 1870 à 1940, et plus largement sur la critique musicale, les représentations, et les mythes.

Les biographies de musiciens du début du XXe siècle sont fortement marquées par les critères de genre. Il s'y exprime l'espoir du renouveau lié à un individu providentiel, et s'y définit une certaine masculinité. Beethoven, en particulier, incarne une figure idéale : du démocrate, de l'européen, du masculin. Son personnage fait l'objet d'une construction fictionnelle très forte, où se lisent les angoisses et les aspirations des biographes eux-mêmes.

Biographies of musicians from the beginning of the twentieth century are strongly marked by the demands of the genre. They express hopes of revival linked to providential individuals and define a particular sort of masculinity. Beethoven, in particular, embodies an ideal figure : democratic, European, and masculine. His character is subject to very strong fictional constructions, in which the anxieties and aspirations of the biographers themselves are often mixed.

Marie-Pierre HARDER, « "Le roman est un jeune homme de belle espérance qui fait son entrée dans le monde." Performance, narrativité et trouble du "masculin" dans trois romans de formation européens »

Marie-Pierre Harder, ancienne élève de l'ENS-Paris, agrégée de lettres classiques, et ATER d'allemand à l'université Paris 8, prépare un doctorat de littérature comparée à l'université Paris-Sorbonne sur le mythe d'« Hercule à la croisée des chemins » dans les cultures européennes. Elle a coordonné le n° 4 de la revue *Comparatismes en Sorbonne* (Paris, 2013) et publié des articles sur les rapports entre mythe(s) et masculinité(s).

Cet article pose à nouveaux frais la question théorique des rapports entre genre (« forme ») de la fiction – ici *Bildungsroman* ou roman de formation – et fiction(s) du genre – en l'occurrence, « masculin ». À partir de trois exemples paradigmatiques de romans d'apprentissage européens, *Tom Jones* de Fielding (1749), *Wilhelm Meisters Lehrjahre* de Goethe (1795-1796) et *Le Père Goriot* de Balzac (1835), il s'agit de mener une relecture genrée de la théorie du genre du *Bildungsroman.*

This article explores the theoretical question of the rapport between fictional genre (« form ») – in this case, the Bildungsroman *or novel of apprenticeship – and fiction(s) of gender, in this case, « masculinity ». Based on three paradigmatic examples of European novels of apprenticeship, Fielding's* Tom Jones *(1749), Goethe's* Wilhelm Meisters Lehrjahre *(1795-1796), and Balzac's* Le Père Goriot *(1835), this article is a gendered re-reading of the theory of the* bildungsroman *genre.*

Marie PUREN, « La construction de l'identité virile dans la littérature jeunesse des années 1920 et 1930. L'exemple des romans d'aventures de Jean de La Hire (1878-1956) »

Marie Puren est diplômée de l'institut d'études politiques de Paris et doctorante à l'École nationale des chartes en histoire. Elle prépare une thèse sur Jean de La Hire. Elle s'intéresse à la littérature française de la première moitié du XXe siècle. Ses travaux et articles portent notamment sur l'œuvre populaire de Jean de La Hire et sur la question de l'engagement politique des écrivains.

Pendant l'entre-deux-guerres, l'écrivain populaire Jean de La Hire a produit un nombre impressionnant de romans d'aventures, aux héros exclusivement masculins, destinés aux jeunes garçons, et qui ont rencontré un succès public important. À travers l'étude de ces œuvres, cet article analyse les comportements et valeurs présentés comme modèles aux pré-adolescents et aux adolescents dans les années 1920 et 1930.

Between the wars, the popular novelist Jean de la Hire produced an impressive number of highly successful adventure novels aimed at young boys, with exclusively masculine heroes. Through a study of his works, this article analyses the model behaviours and values presented to young boys and adolescents in the 1920s and 1930s.

Lori SAINT-MARTIN, « La construction de la masculinité au contact de la femme racialement "autre" chez Gil Courtemanche et Dany Laferrière »

Lori Saint-Martin, professeure au département d'études littéraires à l'université du Québec à Montréal, romancière et traductrice, a publié une dizaine d'essais, dont *Au-delà du nom* (Montréal, 2010), et *Posture viriles* (Montréal, 2011). Elle travaille sur la littérature érotique, la construction du genre dans la fiction masculine et les rapports frère-sœur dans les littératures québécoise et française contemporaines.

L'étude porte sur le rapport entre hommes et femmes de race opposée dans deux romans québécois, l'un de G. Courtemanche, l'autre de D. Laferrière. Y est examinée la construction de la masculinité au contact d'une femme doublement Autre, à la fois convoitée et tenue à distance, voire violentée. L'amante ou l'amoureuse sert principalement à rehausser le prestige et la virilité du protagoniste, tandis que la voix narrative et la focalisation achèvent de consacrer la primauté du masculin.

The study considers the rapport between men and women of opposing races in two Quebecois novels, one by G. Courtemanche and one by D. Laferrière. It examines the construction of masculinity in contact with a woman who is « doubly » other, who is both desired and held at a distance, even violated. The main function of the female lover or girlfriend is to increase the prestige and virility of the protagonist, while the narrative voice and focalisation succeed in sanctifying the primacy of the masculine.

Pauline BERLAGE, « "*How* very *un-Dominican of him*" ou la merveilleuse masculinité de Oscar Wao »

Pauline Berlage est docteur en études ibériques (université de Tours) et littératures comparées (Universitat Autònoma de Barcelona). Sa thèse porte sur les politiques de représentation du genre dans trois romans de la migration latino-américaine contemporaine. Elle a publié des analyses littéraires de l'œuvre de C. Liscano et J. Díaz et plusieurs entretiens de J. C. Méndez Guédez.

Cette étude du roman *The Brief Wondrous Life of Oscar Wao* de Junot Díaz (2007) analyse les actes performatifs et normatifs de la masculinité – comme création et répétition – proposés par les personnages masculins et féminins tout en les mettant en parallèle avec la voix narrative qui agit comme remise à l'ordre dans le système de genre hétéro-normatif et machiste de la société dominicaine migrante vivant aux États-Unis. Il s'agira de comprendre et d'analyser les formes de masculinité en tension.

This study of the novel The Brief Wondrous Life of Oscar Wao *by Junot Diaz (2007) analyses the performative and normative acts of masculinity – such as creation and repetition – displayed by the male and female characters. It considers them alongside the narrative voice which functions to re-establish order in the hetero-normative, chauvinistic gender system of migrant Dominican society in the United States. The study seeks to understand and analyse the tension between different forms of masculinity.*

Antoine IDIER, « Fiction, genre et identité. La folle chez Guy Hocquenghem et Copi »

Antoine Idier est doctorant en sociologie à l'université d'Amiens et au centre universitaire de recherche sur l'action publique et le politique. Il travaille à une biographie du militant, journaliste et écrivain Guy Hocquenghem et à une histoire des mouvements politiques de l'après-68 en France. Il a publié en 2013 *Les Alinéas au placard. L'abrogation du délit d'homosexualité, 1977-1982* (Paris, 2012).

L'étude part du constat, chez Hocquenghem, de la disparition des liens entre la marge et l'homosexualité. Critiquer la transformation des catégories de l'homosexualité passe chez lui et Copi notamment par la fiction et une célébration de la « folle ». Comment la fiction peut-elle participer à une déconstruction de l'identité sexuelle et, plus précisément, comment la fiction de la « folle » permet-elle d'échapper à ce qui est considéré comme une normalisation de l'identité homosexuelle ?

This study takes Hocquenghem's analysis of the disappearing links between marginality and homosexuality as its point of departure. For both him and Copi, the critique of the transformation of the categories of homosexuality is done through fiction and a celebration of the « queen ». How can fiction contribute to a deconstruction of sexual identity and, more precisely, how can fiction enable the « queen » to escape from what is considered to be the normalisation of homosexual identity ?

Brice CHAMOULEAU, « "*Ama y haz lo que quieras*" : remotivation du masculin et récit démocratique dans *El Amante Lesbiano* de José Luis Sampedro »

Brice Chamouleau, membre de l'École des Hautes Études Hispaniques et Ibériques de la Casa de Velázquez, prépare un doctorat en études ibériques (EA 4574 SPH, université Michel-de-Montaigne – Bordeaux 3) sur les rapports entre sphère privée et publique dans la construction de la citoyenneté espagnole postfranquiste, en menant une étude de la reconnaissance homosexuelle dans l'Espagne contemporaine.

Le roman interroge les soubassements culturels de la société espagnole franquiste imprégnée de morale catholique en explorant la trajectoire d'un individu qui réélabore sa masculinité et s'institue en amant lesbien d'un personnage féminin. Ce travail s'intéresse au projet de circonscrire les limites de la démocratie espagnole contemporaine en matière de genre à la place de la morale catholique et propose une relecture élargissant le territoire des contingences des masculinités contemporaines.

This novel interrogates the cultural foundations of pro-Franco Spanish society, steeped in Catholic morality, while exploring the trajectory of an individual who redefines his masculinity and becomes the lesbian lover of a female character. This study seeks to circumscribe the limits of contemporary Spanish democracy in terms of gender rather than Catholic morality and offers a reading which expands the sphere of possibilities for contemporary masculinities.

Henri BILLARD, « "À force je vais faire de toi un homme" : la mise en tension de deux modèles de masculinité dans le roman *Ne le dis à personne* de Jaime Bayly »

Henri Billard est maître de conférences et membre du CRLA Archives (Centre de recherches Latino-américaines-CNRS) à l'université de Poitiers. Il travaille sur les mutations des sociétés latino-américaines durant les années 1980-2000. Ses dernières publications abordent la représentation des masculinités alternatives chez les auteurs chiliens María Luisa Bombal et Pedro Lemebel.

Dans le roman *Ne le dis à personne* (1994) du Péruvien Jaime Bayly, le père veut transmettre à son fils une idée de ce que doit être à ses yeux « la » masculinité. L'étude montre comment le résultat de cette éducation se révèle un échec tout au moins partiel. Dans ce roman, la masculinité traditionnelle, celle du père, n'est pas une essence mais une construction sociale, et de ce fait elle peut être mise en question et ouvrir la voie à une masculinité « alternative » représentée par le fils.

In the novel Don't Tell Anyone *(1994) by the Peruvian Jaime Bayly, a father seeks to convey his own vision of « masculinity » to his son. The result of this education is a partial failure at the very least. Traditional masculinity – that of the father – is not an essence but rather a social construction, and it can therefore be questioned, opening the door to an « alternative » masculinity represented by the son.*

Klaus WIELAND, « Le schéma narratif victimaire dans la littérature gay allemande à la fin du xxe siècle (1970-2000) »

Klaus Wieland est maître de conférences au département d'études allemandes à l'université de Strasbourg. Ses domaines de recherche sont les *Gender/Queer*, et la littérature mémorielle du national-socialisme, de la Seconde Guerre mondiale et de la Shoah. Il a coédité *Die sozio-kulturelle (De-)Konstruktion des Vergessens* (Bielefeld, 2012), et travaille sur les masculinités dans la prose allemande du début du XXe siècle.

La littérature gay publiée entre 1970 et 2000 notamment en Allemagne est dominée par un schéma narratif où l'individu gay apparaît comme victime : de la société homophobe, du sida ou d'un autre homme gay. L'étude illustre ces variantes en s'appuyant sur trois textes : le livre-phare *Die Konsequenz* (*La Conséquence*, 1975) d'Alexander Ziegler ; le récit autobiographique *Es ist spät, ich kann nicht atmen* (*Il est tard, je ne peux pas respirer*, 1992) de Mario Wirz ; le roman *Jupiter* (1999) de Thomas Jonigk.

Gay literature published between 1970 and 2000, notably in Germany, is dominated by a narrative scheme in which the gay individual appears as the victim, whether of homophobic society, Aids, or another gay man. This study illustrates these variations, focusing on three texts : the pioneering Die Konsequenz (The Consequence, *1975) by Alexander Ziegler ; the autobiographical account* Es ist spät, ich kann nicht atmen (It's Late, I Can't Breathe, *1992) by Mario Wirz ; and* Jupiter *(1999), a novel by Thomas Jonigk.*

Didier ERIBON, « Identités de papier : l'espace littéraire, la norme, la dissidence »

Didier Eribon, professeur à l'université d'Amiens, est chercheur au centre de recherches sur l'action publique et le politique. Épistémologie et sciences sociales (CURAPP-ESS). Il est l'auteur de *Réflexions sur la question gay* (Paris, 1999, 2012), *Une morale du minoritaire. Variations sur un thème de Jean Genet* (Paris, 2001, 2014), *La Société comme verdict. Classes, identités, trajectoires* (Paris, 2012, 2014).

C'est d'abord à partir d'une étude des points de vue et de leur concurrence dans *À la recherche du temps perdu* – point de vue et discours du narrateur *vs* point de vue et discours de Charlus – qu'est posée la question de la « théorie de l'homosexualité » de Proust. C'est ensuite à partir d'une lecture de Genet qu'est suggéré que le mouvement de construction/déconstruction de la norme qui caractérise *La Recherche* se retrouve de *Notre-Dame des Fleurs* à *Querelle de Brest* ou *Miracle de la rose.*

First, a study of points of view and their concurrence in À la recherche du temps perdu *– narrative point of view and discourse vs. Charlus' point of view and discourse – raises the question of Proust's « theory of homosexuality ». Then, a reading of Genet suggests that the construction/deconstruction of norms which characterises* La Recherche *can be found in works ranging from* Notre-Dame des Fleurs *to* Querelle de Brest *or* Miracle de la rose.

TABLE DES MATIÈRES

TROISIÈME PARTIE

MASCULINITÉS, ENTRE CRÉATION ET FORMATION

QUATRIÈME PARTIE

INTERSECTIONS GENRE ET RACE

CINQUIÈME PARTIE

POLITIQUE ET FICTIONS GAY

IMPRIM'VERT®

Achevé d'imprimer par Corlet Numérique,
à Condé-sur-Noireau (Calvados), en novembre 2014
N° d'impression : 113117 – Dépôt légal : novembre 2014
Imprimé en France